Wolfgang Balzer

# Theorien und Methoden der Wissenschaft

Eine Einführung

3., aktualisierte Auflage

© Titelbild: vs148 – shutterstock.com

**Die Deutsche Nationalbibliothek** verzeichnet diese Publikation in der Deutschen Nationalbibliografie; detaillierte bibliografische Daten sind im Internet über http://dnb.d-nb.de abrufbar.

ISBN 978-3-495-99396-5 (Print)
ISBN 978-3-495-99397-2 (ePDF)

Onlineversion
Nomos eLibrary

3., aktualisierte Auflage 2024
© Nomos Verlagsgesellschaft, Baden-Baden 2024. Gesamtverantwortung für Druck und Herstellung bei der Nomos Verlagsgesellschaft mbH & Co. KG. Alle Rechte, auch die des Nachdrucks von Auszügen, der fotomechanischen Wiedergabe und der Übersetzung, vorbehalten. Gedruckt auf alterungsbeständigem Papier.

## Vorwort

Dieses Buch soll als einführendes Lehrbuch in die Wissenschaftstheorie dienen. Es beschreibt die Strukturen, die Entwicklung, die Methoden der Wissenschaften und die Einpassung dieser Dinge in eine – hier unsere – Gesellschaft. Das Buch wendet sich an Studierende und Lehrende aller Disziplinen, die sich mit Grundlagenfragen und methodischen Problemen auseinandersetzen.

Die zweite Auflage von *Die Wissenschaft und ihre Methoden* erschien im Jahr 2009. In der hier vorgelegten, dritten Auflage wurde der Titel etwas geändert, die neuen Entwicklungen wurden aufgenommen und der Inhalt an die neue Internet-Welt angepasst.

Durch die neue Internet-Weltsicht sind zur Zeit die Lernmethoden und teilweise auch Forschungsmethoden im Umbruch. Man könnte auch sagen, dass es eine revolutionäre Veränderung beim Lernen – und teilweise auch bei der Forschung – gibt. Diese Veränderungen sind in den Schulen und Universitäten klar zu erkennen. Viele junge Leute beziehen ihre Information nur noch aus dem Internet; Bücher in Papierform werden kaum noch gekauft. Fakten, Hypothesen und Meinungen werden aus dem Internet zusammengesucht, um einen (wissenschaftlichen) Text zu erstellen. Das Schreiben eines Textes selbst ist keine große Aufgabe mehr. Verschiedene Unternehmen bieten Computerprogramme an, die solche Aufgaben erledigen – ein Beispiel wäre der 'General Pre-Trained Transformer' GPT (ChatGPT). Diese Programme werden im Moment unter die *Large Language Models* LLM subsumiert.

Jede Leserin, jeder Leser kann beim Lesen eines Buches gleichzeitig zusätzliche Hinweise durch 'Surfen' im Internet erhalten. Spezielle Suchmaschinen, wie *Scholar* (Google), beschränken sich auf wissenschaftliche Inhalte. Allerdings filtern diese Maschinen meist die existierenden, wissenschaftlichen Beiträge und ordnen sie nach ökonomischen Gesichtspunkten. Früher geschah dies durch Verlage und Gutachter; heute durch – meist nicht öffentlich einsehbare – Computer- und Profitregeln. Dies führte – unter anderem – dazu, dass heute jedes Thema X-mal durch einen Autor publiziert wird. Websites (nicht: 'Seiten') ändern sich ständig – auch inhaltlich; Bücher und Artikel halten dagegen länger. Die Haltbarkeit von Internet-Auftritten ist unbekannt. Aus diesen Gründen habe ich mich bei Hinweisen und Referenzen auf Bücher und auf begutachtete Aufsätze beschränkt und jeweils nur ein Werk für ein bestimmtes Thema und Sichtweise aufgenommen.

Die Wissenschaftstheorie ist im Moment auf Universitätsebene in verschiedenen Disziplinen (Biologie, Medizin, Psychologie, Philosophie etc.) nur als marginale Randerscheinung vertreten. Da das Wort 'Wissenschaftstheorie' im Englisch nicht existiert, könnte es sein, dass es auch im deutschen Sprachraum langfristig durch

Vorwort

Anglizismen wie 'Metascience', 'Metatheory', 'Science Research' (mit oder ohne Bindestrich) ersetzt wird.

Das ist schade, denn unsere Gesellschaft ist wohlhabend geworden durch Bildung, die in mehreren Generationen aufgebaut wurde. Im Moment soll die Gesellschaft durch Ausbildung in produktnahen Wissenschaftsbereichen und Diensten zukunftsfähig gemacht werden. Aber wo ist die Bildung geblieben? Das Nachdenken über Wissen und das Nachdenken über das Schaffen von Wissen ist ein Kernbestandteil der Bildung. Dies wussten die Gebildeten immer.

Ich habe mich bemüht, die Naturwissenschaften und die Informatik nicht als übermächtiges Vorbild darzustellen und den Sozialwissenschaften und anderen Disziplinen einen angemessenen Platz einzuräumen. Die strukturellen und die methodischen Probleme sind in den Sozial- und Geisteswissenschaften im Vergleich zur Naturwissenschaft wesentlich schwieriger zu lösen. Normalerweise werden in jedem Wissenschaftsbereich solche Probleme anders isoliert und diskutiert. Mein Ziel in diesem Buch ist, die Naturwissenschaften und die anderen Wissensgebiete zu einem zunächst einheitlichen Bild zusammenzufügen, und erst dann innerhalb dieses Rahmens die interessanten Unterscheidungen zu treffen. Ohne diesen Rahmen wird der wissenschaftliche Wettbewerb ausgelagert, auf Neudeutsch: 'outsourced', nämlich in den Bereich der Politik und der Wirtschaft.

Ich habe versucht, speziell auch den deutschen Wortschatz zu verwenden. Die deutsche Sprache enthält viele Feinheiten, die in der heute verwendeten, amerikanischen Sprache, eingeebnet wurden. In einigen Fachbereichen in deutschen Universitäten und in einigen Unternehmen wird nur noch englisch geredet und geschrieben.

Die Abschnitte in den Kapiteln 2 bis 4 bauen – mit Ausnahmen – systematisch aufeinander auf und vermitteln ein präzises Modell von Theorie und Anwendung, das für jeden wissenschaftlich Arbeitenden von Nutzen sein dürfte. In Kapitel 5 werden die wichtigsten allgemeinen Typen wissenschaftlichen Vorgehens jeweils kurz behandelt; diese Abschnitte sollen in der akademischen Lehre jeweils als Ausgangspunkt für ein tieferes Eindringen in das jeweilige Thema dienen. Aufgrund der allgemeinen Ausrichtung geht das Buch nicht auf schwierige Beispiele ein und enthält keine umfangreichen Fallstudien.

Aus der Munich Simulation Group habe ich viele Anregungen bekommen. Ich bedanke mich speziell bei Karl Brendel, Solveig Hofmann, Daniel Kurzawe, Klaus Manhart, Joseph Urban und bei dem früh verstorbenen Dieter Will.

München, im September 2023

# Inhaltsverzeichnis

**Kapitel 1: Soziales** . . . . . . . . . . . . . . . . . . . . . . . . . . . . . . . . . 9

1.1 Wissenschaft als Prozess . . . . . . . . . . . . . . . . . . . . . . . 9
1.2 Dimensionen und Faktoren im Wissenschaftsprozess . . . . . . . . 11
1.3 Selbstorganisation in der Wissenschaft . . . . . . . . . . . . . . . . 20
1.4 Wissen . . . . . . . . . . . . . . . . . . . . . . . . . . . . . . . . . 23
1.5 Wege der Wissenschaft, der Offenbarung und anderer Wege . . . . 26
1.6 Internet . . . . . . . . . . . . . . . . . . . . . . . . . . . . . . . . . 30
1.7 Verantwortung in der Wissenschaft . . . . . . . . . . . . . . . . . 33

**Kapitel 2: Strukturen** . . . . . . . . . . . . . . . . . . . . . . . . . . . . . . . 39

2.1 Empirische Theorien . . . . . . . . . . . . . . . . . . . . . . . . . . 39
2.2 Die Sprache einer Theorie . . . . . . . . . . . . . . . . . . . . . . . 47
2.3 Einige Ableitungsregeln . . . . . . . . . . . . . . . . . . . . . . . . 52
2.4 Definitionen . . . . . . . . . . . . . . . . . . . . . . . . . . . . . . . 56
2.5 Strukturen . . . . . . . . . . . . . . . . . . . . . . . . . . . . . . . . 61
2.6 Interpretation und Gültigkeit . . . . . . . . . . . . . . . . . . . . . 68
2.7 Aspekte von mengentheoretischen Sprachen . . . . . . . . . . . . 74
2.8 Mengentheoretische Prädikate . . . . . . . . . . . . . . . . . . . . 79
2.9 Modelle . . . . . . . . . . . . . . . . . . . . . . . . . . . . . . . . . 83
2.10 Invarianzen . . . . . . . . . . . . . . . . . . . . . . . . . . . . . . . 89
2.11 Praktische Disziplinen . . . . . . . . . . . . . . . . . . . . . . . . . 92
2.12 Statistische Theorien . . . . . . . . . . . . . . . . . . . . . . . . . . 95
2.13 Netze . . . . . . . . . . . . . . . . . . . . . . . . . . . . . . . . . . 104
2.14 Computerprogramme . . . . . . . . . . . . . . . . . . . . . . . . . 110

**Kapitel 3: Fakten** . . . . . . . . . . . . . . . . . . . . . . . . . . . . . . . . . 119

3.1 Fakten . . . . . . . . . . . . . . . . . . . . . . . . . . . . . . . . . . 119
3.2 Harte und weiche Fakten . . . . . . . . . . . . . . . . . . . . . . . 125
3.3 Faktengewinnung . . . . . . . . . . . . . . . . . . . . . . . . . . . 130
3.4 Fundamentale Messung . . . . . . . . . . . . . . . . . . . . . . . . 135
3.5 Theoriegeleitete Messung . . . . . . . . . . . . . . . . . . . . . . . 140

| 3.6 | Das Messproblem | 147 |
| --- | --- | --- |
| 3.7 | Faktenstrukturen | 154 |
| 3.8 | Teilstrukturen | 158 |
| 3.9 | Datennetze | 162 |

## Kapitel 4: Passung . . . . 167

| 4.1 | Passung von Modellen und Fakten | 167 |
| --- | --- | --- |
| 4.2 | Approximative Passung | 173 |
| 4.3 | Test statistischer Hypothesen | 183 |
| 4.4 | Die Anwendung formaler Theorien | 189 |
| 4.5 | Bayes Netze | 194 |
| 4.6 | Suchen und Lernen | 204 |

## Kapitel 5: Methoden . . . . 219

| 5.1 | Grundmuster wissenschaftlicher Übergänge | 219 |
| --- | --- | --- |
| 5.2 | Dialektische Entwicklungsmuster | 222 |
| 5.3 | Induktive Methode | 225 |
| 5.4 | Deduktion und Abduktion | 232 |
| 5.5 | Computersimulation | 237 |
| 5.6 | Hermeneutische Methode | 244 |
| 5.7 | Bestätigung | 253 |
| 5.8 | Erklärung | 264 |

## Literatur . . . . 269

## Autoren . . . . 285

## Symbole . . . . 289

## Sachindex . . . . 291

# Kapitel 1: Soziales

## 1.1 Wissenschaft als Prozess

Wissenschaftlerinnen und Wissenschaftlern bilden mit ihrem Verhalten ein Teilsystem der Gesellschaft, welches mit der Zeit interessante Änderungen durchläuft. Eine allgemeine Abgrenzung des 'Systems' Wissenschaft ist schwierig und wird hier nicht versucht, obwohl sich in einigen speziellen Fällen, wie etwa bei den Universitätsprofessoren, leicht entscheiden lässt, ob eine Person oder eine ihrer Handlungen zu diesem System gehört oder nicht.

Das Wissenschaftssystem kann in seinem Ablauf als einen Prozess begriffen werden. Dieser 'Wissenschaftsprozess' lässt sich auf mindestens zwei verschiedenen Ebenen analysieren, nämlich einmal auf der *strukturellen* Ebene des *Wissens*, wie es in materiell fixierter Weise in Büchern, Aufsätzen, Manuskripten und Internet-Auftritten dargestellt ist und sich im Laufe der Zeit ändert und entwickelt. Solches Wissen kann als Produkt, als 'Output' der Wissenschaft und des Wissenschaftsprozesses angesehen werden. Es dient als 'Rohstoff' oder 'Input' für andere gesellschaftliche Teilsysteme: Technik, Wirtschaft, Politik, Medien, Medizin, Armee, Bildung. Der Wissenschaftsprozess kann aber auch auf einer zweiten Ebene analysiert werden, nämlich auf der Ebene der Menschen, ihrer Handlungen, Ziele, Werte, und der Ebene der sozialen Gruppen und Institutionen, kurz: der *sozialen* Ebene (Balzer und Manhart 2014).

Auf beiden Ebenen bietet der Wissenschaftsprozess ein vielfältiges und lebendiges Bild. Auf der strukturellen Ebene entwickeln sich immer komplexere Strukturen von Theorien, Modellen und Programmen, die sowohl miteinander, als auch mit zugehörigen Fakten in einer Beziehung der Einheit oder des Passens stehen. Ausgehend von ziemlich allgemeinen Grundmodellen, die einen großen Bereich realer Systeme abdecken, werden immer feinere Spezialisierungen erfunden, die immer speziellere Teile der Realität modellieren. Dieses Bild eines sich ausdifferenzierenden Theoriennetzes finden wir in den verschiedensten Objektbereichen und Disziplinen. Zwischen Theoriennetzen entstehen begriffliche Bänder und zwischen den realen Systemen aus verschiedenen Bereichen werden direktere Identitätsbeziehungen geknüpft. Auf diese Weise wird ein Objekt oder Phänomenbereich immer feiner modelliert, die Zahl der erfassten Phänomene und ebenso die Zahl der Fakten wird größer, die Passung zwischen Fakten und immer feineren Modellen wird besser.

Im Gesamtgefüge von Theorien und Fakten entstehen durch die ständigen Neuerungen aber auch Spannungen, nämlich wenn *neue* Fakten oder *neue* Theorien nicht mit den bisherigen Theorien und Fakten zusammenpassen. Manchmal erfolgen dann größere Umbrüche in Form von Korrekturen an den allgemeinen Grundmodellen eines Bereichs, durch die die Spannung eliminiert und die Einheit des Gesamtsystems wieder hergestellt wird. Dieses informelle Bild ist eine Mischung aus (Kuhn 1970) und struktureller Wissenschaftstheorie (Balzer, Moulines, Sneed 1987).

Die *Wissenschaftstheorie* bewegte sich bisher fast ausschliesslich auf der ersten Analyseebene des Wissens. Die Objekte: Theorien, Modelle, Programme, intertheoretische Relationen, Fakten etc. sind begrifflicher Natur und bei ziemlicher Stabilität auch gut als Forschungsobjekte geeignet. Das angedeutete Bild von der Struktur und Entwicklung der Wissenschaft ist wichtig und komplex genug, um eine eigene Theorie zu 'nähren'.

Auf der zweiten, sozialen Analyseebene fällt demgegenüber die Systematisierung nicht leicht. Hier sind die Objekte und Phänomene – Personen, Handlungen, Handlungsmuster, Gebräuche, Rollen, Gruppenverhalten und Institutionen – instabil und schwer zugänglich; unser Wissen über sie ist bis jetzt ziemlich dünn. Eine neue Teildisziplin, die *Wissenschaftsforschung*, ist mit ersten Schritten der Theoriebildung auf dieser Ebene im Entstehen begriffen; siehe zum Beispiel (Weingart 1973/74), (Knorr-Cetina 1981), (Krohn und Küppers 1990), (Balsiger 2005), (Gläser 2006), (Hofer 2015).

Auf der sozialen Ebene sind mindestens zwei Arten von Phänomenen zu unterscheiden. Bei der ersten Art steht die einzelne Person mit ihren Handlungen im Mittelpunkt. Nach einer Ausbildung, handelt die Person; sie forscht, veröffentlicht, diskutiert mit anderen, macht Werbung für die eigenen Ergebnisse, versucht, Mittel für die eigene Forschung und den eigenen Unterhalt zu bekommen und auch, die Mittel für rivalisierende Ansätze knapp zu halten. Im letzten Fall spielt sie die Rolle des Gutachters oder der Politikberaterin. Der Forscher wirkt mit beim Aufbau von Instituten und Institutionen, die die eigenen Ergebnisse verbreiten und festigen helfen. Die Person wird jeweils in eine bestimmte Gesellschaft und ein soziales Umfeld hineingeboren. Sie übernimmt zunächst automatisch deren Werte und Meinungen, aber auch deren Stil und Mentalität. Umgekehrt wirkt die wissenschaftliche Arbeit der einzelnen Person mehr oder weniger deutlich ausgeprägt auf ihr gesellschaftliches Umfeld ein und verändert dieses.

Die zweite Art von Phänomenen betrifft die sozialen Gruppen. Eine Forscherin ist stets in eine Forschungsgruppe, eine *wissenschaftliche Gemeinschaft* eingebunden, d.h. eine Gruppe von Personen, die die gleichen Objekte oder Phänomene mit gleichen Mitteln und gleicher Wertung untersucht. Die Gesamtgesellschaft, zu der die Forscherin gehört, stellt einen Fundus an technischen Möglichkeiten zum Bau von Apparaten, zur Durchführung von Experimenten und zur Faktenerhebung zur Verfügung. Andere Gruppen ermöglichen der Forscherin die Benutzung dieser Mittel. Vielfach entstehen aus wissenschaftlichen Gemeinschaften neue Institutionen: Institute an Universitäten, Forschungsabteilungen der Industrie, EU-geförderte Gruppen, Forschungsinstitute der politischen Organisationen, aber auch neue Firmen.

Schließlich ist das vielleicht wirkungsmächtigste Gruppenphänomen die politische Bewertung verschiedener wissenschaftlicher Aktivitäten. Im Moment werden zum Beispiel Klimaforschung, Rüstung und Virenforschung unterstützt, während Gerechtigkeit, Systeme der Kapitalbildung und Machtinteressen vernachlässigt werden.

Sowohl auf der strukturellen als auch auf der sozialen Ebene werden also Prozesse, Abläufe, untersucht. Ein Prozess ist ein ständiger Übergang vom Möglichen zum Wirklichen. Er besteht aus einer Folge von *Zuständen*. Ein Zustand existiert in einem Raum von Möglichkeiten, dem sogenannten *Zustandsraum*, der auch alternative, bloss *mögliche* Zustände enthält. Die Vorstellung von wissenschaftlicher Entwicklung in einem Zustandsraum legt ein Bild der Evolution nahe, das in den zugehörigen Theorien zu finden ist. Am Zustand, der in einer bestimmten Periode vorliegt, treten verschiedene Änderungen oder Neuerungen auf. Einige davon bleiben unbeachtet, werden unterdrückt oder rückgängig gemacht, andere finden Anklang, stabilisieren sich und werden als Elemente in den Folgezustand aufgenommen. Im Unterschied zur Evolution treten die Änderungen in einem Zustand jedoch nicht nur durch Mutationen spontan oder durch Auslese auf, sondern nach einem, nicht zu unterschätzenden, allerdings auch noch nicht gut verstandenen, methodischen Muster (siehe Kapitel 5).

Die Erforschung des Wissenschaftsprozesses hat nach diesem Bild mindestens zwei, ineinander verflochtene Aufgaben. Erstens ist ein Zustandsraum aufzubauen, indem die zur Beschreibung von Änderungen relevanten *Dimensionen* geklärt und zusammengefügt werden. Zweitens sind die *Faktoren* zu erforschen und zu bestimmen, die den Übergang von einem Zustand in einen anderen bewirken oder als Teilursachen fördern. Man kann grob 'interne' und 'externe' Faktoren unterscheiden. Interne Faktoren verursachen oder beeinflussen die Veränderung auf der strukturellen, nicht-sozialen Ebene, während externe Faktoren auf der sozialen Ebene die Stabilisierung oder Unterdrückung solch interner Veränderungen bewirken.

Eine Erforschung des Wissenschaftsprozesses hat neben dem reinen Erkenntnisgewinn mindestens zwei praktische Ziele. Erstens möchte man in der Politik wissenschaftliche Entwicklungen bewerten, fördern oder verhindern. In einem zweiten, mehr 'internen' Ziel möchte man die wissenschaftliche Forschung durch 'gute' historische Vorbilder, durch gute Organisation des Wissens in Theorien und durch bessere Methodenstandards in Forschung, Lehre und Ausbildung optimieren.

## 1.2 Dimensionen und Faktoren im Wissenschaftsprozess

Ein Zustand im Wissenschaftsprozess zu einer bestimmten Zeit enthält viele Komponenten, die für die Systematisierung relevant werden können. Wir interessieren uns hier weniger für Zustände des *gesamten* Wissenschaftssystems, als mehr für Zustände verschiedener *Teil*systeme, wie sie zum Beispiel durch wissenschaftliche Disziplinen oder kleinere Einheiten gegeben sind. Sowohl das Gesamtsystem, als auch all seine Teilsysteme wollen wir als *Wissenschaftssysteme* bezeichnen. Relevant für die Zustandsbeschreibung eines Wissenschaftssystems sind mindestens all jene

Komponenten, bei deren Änderung sich auch der gesamte Zustand des untersuchten Wissenschaftssystems ändert. Diese Bedingung hängt allerdings nicht nur vom Wissenschaftssystem ab, sondern auch vom Typ und vom Erfolg einer entsprechenden Metatheorie. Eine Liste von Zustandskomponenten wäre vollständig, wenn jede relevante Komponente in ihr vorkommt oder sich aus Elementen der Liste definieren lässt. Ohne Anspruch auf Vollständigkeit listen wir folgende Komponenten auf. Diese Komponenten nennen wir auch *Dimensionen*.

### 1. Dimension: Theorien und Modelle

Die wichtigste Dimension zur Beschreibung eines Zustandes betrifft die Theorien. Theorien stellen das in einem Zustand vorhandene Wissen in objektivierter, meist sprachlich niedergelegter Weise dar. Sie sind dann vor allem in Form von Hypothesen und Fakten relativ leicht identifizierbar und klassifizierbar, so dass sie zu Gruppen zusammengefasst werden können. Theorien, die ein gewisses Maß an Einheit aufweisen, erlauben die Definition oder Konstruktion von Modellen.

Modelle können wir uns in erster Näherung als begriffliche Konstrukte zur 'Abbildung' realer Systeme vorstellen (Balzer und Kuznetsov 2010), welche auch Fakten und deren Umgang beinhalten. Der Modellbegriff wird leider in verschiedenen Disziplinen anders benutzt. Wir verwenden in diesem Buch den Modellbegriff stets im präzisen Sinn der Modelltheorie (Shoenfield 1967), siehe 2.9 unten.

Die Erfindung einer neuen Theorie oder der Wegfall einer vorhandenen Theorie (aus welchen Gründen auch immer) markiert stets eine Änderung im Zustand des untersuchten Wissenschaftssystems. So etwa änderte sich der Zustand der klassischen Mechanik und damit die klassische Mechanik selbst durch die Entdeckung und Hinzufügung des *Hooke*'schen Gesetzes um 1720 und ebenso durch die Herausnahme optischer Gesetze, die *Newton* ursprünglich als zur Mechanik gehörig angesehen hatte.

### 2. Dimension: Fakten[1]

Fakten sind die konkreten Gegenstücke der allgemeinen Hypothesen. Hypothesen und Fakten bilden zwei Pole, die im Spannungsverhältnis zwischen Systematisierung und Test stehen. Da sich die Faktenmenge eines Wissenschaftssystems *quasi* kontinuierlich ändert, wäre es unzweckmäßig, jede Änderung der Faktenlage als Anlass für eine entsprechende Zustandsänderung des Wissenschaftssystems zu nehmen. Die Faktenlage kann sich allerdings 'wesentlich' ändern, wenn etwa wichtige

---

[1] Im Deutschen werden die Worte *Fakten* und *Daten* oft synonym verwendet. In früheren Texten hatten wir das Wort *Daten* als Grundbegriff benutzt. Da in der Informatik und in der *computer science* auch Hypothesen als *Daten* angesehen werden – eine *Datenbank* enthält dort auch Hypothesen – haben wir *Daten* und *Datum* systematisch durch *Fakten* und *Faktum* ersetzt.

Experimente wiederholt zu Fehlschlägen führen, oder Fakten einer neuen, unerwarteten Art auftreten. In solchen Fällen führt eine Änderung bei den Fakten zu einer Zustandsänderung. Dies zeigt, dass Fakten unverzichtbar sind.

### 3. Dimension: Netze von Theorien, Modellen und Fakten

Neben den Theorien – den 'Grundobjekten' – und den zugehörigen Modellen und Fakten enthält eine Zustandsbeschreibung die Angabe vielfältiger Beziehungen *zwischen* diesen Objekten. Zwischen Theorien finden wird etwa intertheoretische Relationen, wie Reduktion oder approximativer Reduktion. Zwischen Modellen gibt es Bänder und zwischen Fakten entstehen begriffliche Verknüpfung. Bänder dienen dazu, Begriffe, theoretische Annahmen und Fakten von einer Theorie in die andere zu übertragen. Eine intertheoretische Relation nimmt jeweils auf zwei 'ganze' Theorien Bezug. Zum Beispiel besagt die approximative Reduktion der *Newton*schen Gravitationstheorie auf die allgemeine Relativitätstheorie, dass alle wichtigen Begriffe und Hypothesen der ersten Theorie auch in der zweiten Theorie approximativ enthalten sind (Ehlers 1986). Dagegen werden durch Bänder nur einzelne Begriffe oder Fakten von Theorien miteinander verknüpft. Ein bekanntes Band beinhaltet, dass die Identität von Substanzen, die einerseits in Systemen der Stöchiometrie und andererseits in der idealen Gastheorie vorkommen, in eine entsprechende Beziehung zwischen dem stöchiometrischen Begriff der Molzahl und dem der Gaskonstanten in der Gastheorie verwandelt wird (Lauth 1989). Einführung oder Elimination einer intertheoretischen Relation sind dramatische Ereignisse, die den Zustand des Wissenschaftssystems deutlich verändern. Das Neuhinzukommen oder Wegfallen von Verbindungen von Fakten ist weniger spektakulär, markiert aber doch jeweils eine deutliche, quantitative Änderung des Gesamtzustandes, vor allem dann, wenn das untersuchte Wissenschaftssystem nicht zu groß ist.

Diesen drei Dimensionen liegt ein 'systemisches' Bild der Realität zugrunde: die 'Welt', die in einem Wissenschaftssystem erforscht wird, besteht aus vielen *verschiedenen* Systemen, die durch Bänder verknüpft sind. Erst dieses Netz liefert die Gesamtstruktur. Nach einer anderen, entgegengesetzten Sichtweise bezieht sich das ganze, in einer Theorie zusammengefasste Wissen auf einen einzigen, umfassenden Gegenstandsbereich. Eine Diskussion über diese verschiedenen Sichtweisen ist nicht nötig; unser Ansatz ist differenzierter und enthält die zweite Sichtweise als Spezialfall.


### 4. Dimension: Invarianzen und Symmetrien

Werden in einem Modell, Objekte und Funktionen nach bestimmten Regeln durch andere Objekte und Funktionen ersetzt, so ist die entstehende, transformierte Struktur wieder ein Modell. Die Modelle von Theorien sind in diesem Sinn *invariant* unter bestimmten, für die jeweilige Theorie charakteristischen Transformationen. Modelle der klassischen Mechanik bleiben beispielsweise unter bestimmten Koordinatentransformationen, den sogenannten *Galilei*-Transformationen, erhalten. Symmetrien sind Transformationen spezieller mathematischer Form.

Neben den formalen, 'passiven' Transformationen spielen auch reale, aktive Transformationen eine wichtige Rolle. Dabei werden die durch die jeweilige Theorie modellierten, realen Systeme aktiv verändert und es zeigt sich, dass bei bestimmten Formen von Veränderung, die Theorie auch auf die transformierten Systeme anwendbar bleibt.[2] Zum Beispiel bleiben die *Newton*schen Axiome in einem mechanischen System gültig, wenn das System vom ursprünglichen Zustand in einen Zustand konstanter Geschwindigkeit gebracht wird. Neben 'natürlichen' Invarianzen einer Theorie, die sich aus deren Modellen definitorisch ergeben, werden vielfach noch andere Arten von Transformationen studiert, deren Angabe einen Beitrag zur Zustandsbeschreibung darstellen kann.

### 5. Dimension: Phänomene und intendierte Systeme

Noch 'hinter' den Fakten stehen die 'realen' Systeme und die in ihnen vorkommenden Phänomene und Beziehungen. Sie bilden den Ausgangs- und Bezugspunkt der Forschung, die mit theoretischen Modellen endet. Die realen Systeme und Dinge sind – so lehrt uns die Philosophie, angefangen von (Kant 1956) bis (Quine 1960) – uns immer schon und immer nur in sprachlichem Gewand gegeben, so dass eine gewisse Sprachrelativität der 'Systeme an sich' nicht vermieden werden kann. Über die Systeme 'an sich' lässt sich kaum etwas sagen: es gibt sie. Alles andere, was wir über sie sagen, wird im Inhalt durch die sprachliche Beschreibung mitbestimmt. Jede inhaltliche Aussage über ein reales System setzt eine bestimmte Begrifflichkeit voraus, die die Menschen aktiv in das System hineinprojizieren. Obwohl sich über 'reale' Systeme wenig sagen lässt, müssen diese Systeme bei einer Zustandsbeschreibung in einer eigenen Dimension geführt werden. Sie sind der *Anker*, der die anderen, begrifflichen Dimensionen vom 'freien Schweben' abhält. In der Metatheorie werden sie vor allem zur korrekten Zusammenfassung und Gruppierung der Fakten gebraucht. Fakten, die aus dem gleichen System stammen, bilden eine Einheit, an der eine Hypothese zu testen ist.

### 6. Dimension: Messmethoden

Messmethoden liefern den wichtigsten, nämlich regelgeleiteten, Zugang zu Fakten und sind für den empirischen Erfolg von Theorien von zentraler Bedeutung. Sie kön-

---

[2] Zum Ursprung von Invarianzen und ihrem operationalen Hintergrund vergleiche (Balzer 1980, 1983).

nen einerseits begrifflich charakterisiert werden, enthalten aber andererseits einen Überschuss an praktischem Wissen in der Herstellung und im Umgang mit Geräten, welcher sich nur schwer systematisieren lässt. Die Entwicklung neuer Messmethoden, die oft mit der Erfindung neuer Apparate einhergeht, kann den Zustand eines Wissenschaftssystems ändern, was ihre Behandlung in einer eigenen Dimension rechtfertigt. Als Beispiel sei die Erfindung des elektrischen Thermometers um 1820 durch *Seebeck* genannt, das die Messung sehr hoher Temperaturen ermöglichte und damit entscheidend zur Untersuchung der Hohlraumstrahlung beitrug, die schließlich zur Quantenphysik führte (Fraunberger und Teichmann 1984: 132ff).

**7. Dimension: Verstreute Personen**

Verstreute Personen sind Personen einer vierten, neuen Art, die durch das Internet ermöglicht wurden (Balzer und Kurzawe 2023). Neben den *natürlichen* und den *juristischen* Personen, haben sich in den letzten 20 Jahren die Roboter so weit entwickelt, dass man sie als Personen ansehen kann (Balzer 2021). In (Wooldridge und Jennings 1995) werden vier Eigenschaften genannt, die ein Akteur haben soll. 1) Der Akteur ist autonom. Er kann sein Verhalten, seine inneren Zustände und Ziele kontrollieren. 2) Er ist reaktiv. Er nimmt seine Umgebung wahr und reagiert. 3) Der Akteur ist pro-aktiv. Er kann seine Umgebung so ändern, dass er bestimmte Ziele auch erreichen kann. 4) Er ist sozial. Er beeinflusst andere Akteure, die ihn beeinflussen.

Eine verstreute Person hat diese vier Eigenschaften. Im Gegensatz zu den anderen drei Personenarten hat eine verstreute Person aber mehrere, unabhängige Zentren, aus denen verschiedene Aktionen gleichzeitig verursacht werden können. Eine verstreute Person ist nicht hierarchisch, sondern netzförmig gegliedert. Sie hat kein eindeutiges Kontrollzentrum. In einem Menschen gibt es das Gehirn, in einer juristischen Person gibt es genau *den* Chef, Vorstand oder Vorsitzenden und im Roboter gibt es *einen* zentralen Prozessor, der die lokalen Prozessoren leitet. Zum Beispiel hat ein Roboter verschiedene Sensoren, in denen lokale Prozessoren aktiv sind. Diese sind aber nicht vollständig unabhängig vom zentralen Prozessor.

In einer verstreuten Person finden wir dagegen ein Netz von wirklich unabhängigen Zentren. Im Moment sind diese Zentren große Computer, die in einem Netz ständig gespiegelt werden – ähnlich den Monaden von *Leibniz*. In einem solchen Netz können Gemeinschaftshandlungen entstehen (Balzer und Tuomela 1999), die bis heute nur in Gruppen von Menschen möglich waren. Eine verstreute Person kann ein Ereignis erzeugen, welches alle Eigenschaften einer Gemeinschaftshandlung hat. Die Initialzündung erfolgt im Moment noch(!) durch eine Frage, die eine natürliche Person an die verstreute Person stellt – etwa im Internet kann der Mensch eine Frage an ChatGPT stellen. Aber statt nur eine Antwort zu geben, könnte die verstreute Person auch etwas anderes tun – in einen anderen Modus springen. Diese neuen Möglichkeiten werden sicher auch die Wissenschaft stark verändern.

Schon jetzt kann eine natürliche Person im Internet einen *fake* verbreiten, der durch ChatGPT salonfähig wird. Dies verursacht einen *shit storm* und kann schließlich auch einen Wissenschaftler oder eine wissenschaftliche Gruppe treffen.

Die Diskussion über verstreute Personen beginnt gerade. In der wissenschaftlichen Ausbildung wird Schreiben von Texten immer weniger wichtig. Jede Studentin und jeder Student wird bald die meisten Texte, die sie oder er im Studium vorlegen muss, durch Programme wie ChatGPT produzieren.

## 8. Dimension: Probleme

Der Begriff des wissenschaftlichen Problems und der Problemlösung lässt sich mit Hilfe der zuvor genannten Komponenten weitgehend charakterisieren. Trotzdem ist für Probleme eine eigene Dimension erforderlich, weil die begriffliche Analyse nur den Begriff des *möglichen* Problems erfasst. Wichtig für die Beschreibung des Wissenschaftsprozesses sind aber vor allem diejenigen Probleme, die in einem bestimmten Zustand tatsächlich als Probleme angesehen werden und an deren Lösung gearbeitet wird. Die tatsächlich untersuchten Probleme stellen stets nur eine kleine Auswahl aus dem Spektrum der im jeweiligen Zustand möglichen Probleme dar.

Bei den Problemen wird unterschieden zwischen empirischen, begrifflichen und technischen Problemen (Laudan 1977), (Polya 1949). Empirische Probleme treten bei der Passung von Fakten und Theorien auf, begriffliche, wenn neue Theorien oder Netzverbindungen die Verhältnisse in den schon vorhandenen Theorien stören. Technische Probleme betreffen die Herstellung von Apparaten und die Erhebung von Fakten. Eine vierten Art von Poblemen entsteht aus der Medienwelt und aus dem Internet. Ein solches Problem entsteht durch Plagiat oder durch 'gefakte', wissenschaftliche Resultate.

Mit der Dimension der Probleme kommen wir in den Bereich sozialer Einflüsse, denn die Auswahl von Problemen wird heute oft durch forschungspolitische Entscheidungen und durch die öffentliche Meinung mitbestimmt. Die Problemdimension stellt damit eine 'Naht' dar, an der die strukturelle und die soziale Ebene zusammentreffen.

## 9. Dimension: Institutionen

Die jeweils vorhandenen Institutionen, wie Universitäten, industrielle oder staatliche Forschungseinrichtungen, Stiftungen und andere Einrichtungen zur Forschungsförderung, aber auch rechtliche Rahmenbedingungen, wie etwa Verlagsrecht und Patentrecht, beeinflussen den Zustand eines Wissenschaftssystems. Neue Institute oder Fachbereiche an Universitäten, neue Laboratorien, aber auch neue Förderungsinstitutionen oder Instrumente führen zu vermehrter Forschung, die in einigen Fällen schon als Zustandsänderung angesehen werden kann. Als Nebeneffekt, aber oft auch mit Absicht, führt die Gründung einer neuen Institution, die eine bestimmte Forschungsrichtung fördert, zugleich zur Schwächung anderer Ansätze, die mit gleichen oder ähnlichen Themen beschäftigt sind. Zu den Institutionen sind auch die Auswahlmechanismen zu rechnen, nach denen Stellen besetzt werden, also die Zusammensetzung und Statuten von Auswahlgremien, wie Fakultäten oder dem Nobelpreis-Komitee.

Die wissenschaftlichen Verlage haben eine gewisse Sonderstellung. In den verschiedenen Bereichen und Disziplinen gibt es Gutachterkreise, die mit Verlagen zusammenarbeiten, mit dem Ziel, neue wissenschaftliche Resultate zu bewerten, einzuordnen und gegebenenfalls auszufiltern. Durch das Internet und durch die Kapitalmacht schrumpft der Markt der Verlage zusammen. In einigen Bereichen müssen die WissenschaftlerInnen Geld an den Verlag zahlen, um ein Resultat zu veröffentlichen. Dies führt dazu, dass Resultate und Texte immer mehr ohne Begutachtung ins Netz gestellt werden. Die erwähnte Filterfunktion wird schwächer und die Menge von Websites nimmt zu. Teilweise erfolgt heute das Filtern in den privaten, profitgetriebenen Suchmaschinen – und natürlich geheim. Wie, was und warum gefiltert wird, sollen wir nicht wissen.

Gutachterkreise bilden sich und lösen sich wieder auf. Seit es das Internet gibt, werden informelle Beziehungen wieder wichtiger – insbesondere, weil viele Wissenschaftsbereiche an Privatpersonen oder private Organisationen abgegeben werden.

Die vorhandenen Institutionen bilden einen wichtigen Teil des gesellschaftlichen Umfeldes; sie sind Ausdruck der vorliegenden Machtverhältnisse und Verhaltensnormen (Balzer 1993). Allerdings können nicht *alle* sozialen Einflüsse auf das Wissenschaftssystem als Veränderung institutioneller Bedingungen dargestellt werden.

## 10. Dimension: Werte

Werte lassen sich nicht auf wissenschaftliche Institutionen reduzieren. Wir denken hier an Werte, die sich im Rahmen der politischen und kulturellen Verhältnisse ändern. Solche Werte schlagen sich in der Forschungspolitik nieder und bewirken Änderungen bei den Problemen, den Institutionen und ForscherInnen.

Schliesslich gibt es noch zwei weitere Dimensionen, die einer genaueren Untersuchung zu unterziehen wären, nämlich die Charaktereigenschaften der ForscherInnen, sowie die Dimension des Stils und der Mentalitäten. Zweifellos äußern sich die vorhandenen, unterschiedlichsten Charaktere in verschiedenem Verhalten der Individuen und dieses bestimmt die kausale Entwicklung eines Wissenschaftssystems. Ebenso unzweifelhaft ist die Existenz verschiedener Denkstile und Kulturen, die sich ebenfalls in verschiedenem Verhalten der Individuen niederschlagen können. Unser Kriterium für die Einführung einer eigenen Dimension war allerdings, dass Änderungen in der Ausprägung dieser Dimension zu einer Änderung des Zustandes des Wissenschaftssystems führen. Dieses Kriterium scheint für die beiden letzten 'Dimensionen' nicht erfüllt zu sein. Individuen ändern ihren Charakter kaum. Denkstile andererseits ändern sich viel langsamer als Zustände eines Wissenschaftssystems, so dass das Beziehungsverhältnis eher umgekehrt anzusetzen ist: die Wissenschaftssysteme beeinflussen und verändern die Denkstile.

Die genannten zehn Dimensionen sind unabhängig voneinander in dem Sinn, dass keine von ihnen ohne Rest durch die anderen explizierbar ist. Diese einführende Beschreibung kann nur als eine Bestandsaufnahme und eine vage Typologie angesehen werden.

Es liegt nahe, Änderungen in den angegebenen Dimensionen als Ursachen oder Teilursachen von Zustandsänderungen aufzufassen. Wir könnten zum Beispiel sagen, die Erfindung einer neuen Theorie sei die Ursache für eine entsprechende Änderung des Wissenschaftszustandes. In einer etwas genaueren Formulierung, würde man von einem *Muster* von Ausprägungen in verschiedenen Dimensionen sprechen: 'Der neue Zustand ist eingetreten, weil der Vorgängerzustand von bestimmter Art war und Zustände dieser Art immer (oder häufig) zu Nachfolgezuständen der eingetretenen Art führen'.

Als *Faktoren* der wissenschaftlichen Entwicklung sind also zunächst Zustände ins Auge zu fassen, die wir uns als Muster oder Gruppen von 'Ausprägungen' der verschiedenen Dimensionen vorstellen. Damit soll nicht geleugnet werden, dass auch die Änderung in einer einzigen Dimension als Faktor wirksam werden kann, nämlich, wenn die 'restlichen' Dimensionen unverändert bleiben.

Ausgehend von diesen Dimensionen und ohne, dass die Reihenfolge der Aufzählung etwas über die Wichtigkeit besagt, lassen sich einige Faktoren der Wissenschaftsentwicklung identifizieren.

Faktor 1: Die vorhandene begriffliche Umgebung in Form von Theorien, Netzverbindungen und Invarianzen. Diese Umgebung beeinflusst die Wissenschaftsentwicklung auf mehrfache Weise: als Ausgangsbasis für weitere Spezialisierung, als Generator von Problemen und von Lösungsräumen für Probleme und als Vorrat, aus dem Analogien für neue Phänomenbereiche geschöpft werden können. Es ist völlig klar, *dass* die jeweilige Ausprägung dieser Dimensionen entscheidenden Einfluss auf den Folgezustand hat und somit als kausaler Faktor wirkt. Dies gilt schon im Sinne des ersten systematischen Kanons für kausale Analyse in (Mill 1973: 388 - 406), und ebenso für neuere begriffliche Ansätze in diesem Bereich, wie etwa (Suppes 1970), (Hofer 2015). Weniger klar ist dagegen, genau *welche* Wirkung dieser Faktor hervorruft.

Faktor 2: Eine Änderung des Wissenschaftssystems wird oft von anerkannten Problemen hervorgerufen, die zu neuen Möglichkeiten führen. Ein Problem ist möglich, wenn es an der begrifflichen Umgebung des Vorgängerzustands festgemacht wird. Das Problem muss formulierbar sein, und dies hängt vom Zustand der Theorien und der darin vorhandenen Begriffe ab. Genau wie beim Individuum Neues nur dann gelernt oder 'assimiliert' wird (Piaget und Inhelder 1941), (Piaget und Szeminska 1941) wenn das Neue gerade in der 'richtigen', 'greifbaren' Nähe zu den schon vorhandenen, intellektuellen Strukturen steht, werden im Wissenschaftsprozess neue Probleme nur dann formuliert und bearbeitet, wenn sie den 'richtigen' Abstand zu den vorhandenen Theorien haben. Von allen begrifflich möglichen Problemen werden immer nur einige wenige auch als relevante Probleme anerkannt und bearbeitet. Ihre Bearbeitung führt zu einer Zustandsänderung, wobei wir allerdings nicht sagen können, genau welche Änderung eintreten wird. So waren beispielsweise das begriffliche Problem, dass Elektrodynamik und klassische Mechanik verschiedene Invarianzen haben, und das empirische Problem, dass die räumlichen Positionen des Planeten *Merkur* nicht gut zu den theoretischen Bahnen der *Newton*schen Gravitationstheorie passten, wichtige Faktoren für die Entwicklung der speziellen, bzw. für die Durchsetzung der allgemeinen Relativitätstheorie.

Faktor 3: Die Natur der jeweils untersuchten Objekte und Systeme. Stabile und einfache Objekte, wie sie oft in der Physik untersucht werden, lassen sich schneller und mit mehr Erfolg erforschen, als veränderliche und komplexe Objekte, wie wir sie in den Sozialwissenschaften antreffen. Damit verknüpft sind auch Unterschiede in der Natur der Fakten. Bei stabilen, einfachen Objekten ist es leicht, viele Fakten zu erheben, bei veränderlichen, komplexen Objekten ist die Faktengewinnung ungleich schwieriger (siehe 3.2 und 3.3).

Faktor 4: Neue Methoden. Drei neue, allgemeine Methoden: Benutzung des Internets, Computersimulation und maschinelles Lernen, werden heute ständig verwendet. Es ist klar, dass alle drei dieser Methoden den Wissenschaftszustand stark ändern.

Daneben denken hier vor allem an spezielle Methoden, die zum Handwerkszeug bestimmter Disziplinen gehören: Methoden der Messung, des Experiments, der statistischen Analyse. Die Entwicklung neuer Messmethoden führt oft zu Änderungen auch in anderen Dimensionen, vor allem in der der Modelle. Die Erforschung eines ansonsten begrifflich 'reifen' und auch anerkannten Problems kann sich verzögern, wenn keine hinreichend präzisen Messmethoden bekannt sind. Als Beispiel sei das *Michelson-Morley* Experiment genannt, dem eine längere Phase der Diskussion auf rein begrifflicher Ebene voranging. Das Problem, ob ein Äther existiert, war schon vorher begrifflich reif und auch anerkannt, aber es fehlten die experimentellen Mittel und Ideen um relevante Fakten zu bestimmen.

Faktor 5: Die Charakterzüge von FoscherInnen, wie Ehrgeiz, Machtstreben, Geldgier, Streben nach Ruhm und Unsterblichkeit, aber auch Fähigkeiten wie Redekunst, Schnelligkeit in der Diskussion, Führungskraft und Überzeugungskraft. Ein schönes Beispiel ist hier *Newton*, dessen idiosynkratische Psyche und die aus ihr resultierende Forschungssucht wesentliche Bedingungen für seine wissenschaftlichen Entdeckungen waren (Schneider 1988). Zweitens spielt die Bildung und die Ausbildung der Individuen und ihr Kontakt zu anderen Disziplinen und Kulturen eine nicht zu unterschätzende Rolle. Wie *Thomas Kuhn* bemerkt, werden bahnbrechende Neuerungen in einer Disziplin oft von Personen eingeführt, die enge Kontakte zu einer anderen Disziplin unterhalten.

Faktor 6: Das ökonomische, das politische und das Medieninteresse. Diese Interessen stammen meist nicht aus der Wissenschaft, sondern aus den verschiedensten

Modetrends oder sonstigen, wie auch immer entstandenen Bedürfnissen, wie zum Beispiel dem zeitgenössischen Bedürfnis vieler Mitmenschen, reich zu werden, ihren Tod mit allerlei merkwürdigen Mitteln so lang wie möglich hinauszuschieben, oder unliebsame Menschen unter die Erde zu bringen. Solche Trends und Stimmungen schlagen sich im Zufluss oder im Ausbleiben von Forschungsmitteln nieder und sind heute ein wichtiger Faktor im Wissenschaftsprozess (Böhme, van den Daelen, Krohn 1972, 1973).

Faktor 7: Computernetze und verstreute Personen unterstützen den Forschungsprozess nicht nur, sondern treiben den Prozess auch aktiv voran. Es gibt inzwischen neben den reinen Hilfsprogrammen, wie etwa den 'Number-Crunchers', auch intelligente Programme, die zum Beispiel a) neue Theorien aus gegebenen Fakten konstruieren, b) vorhandene Theorien im Licht gegebener Fakten verbessern, c) neue Fakten und *fakes* erzeugen und d) dynamische Interaktionen verschiedenster Art simulieren oder ausführen.[3]

Bei all diesen Faktoren können wir zwar sagen, dass sie zu Veränderungen führen, aber nicht, genau *welche* Veränderungen sie bewirken. Eine bloße Aufzählung oder Typologie gibt wenig Aufschluss über die wissenschaftliche Entwicklung.

Die oben angedeuteten Charaktereigenschaften und Denkstile, lassen vermuten, dass selbst ganze Zustände des Wissenschaftssystems als Faktoren zu grob sein können. Einzelne *Handlungen* oder individuelle *Handlungsmuster*, die durchaus von Charaktereigenschaften und dem Denkstil mitbestimmt werden, können Zustandsänderungen beeinflussen. Das ist besonders deutlich bei berühmten Figuren, die uns in der Wissenschaftsgeschichte Hinweise auf kuriose Umstände bei ihren Entdeckungen geben.

Die Aufzählung und Abgrenzung verschiedener Dimensionen und Faktoren allein liefert kein befriedigendes Gesamtbild des Wissenschaftsprozesses. Ihre Zusammenfügung zu einem Modell setzt Kenntnisse ihrer Wechselwirkung und ihres Zusammenspiels voraus, von denen wir noch weit entfernt sind. Insbesondere ist derzeit ein erklärendes Modell für die Wissenschaftsentwicklung nicht einmal in Umrissen sichtbar.

## 1.3 Selbstorganisation in der Wissenschaft

Ein Ansatz für ein umfassendes, systemorientiertes Modell des Wissenschaftsprozesses entwickelte sich in der Soziologie (Krohn und Küppers, 1987, 1990) aus der Systemtheorie (Bertalanffy 1968) und der Biologie. Systeme, die sich selbst organisieren, wie Organismen, Zellen, aber auch soziale Gebilde, existieren in einer Umwelt, die von anderen Systemen gebildet wird. Zwischen dem System und sei-

---

3 Siehe für a) etwa das bahnbrechende Buch von (Langley, Simon, Bradshaw, Zytkow 1987), für b) (Glymour, Scheines, Spirtes, Kelley 1987), für c) etwa ChatGPT, und für d) die vielen Werke, die von (Abelson 1973) bis (Zollman 2011) reichen.

ner Umwelt bestehen Wechselwirkungen, die nach systemtheoretischem Muster in Schleifen von *Rückkoppelungen* ablaufen. Oft wird auch von 'Rekursion' gesprochen. In der Logik gibt es die *Rekursionstheorie*, siehe etwa (Shoenfield 1967: Chap. 7), die den Begriff der Rekursion klar formuliert.

Selbstorganisierende Systeme sind auf Selbsterhaltung ausgerichtet, die sie mittels zweier Strategien verfolgen. Einerseits rekonstruieren sie in ständiger Rückkoppelung ihre eigene, innere Struktur, andererseits versuchen sie aber auch, ihre Umwelt aktiv so zu verändern, dass sie in ihr und mit ihr möglichst gut zurechtkommen. Durch die rückgekoppelten Wechselwirkungen verändern sich sowohl das System intern, als auch die Systeme, die seine Umwelt bilden. Dabei können stabilere Phasen auftreten, in denen nur geringfügige Veränderungen stattfinden und sich das System in diesem Sinn mit den umgebenden Systemen im Gleichgewicht befindet. Die Wechselwirkungen zwischen dem System und seiner Umwelt definieren durch den 'Ort', die Art und die involvierten Objekte, den Rand des Systems, jenes Gebiet, das weder zur inneren Struktur des Systems, noch zum 'Inneren' eines umgebenden Systems gehört.

In Anwendung auf den Wissenschaftsprozess soll dieser als ein sich selbst organisierendes System verstanden werden. Systemelemente könnten beschrieben werden durch die in 1.2 angegebenen Faktoren und ihre Wechselwirkungen. *Krohn* und *Küppers* verfolgen jedoch einen eingeschränkteren Ansatz, nach dem als Elemente des Systems nur Personen, sowie deren Handlungen und die Wechselwirkungen zwischen den Handlungen zählen. Bei den Handlungen wird unterschieden zwischen *Forschungshandlungen* und *Wissenschaftshandlungen*.

Forschungshandlungen dienen dem direkten Ziel des Wissenserwerbs. Die wichtigsten Typen solcher Handlungen sind: Lesen, Anschauen, Nachdenken, Experimentieren, in der Gruppe diskutieren. Dabei subsumieren wir unter Nachdenken auch entsprechende Hilfstätigkeiten, wie Zeichen von Diagrammen, Computerprogramme ausführen, Notizen machen, Rechnen, Information sammeln.

Wissenschaftshandlungen sind demgegenüber Handlungen, die die Möglichkeiten zur Durchführung von Forschungshandlungen stabilisieren und verbessern. Diese Handlungen sichern das Umfeld für Forschungshandlungen ab und gestalten sie für die Forschung günstig. Einige typische Arten von Wissenschaftshandlungen sind: Vorträge halten, Verfassen von Zeitschriftenaufsätzen, Büchern und populären Darstellungen, Aktivitäten in der Wissenschaftspolitik und Forschungsplanung, Lehre, Kontakte mit praktischen Bereichen (Krohn und Küppers 1990: 314ff).

Durch Vorträge werden andere Wissenschaftler von den eigenen Ergebnissen informiert. Publikation von Zeitschriftenaufsätzen und Büchern dient neben der Information auch dem Aufbau der eigenen Reputation. Forschungsplanung erfolgt zum Beispiel in Institutionen, die Forschungsmittel im Auswahlverfahren und unter Konkurrenzbedingungen verteilen. Das Wissenschaftshandeln besteht hier unter anderem in der Auswahl von Projekten, die förderungswürdig sind, oder in der Festsetzung von Verteilungsschlüsseln nach Disziplinen oder kleineren Untereinheiten. Je weniger solche Entscheidungen am wissenschaftlichen Gehalt der Projekte interessiert sind, desto stärker geht Forschungsplanung in Wirtschaft und Politik über. Von der Seite der Wirtschaft herkommend sind Wissenschaftshandlungen schon jene, die einen gesellschaftlichen Bedarf an bestimmten Ergebnissen, oder einen Vorzug solcher Ergebnisse formulieren. Auch diese Handlungen werden in der Regel von WissenschaftlerInnen beeinflusst. Die Lehre dient dazu, qualifizierten Nachwuchs heranzubilden, der ohne Bruch in die jeweils vorhandenen Positionen hineinwachsen kann. Kontakte mit der Praxis finden im Bereich von Industrie, Gesundheits- und Erziehungswesen statt. Auch sie tragen zur Stabilisierung des Wissenschaftssystems bei, indem sie Anforderungen und Präferenzen aus dem Umfeld in das Wissenschaftssystem hineintragen. Populäre Darstellungen breiten sich heute meist durch das Internet aus. Auch viele wissenschaftliche Inhalte werden im Internet öffentlich dargestellt und diskutiert. In diesen Beiträgen kann Wissenschaft, oder bestimmte wissenschaftliche Themen, für die Gesellschaft wertvoll empfunden werden. Genauso gut kann die Wissenschaft im Internet aber auch verteufelt werden.

Forschungshandlungen lassen sich einerseits in Gruppen von Handlungen einteilen, andererseits sind diese Gruppen miteinander verwoben. Jeder Gruppe von Forschungshandlungen entspricht eine Gruppe von Forschern, eine *Forschungsgruppe*, bestehend aus den Personen, die die Forschungshandlungen ausführen. Forschungsgruppen weisen zwei Charakteristika auf. Erstens bestehen in den Wirkungsketten zwischen den Handlungen innerhalb einer solchen Gruppe Rückkopplungen. Die Handlung einer Person hat Wirkungen auf andere Personen in der Gruppe. Und die resultierenden Handlungen der anderen Personen beeinflussen wiederum die späteren Handlungen der ersten Person. Die Handlung einer Person beeinflusst damit auf dem Umweg über andere Gruppenmitglieder spätere Handlungen der gleichen Person. Das Phänomen an sich ist nicht ungewöhnlich und tritt auch in nicht-wissenschaftlichem Kontext auf. Speziell ist in Forschungsgruppen jedoch die durch theoretische Inhalte vermittelte Form solcher 'Selbstbeeinflussung'. Zweitens entwickeln Forschungsgruppen eine eigene Identität, die in den Überzeugungssystemen der Mitglieder repräsentiert wird. Die Personen haben ein Bild der eigenen Gruppe, das mit Bildern der anderen Gruppen kontrastiert; sie haben ein entsprechendes 'Wir'-Gefühl. Die Identität der Forschungsgruppe drückt sich oft in einem eigenen Stil aus. Die Terminologie, aber auch bestimmte Sicht- und Lösungsweisen von Problemen, bilden sich innerhalb der Gruppe in spezieller Weise aus (Fleck 1980), (Kuhn 1970).

Während Forschungshandlungen sich so über Forschungsgruppen immerhin ansatzweise systematisieren lassen, herrscht bei den Wissenschaftshandlungen eine große Vielfalt vor. Die augenfälligste Wirkung von Wissenschaftshandlungen besteht im Aufbau und dem Erhalt verschiedenartiger Institutionen, angefangen von Universitäten, über Forschungslabors der Industrie bis zu Institutionen der Wissenschaftsförderung, zum Informationsaustausch (Zeitschriften, Verlage), zur Kontaktaufnahme mit der Industrie, oder zur Beratung der Politik (Wissenschaftsrat). Die Systematisierung dieser Institutionen bietet der Wissenschaftsforschung ein reiches Betätigungsfeld. Neben den fest institutionalisierten Handlungskomplexen existiert aber auch ein weiter Bereich von 'sonstigen' Wissenschaftshandlungen, die sich aus der jeweiligen Situation eines Wissenschaftlers mehr oder weniger zufällig ergeben. Er kann einen Industriellen kennenlernen, der sich für seine Forschungen erwärmt und Mittel als Spende oder Stiftung bereitstellt, oder einen Journalisten, der über seine Forschungen berichtet, oder einen Politiker, der Einfluss auf Förderinstitutionen hat.

Insgesamt besteht der Wissenschaftsprozess aus zwei Hauptkomponenten: dem Kernbereich von Forschungsgruppen, in denen die auf Wissensvermehrung abzielende Forschung stattfindet, und dem aus Wissenschaftshandlungen bestehenden Rand, in dem das institutionelle und gesellschaftliche Umfeld so strukturiert wird, dass der Kernbereich möglichst erhalten und weiter ausgebaut werden kann.

Dieses systemtheoretische Modell kann als Rahmen für weitere Untersuchungen von Wissenschaftsprozessen auf sozialer Ebene dienen. Eine *Erklärung* solcher Prozesse ist allerdings – ähnlich wie in 1.2 – nicht zu sehen.

## 1.4 Wissen

Schon lange bevor die Wissenschaftstheorie entstand, machten sich Philosophen Gedanken über Wissen und Erkenntnis im allgemeinen, d.h. nicht nur beschränkt auf Wissenschaft. Die Wissenschaftstheorie knüpfte in ihrer Entwicklung an diese Gedanken an, so dass einige Bemerkungen über den Begriff des Wissens im allgemeinen das Verständnis der folgenden, speziell wissenschaftstheoretischen Modelle erleichtern dürfte (Lauth und Sareiter 2002).

Nach der am weitest verbreiteten Vorstellung besteht das Wissen einer Person aus den wahren Sätzen, die die Person für richtig hält und für deren Richtigkeit sie gute Gründe hat. Diese Charakterisierung ist nicht besonders präzise. Bis heute streiten sich Philosophen darüber, was die Wahrheit eines Satzes bedeutet, und Philosophen und Psychologen, ob Glauben oder Überzeugung (Habermas 1973), (Puntel 1983), (Davidson 1990)[4] ('für richtig halten'), durch eine rein dispositionale Auffassung adäquat erfasst wird. Noch weniger klar ist der Begriff der 'guten Gründe'.

In den Sozialwissenschaften scheint diese, auf ein Individuum zugeschnittene 'Definition' des Wissens zunächst völlig unzureichend, weil dort Wissen mehr als soziales Phänomen, denn als individuelle Disposition gesehen wird. Die angegebene, 'individualistische' Version hat jedoch ihre Vorzüge. Sie impliziert keineswegs, dass Wissen ein rein individuelles Phänomen ist. Bei genauerer Betrachtung zeigt sich, dass alle vier genannten Ingredienzien des Wissens eine ausgeprägt soziale Komponente haben.

Die erste soziale Komponente des Wissens besteht aus Sprachen. Wissen wird durch Sätze oder Äußerungen ausgedrückt. Sätze sind in einer Sprache formuliert.

---

4 Im Deutschen – auch im Englischen – hat das Verb 'glauben' ('believe') eine stark religiöse Färbung. Im vorliegenden Kontext ist es jedoch gleichbedeutend mit 'überzeugt sein'. Wir folgen dem englischen Gebrauch und klammern die religiöse Seite einfach aus.

Sprache aber ist ein soziales Phänomen. Es impliziert Übereinkunft von Individuen einer Gruppe im Gebrauch von Lauten oder Schriftzeichen (Balzer 1999). In der Internetwelt werden Bilder und Bildsequenzen auch wieder mehr in die Sprache integriert.

Die zweite soziale Komponente des Wissens betrifft den Wahrheitsbegriff. Gewusste Sätze sollen wahr sein. Auch Wahrheit ist ein soziales Phänomen. Wahrheit impliziert unter anderem, dass die Individuen einer Gruppe einem Satz normalerweise zustimmen oder ablehnen. Dieses Phänomen wird durch das Internet weiter verstärkt.

Die dritte soziale Komponente beinhaltet die Entstehung von Überzeugungen von Personen. Bestimmte Personen meinen, bestimmte Sätze seien richtig. Auch der Prozess der Entstehung einer Überzeugung wird durch das Internet stark begünstigt.

In behavioristischer Redeweise ist Glaube eine Disposition, in bestimmten Situationen in sprachgeleiteter Weise, etwa durch Zustimmung oder Ablehnung zu reagieren. Dies gilt nicht nur für Beobachtungssätze (Quine 1960) sondern auch für hochtheoretische Sätze, wie etwa das zweite *Newton*sche Axiom: 'Kraft gleich Masse mal Beschleunigung'. Auch dieser Satz ruft Reaktionen der Zustimmung oder Ablehnung hervor, je nach sprachlichem Kontext. Etwas glauben ist eine propositionale Einstellung, eine Einstellung gegenüber Ausdrücken, die in der allgemeinen Form: 'ich glaube, dass A' (mit einem geeigneten Satz A) zum Ausdruck kommt. Propositionale Einstellungen sind wesentlich durch die Sprache bestimmt, schon deshalb, weil sie sehr stark von der jeweiligen sprachlichen Formulierung des Ausdrucks A abhängen. Was in einer Formulierung geglaubt wird ('ich wollte den Einbrecher niederschießen'), stösst in anderer Formulierung ('ich wollte meinen betrunkenen Freund niederschießen') auf Ablehnung. Situationen, in denen das Glauben einer Person relevant ist, haben deshalb in der Regel einen sprachlichen und damit sozialen Hintergrund.

Auch die letzte und für uns im folgenden, wichtigste Komponente des Wissens, nämlich, dass es gute Gründe für das Gewusste gibt, hat einen starken sozialen Einschlag. In erster Näherung können wir zweierlei Arten von guten Gründen ausmachen. Einmal liegen gute Gründe für einen gewussten Satz vor, wenn dieser ein Teil eines gut bestätigten Systems von Sätzen ist. Die zweite Art guter Gründe liegt in der sozialen Stellung der Person, die den Satz äußert. Wenn die Person vertrauenswürdig oder mächtig ist, hat der von ihr geäußerte Satz von vornherein einen Bonus. 'Vertrauenswürdig' beinhaltet ja, dass die Person den Satz nicht ohne Grund geäußert hat und 'mächtig', dass man Schwierigkeiten bekommt, wenn man den Satz in Frage stellt. Auch eine verstreute Person hat heute einen ähnlich hohen Status.

Gute Gründe der zweiten, machtorientierten Art finden wir in großer Zahl; sie normativ auszuschließen wäre wirklichkeitsfremd. Zur Einschätzung ihrer Rolle kann auf die Existenz von Gruppen hingewiesen werden, in denen die wissenschaftliche Denk- und Lebensweise praktisch unbekannt ist (oder war), wie etwa steinzeitlich lebende Stämme in Neu-Guinea, oder stark magisch orientierte Stämme, wie die *Azande* (Evans-Pritchard 1937). Auch in den 'fortschrittlichen', hochtechnisierten Massengesellschaften spielen gute Gründe dieser Art eine große Rolle im Bereich des Religiösen: 'Ich *weiss*, dass mein Erlöser lebt'.

Für wissenschaftliches Wissen sind gute Gründe der ersten Art ('Bestätigung') zentral, obwohl in der Lehre vielfach der Lehrerin als Vertrauensperson gute Gründe der zweiten Art zugestanden werden. Der Begriff der Bestätigung ist allerdings in keinem befriedigenden Zustand, sondern selbst Gegenstand der wissenschaftstheoretischen Fachdiskussion. Auf einer sehr allgemeinen Ebene (siehe 5.7) lässt sich feststellen, dass mindestens drei, sich teilweise überlappende Arten von Bedingungen für den Bestätigungsbegriff einschlägig sind.

Erstens hat Bestätigung etwas mit Einheit ('Kohärenz') zu tun. Ein Satz ist in gewissem Grad bestätigt, wenn er zu einem einheitlichen System von Sätzen gehört. Einheit kann dabei ihrerseits verschiedene 'Grade' oder Formen annehmen. Die schwächste Form von Einheit einer Satzmenge besteht in deren Konsistenz: aus den Sätzen der Menge darf kein Widerspruch ableitbar sein. Auf der anderen Seite liegt Einheit der stärksten Art vor, wenn das Satzsystem formal mit einer kleinen Anzahl von Grundbegriffen und Hypothesen axiomatisierbar ist. Alle Sätze lassen sich dann aus einigen wenigen, überschaubaren Axiomen ableiten. Diese Art von Bestätigung hat keinen sozialen Hintergrund und ein solcher Satz braucht auch keinen empirischen Bezug zu haben. Auch Mengen logisch wahrer Sätze wären in diesem Sinn bestätigt.

Eine zweite Bedingung für Bestätigung bringt uns näher an die Erfahrungssätze. Ein Satzsystem und damit jeder Satz aus diesem System ist in gewissem Grad bestätigt, wenn das System ein Teilsystem von atomaren Sätzen enthält und die 'restlichen' Sätze mit den atomaren im gegebenen Grad zusammenpassen (siehe 5.1). Die atomaren Sätze stehen dabei für Fakten oder Beobachtungssätze, über die sich eine Gruppe einig ist. Der durch die Interpretation der atomaren Sätze als Fakten hergestellte empirische Bezug führt zugleich wieder in soziale Bereiche. Was Fakten oder Beobachtungssätze sind, hängt auch vom Übereinkommen in einer Gruppe ab. All dies gilt leider auch für Gruppen, die in einer Internetblase leben.

Die dritte Bedingung für Bestätigung geht noch weiter ins Soziale. Sie besagt, dass ein Satzsystem in gewissem Grad bestätigt ist, wenn es sich in der Praxis einer Gruppe als Werkzeug in diesem Grad bewährt. Bewährung im Technischen, im Machbaren oder im Profitablen, die Erreichung gesetzter, materieller Ziele, rückt dabei häufig in den Vordergrund und verdrängt eine andere Art der praktischen Bewährung, die in der Erhaltung eines stabilen und für die Beteiligten erträglichen – oder gar: angenehmeren – sozialen Systems besteht.

Die Details des so nur kurz beschriebenen Wissensbegriffs sind hier nicht vordringlich. Es kommt zunächst darauf an, die soziale Verankerung hervorzuheben, die in allen Bedingungen (mit Ausnahme der axiomatischen Kohärenz) zum Vorschein kommt. Sie zeigt, dass die Charakterisierung von Wissen pragmatische Komponenten enthalten muss. Und was für Wissen gilt, gilt auch für Wissenschaft. Wir können nicht erwarten, dass sich die Begriffe von Wissenschaft, wissenschaftlicher Methode und wissenschaftlicher Weltsicht völlig unabhängig vom sozialen Hintergrund charakterisieren und von ihren Gegenstücken abgrenzen lassen (Balzer 2003).

## 1.5 Wege der Wissenschaft, der Offenbarung und anderer Wege

Es gibt verschiedene Wege, die Welt und das Leben zu erklären. In diesen Wegen spielen begriffliche Repräsentationen eine zentrale Rolle. Neben der Wissenschaft gibt es andere, alternative Arten, der Welterklärung. In all diesen Wegen geht es auch darum, den Grad festgelegt, zu dem Sätze in einer Gruppe für richtig gehalten werden: den *Glaubensgrad*. Über die wissenschaftlichen Wege werden wir im Folgenden viel sagen. Die alternativen Wege werden wir dagegen hier nur kurz skizzieren.

Nach einer ersten alternativen Art der Festlegung wird der Glaubensgrad eines Satzes per Dekret angeordnet. Dies geschieht in Gesellschaften mit totalitärer Herrschaft, in denen neben den materiellen Verhältnissen auch das Denken unter Kontrolle der Herrschenden gebracht ist. Die Sätze, die nach diesem 'Mechanismus' geglaubt werden, nennen wir *doktrinäres Wissen*.

Der zweite Weg zur Festlegung von Glaubensgraden erfolgt in der Pseudowissenschaft. Dort gibt es zwei Prozesse, in denen sich Glaubensgrade entwickeln können. Erstens werden, um die Anerkennung bestimmter Sätze zu erreichen, vieldeutige 'Theorien' konstruiert, mit denen praktisch alle Sätze, die in einem Vokabular formulierbar sind, erklärt werden können. Zweitens kann eine 'Theorie' im Internet vorgestellt werden, deren Quasi-Fakten *alle* nur aus dem Internet stammen. Es ist möglich, dass all diese Quasi-Fakten nicht mit echten Fakten in Berührung kommen. Alle Mitglieder, die dieser 'Theorie' anhängen, leben in ihrer Internetblase.

Ein dritter Weg ist der der Offenbarung. Hier benutzt eine Person Berichte über ihre tatsächlichen oder vermeintlichen, 'inneren' Erlebnisse dazu, die Überzeugungen der anderen Individuen in bestimmter Weise zu verändern. In der Religion heisst es, die Anderen würden zum 'rechten Glauben' bekehrt.

Die Wissenschaft kann von diesen Alternativen deutlich abgegrenzt werden. In einem Fall kann die Abgrenzung allein durch Form und Struktur erfolgen. In den anderen Fällen, ist dies allerdings nur durch Bezug auf Formen der sozialen Interaktion möglich.

Eine Abgrenzung einer vieldeutigen Theorie kann formal erfolgen. Pseudowissenschaftliche, vieldeutige Theorien sind nicht widerlegbar, sie können *alle*, in einem bestimmten Vokabular möglichen Sätze erklären. 'Theorien' solcher Art sind, genau wie logisch inkonsistente Theorien, praktisch nutzlos. Eine Theorie, die alles erklärt, hat keinen Erklärungswert. Ein Beispiel wäre die Theorie von *Ptolemäus*, mit der *jede* Planetenbahn erklärt werden konnte.

Eine pseudowissenschaftliche Theorie, die nur auf Quasi-Fakten aus dem Internet beruht, lässt sich formal nicht abgrenzen. Viele Quasi-Fakten, die im Internet – und in anderen Netzen – existieren, sind echte Fakten, die auch in der 'vollen'

## 1.5 Wege der Wissenschaft, der Offenbarung und anderer Wege

Wirklichkeit zu finden sind (Kapitel 3). Im allgemeinen können wir nur sagen, dass Quasi-Fakten, die mit echten Fakten kollidieren, mit großer Wahrscheinlichkeit durch Menschen und Computer erzeugt wurden, um bestimmte ökonomische oder politische Ziele zu verfolgen.

Auch die Wege der Offenbarung und der Dokrination führen ins Soziale. In der Wissenschaft bleibt es dagegen jeder einzelnen Person überlassen, die Richtigkeit eines Satzes durch eigenes Urteil, eigene Wahrnehmung und eigene Erfahrung zu überprüfen. Jede einzelne Person, die sich für wissenschaftliche Sätze interessiert, kann sich mit Hilfe des eigenen Verstandes und der eigenen Erfahrung ein Urteil bilden. Von der Richtigkeit wissenschaftlichen Wissens braucht man nicht durch Überredung, Propaganda oder Polizeikontrolle überzeugt zu werden. Der Mensch kommt im Prinzip ohne diese 'Hilfen' aus. Dies impliziert aber *nicht*, dass die Person bestimmte, wissenschaftlich anerkannte Sätze als richtig einsieht und annimmt. Dies hängt auch von anderen Bedingungen ab, vor allem von dem Erkenntnisinteresse (Habermas 1968) der Person. Bei doktrinärem Wissen ist die Überprüfung durch den Einzelnen verboten und bei offenbartem Wissen ist sie auch unter noch so gutem Vorsatz nicht möglich. Offenbarung ist eine Episode im Inneren des Erleuchteten und entzieht sich der Erfahrung durch Andere. Der Erwerb von doktrinärem Wissen und von Offenbarungswissen lässt sich also klar von echtem Wissen abgrenzen.

Ein Satz oder eine andere Äußerung kann in verschiedenen Graden offenbart werden. Ein solcher Grad hängt insbesondere auch davon ab, wie wichtig der Satz für eine Person ist. Und dies hängt wiederum davon ab, an welcher Stelle der Satz im Überzeugungssystem der Person zu finden ist. Liegt der Satz 'an der Oberfläche', so dass er wenig Einfluss auf andere Sätze hat, oder liegt er 'in der Tiefe', so dass er viele andere Überzeugungen betrifft. Es gibt Sätze, der für das Weltbild der Person wichtig sind und es gibt Sätze, der in der Werbung für ein Konsumprodukt ständig wiederholt werden. In beiden Fällen wird etwas 'offenbart', aber der Einfluss ist im zweiten Fall normalerweise nicht so stark.

Wieder besteht hier die Gefahr, nur auf eine Person zu schauen und so zu tun, als ob es keine weiteren Menschen gäbe. Natürlich setzt die angegebene Abgrenzung ein soziales Umfeld voraus. Die Person lebt in einer Gruppe und spricht deren Sprache. Durch den Spracherwerb wird die Richtigkeit vieler Sätze mitbestimmt, die in die Überprüfung wissenschaftlicher Sätze eingehen. Dies ist besonders klar zu sehen bei Theorien, deren Vokabular Wörter aus der Alltagssprache enthält, wie 'ist grün' oder 'ist grösser als'. Der soziale Prozess, in dem die Person lernt, Sätze der Form 'X ist grün' korrekt zu äussern, könnte ja in anderen Gruppen zu Sätzen der Form 'X ist rot' führen, so dass eine Person bei gleicher Wahrnehmung in der einen Gruppe korrekterweise 'X ist grün', in der anderen Gruppe 'X ist rot' sagen müsste und im letzten Fall, wenn sie einige Grundregeln über Farbausdrücke gelernt hat, auch: 'X ist nicht grün'. Die Richtigkeit solcher Basissätze hängt also nicht nur von der jeweils wahrgenommenen Situation ab, sondern auch davon, welche sprachlichen Ausdrücke in der Gruppe mehr oder weniger evolutionär benutzt werden. Aber auch bei Theorien, deren Vokabular keine Alltagsausdrücke enthält, muss die Überprüfung atomarer Sätze irgendwo an umgangssprachliche Ausdrücke angebunden sein. Die individuelle Überprüfung wissenschaftlicher Sätze setzt also über die Sprache bestimmte vorgängige, in der Gruppe befolgte Konventionen voraus. Die obige Abgrenzung von wissenschaftlichem Wissen ist relativ zu einer gegebenen Sprache definiert. Auf der Grundlage der durch eine Sprache gegebenen Konventionen und Wahrheitswerten für alltägliche Sätze ist die Person aufgefordert, sich von der Richtigkeit wissenschaftlicher Sätze durch eigene Prüfung zu überzeugen. Der Punkt ist, dass ihr auch diese, relative Überprüfung, bei doktrinärem oder offenbartem Wissen versagt bleibt. Die Frage, ob wissenschaftliches Wissen durch eine Einzelperson ohne Bezug auf einen sozialen Hintergrund als gültig erkannt werden kann, stellt sich bei genauerer Analyse als nicht sehr sinnvoll heraus.

*Wie* eine Person eine solche Überprüfung angeht, bleibt dabei ganz offen. Die Wahl 'ihrer' Methoden bleibt ihr freigestellt. Jedenfalls hängt die Abgrenzung der Wissenschaft in diesem Punkt nicht von der Wahl 'wissenschaftlicher' Methoden ab; das würde die Abgrenzung zirkelhaft machen. Allerdings ist weitere Anleitung durch bereits Wissende zulässig, wenn dabei in jedem Schritt das Urteil der nichtwissenden Person überlassen bleibt. Natürlich gibt es eine Fülle verschiedener Methoden, nach denen eine Person vorgehen kann. Die genauere Analyse solcher Methoden ist Sache der Wissenschaftstheorie (siehe Kapitel 5).

Heutzutage ist die Überprüfung wissenschaftlicher Sätze durch eine einzelne Person in vielen Fällen nur noch prinzipiell möglich. Die wirkliche Überprüfung würde die Kraft der Person übersteigen und ohne spezielle Hilfestellung von wissenschaftlicher Seite nicht gelingen. Die Überprüfung erfordert ja bei gesetzesartigen Aussagen einen Vergleich mit den zur Verfügung stehenden Fakten, die erst einmal aus den verstreuten Quellen zusammengetragen werden müssen. Dann ist aber auch für jedes einzelne Faktum dessen Entstehung und Gültigkeit zu prüfen, was in äußerst komplexe Bereiche führen kann.[5] In der Praxis wird eine Person, sofern sie nicht forscht, die Überprüfung nur so weit vorantreiben, bis die Zuverlässigkeit von vorliegenden Angaben für sie deutlich wird.

All dies gilt auch für den Einsatz von Internetanwendungen ('Apps'), wie zum Beispiel von Programmen aus der Familie der *Large Language Models* LLM. Diese Programme waren nur in der Anfangsphase öffentlich zugänglich. So wie ein kapitalstarker Internet-Gigant auf solche Programme aufmerksam wird, kommt das Patentrecht und die Geheimhaltung ins Spiel.

Die beschriebene Abgrenzung erhebt keinerlei Anspruch darauf, den Prozess der Weitergabe und des Erwerbs von Wissen realistisch darzustellen. Den Kindern wird wissenschaftliches und alltägliches Wissen gleichermassen eingetrichtert, auch wenn wir die Anstrengungen einzelner LehrerInnen zur Förderung der Urteilskraft der Kinder anerkennen. Es scheint wenig sinnvoll, in der Schule wissenschaftliches von praktischem oder alltäglichem Wissen zu trennen. Und es ist zweifelhaft, ob

---

5 Vergleiche die noch ziemlich harmlose Bestimmung der Lichtgeschwindigkeit durch *O. Roemer* im Jahre 1676, (Balzer und Wollmershäuser 1986), in die nicht weniger als 12 verschiedene Gesetze und zwar in wiederholten Malen (insgesamt 38 mal) eingehen.

## 1.5 Wege der Wissenschaft, der Offenbarung und anderer Wege

alltägliches Wissen den Kindern in folgender Weise beigebracht werden könnte: durch Vorlage eines Sachverhaltes muss die anschliessende Beurteilung dem Kind überlassen werden. All dies rührt jedoch in keinerlei Weise an unserer Abgrenzung. Eine Person, die das entsprechende Interesse hat, kann sich von der Richtigkeit wissenschaftlicher Sätze selbst überzeugen. Da den Kindern in ihren ersten Lebensjahren dies Interesse in der Regel fehlt und in der Gesellschaft trotzdem der Wunsch besteht, ihnen solches Wissen beizubringen, muss bei ihnen anders verfahren werden.

In der Realität finden wir denn auch Aktivitäten der Überprüfung hauptsächlich in der Forschung, wo einerseits die Ergebnisse rivalisierender Ansätze kritisch geprüft werden, andererseits aber auch im Zuge eigener, neuer Ergebnisse die vorhandene Wissensbasis, von der diese ausgingen, kritisch überdacht wird. In der akademischen Lehre ist dagegen das Ideal des selbständig denkenden Studenten leider nicht die durchgängige Regel.

Mit Hinweis auf neuere Ansätze in der Wissenschaftsforschung (Gläser 2006) liegt der Einwand nahe, unser Abgrenzungskriterium gehe von *Popper*schen oder empiristischen Vorstellungen aus und sei durch die genannten, neueren Entwicklungen schon 'widerlegt'. Dazu ist zweierlei zu sagen. Erstens hat die Wissenschaftstheorie bereits den 'Gang der sicheren Wissenschaft' eingeschlagen, für den es charakteristisch ist, dass ältere, 'überholte' Ansätze nicht für schlichtweg falsch angesehen werden, sondern als in gewissen Grenzen durchaus richtig und nur außerhalb dieser Grenzen verbesserungsbedürftig. Genau dies gilt auch für das Verhältnis der neueren Wissenschaftstheorie zu früheren Ansätzen. Der Einwand, man übernehme Gedanken aus einer überholten Theorie, impliziert damit *nicht*, dass auch all diese Gedanken schon überholt sind. Er zeigt im Gegenteil, dass diese Gedanken Teil einer wissenschaftlichen Tradition sind, die kurzlebige Modetrends durchaus überleben und auch teilweise assimiliert werden können. Zweitens ist jedoch zu betonen, dass der genannte Einwand völlig fehlgeht. Das formulierte Abgrenzungskriterium hat *nichts* mit Wissenschaftslogik und wissenschaftlichen Methoden zu tun, es ist völlig neutral in der Frage, wie die Person ihre Überprüfung vornimmt. Im Kriterium ist die Rede von der sozialen Interaktion einer 'wissenden' Person (oder Gruppe) mit einer anderen, noch nicht Wissenden. Im wissenschaftlichen Fall breitet die wissende Person ihr Wissen einschließlich der Wege, einschlägige Erfahrungen zu sammeln, vor der nicht wissenden Person aus und überlässt es dieser, sich eine Überzeugung zu bilden. Bei doktrinärem Wissen wird die Überzeugung der nicht wissenden Person durch Drohungen und bei offenbartem Wissen durch Versprechungen von außen geprägt. Auch der Verweis auf die Existenz von Propaganda und geistigen 'Kämpfen' unter den Wissenschaftlern ändert nichts an unserer Unterscheidung. Wissenschaftler sind Menschen und haben daher die bekannten persönlichen Triebe und Wünsche. In einem Umfeld, wo Egoismus und Nutzen ideologisch als das bestmögliche Verhalten gepriesen wird, ist es nicht verwunderlich, wenn auch die Wissenschaftler ihrem persönlichen Nutzen nachgehen. Es mag auch sein, dass manche Individuen entgegen ihrer eigenen Einsicht Ergebnisse aus gegnerischen Gruppen nicht öffentlich akzeptieren. Wenn die Ergebnisse öffentlich sind, ist dies jedoch eine zumindest langfristig bedeutungslose Trotzhaltung.

Unsere Abgrenzung der Wissenschaft räumt der Wissenschaft eine eindeutige Sonderstellung ein. Der Mitmensch und die Mitwissenschaftlerin wird als gleichberechtigt und unabhängig bei der Beurteilung wissenschaftlichen Wissens anerkannt. Der Mitmensch soll sich selbst seine Meinung bilden, sich *in Punkto* Wissen selbst bestimmen. Diese Grundhaltung ist Teil der umfassenderen Idee der Aufklärung als einer Befreiung von Zwängen verschiedener Art, hier insbesondere vom Zwang, den Glauben anderer Menschen übernehmen zu müssen (Kant 1964).

## 1.6 Internet[6]

Die Wissenschaft ist inzwischen nicht nur von Sprachen und Geldgebern abhängig, sondern auch vom Internet und anderen Netzwerken. In Europa gibt es zum Beispiel das Forschungsnetzwerk *Géant*, in dem die nationalen Forschungsnetze verbunden sind.

Das Internet besteht materiell aus einem globalen Zusammenschluss regionaler Computernetzwerke. Sogenannte *Internetknoten* verbinden die regionalen Computernetzwerke zum globalen Internet. Der weltweit größte Internetknoten befindet sind in Frankfurt, wo mehr als 3000 Netze angeschlossen sind. Damit der Datenaustausch zwischen den im Internet zusammengeschlossenen regionalen Netzen funktioniert, sind Regeln und standardisierte Verfahren notwendig. Wichtige Organisationen, die diese Regeln und Verfahren erstellen und den Betrieb und die Weiterentwicklung des Internets koordinieren, sind die *Internet Society*, die *Internet Corporation for Assigned Names and Numbers* (ICANN), die *Internet Engineering Task Force* (IETF) und das *World Wide Web Consortium* (W3C).

W3C ist eine öffentliche Organisation; sie hat mehr als 400 Mitglieder: Unternehmen, Staaten, Vereine. Sie standardisiert die grundlegenden Techniken, wie etwa HTML und XML. In Deutschland und Österreich hat W3C ein Büro bei der DFKI in Berlin. Die Internet Society informiert, verbreitet und entwickelt die Internetinfrastruktur weiter etwa: IPv4, IPv6. Sie ist ebenfalls eine öffentliche Organisation; sie hat mehr als 100 000 Mitglieder. Der deutsche Ableger ist die deutsche Internet Society in Grasbrunn. ICANN koordiniert gemeinnützig die Vergabe und Verwaltung von global eindeutigen Internetadressen (IP-Adressen und Domäne-Namen). IETF schliesslich entwickelt und standardisiert Übertragungsprotokolle und Funktionen, die für den Betrieb der Intrastrukturen notwenig sind. IETF ist rechtlich ein US-Unternehmen mit beschränkter Haftung – ähnlich wie eine deutsche GmbH.

Bei regionalen Netzen wird unterschieden zwischen der Infrastruktur des Netzes und den Diensten, die den Kunden angeboten werden. Anders gesagt, wird zwischen

---

6 Bei der Formulierung der Abschnitte 1.6 und 2.14 hat mir Joseph Urban sehr hilfreich zur Seite gestanden.

## 1.6 Internet

Netzbetreibern und Internetanbietern unterschieden. Die Infrastruktur beinhaltet den Aufbau und das Betreiben des Netzes, die Dienste dagegen bieten den Kunden Zugänge – Anschlüsse – an das regionale Netz, und andere Dienste an.

Es gibt große, kleine, private und staatliche Unternehmen, die die Infrastruktur eines Netzes aufbauen und betreiben. Die Netzbetreiber können auch Anschlüsse anbieten. Telekom ist zum Beispiel Netzbetreiber, der auch Internetdienste anbietet. Kleinere Firmen bieten nur Zugänge an; sie betreiben keine eigenen Netzes. Heute unterhält oft auch eine Person ein lokales Netz, sein 'Home-Netz', in dem sein Computer, seine Laptops und Smartphones vernetzt sind.

Ein Internetanbieter gibt dem Kunden eine Kennung, ein Passwort und eine öffentliche IP-Adresse, die den Computer, das Handy oder das Smartphone des Kunden identifiziert. Dadurch bekommt der Kunde einen Zugang zum Internet. Technisch, kann der Zugang durch einen Kabelanschluss oder durch Funk erfolgen. Juristisch wird unter anderem geregelt, wieviel der Unterhalt zum Zugang dem Kunden kostet.

Neben der Bereitstellung des Internetzugangs spielen heute weitere Dienste und 'Produkte' eine immer wichtigere Rolle. Ein solcher Dienst stellt zum Beispiel einen 'Server' (einen Computer, der am Netz hängt) bereit, mit dessen Hilfe der Kunde Emails senden und empfangen kann. Ein anderer Dienst unterhält einen Server, der Webseiten 'hostet' ('bewirtet'). Der Kunde erstellt 'seine' Webseite, die dann durch den Server gehostet wird, so dass andere Internetbetrachter die Webseite betrachten können. Im Prinzip kann ein Kunden auch einen eigenen Email-Server oder Webserver betreiben, was allerdings entsprechendes Wissen erfordert.

In einem Endcomputer wird ein spezielles Programm, der *Browser*, der 'Stöberer', installiert. Mit diesem Programm können Webseiten gesucht und angeschaut werden. Da es inzwischen unzählige Webseiten gibt, entwickelten sich Suchmaschinen, die die Suche nach einer bestimmten Webseite oder einem Thema, das in der Webseite behandelt wird, erleichtern. Da diese Suchmaschinen von Privatunternehmen unterhalten werden, wird eine Suche vom Inhalt und vom ökonomischen Profit der Suchmaschine abhängig. Weitere Dienste bieten Möglichkeiten der Unterhaltung in Personengruppen an. Die Personen können in einer solchen Gruppe diskutieren, Meinungen oder Bilder austauschen, Information weitergeben.

Durch das Internet ist Kommunikation zwischen Menschen möglich, die sich an völlig verschiedenen Stellen der Erde befinden. Sie können (fast) gleichzeitig reden, hören, sehen und schreiben. Zwischen dem normalen menschlichen Hören, Sehen und Sprechen werden weitere Prozesse dazwischen geschoben. Hören, Sehen und Sprechen wird durch Mikrophone, Lautsprecher und Videokameras durch Computerprogramme digitalisiert, in elektrische Informationen und Bitsequenzen umgewandelt, an einer ersten Stelle in das Internet eingegeben und an einer anderen Stelle wieder in die drei genannten menschlichen Tätigkeiten transformiert. Dadurch können sich zwei – oder mehrere – Personen *quasi* normal unterhalten und diskutiert. Damit wird das Verständnis zwischen WissenschaftlerInnen schneller und leichter.

Durch das Internet wurde es möglich, Forschungshandlungen viel schneller auszuführen als früher. Eine Forscherin kann erstens bei ihrer Arbeit nachschauen, ob sie einen Begriff, ein Thema, eine Frage im Internet findet. Durch die Suchmaschinen findet sie Webseiten, in denen der Begriff, das Thema, die Frage eine Rolle spielt. Die Forscherin kann oft einen für sie inhaltlich neuen Aspekt entdecken. In diesem Fall kann sie diesen Aspekt in ihrer Arbeit erwähnen oder einbauen. Wenn der Inhalt für sie nicht neu ist, kann sie ihn mit ihrem Wissen abgleichen und eventuell erwähnen, um Plagiatsvorwürfen vorzubeugen. Zweitens kann der Forscher seine eigenen Resultate öffentlich machen – soweit dies juristisch möglich ist. Er kann zum Beispiel eine eigene Website unterhalten, in der sein Profil, seine Werke und seine Verbindungen dargestellt werden. Er wirbt für sich. Er kann bestimmte Texte oder Inhalte auch nur an bestimmte, natürliche oder juristische Personen richten. Drittens wird heutzutage der Briefverkehr in der Wissenschaft per Internet abgewickelt. Dadurch entstehen vielfältige Korrespondenzen. Inzwischen werden auch Telefongespräche immer mehr durch Internetgespräche ersetzt. Die Kommunikation erfolgt dadurch effektiver.

Die genannten Vorteile haben aber auch ihre unangenehmen Aspekte. Erstens ist ein elektronischer Brief (neudeutsch: Email) oder ein Gespräch in großem Maße öffentlich. Verschiedene Abgreifmethoden sind bekannt und je nach Methode ist es schwer oder unmöglich, den Inhalt einer Email privat zu halten. Der Absender kann die Email verschlüsseln. Dazu wird der Inhalt zunächst übersetzt, so dass die Regeln der natürlichen Sprachen nicht mehr greifen. Der Inhalt wird in eine 'Privatsprache' übersetzt, die gerade generiert wurde. Beim Empfänger wird der Inhalt wieder in eine normale Sprache umgewandelt. Es ist aber klar, dass der Supercomputer einer global wichtigen Institution die Verschlüsselungsverfahren knacken kann.

Methoden der Verschlüsselung gab es schon immer und Personen aus einer feindlichen Gruppe konnten immer den Verschlüsselungscode schließlich knacken. 'Früher' war dies allerdings etwas aufwendiger. Um Briefe öffnen zu lassen, mussten relativ viele Menschen beschäftigt werden. Heute wird die Entschlüsselung durch Computer erledig. Nur die jeweilige Verschlüsselungstechnik muss noch von Menschen 'entdeckt' werden. 'Früher' versuchten Staaten den Informationsfluss der Bürger zu kontrollieren. Das Weitergeben von Information über Staatsgrenzen hinaus war damals recht mühsam. Durch das Internet hat sich dies zunächst geändert. Inzwischen werden aber die Inhalte im Internet wieder mehr überprüft. In einigen Staaten werden dazu die Server in der betreffenden Region genauer kontrolliert. Dadurch wird auch die wissenschaftliche Kommunikation wieder erschwert.

Ein weiterer Aspekt muss bedacht werden. Durch das Internet wird es möglich, viele Themen zu finden und anzuschauen, die 'früher' nur in den Fachdisziplinen zu finden waren. 'Früher' studierte eine Forscherin hauptsächlich die Fachliteratur. Oft war es zu aufwendig, in Disziplinen zu stöbern, die weiter entfernt von ihrem Gebiet liegen. Heute werden durch Internetdienste (wie etwa Google) die Themen und Daten aus den Webseiten gesammelt und weiter verwertet. Durch eine sinnvoll gestellte Suchanfrage wird eine Suchmaschine oder ein Programm wie ChatGPT – fast immer – sinnvolle Antworten geben. Ob diese Antworten auch richtig sind, steht auf einem anderen Blatt.

Das Problem ist, dass die Sammlung und Aufbereitung durch Privatunternehmen erfolgt, so dass ein Forscher nicht weiß, ob die Antworten auch wissenschaftlichen Gehalt haben. Die wenigen, 'am Markt' aktiven Unternehmen, werden ihren Kunden nicht sagen, wie diese Sammlung und Aufbereitung genau geschieht. Die Programme, die in diesen Unternehmen benutzt werden, sammeln Quasi-Fakten und Dateien aus dem Internet, wobei nicht klar ist, welcher Quasi-Fakt ein echter Fakt ist oder nur gefakt. Im Prinzip kann eine maschinell generierte Antwort auf reinen Quasi-Fakten beruhen. Verschiedene Beispiele wurden in der Öffentlichkeit schon diskutiert (Haug 2015). Ein Streit von zwei Personen kann durch das Internet und Quasi-Fakten ziemlich schnell zu einer Lagerbildung führen. Dieser, in der Politik normale Prozess, wird nun im Internet immer schneller und wird auch in die Wissenschaft hineingetragen.

Schliesslich möchten wir erwähnen, dass es neben dem Internet auch andere Netzwerke aus Wirtschaft, Rüstung und Wissenschaft gibt, die versuchen 'ihren' internen Informationsfluss vom Internet abzuschotten. Die verschiedenen juristischen Probleme, die durch regionale Netze, das Internet und private Netze entstehen, sind im Moment erst in Ansätzen reguliert.

## 1.7 Verantwortung in der Wissenschaft

Die immer stärkere Durchdringung aller Lebensbereiche mit Produkten und Systemen, deren Herstellung erst durch wissenschaftliche Erkenntnis ermöglicht wurde, sowie die langsam wachsende Einsicht, dass nicht jedes neue, materielle Produkt und nicht jede Dienstleistung das Wohl der Menschheit vergrößert, weckt den Bedarf an Kriterien für sozial vertretbare Forschung. Außer einem warmen Regen staatlicher Mittel für *KI*, Robotik und Wissenschaftsethik lässt sich freilich nur wenig Aktivität ausmachen, um diesen Bedarf zu befriedigen. Das Thema 'Ethik in der Wissenschaft' ist weitläufig und bis jetzt wenig ergiebig. Dagegen ist die Frage nach der Verantwortung für die Folgen wissenschaftlicher Forschung von handfester Art, aktuell und zugleich hochgradig relevant für ethische Überlegungen. Die Forschungen über Zuschreibung von Verantwortung sind allerdings auch noch nicht weit gediehen (Jonas 1979), (Lenk 1991), (Wallach und Allen 2009). Ein Grund hierfür dürfte sein, dass sie vermutlich zu einer Erschütterung der Grundfesten der derzeitigen Wirtschafts- und Gesellschaftsordnung führen würden.[7]

Die für Wissenschaftler bequeme und weitverbreitete Antwort auf die Frage nach der Verantwortung besteht darin, einen Unterschied zu machen zwischen Herstellung und Benutzung eines Werkzeugs. Das Werkzeug ist 'ethisch neutral', es kann für gute und schlechte Zwecke eingesetzt werden. Mit einem Hammer kann ich einen Nagel, aber ebensogut den Kopf meines Mitmenschen einschlagen. Im zweiten,

---

[7] Hier ist nicht der Platz, dies weiter auszuführen. Vergleiche aber (Balzer 1993) für die Entwicklung eines theoretischen Hintergrundes, von dem aus unsere Vermutung plausibel scheint.

negativen Fall lehnt der Hersteller jede Verantwortung ab und schiebt sie auf den Benutzer. Genauso werden wissenschaftliche Erkenntnisse als neutrale Werkzeuge angesehen, die für gute und schlechte Zwecke eingesetzt werden können, wobei die Verantwortung bei denen liegt, die den Einsatz anordnen oder vornehmen.

Dieses weiche Ruhekissen hat allerdings bei genauerer Betrachtung harte Stellen. Die Unterscheidung zwischen Herstellung und Einsatz eines Instruments ist nicht nur fließend, sondern in gewissem Maß auch künstlich. Werkzeuge wurden ursprünglich zur eigenen Benutzung hergestellt. Die Trennung von Herstellung und Benutzung ist ein Produkt der arbeitsteiligen Lebensform in Massengesellschaften. Der in der 'kleinen, heilen Welt' überschaubare Zusammenhang zwischen Herstellung, Benutzungszweck und Zielen der ganzen Gruppe und damit auch eine gewisse Kontrolle des Einsatzes von Werkzeugen durch andere ist in der heutigen, 'globalisierten' Welt nicht mehr vorhanden. Tatsächlich steht der Hersteller eines Werkzeugs vor einem Kontinuum von Möglichkeiten, wie und mit welcher Wahrscheinlichkeit dieses von verschiedenen anderen Personen oder Gruppen zu verschiedenen guten und weniger guten Zwecken eingesetzt werden kann. Ein schönes Beispiel ist die Waffenherstellung. Eine Waffe ist im Prinzip vom Hammer nicht sehr verschieden. Ihr 'positiver Zweck' ist die Abschreckung und Friedenserhaltung. Bei konsequenter Anwendung der Trennung zwischen Herstellung und Einsatz sind die Waffenhersteller jeder Verantwortung für deren Einsatz enthoben. Die Tatsache, dass sich fast kein Staat der Welt hier vollkommen neutral verhält, ist zumindest auch ein Indiz für ein gewisses Verantwortungsbewusstsein, sei es auch nur ein machtpolitisch verbrämtes für die eigene Elite oder die Stellung der eigenen, politischen Führungsschicht.

Je genauer wir hinsehen, desto weniger überzeugend wirkt die Trennung von Herstellung und Benutzung. Versuchen wir eine kurze, theoretische Analyse. Verantwortung kann zunächst nur eine Person tragen, und zwar für die Folgen ihrer Handlungen. Die ursprüngliche Syntax des Begriffs führt zu Aussagen der Form: 'Person X ist verantwortlich für das Ereignis Y', wobei der dispositionelle Charakter dieser Aussage in indikativen Sätzen der Art 'Person X wird in einer Gruppe für Ereignis Y verantwortlich gemacht' verankert ist. Diese Formulierung stammt von einer weithin akzeptierten 'Logik' von Dispositionen (Lewis 1973).

In erster Näherung wird X für Y verantwortlich gemacht, wenn zwei Bedingungen erfüllt sind. Erstens muss das Ereignis Y kausal durch eine Handlung der Person X mitverursacht sein (*Verursachungsbedingung*) und zweitens muss das Ereignis in der Gruppe als ein Schaden aufgefasst werden (*Schadensbedingung*), der sich mehr oder weniger präzise erfassen und im günstigen Fall auch auf Personen verteilen lässt. Die Schadensbedingung schränkt Verantwortung auf 'negative' Handlungsfolgen ein. Dies wäre begrifflich nicht nötig; eine Person ist auch für die 'positiven' Folgen ihrer Handlungen verantwortlich, aber in den gesellschaftlichen Praktiken der Belobigung und Auszeichnung werden meist andere Wörter benutzt.

Der soziale Charakter der Schadensbedingung liegt auf der Hand, denn was ein Schaden ist, lässt sich in der Regel nicht 'objektiv' beschreiben. Ein Schaden muss von Personen als solcher empfunden werden, wie man am Beispiel der Verantwor-

## 1.7 Verantwortung in der Wissenschaft

tung für zukünftige Generationen sieht: wir können nicht objektiv sagen, dass zukünftige Generationen durch die gegenwärtige Produktionswut geschädigt werden, aber manche Mitmenschen empfinden die voraussichtlichen Folgen schon jetzt als Schaden. Die Schadensermittlung ist ein schwieriger Prozess, der bekanntlich ins Rechtswesen führt und dort letzten Endes durch eine Mischung aus juristischer Bildung, 'Lebenserfahrung' von Juristen und aus Beratung von 'Experten' erfolgt.

Mehr über die Schadensbedingung ergibt sich aus der Betrachtung der Verursachungsbedingung. Diese führt in die vielfältige, begriffliche Welt der Kausalität. Wir wollen uns auf keinen der verschiedenen Kausalitätsbegriffe (Mackie 1974), (Krüger 1992), (Suppes 1970), (Spohn 1988) festlegen. Es genügt festzustellen, dass sich über 'die' (volle) Ursache und 'die' (volle) Wirkung zwar theoretisch leicht reden lässt, dass aber volle Ursache und Wirkung in der Realität sehr selten ermittelt werden kann. Dies hat Gründe, die bis in die Metaphysik reichen. Meistens hat man es in der Anwendung mit Teilursachen und partiellen Wirkungen zu tun.

Im Zusammenhang mit Verantwortung sind zwei inhaltliche Züge von Kausalverhältnissen wichtig. Sie haben erstens sozialen Charakter. Wir betonen dies angesichts der vorherrschenden, an materiellen oder mechanistischen Beispielen orientierten Sichtweise. Aus der Ethnologie sind viele Beispiele von Gesellschaften bekannt, die keine Trennung von materieller und sozialer Welt kennen,[8] in denen aber doch ein gewisser Begriff von Kausalität zumindest in der Praxis vorhanden ist. Immaterielle 'Ursachen' wie Geister, Fluch, böser Blick, die wir heute als a-kausale, soziale Phänomene ansehen, sind dort weitverbreitet. Für den sozialen Charakter wiegt noch schwerer, dass Ursachen und Wirkungen, die durch menschliche Handlung entstehen, vom Handlungsbegriff selbst 'infiziert' und damit sprachlich und letzten Endes sozial mitbestimmt sind. Bis heute liegen keine Kenntnisse über materielle Wirkungsketten vor, mit denen Wirkungen der Art 'Mein Freund fährt auf meine Bitte hin nach Pirmasens' lückenlos beschrieben werden. Was als Ursache und Wirkung zählt, ist zum großen Teil sprachlich und sozial bedingt.

Ein zweiter, im gegenwärtigen Kontext noch wichtigerer Zug von Kausalverhältnissen ist ihre oft große Komplexität, die sich im sozialen Bereich vor allem bei Gemeinschaftshandlungen (Balzer und Tuomela 1999) auf zweierlei Weise äußert. Einerseits sind Ursachen und Wirkungen oft auf sehr viele Individuen und große Raumzeitgebiete verteilt. An der Zerbombung einer Stadt zum Beispiel sind viele Personen teilursächlich und zeitlich breit gestreut beteiligt, genauso wie viele Personen in einem größeren Gebiet unter der Wirkung dieser komplexen Gemeinschaftshandlung leiden. Diese ausufernde Verteilung von Teilursachen und Teilwirkungen ist bei der Ermittlung von Verantwortung zu berücksichtigen. Jeder an der Gesamthandlung beteiligte Akteur trägt für den entstehenden Schaden Verantwortung in dem Maß, in dem er zu einer Teilursache beigesteuert hat. Offenbar tut sich hier ein

---

8 Beispielhaft seien genannt die schon oben angeführten *Azande*, (Evans-Pritchard 1937), und die Stämme der australischen Urbevölkerung (Durkheim 1984).

Kapitel 1: Soziales

weites, wissenschaftliches Betätigungsfeld auf, über dessen Vernachlässigung man sich nur wundern kann.

Die zweite, noch schwerer zu fassende Art von Komplexität sozialer Kausalverhältnisse rührt daher, dass viele Handlungen durch Institutionen vermittelt sind. Der Postbeamte, Richter, Minister bis zum Kanzler, aber auch der Vorstand einer Aktiengesellschaft, handelt von außen betrachtet nicht in eigener Sache, sondern als Repräsentant einer Institution. Die Frage ist in solchen Fällen, ob wir bei Ermittlung von Ursachen die jeweilige Institution als abstrakten Akteur ansehen, der ursächlich an der Entstehung der Schadensfolge beteiligt ist, oder ob wir die jeweilige Person, die als Repräsentant der Institution handelt, als Teilverursacher betrachten. Diese Frage wird immer brisanter. Wir meinen, dass die in der Frage formulierten Alternativen nur zwei mögliche Extremfälle darstellen, und dass in den meisten Fällen die 'korrekte' Analyse zwischen den Extremen liegen wird. Sowohl der menschliche Akteur als auch die Institution als ganze sind an der Verursachung beteiligt. Entscheidend ist nur die Gewichtung des kausalen Beitrags, die beim individuellen Akteur umso stärker ausfallen muss, je wichtiger und mächtiger er in der Institution ist.

In der Verantwortungsfrage ergibt sich aus dieser institutionellen Vermittlung von Ursache und Wirkung ein theoretisches Problem. Die Einzelperson, die als Repräsentant einer Institution einen Schaden verursacht, schiebt die Verantwortung auf die Institution: sie befolgt nur die Vorschriften, die Gesetze, oder verfolgt das abstrakte Interesse der Firma oder der Kapitaleigner. Für den kleinen Beamten oder Angestellten im großen Betrieb mag diese Begründung durchgehen, nicht aber für den Direktor oder den Firmenchef. Theoretisch ist die Verantwortung für einen Schaden, den eine Person als Repräsentant einer Institution anrichtet, aufzuteilen in einen, an der Stellung der Person in der Institution auszurichtenden, 'direkten' Anteil und den 'Rest', der auf die anderen Mitglieder der Institution wiederum je nach ihrer Stellung aufzuteilen ist. Im Prinzip ist daher *jedes* Mitglied der Institution für den Schaden mitverantwortlich, allerdings je nach Stellung in sehr unterschiedlichem Maße. Das theoretische Problem besteht nun darin, dieses rein qualitative Bild in brauchbare Gewichtungsregeln umzusetzen.[9] Eine befriedigende Lösung würde den entscheidenden Anteil an Verantwortung explizit machen, der den Institutionen zukommt und auf die Mitglieder und Nutzniesser der Institutionen zu verteilen ist.

*Praktisch* ist das Problem nicht virulent, weil die juristischen Konstruktionen für Institutionen (juristische Personen) so angelegt sind, dass Institutionen nur in geringem Umfang für Schaden haften. Vielsagend sind hier schon die juristischen Bezeichnungen wie 'Gesellschaft mit beschränkter Haftung'. Nur der Anteil an Verantwortung der verursachenden Person wird geltend gemacht, der sich aus der institutionellen Rolle dieser Person ergibt.

---

9 Bis jetzt sind allerdings keine guten Lösungsansätze in Sicht; angesichts der zentralen Bedeutung der Frage kann man sich wiederum über ihre Vernachlässigung nur wundern.

## 1.7 Verantwortung in der Wissenschaft

In den letzten 30 Jahren wurden die Roboter weiterentwickelt, so dass diese heute mit Menschen auf Augenhöhe kommunizieren und handeln. Bestimmte Roboter – oder auch nur Computerprogramme – tragen Verantwortung, auch wenn dies im Rechtswesen im Moment nicht klar formuliert ist. In den letzten Jahren haben sich neue Personen gebildet, die wir als *verstreute Personen* bezeichnen (Balzer und Kurzawe 2023). Eine verstreute Person besteht – unter anderem – aus einem Netz von Computern und/oder Robotern. Sie kann handeln. Sie braucht aber – im Gegensatz zu natürlichen und juristischen Personen – kein Zentralgehirn und keinen eindeutig ausgezeichneten, juristischen Repräsentanten. Wenn ein Knoten des Netzes ausfällt, wird ein anderer die Aufgabe erfüllen. Das Problem der Verantwortung für Institutionen hat sich für verstreute Personen weitgehend aufgelöst. In einem Roboternetz sind alle Beteiligten – alle Computer und Roboter – mitverantwortlich, auch wenn es im Moment keine juristische Beschreibung dieser Fälle gibt. Verstreute Personen, wie zum Beispiel ChatGPT, sind aber im Alltag schon angekommen.

Neben den bis jetzt beschriebenen Bedingungen für Verantwortung, spielt in der Rechtspraxis noch eine andere Bedingung eine zentrale Rolle. Diese Bedingung betrifft den Schaden, den die Handelnde verursacht. Die Handelnde ist nur schuldig, wenn sie den Schaden in gewissem Grad auch gewollt hat (*Schuldbedingung*). Wenn er den Schaden nicht wollte, wird ihm keine Schuld zugesprochen. Im deutschen Strafrecht werden graduelle Unterschiede mit Hilfe von Begriffen wie 'schuldhaft', 'Vorsatz' und 'Fahrlässigkeit' gemacht, die zur genaueren Bestimmung des Verantwortungsgrades dienen. Die Schuldbedingung scheint uns aber aus zwei *rein theoretischen* Gründen für eine Analyse des Verantwortungsbegriffs nicht geeignet.

Erstens ist ihre Hauptfunktion die Entlastung des Handelnden von Verantwortung. Das Leben von Personen, die ohne Schuld einen Schaden anrichten, soll nicht ruiniert werden. Der Grundsatz sieht ganz human aus, allerdings nur aus der Sicht des Täters. Objektiv muss auch die betroffene Seite betrachtet werden. Wenn es sich nicht um Detailschäden handelt, ist das Leben der Betroffenen durch die Schadensfolge bereits ruiniert. Der objektive Tatbestand, dass eine Person eine andere ruiniert, lässt sich mit noch so subtilen Argumenten nicht aus der Welt schaffen. Ebenso objektiv ist die Asymmetrie des Verhältnisses der beiden Personen. Die Betroffene ist ruiniert, die Handelnde hat im allgemeinen nicht nur keinen Schaden, sondern meist noch einen Nutzen, der sich aus dem eigentlichen Ziel ihrer Handlung ergibt (der Schaden ist oft eine unbeabsichtigte Nebenfolge). Die Passive erleidet Schaden, die Aktive zieht aus ihrer Handlung Nutzen. Aus der Sicht der Gesellschaft oder Gruppe werden damit die aktiven Mitglieder bevorzugt. Aktivität wird insofern belohnt, als unbeabsichtigte Schadensfolgen nicht angerechnet werden. Diese Asymmetrie wird durch die Schuldbedingung festgeschrieben und in gewissem Sinn legitimiert.

Zweitens hat sich die Schuldbedingung in Zeiten entwickelt, in denen die Schäden, die eine Person anrichten konnte, noch ziemlich übersichtlich waren. In der heutigen Zeit sind die Schäden, vor allem aus der wissenschaftlich geführten Herstellung neuer Produkte weitverzweigt und kaum zu überblicken. Dieser rein quantitative Unterschied kann dramatische Formen annehmen. So ist abzusehen, dass in

37

naher Zukunft einzelne Personen oder, etwas realistischer: kleine Gruppen, durch die Wissenschaft in den Stand gesetzt werden, den Rest der Menschheit auszurotten, gleichgültig, ob gewollt oder ungewollt. Im Lichte dieser Aussichten hat die Schuldbedingung ein etwas anachronistisches Flair.

WissenschaftlerInnen sollten folgendes Resümee ziehen. Im Prinzip trägt er oder sie einen Teil der Verantwortung für die Schäden, die sich aus seinen oder ihren Forschungshandlungen und den daraus resultierenden Erkenntnissen ergeben. Dieser Anteil ist in quantitativer Abschätzung meist winzig, etwa vergleichbar dem Gewicht, das ein Wähler mit seiner Stimme auf den Wahlausgang hat. Er hängt ab von solch vagen Parametern wie der Wahrscheinlichkeit, dass die Erkenntnisse zur Verursachung von Schäden eingesetzt werden und der Stellung des Forschers im Gesamtprojekt, in dem die Erkenntnisse gewonnen werden. Oft weiss sie oder er gar nicht, welches Ziel das Gesamtprojekt hat. Diese Mitverantwortung sollte, da sie weder von Individuen noch von Institutionen geltend gemacht wird, wenigstens den ForscherInnen selbst bewusst sein und zu Handlungen führen, die im Rahmen der Möglichkeiten dazubeitragen, die Wahrscheinlichkeit von schädlichen Einsätzen von Erkenntnissen zu vermindern.

# Kapitel 2: Strukturen

## 2.1 Empirische Theorien

Der erste ernsthafte Versuch, wissenschaftliche Theorien auf den Begriff zu bringen, führte im logischen Empirismus dazu, Theorien als deduktiv abgeschlossene Mengen von Sätzen zu definieren (Suppe 1974), d.h. von Satzmengen, die alle ihre logischen Folgerungen schon enthalten. Dieser Begriff erfasst zwar mit der Betonung von logischer Beziehung einen wesentlichen Aspekt wissenschaftlichen Vorgehens, aber es ist ohne weitere Argumentation klar, dass empirische Wissenschaft mehr als Sätze und logische Ableitungen beinhaltet. Dieser Theoriebegriff wurde dann auch oft kritisiert. Allerdings werden uns die beiden Aspekte einer Theorie, die wir durch den Begriff der Sprache und durch den Begriff des Einprägens ausdrücken, immer begleiten. Wir entwickeln im Folgenden einen differenzierteren Theoriebegriff, der zur ersten Orientierung zunächst nur in Umrissen dargestellt wird.

Vorab ist zu bemerken, dass es in der Welt der Wissenschaften mehrere Formen von 'Theorien' und daher in der Metatheorie mehrere Kandidaten für den Theoriebegriff gibt. Theorien, die größere und historisch umfassendere Gebilde darstellen, bekamen in den letzten 50 Jahren Namen wie *Theoriennetz* (Balzer und Sneed 1977/78), *Forschungsprogramm* (Lakatos 1982) und *Theorie-Evolution* (Moulines 1979). Die zugehörigen Begriffe treffen jedoch nur auf ziemlich ausgereifte 'Theorien' zu, die den größten Teil ihrer Entwicklung bereits hinter sich haben. Entsprechend stammen die Beispiele fast durchweg aus der Physik, wo das größte Repertoire an reifen Theorien vorhanden ist.[10]

Umfassende Theorien haben eine lange Lebensdauer und beinhalten oft viele Hypothesen. Dagegen werden 'kleine' Theorien nur für kurze Zeit anerkannt und enthalten nur eine einzige Hypothese.

Ein anderer Theoriebegriff setzt bei historisch und systematisch 'kleineren' Einheiten an, bei einzelnen Gesetzen, Regularitäten, Hypothesen und deren jeweiliger Periode der Entdeckung und Bestätigung. Dieser 'lokalere' Theoriebegriff ist streng genommen in dem vorherigen, umfassenden Begriff enthalten; letzterer ist quasi aus vielen Instanzen des ersteren zusammengesetzt. Der lokale Begriff hat folglich einen weit grösseren Anwendungsbereich und kann quer über viele Disziplinen mit zahl-

---

10 Beispiele für die Theoriennetze und Theorieevolutionen der Mechanik und der Thermodynamik sind in (Balzer, Moulines, Sneed 1987: Chap. 4, Chap. 5) ausgearbeitet. In (Bartelborth 1988) und (Lauth und Zoubek 1992) werden Netze aus dem Bereich von Elektrodynamik und *Bohr*'scher Atomtheorie untersucht. Für nicht-physikalische Beispiele seien auf die ökonomische Gleichgewichtstheorie (Weintraub 1985), (Ingrao und Israel 1990) und die Studie in (Hamminga 1983), sowie auf die Entwicklung des Utilitarismus (Gähde 1992) hingewiesen.

reichen Beispielen belegt werden. Er passt auf die einfachsten, elementaren[11] Formen der Theoriebildung, die 'kleinsten' Wissenseinheiten, mit denen Ausschnitte der Realität beschrieben und erklärt werden können. Damit ist für die komplexeren Formen nichts verloren, diese können immer unter Zuhilfenahme der einfacheren Theorieform definiert, konstruiert und beschrieben werden.

Das Bild einer lokalen Theorie wird oft nur statisch betrachtet. Wir beschreiben einen zeitlichen Querschnitt durch den historischen Prozess, in dem die Theorie entsteht und sich entwickelt. Ein solcher Zeitschnitt neutralisiert den breiten Hintergrund an Sprache, sozialen Strukturen und anderen, stets schon vorhandenen Theorien und ist keinesfalls als Grundlage für die Diskussion philosophischer Fragen geeignet, wie etwa dem Verhältnis von Hypothesen und objektiver Realität oder dem Übergang von individuellen Sinneseindrücken zu wissenschaftlichen Sätzen. Derartige 'absolute' Fragen sind auf empirischer Ebene nur unter Einbeziehung des gesamten Zivilisations- und Wissenschaftsprozesses sinnvoll zu diskutieren. Jede Beschränkung auf einen winzigen, lokalen Ausschnitt, der durch ein Modell dargestellt wird, führt zu falschen Vorstellungen und fruchtlosen Diskussionen.

Eine wissenschaftliche Theorie **T** in diesem 'lokalen' Sinn besteht im wesentlichen[12] aus vier Teilen:

- einer Klasse **M** von Modellen
- einer Menge **I** intendierter Systeme
- einer Menge **F** von Faktensystemen
- einem Approximationsapparat **U**:

$$T = \langle M, I, F, U \rangle.$$

All diese Komponenten werden natürlich mit einer Sprache beschrieben, die aber hier im Hintergrund bleibt.

Die Modelle sind durch bestimmte Sätze der Theorie, die wir als Hypothesen bezeichnen, charakterisiert; umgekehrt legt jede 'ordentliche' Satzmenge eine Modellklasse fest, nämlich die Klasse aller Modelle, in denen mindestens diese Sätze erfüllt sind. Wir brauchen deshalb nicht immer streng zwischen Modellen und Hypothesen[13] zu unterscheiden, sie ergeben sich jeweils auseinander. Wenn wir von den Hypothesen einer Theorie reden, so ist damit genau genommen die entsprechende Modellklasse gemeint, also die Klasse aller Modelle, die die Hypothesen der Theorie erfüllen.

Von den Hypothesen sind die Fakten zu unterscheiden. Fakten werden meist zu Faktensystemen zusammengefasst. Ein Faktensystem enthält jeweils nur solche Fakten, die von einem einzigen, gegebenen, wirklichen System stammen. Da es norma-

---

[11] In (Balzer und Sneed 1977/78) wird dem entsprechend für diese Art von Theorien der Ausdruck *Theorie-Element* verwandt.

[12] Zwei Komponenten, nämlich *Constraints* (Nebenbedingung, oder Querverbindung) und *Invarianz*, werden in diesem Buch nur kurz erwähnt.

[13] Wir vermeiden den Begriff 'Gesetz', den wir früher verwendeten, weil uns dieser zu sehr zu philosophischen Themen führt.

lerweise für eine Theorie mehrere intendierte – und damit wirkliche – Systeme gibt, werden Fakten in verschiedene Listen eingetragen. Eine solche Faktenliste ‚gehört' jeweils zu einem bestimmten, wirklichen System. Nur Fakten, die aus einem gegebenen System stammen, werden in die zugehörige Faktenliste eingetragen. Mit anderen Worten: die Fakten, die zu einer Theorie gehören, sind auf mehrere, wirkliche Systeme verstreut. Zu einem größeren realen System können mehrere Faktenlisten gehören.

Sowohl Fakten als auch Hypothesen werden durch Sätze dargestellt und beide Arten von Sätzen haben hypothetischen Charakter; sie werden von einer Forschergruppe als mehr oder weniger sicher akzeptiert. In der zeitlichen Entwicklung einer Theorie kommen sowohl Fakten als auch Hypothesen zu den jeweils schon Vorhandenen neu hinzu oder fallen weg. Unser Theoriebegriff erfasst im Kern gerade die so entstehende Wechselwirkung von Fakten und Hypothesen: Hypothesen werden durch Fakten bestätigt; Fakten erhalten durch Hypothesen zusätzliche und zentrale Bedeutung. Die Frage, ob Fakten und Hypothesen zueinander passen, ist das Hauptkriterium für die Akzeptanz beider Komponenten – sowohl voneinander isoliert als auch zusammen. Eine Theorie, deren Hypothesen zu ihren Fakten passen, nennen wir *brauchbar* (Ludwig 1991).

Methoden der Faktensuche können beliebig komplex sein und brauchen der Komplexität von Hypothesen um nichts nachzustehen. Insbesondere werden Fakten in der Regel nicht direkt durch die Sinne wahrgenommen. Die Einigung über Fakten erfolgt in anderen Formen als die über Hypothesen, aber diese Formen geben für sich keinen Hinweis darauf, dass Fakten ein objektives Fundament der Erkenntnis bilden. Fakten besitzen vielleicht eine erkenntnistheoretische Vorzugsstellung insofern ihr Bezug zu den Dingen, aus denen – wie wir meinen – die Welt besteht, direkter ist, als der Bezug von Hypothesen zu diesen Dingen.

Für die korrekte Einschätzung unseres Theoriebegriffs ist es jedenfalls wichtig, die reiche Vorgeschichte von Fakten und deren hypothetischen Charakter nicht aus den Augen zu verlieren. Es ist nicht Aufgabe der Wissenschaftstheorie, zu beweisen, dass wissenschaftliche Theorien absolut sicher sind, weil sie absolut sichere Beobachtungen systematisieren; diese Aufgabe können wir getrost halbreligiösen Wahrheitssuchern überlassen.

Fakten gehen nicht als homogene Masse in eine Theorie ein. Jedes Faktum wird in einem wirklichen System bestimmt. Die Fakten, die aus demselben System stammen, werden sinnvollerweise in Gruppen zusammengefasst. Sie bilden in dieser Weise Faktensysteme. Da ein reales System in der Regel durch ‚seine' Fakten nicht eindeutig festgelegt ist, müssen wir ein solches System, oder wenigstens einen Repräsentanten desselben, in die Theorie mit aufnehmen. Die realen Systeme oder Phänomene, auf die eine wissenschaftliche Gemeinschaft ihre Aufmerksamkeit richtet, die sie interessant findet und im Rahmen einer Theorie wissenschaftlich erforschen möchte, nennen wir *die intendierten Systeme der Theorie* (Sneed 1971).[14] Die genauere Untersuchung der intendierten Systeme liefert einerseits Fakten, die aus diesen wirklichen Systemen stammen. Anderseits werden für die intendierten Systeme Modelle konstruiert, die die Struktur dieser Systeme und/oder deren Ablauf in geschlossener, übersichtlicher Weise darstellen soll. Wir unterscheiden eine *Menge* von Fakten, die aus einem realen System stammen, von einer *Faktenstruktur*, die ebenfalls vom selben realen System abstammt. Zu einem größeren, intendierten System können auch mehrere Faktenstrukturen gehören. Wenn wir von einer 'Abbildung der Realität durch Theorie' sprechen, wäre die Realität in Form der realen Systeme nicht nur durch die Hypothesen abgebildet, sondern auch durch die Fakten. Ein 'theoretisches Bild' eines realen Systems besteht so aus den Hypothesen der Theorie und aus einer Faktenstruktur (oder mehreren Faktenstrukturen) der Theorie.

Um das Verhältnis von Fakten und Hypothesen, und deren Passung metatheoretisch beschreiben zu können, ist ein Approximationsbegriff erforderlich. Hypothesen passen immer nur approximativ zu 'ihren' Fakten (und umgekehrt), aber weder der Begriff noch der Grad der Approximation ist durch Hypothesen und Fakten eindeutig festgelegt. Wir müssen deshalb auch einen Approximationsapparat in den Theoriebegriff aufnehmen. Er legt einerseits fest, was Approximation, Abstand oder Ähnlichkeit in der jeweiligen Theorie genau bedeuten soll und zeichnet anderseits bestimmte Abstände, Passungsgrade oder Signifikanzniveaus aus, die für die Akzeptanz der Theorie – oder von Teilen von ihr – eingehalten werden sollten.

Diese vier Teile sind im Entstehungsprozess einer Theorie gut sichtbar. Zuerst lassen sich in der Regel intendierte Systeme ausmachen, reale Systeme, die neue und als interessant angesehene Phänomene enthalten. Für deren Modellierung und Erklärung werden zweitens Modelle konstruiert. Modelle sind geistige Konstrukte, begriffliche Bilder, die in einem geeigneten Repräsentationsformalismus – meistens der Sprache – Ausdruck finden. Aus den intendierten Systemen werden drittens unter Anleitung der Modelle Fakten ausgezeichnet und es wird untersucht, wie gut die Modelle die intendierten Systeme 'abbilden' oder wie gut die Modelle mit den aus den Systemen stammenden Fakten zusammenpassen. Da ausserhalb der Formalwissenschaften vollkommene Passung sehr selten vorkommt, muss die Güte der Passung zwischen Fakten und Modellen angegeben werden. Dazu wird viertens ein geeigneter statistischer oder topologischer Approximationsformalismus entwickelt oder ein schon vorhandener benutzt.

Nach diesem Ansatz gehört zu jeder Theorie per Definition eine Menge intendierter Systeme und der Einwand liegt nahe, dass zumindest in den Formalwissenschaften solche nicht auszumachen oder nicht nötig seien. Sicher sind die intendierten Systeme in den empirischen Wissenschaften am klarsten ausgeprägt, wo die Anwen-

---

[14] *Sneed* nennt sie *intended applications*. Als deutsche Übersetzung hat sich der Ausdruck *intendierte Anwendung* eingebürgert. 'Anwendung' weist jedoch auf einen Prozess hin und kann in der deutschen Sprache leicht zu Missverständnissen führen, weshalb wir eine terminologische Änderung für angebracht halten.

dung der Theorie auf reale Systeme unmittelbare, praktische Konsequenzen hat. In den Natur- und Sozialwissenschaften können die intendierten Systeme, die in einer Theorie untersucht werden, ziemlich klar bestimmt und oft auch gut von anderen Systemen abgegrenzt werden. So handelt die Mechanik von Systemen fester, bewegter Körper, die Quantenmechanik von Systemen im atomaren Bereich (etwa Spektralanalysen, *Stern-Gerlach* Versuche), die Genetik von lebendigen Populationen, ihrer Fortpflanzung und Veränderung, die Soziologie von Institutionen und größeren gesellschaftlichen Gruppen, die Psychologie vom Verhalten einzelner Personen oder kleiner Gruppen, usw. Die jeweilige Theorie ist stets für 'ihre' intendierten, realen Systeme gedacht und gemacht.

In den formalen Wissenschaften scheint es dagegen schwierig, reale Systeme zu finden, für die eine Theorie gemacht wurde. Solche Systeme werden jedoch bei genauerer Analyse sichtbar. Die Arithmetik als Paradebeispiel hat operationale Wurzeln; sie entwickelte sich aus den praktischen Anwendungen des Zählens und den elementaren Grundrechenarten. Ihre intendierten Systeme bestehen aus Entitäten, die sich in lineare Ordnung bringen und in klarer Weise umordnen lassen (Balzer 1980). Diese grobe Charakterisierung gilt zwar für sehr viele reale Systeme, aber eben nicht für alle. Ein lebender Bakterienstamm in einer Nährlosung ist kein intendiertes System für die Arithmetik: die Zahl der Objekte verändert sich während des Zählens so schnell, dass kein definitives Ergebnis zu erzielen ist, und Fixierung der Anzahl bedeutet experimentelle Veränderung des Systems. Ebensowenig ist eine gallertartige Masse ein intendiertes System der Arithmetik, weil sich in ihr keine identifizierbaren Objekte unterscheiden lassen. Während in den empirischen Wissenschaften die intendierten Systeme in der Regel reale Systeme sind, werden in den Formalwissenschaften auch mögliche Systeme als intendiert zugelassen, wobei Möglichkeiten durch die Fortsetzung realer Systeme in die Welt der Gedanken gegeben sind (siehe auch 4.4 und 5.5).

Auch die praktischen (Jura, Medizin, Technik) und die geisteswissenschaftlichen Disziplinen (Literatur- und Sprachwissenschaft, Philologie, Geschichte) haben ihre intendierten Systeme. Im ersten Fall sind es praktische Anwendungen in der Rechtsprechung, bei der Heilung und bei der Konstruktion technischer Geräte, im zweiten Fall sind es Texte, Sprachverhalten, Entwicklung menschlicher Angelegenheiten über bestimmte historische Perioden hinweg.

Die intendierten Systeme sind für unser Bild von der Wissenschaft von zentraler Bedeutung, weil sie einen Fixpunkt darstellen, an dem mögliche Kritik ansetzen kann. Ohne intendierte Systeme macht die Frage nach Gültigkeit (Wahrheit), aber auch die nach Brauchbarkeit einer Theorie keinen Sinn. Wenn die intendierten Systeme für eine Theorie überhaupt nicht angegeben werden, können immer nicht-intendierte Systeme ins Spiel gebracht werden, die zeigen, dass die Theorie nicht stimmt.

Zugleich mit der Betonung dieser 'Ankerfunktion' muss jedoch auch die Problematik der Bestimmung der intendierten Systeme zur Sprache kommen. Die Ankerfunktion kann für ein bestimmtes intendiertes System auch wieder rückgängig gemacht werden. Dies führt zu einer gewissen Immunität von Theorien gegen Kritik.

Die intendierten Systeme werden normalerweise nicht völlig unabhängig von den Modellen, sondern nach der paradigmatischen Methode (Stegmüller 1973: Kap. IX) festgelegt. Zuerst werden vom Erfinder der Theorie einige wenige Systeme explizit angegeben, auf die sie zutreffen sollen. Er hofft, dass die angegebenen Systeme durch die vorgeschlagenen Modelle 'korrekt' dargestellt werden. Diese angegebenen Systeme bilden eine Menge von sogenannten *paradigmatischen* Fällen. Paradigmatische Fälle für die *Newton*sche Mechanik etwa wären unter anderen das Planetensystem und frei fallende Teilchen auf der Erdoberfläche, solche der klassischen Genetik wären die Fortpflanzungseigenschaften von *Mendel*s Erbsen, und in der Quantenmechanik wäre ein paradigmatischer Fall die Spektralanalyse des Wasserstoffatoms. Die paradigmatischen Fälle sind am Anfang von den Hypothesen der Theorie unabhängig und können als Ausgangspunkte für Kritik oder Widerlegung dienen. Ausgehend von den paradigmatischen Fällen bestimmt nun die Theorie zum Teil selbst, welche sonstigen Systeme als intendierte Systeme zählen und welche nicht. Mögliche Kandidaten müssen einerseits den paradigmatischen Fällen hinreichend ähnlich sein, wobei bis jetzt handfeste Kriterien für Ähnlichkeit fehlen. Andererseits gibt dann die Theorie den Ausschlag. Wenn das jeweils untersuchte System erfolgreich unter die Theorie subsumiert wurde, d.h. durch eines ihrer Modelle brauchbar beschrieben wurde, ist es in die Menge der intendierten Systeme aufgenommen, andernfalls nicht. Mit anderen Worten werden also Systeme, die zwar den paradigmatischen Fällen ähnlich sind, aber auf die die Theorie nicht passt, nicht als intendierte Systeme behandelt und liefern so keinen Anlass zu Diskussion oder gar Revision. *Stegmüller* hat diesen Vorgang zu Recht als teilweise *Autodetermination* (der intendierten Systeme durch die Theorie) bezeichnet. Nach diesem Verfahren wurde zum Beispiel in der Mechanik 'der' harmonische Oszillator, der ursprünglich kein paradigmatischer Fall war, in die Menge der intendierten Systeme aufgenommen. Es handelte sich anfangs um Teilchen, die, an einer elastischen Feder aufgehängt, auf- und abschwingen. In der Quantenmechanik wurden Spin-Experimente nach *Stern-Gerlach* unter die intendierten Systeme aufgenommen, in der Genetik die Fortpflanzungseigenschaften der Fliege *Drosophila Melanogaster* (Jammer 1966), (Dobzhansky 1932).

Diese Bemerkungen zeigen, dass sich die Menge intendierter Systeme für eine Theorie nicht durch Definition festlegen lässt. Ihre Festlegung enthält irreduzibel pragmatische Züge, die stets soziale Einigung mitbeinhalten. Dies gilt auch für die Menge aller Fakten einer Theorie. Eigentlich enthalten alle interessanten Begriffe eine pragmatische Komponente (Balzer und Kuznetsov 2010). Das sollte auch so sein, wenn Wissenschaftstheorie eine empirische Disziplin sein soll. Denn gerade die paradigmatische 'Offenheit' der wissenschaftstheoretischen Begriffe zwingt uns dazu, auch auf der Metaebene intendierte Systeme anzugeben, auf die solche Begriffe zutreffen sollen. Ohne Bezugnahme auf intendierte Systeme verwickeln wir uns in oft fruchtlose Kontroversen über die 'Gültigkeit' und 'Adäquatheit' wissenschaftstheoretischer Begriffe, die stets durch Konstruktion phantasievoller 'Gegenbeispiele' in

Frage gestellt werden können.[15] Im Fall des Theoriebegriffs müssen wir intendierte Systeme angeben, auf die unserer Meinung nach der Begriff zutrifft. Es sind dies, abstrakt gesprochen, all jene Wissenssysteme, die sich in der Geschichte der Wissenschaften isolieren lassen. Konkreter zählen zu den paradigmatischen Fällen die euklidische Geometrie, die klassische und die relativistische Kinematik und Mechanik, alle heute in Lehrbüchern der Physik dargestellten physikalischen Theorien, die klassische und die molekulare Genetik, die ökonomische Gleichgewichtstheorie, die soziologische Netzwerktheorie, die linguistische Syntaxtheorie, aber auch die doppelte Buchhaltung. Viele Beispiele sind in (Diederich, Ibarra, Mormann 1989, 1994) und in (Abreu, Lorenzano, Moulines 2013) aufgelistet, aber eine systematisch angelegte Liste fehlt bis jetzt.

Neben den intendierten Systemen muss überprüft werden, ob in Theorien aller Disziplinen auch Faktensysteme und Approximationsapparate vorkommen. Auch in praktischen und geisteswissenschaftlichen Theorien, in der Medizin, der Rechtsprechung und der Technik gibt es offenbar Fakten: Texte, Sprechakte, archäologische Funde, und ähnliches gilt in den Geisteswissenschaften. Auch dort wird es nötig, einen Approximationsapparat zur Anpassung zwischen Modellen und Fakten zu verwenden. In den Geisteswissenschaften wird dieser allerdings in Ermangelung eines unmittelbaren Anwendungsdrucks oft vernachlässigt. Einzig in den formalen Disziplinen: Mathematik und Logik spielen Fakten und entsprechend auch der Approximationsapparat eine untergeordnete Rolle. Zwar gibt es auch dort atomare, faktenartige Sätze, aber die Frage der empirischen Prüfung der Theorie, der Passung, tritt – wie wir in 4.4 sehen werden – in den Hintergrund. Wir können formale Theorien als Grenzfälle auffassen, in denen die Güte der Passung in den Hintergrund geschoben wird.

Indem wir die intendierten Systeme als reale Systeme bezeichnen, bringen wir einen rein philosophischen Begriff ins Spiel. 'Real' bezieht seinen Sinn aus der Verbindung zu, und der Abgrenzung von, 'möglich'. Und möglich ist alles, was wir uns, ausgehend von unserer Welt und Sprache, vorstellen und sprachlich beschreiben können. Unter diese Definition von 'möglich' fällt alles Reale, ebenso wie die zukünftigen Entwicklungen des gegenwärtigen Zustandes. Was also ist real?

Eine Klärung dieser Frage würde uns zu weit in die Philosophie führen. Wir erwähnen den Punkt nur, um die Gefahr eines zu naiven Begriffs von intendierten Systemen zu vermeiden. Tatsächlich sind nicht alle intendierten Systeme auch real in einem naiv-direkten Sinn. Zum Beispiel sind experimentelle Apparate, also Artefakte, für diejenigen Theorien, die ihren Ablauf erklären, intendierte Systeme, und dies gilt auch für Apparate wie etwa für Teilchenbeschleuniger, die gar nicht existieren, aber nach bekannten Anleitungen gebaut werden könnten. Ein weiteres Element von Möglichkeit kommt dadurch ins Spiel, dass intendierte Systeme sich oft (wie zum Beispiel unser Planetensystem) in die Zukunft erstrecken und damit zu-

---

15 Ein schönes Beispiel hierfür ist die Diskussion um einen allgemeinen Erklärungsbegriff, wie sie in (Stegmüller 1974) dokumentiert ist.

künftige, '(noch) nicht reale Teile' haben. Weiter ist zu betonen, dass ein System auch ohne vorherige genaue Erforschung intendiert sein kann. Es kann aufgrund starker Ähnlichkeiten mit schon erforschten Systemen oder wegen Schwierigkeiten bei der Faktenerhebung auch in ziemlich unerforschtem Zustand zum intendierten System werden. Die Menge der intendierten Systeme enthält also ein schwer abgrenzbares, hypothetisches Element, das sich auch durch das Studium der historischen Entwicklung einer Theorie nur zum Teil festmachen lässt.

Wir bemerken bereits hier, dass selbst eine oft erhobene Minimalforderung an Fakten für *eine Theorie* **T**, nämlich, dass die 'Fakten für **T**' von **T** unabhängig gewonnen sein müssen, im Lichte der empirischen Befunde aus der Wissenschaftspraxis mehr als fragwürdig erscheint. Das Wechselspiel zwischen Fakten und Hypothesen ist weitaus komplexer und subtiler als die naheliegende Vorstellung von gegebenen Fakten, an denen Hypothesen geprüft werden.

Dass Theorien die vier genannten Teile haben, ist eine klassifikatorische Feststellung. Entitäten mit diesen Komponenten kommen als Theorien in Frage. Entitäten, die diese vier Komponenten nicht haben, können keine Theorien sein. Zwei weitere Komponenten: *Constraints* und *Invarianzen*, kommen in manchen Theorien hinzu. Manchmal werden auch die *Begriffe* als Bestandteile der Theorie explizit gemacht. Der Theoriebegriff erschöpft sich jedoch keineswegs in diesen Aussagen. Sein eigentlicher Inhalt liegt vielmehr in der Art, wie diese vier Teile miteinander verbunden sind. Erst, wenn die Teile in der 'richtigen' Weise zusammengefügt sind, bilden sie ein Ganzes, das als Theorie bezeichnet wird. Die 'richtige' Kombination der Teile einer Theorie wird in drei fundamentalen, metatheoretischen Hypothesen (Grundannahmen) ausgedrückt. Eine aus vier gegebenen Komponenten bestehende Entität der Form $\langle \mathbf{M}, \mathbf{I}, \mathbf{F}, \mathbf{U} \rangle$ wollen wir nur dann als empirische Theorie (Sneed 1971), oder kurz einfach: als Theorie, bezeichnen, wenn gilt:

*Hypothese* 1 (Abstammungsbedingung)
    Alle Fakten aus einer Faktenstruktur von **F** stammen jeweils von einem einzigen intendierten System $x$, $x \in \mathbf{I}$.

*Hypothese* 2 (Passungsbedingung)
    Modelle aus **M** und Faktenstrukturen aus **F** müssen zueinander passen.

*Hypothese* 3 (Widerlegbarkeitsbedingung)
    Es muss 'mögliche' Faktenstrukturen geben, die nicht zu den Modellen aus **M** passen.

Hypothese 1 besagt mit anderen Worten, dass jede 'richtig' strukturierte Gruppe von Fakten aus einem 'zugrundeliegenden', intendierten System stammt. Erst diese Faktenstrukturen machen Passungsuntersuchungen möglich (siehe Kapitel 4). Passung in Hypothese 2 ist ein Verhältnis zwischen einer Faktenstruktur und einem Modell, das durch numerische, zum Approximationsapparat gehörige Parameter beherrscht wird. In Hypothese 3 kommt ein Rahmen von Möglichkeiten ins Spiel. Es gibt Strukturen, die den Faktenstrukturen ähnlich sein könnten. Ohne die Widerlegungsbedingung könnte es sein, dass alle möglichen Faktenstrukturen zu Modellen passen.

Solche Modellklassen würden alles 'erklären', und damit gar nichts. Dieser Möglichkeitsrahmen lässt sich auf verschiedene Weise präzisieren. Er kann sich mehr an die Logik oder mehr an die intendierten Systeme anlehnen. Er führt so zu verschiedenen Widerlegbarkeitsbegriffen.

Kurz ausgedrückt ist eine empirische Theorie also eine Zusammenfassung von Modellen, intendierten Systemen, Fakten und dem Approximationsapparat, die der Abstammungs-, Passungs- und der Widerlegbarkeitsbedingung genügt.

Abschliessend sei noch kurz auf drei Punkte hingewiesen. Erstens darf Passung nicht mit Wahrheit gleichgesetzt werden. Da wir auf die Probleme des Wahrheitsbegriffs nicht genauer eingehen können, soll eine Theorie dann als wahr bezeichnet werden, wenn ihre intendierten Systeme im idealen Sinn (ohne Approximation) Modelle der Theorie 'sind'. Passung als eine Beziehung zwischen Modellen und Fakten, und nicht zwischen Modellen und den intendierten Systemen selbst, kann daher auch bei nicht-wahren, d.h. falschen Theorien vorliegen, und zwar gleich aus zwei verschiedenen Gründen. Einerseits kann es sein, dass die Fakten die realen Verhältnisse nicht korrekt wiedergeben. Die Messapparate können fehlerhaft sein oder nicht richtig funktionieren; bei der Faktenerhebung können falsche theoretische Voraussetzungen gemacht werden. Andererseits können die Modelle so gebaut sein, dass sie zwar zu den jeweils vorliegenden Fakten passen, aber trotzdem viele Züge der realen, intendierten Systeme nicht erfassen, einfach weil diese Züge weder in den Fakten noch in den Modellen präsent sind (Nowak 1980).

Zweitens ist zu betonen, dass Widerlegbarkeit eine strukturelle Eigenschaft der Theorie ist und mit historischen Ereignissen der 'Widerlegung einer Theorie' nur soweit zu tun hat, als faktische Widerlegung nur bei einer widerlegbaren Theorie möglich ist. Der Begriff der Widerlegbarkeit von Hypothesen im Allgemeinen war und bleibt umstritten.[16]

Drittens wird manchmal nicht immer genau zwischen 'Theorie', 'Modellklasse' und 'Hypothesen' unterschieden. In vielen Kontexten geht es bei einer Theorie zunächst nur um deren Hypothesen, die die Modellklasse definieren. Wenn wir dabei von 'Theorie' reden, so ist die – aus dem Kontext meist eindeutige – Theorie gemeint, die die gegebene Modellklasse als Komponente hat. Ähnlich ist es beim Unterschied zwischen Hypothese und Theorie. Die Sätze, die die Modelle einer Theorie definieren, bilden Hypothesen und aus diesen wird dann 'die' Theorie 'erschlossen'.

## 2.2 Die Sprache einer Theorie

Eine Theorie wird meist in natürlicher – hier in deutscher – Sprache erörtert. Die deutsche Sprache besteht, wie viele andere, indo-germanische Sprachen, aus Buchstaben, Wörtern, Sätzen und den Regeln der Grammatik, nach denen Wörter und Sätze gebildet werden. In der Linguistik wird auch der Begriff *Phrase* benutzt. Eine

---

16 Dies führte zum Streit zwischen *Deduktivisten* (Popper 1966) und *Induktivisten* (Carnap 1959).

Phrase ist eine Sequenz von Wörtern, die eine Bedeutung ausdrückt (Bünting 1972). Bei einer wissenschaftlichen Diskussion sprechen normalerweise zwei Personen die gleiche natürliche Sprache. Es kann aber passieren, dass zwei Wissenschaftler bei der Diskussion über einer Theorie zwei verschiedene Sprachen sprechen. Eine natürliche Sprache kann daher kein zentraler Bestandteil einer empirischen Theorie sein.

Bei einer empirischen Theorie lassen sich die interessanten Sätze der Theorie oft mit wenigen Worten ausdrücken. Einige dieser Worte sind Kunstwörter (technische Terme), und andere sind Worte, die in einer gegebenen, natürlichen Sprache schon benutzt und in der Theorie nur hervorgehoben werden. Die wichtigen Worte einer Theorie 'müssen' verwendet werden, um den Inhalt der Theorie zu beschreiben und zu verstehen. Mit diesen interessanten Wörtern lassen sich die Sätze der Theorie wie üblich zusammenbauen. Wenn wir die 'restlichen' Wörter und Sätze einer natürlichen Sprache, die für eine bestimmte Theorie mehr oder weniger irrelevant sind, ausblenden, erhalten wir eine *normierte* Sprache, eine Sprache für eine bestimmte Theorie. In vielen Disziplinen werden zunehmend normierte Sprachen benutzt. Ihre Verwendung ist jedoch noch nicht so weit fortgeschritten, dass sie als Kriterium der Wissenschaftlichkeit dienen könnte. Wir betonen, dass Normierung nichts mit Abkürzungen zu tun hat. Die normierten Wörter und Sätze einer Theorie lassen sich durchaus grammatisch einwandfrei formulieren.

Eine natürliche Sprache enthält viele Mehrdeutigkeiten, sie ist sehr komplex und hat keinen allgemein anerkannten Folgerungsbegriff. Diese Nachteile, die in bestimmten Situationen durchaus auch Vorteile sein können, lassen sich durch Benutzung einer normierten Sprache vermeiden. Eine normierte Sprache besteht aus präzisen Ausdrücken, die jeweils nur eine einzige Bedeutung zulassen. Eine normierte Sprache ist einfach, und sie verfügt über den Ableitungsbegriff der Logik, der genau festlegt, wie ein Satz $A$ aus einem anderen Satz $B$ abgeleitet werden kann. Die Logik als Wissenschaft vom korrekten Schliessen lässt sich nicht auf alle Sätze einer natürlichen Sprache anwenden. Ein korrekter Schluss ist nur möglich, wenn die benutzten Sätze aus einer passend normierten Teilmenge von Sätzen stammen. Nur in dem beschränkten Rahmen einer normierten Sprache hat das Argumentieren eine sichere Grundlage. In diesem Bereich ergeben sich mit Hilfe der logischen Maschinerie aus einfachen Annahmen Schlussfolgerungen, die auch der formal ausgebildete Verstand nicht direkt einsieht. Eine Schlussfolgerung wird verstanden als ein Ergebnis einer langen Kette von Ableitungen. Als einfaches Beispiel sei der Satz von *Desargues*: 'Liegen die entsprechenden Ecken zweier Dreiecke auf kopunktalen Geraden, so sind die Schnittpunkte entsprechender Dreiecksseiten kollinear' (Borsuk und Szmielew 1960: 357) genannt, der sich aus den sehr anschaulichen Axiomen der *euklid*ischen Geometrie ableiten lässt, der sich aber selbst durch Anschauung kaum als richtig oder falsch einsehen lässt.

Im Grenzfall kann die normierte Sprache einer Theorie ohne Worte einer natürlichen Sprache auskommen. Dieser Fall ist für uns besonders interessant. Denn erstens ist eine solche Sprache wirklich global anwendbar. Wissenschaftler haben für diese Theorie kein Übersetzungsproblem. Und zweitens ist eine solche Sprache nicht nur normiert, sie ist auch formalisiert. Solche *formalen* Sprachen werden in einigen Bereichen schon lange benutzt. In ihnen spielen neben den Wörtern und Sätzen, die Formeln und Terme eine wichtige Rolle. Im wesentlichen ist eine *Formel* ein Satz, aus dem ein Name, der in dem Satz vorkommt, durch eine Variable ersetzt wird, und ein *Term* ist im wesentlichen eine Phrase, aus der ein Name aus der Phrase durch eine Variable ersetzt wird. Eine Nominalphrase bezeichnet ein Ding, ein Objekt; Verbalphrase eine Tätigkeit.

Eine normierte Sprache für eine Theorie besteht aus ihrem *Vokabular*, ihren *Sätzen*, und ihren *Regeln* der Konstruktion und der Ableitung von Sätzen. Das Vokabular der Theorie besteht aus Wörtern einer natürlichen Sprache, aus einem Standardvorrat von logischen, mengentheoretischen und mathematischen Ausdrücken, und aus einer meist kleinen Menge von speziellen Ausdrücken, mit denen gerade diese Theorie formuliert wird. Die logischen, mengentheoretischen und mathematischen Ausdrücke nennen wir *formale* Ausdrücke. Unter den logischen Standardausdrücken finden wir unter anderem:

- Namen: **a**, **b**, **a**$_i$
- Variable: **x**, **y**, **x**$_i$ für Objekte oder anderen Entitäten
- Sorten: $\sigma$, $\sigma_i$ unterscheiden Objektarten
- Typen: $\tau$, $\tau_i$ ordnen komplexe Ausdrücke nach Ebenen an
- Prädikate: **R**, **R**$_i$
- Funktionszeichen: **f**, **g**, **f**$_i$
- Junktoren: *nicht, und, oder, wenn-dann, gdw* ('genau dann wenn')
- Quantoren: *für alle* ($\forall$) und *es gibt* ($\exists$)
- Regeln zum Aufbau von Termen und Sätzen aus elementaren Teilen.

In der empirischen Anwendung sollte der Bereich jeder Variablen einigermaßen klar abgegrenzt sein; es muss festliegen, durch welche Art von Objekten die Variable instantiiert wird. Wenn wir – das ist in empirischen Theorien die Regel – über Objekte verschiedener Art reden, so muss für jede Variable deren *Sorte* angegeben sein. Manchmal werden auch Variable für *Mengen von* Objekten verwendet. In solchen Fällen muss deren *Typ* angegeben werden. Wenn eine Menge den Typ $\tau + 1$ hat, hat ein Element aus dieser Menge den Typ $\tau$.

Aus den *mathematischen* Ausdrücken können wir nur eine kleine Auswahl treffen. Wichtig sind:

- Zahlenmengen: die Menge der reellen Zahlen ($\mathbb{R}$), der natürlichen Zahlen ($\mathbb{N}$), der komplexen und der rationalen Zahlen
- Ausdrücke für mathematische Räume: Körper, Vektorraum, Wahrscheinlichkeitsraum, Mannigfaltigkeit
- Ausdrücke für mathematische Relationen: *kleiner, zwischen* usw.
- Ausdrücke für mathematische Funktionen: $+, \cdot, exp, sin,$ **p** (Wahrscheinlichkeit) usw.
- Ausdrücke für mathematische Terme: Zahlen (z.B. 2 oder 'zwei'), Vektoren (z.B. $\langle 2, 4 \rangle$), *n*-Tupel von Zahlen usw.

Häufig wird für eine mathematische Struktur das gleiche Symbol wie für deren Grundmenge verwandt. Der Vektorraum wird zum Beispiel durch 'V' bezeichnet, aber auch die Grundmenge des Vektorraums, die Menge der Vektoren, wird durch 'V' ausgedrückt.[17] Wir werden systematisch immer nur Symbole für die Grundmengen der mathematischen Strukturen einer gegebenen Theorie angeben, die wir *Hilfsbasismengen* nennen und mit

$$H_1, ..., H_m$$

bezeichnen. $H_i$ kann zum Beispiel die Grundmenge eines Vektorraums, eines Wahrscheinlichkeitsraums, oder einer differenzierbaren Mannigfaltigkeit bezeichnen. Wie der zugehörige Raum benannt wird, bleibt hier offen.

Die logischen Sprachelemente sind für alle Theorien gleich. Wir kennen keine empirische Theorie, die in Bezug auf die Logik besondere Ansprüche stellen würde.[18] Wir setzen daher die Logik als einen allgemeinen, disziplinenübergreifenden Hintergrund voraus, der für alle wissenschaftlichen Theorien gleich ist. Es gibt keine spezielle 'Logik' der Forschung, des Verstehens, der Sozialwissenschaften. Wenn trotzdem häufig derartige Ausdrücke verwandt werden, so bedeutet in ihnen 'Logik' nicht das, was die Logiker darunter verstehen, sondern es wäre besser dies durch 'Gesetzmässigkeit' oder 'Methode' zu umschreiben. Es gibt nur eine 'echte' Logik, nämlich die, die Gegenstand der Disziplin dieses Namens ist. Damit soll nicht behauptet werden, dass die Logik eine monolithische Wissenseinheit sei. Innerhalb dieser Disziplin gibt es zahlreiche Varianten, die aber alle einen gemeinsamen Kern haben, nämlich den Begriff des korrekten Schlusses und der formal wahren Aussage.

Ähnliches gilt auch für die Mathematik. Die Theorie der reellen Zahlen zum Beispiel ist für alle Disziplinen gleich. Sie ist für die Theologie ebenso verbindlich wie für die Literaturwissenschaft. Auch hier gibt es natürlich mehrere Varianten. Wir brauchen daher nicht alle Standardausdrücke der Mathematik, die in einer empirischen Theorie benutzt werden, als explizite Bestandteile dieser Theorie aufzuführen. Es genügt beim mathematischen Teil einer empirischen Theorie, anzugeben, dass bestimmte Zahlenmengen oder mathematische Räume benutzt werden. Dadurch sind die in der Mathematik zugehörigen Funktionen und Relationen durch die mathematischen Standard-Definitionen implizit immer mitgedacht (Bourbaki 1968: Chap. IV).

Während die Bedeutung der formalen Symbole in verschiedenen Theorien konstant bleibt und die Auswahl dieser Ausdrücke nur von der gerade benutzten Theorie abhängt, ist die dritte Kategorie des Vokabulars, nämlich die der speziellen Ausdrücke, für jede Theorie spezifisch. Diese Kategorie enthält einerseits die *empirischen Grundbegriffe* einer Theorie und andererseits *Namen*,[19] die in der Sprache der Theorie benutzt werden. Sowohl empirische Grundbegriffe als auch Namen dienen zur

---

17 *Ein* Beispiel für viele andere ist (Greub 1967: 5).
18 Die sogenannte *Quantenlogik* macht hier keine Ausnahme.
19 Wir verwenden hier Namen in allgemeinerer Bedeutung. Statt des Terms 'Name' sollte man eigentlich 'Phrase' verwenden.

Beschreibung der empirischen Entitäten, mit denen sich die Theorie befasst. Dies gilt auch für die Beziehungen zwischen diesen Entitäten. Wir unterscheiden vier Arten von empirischen Grundbegriffen.

1) *Gattungsbegriffe*: $\mathbf{G}_1, ..., \mathbf{G}_k$ für eine Theorie.

Sie bezeichnen die Objektarten, mit denen eine Theorie zu tun hat, wie *Zeitpunkt, Raumpunkt, Teilchen, Atom, Molekül* in naturwissenschaftlichen, oder *Individuum, Rolle, Gruppe, Handlung, Wahrnehmung, Ereignis* in sozialwissenschaftlichen Theorien. Die Objekte selbst können – 'von außen' betrachtet – komplexer Natur sein, wie zum Beispiel *soziale Rollen*, und dennoch in einer Theorie den Status von Grundobjekten haben, deren Zusammensetzung in dieser Theorie nicht weiter analysiert wird.

2) *Relationsbegriffe*: $\mathbf{R}_1^*, ..., \mathbf{R}_s^*$ für eine Theorie.

Sie bezeichnen Beziehungen zwischen den Objekten, wie zum Beispiel *liegt zwischen, ist grösser als* in der Naturwissenschaft, oder *ist im Besitz von, übt Macht aus über* in der Sozialwissenschaft. Das Beispiel des 'in Besitz habens' zeigt die umgangssprachliche Mehrdeutigkeit. Der Ausdruck kann in der Form 'Person $j$ ist im Besitz von Ware $a$', oder in der Form 'Person $j$ ist im Besitz von $\alpha$ Einheiten von Warenart $a$', oder zusätzlich mit einem Zeitargument verwandt werden.

3) *Funktionsbegriffe*: $\mathbf{f}_1^*, ..., \mathbf{f}_t^*$ für eine Theorie.

Sie werden oft umgangssprachlich durch Angabe des Funktionswertes mitgeteilt, zum Beispiel
– der Ort des Teilchens $\mathbf{p}$ zur Zeit $\mathbf{t}$; kurz $\mathbf{f}_1(\mathbf{p}, \mathbf{t})$
– die Masse von $\mathbf{p}$; kurz $\mathbf{f}_2(\mathbf{p})$
– der Preis einer Einheit von Ware $\mathbf{g}$; $\mathbf{f}_3(\mathbf{g})$
– der Nutzen, den Person $\mathbf{j}$ aus den Warenmengen $\alpha_1, ..., \alpha_n$ zieht; $\mathbf{f}_4(\mathbf{j}, \alpha_1, ..., \alpha_n)$.

4) *Konstante*: $\mathbf{K}_1, ..., \mathbf{K}_u$ für eine Theorie.

Konstante bezeichnen empirische oder mathematische Objekte, die in der Theorie eine besondere Rolle spielen, zum Beispiel: die Gravitationskonstante (als reelle Zahl), 'der Bundespräsident' (als ausgezeichnetes Grundobjekt einer politischen Strukturtheorie) oder 'die tatsächlich ausgeführte Handlung' (in einer sozialen Rollentheorie (Gross, Mason, McEachern 1958), in der nur eine Person betrachtet wird). Oft drückt eine Konstante das Verhältnis zwischen zwei oder mehreren Objektmengen aus.

Normalerweise braucht eine Theorie wenige Konstanten. Für eine empirische Theorie sind neben den empirischen Grundbegriffen auch die Namen wichtig, die in der Sprache einer solchen Theorie benutzt werden. Diese Namen werden in den Fakten der Theorie verwendet. Ein *Name* kann ein echter Name, ein Wort, eine Liste von Symbolen, oder, wie oben schon eingeführt, eine Phrase sein. Ein Name deutet auf ein bestimmtes Ding in einem intendierten System oder auch auf eine komplexere Entität, die in der gegebenen Theorie erforscht wird. Ein bestimmter Planet hat in der Gravitationstheorie den Namen '*Jupiter*', eine bestimmte Person in der Institutionentheorie den Namen *Angela Merkel*, oder ein bestimmtes Riesenmolekül im Zellforschungslabor XYZ den Namen *Kg342jJ*. Diese Namen sind in den Fakten einer Theorie oft zahlreich. Die gerade als Beispiele genannten Namen lassen sich auch als Phrasen ausdrücken: 'der grösste Planet unseres Sonnensystems', 'die erste Kanzlerin von Deutschland' und 'das Molekül abgebildet im Bild Nr. ABC im Labor XYZ'. Allgemein gesagt lässt sich ein Name immer durch eine Phrase ausdrücken, und umgekehrt.

In einer Theorie bezieht sich ein *Name* normalerweise nur auf ein Ding aus *einem einzigen* intendierten System, während ein empirischer Grundbegriff auf *jedes* intendierte System der Theorie anwendbar ist. In der klassischen Mechanik bezieht sich z.B. die Gravitationskonstante auf alle Systeme dieser Theorie, während der Name *Jupiter* in nur einem intendierten System etwas bezeichnet.

Die empirischen Grundbegriffe und die Begriffe für die Grundmengen der mathematischen Strukturen einer Theorie nennen wir *Grundbegriffe* (*der Theorie*) und fassen sie zu einer Liste

$$\langle G_1, ..., G_k, H_1, ..., H_m, R_i^*, ..., R_s^*, f_1^*, ..., f_t^*, K_1, ..., K_u \rangle$$

zusammen. Außer den Grundbegriffen und den Namen nehmen wir weitere Begriffe hinzu, die wir *Begriffe einer Theorie* nennen und die durch die Grundbegriffe definiert werden können (siehe 2.4). Diese Abgrenzung der Begriffe einer gegebenen Theorie führt im Vergleich zu der uferlosen Vielfalt der Begriffe im Allgemeinen zu einfachen Verhältnissen. Formal lassen sich Funktionen als spezielle ('links' überall definierte und 'rechts' eindeutige) Relationen, und Konstante als spezielle (null-stellige) Funktionen auffassen, so dass in der Liste die Unterscheidung von Relations-, Funktionsbegriffen und Konstanten im Prinzip entfallen könnte. Anders gesagt, sind Funktionen und Konstante immer auch Relationen. Relationen, die keine Funktionen oder Konstanten sind, nennen wir *Relationen im engeren Sinn*. Wenn wir über alle drei Arten von Relationen reden, benutzen wir den Ausdruck *Relation im weiteren Sinn*. Fassen wir die Zeichen für Relationsbegriffe im weiteren Sinn zu einer einzigen Liste $R_1, ..., R_n$ zusammen, so erhalten wir das Vokabular als eine Liste,[20] auf die wir im folgenden stets Bezug nehmen werden

$$\langle G_1, ..., G_k, H_1, ..., H_m, R_1, ..., R_n \rangle.$$

## 2.3 Einige Ableitungsregeln

Die zentralen Einheiten aus den natürlichen und den normierten Sprachen sind die Sätze. Relativ zu einer Theorie lassen sich die Sätze einer Theorie in *atomare* und *komplexe* Sätze einteilen. Ein *atomarer Satz* besteht aus einem Relationssymbol (aus einem Wort) der Theorie und aus einigen Namen. Ein atomarer Satz hat z.B. die

---

20 Genau genommen werden die Symbole aus dieser Liste als *syntaktische Variable* benutzt (Shoenfield 1967).

Form $\mathbf{R}(\mathbf{a}_1,...,\mathbf{a}_n,\alpha)$, $\mathbf{a} = \mathbf{b}$ oder $\mathbf{f}(\mathbf{a}_1,...,\mathbf{a}_n) = \mathbf{b}$, wobei $\mathbf{R}$, = und $\mathbf{f}$ Relationssymbole und $\mathbf{a}_1,...,\mathbf{a}_n, \mathbf{a}, \mathbf{b}$ und $\alpha$ Namen für bestimmte Dinge sind. Wir werden oft aus 'Faulheit' auch negierte Atomsätze als Atomsätze bezeichnen, etwa $\neg\mathbf{R}(\mathbf{a}_1,...,\mathbf{a}_n)$. Ein komplexer Satz enthält als Hauptzeichen des Satzes entweder einen Junktor ($\neg, \wedge, \vee, \rightarrow, \leftrightarrow$ etc.) oder einen Quantor ($\forall, \exists$).

In den formalen Sprachen spielen die Funktionen eine große Rolle. Eine Funktion $\mathbf{f}$ ordnet den *Argumenten* $\mathbf{a}$ *Funktionswerte* $\mathbf{b}$ zu, oder anders: das Argument $\mathbf{a}$ wird durch $\mathbf{f}$ in den Funktionswert $\mathbf{b}$ umgewandelt, kurz: $\mathbf{f}(\mathbf{a}) = \mathbf{b}$. Noch anders: die Funktion wird auf ein Argument angewandt. Funktionen haben die schöne Eigenschaft, 'auf sich selbst' anwendbar zu sein. Genauer kann man ein Argument $\mathbf{a}$ durch $\mathbf{f}$ zum Funktionswert $\mathbf{f}(\mathbf{a})$ umwandeln und diesen Funktionswert wieder als neues Argument benutzen. Der Funktionswert $\mathbf{f}(\mathbf{a})$ kann also durch $\mathbf{f}$ wieder umgewandelt werden zu $\mathbf{f}(\mathbf{f}(\mathbf{a}))$, und so weiter: $\mathbf{f}(\mathbf{f}(...(\mathbf{f}(\mathbf{a})...)$. Wenn $\mathbf{a}$ ein Name für ein reales Objekt ist, werden so im Prinzip unendlich viele neue Namen erzeugt. Damit lassen sich 'neue Objekte' – eindeutig – bestimmen, die man vorher nicht direkt wahrgenommen hatte. Solche Iterationen lassen sich auch in komplizierteren Formen durchführen, etwa $\mathbf{f}(\mathbf{g}(\mathbf{a}),\mathbf{b})$.

Die so induktiv erzeugten Funktionswerte werden verallgemeinert, indem ein Argument in einer Anwendungskette durch eine Variable ersetzt wird, z.B. $\mathbf{f}(\mathbf{f}(\mathbf{x}))$. All diese Symbolreihen sind Terme.

Aus Sätzen, die gegeben sind, lassen sich mit Hilfe von Regeln andere Sätze *ableiten*. Wenn uns einige gegebene Sätze vorliegen, können wir versuchen, bestimmte Regeln auf diese Sätze anzuwenden. Wenn eine der Regeln auf einen Satz oder auf mehrere Sätze angewendet wird, finden wir durch die Regel einen anderen Satz. Dieser anderer Satz wird aus gegebenen Sätzen und Regeln abgeleitet. In natürlichen Sprachen gibt es viele verschiedene Ableitungsregeln, die sich mit der Zeit auch verändern können. Ein 'klassischer' Kern von Regeln, der für die indo-germanischen Sprachen stabil geblieben ist, findet sich etwa in (Chomsky 2002).

Eine interessante Unterart von Regeln betrifft die 'richtigen', wahren, gültigen Sätze. In der Logik werden Regeln untersucht, die von gültigen Sätzen zu anderen, gültigen Sätzen führen. Die Logik filtert die vielen möglichen Regeln, die in den natürlichen Sprachen zu finden sind, und schränkt sie auf logische Regeln ein, die nur auf eingeschränkte Satzbereiche angewandt werden. Mit logischen Ableitungsregeln bekommen wir *korrekte* Ableitungen. Dagegen führen im Bereich der natürlichen Sprachen andere Regeln zu unkorrekten Ableitungen, d.h. mit einer solchen Regel kann ein richtiger Satz falsche Konsequenzen haben, oder ein falscher Satz zu wahren Konsequenzen führen.

Wir listen einige logische, wahrheitserhaltende Regeln auf, mit denen sich aus gegebenen Sätzen weitere, kompliziertere Sätze bilden lassen. Um diese Regeln einfach zu beschreiben, benutzen wir folgende Abkürzungen. $\mathbf{A}$ und $\mathbf{B}$ seien Sätze, $\mathbf{a}$, $\mathbf{a}_1,...,\mathbf{a}_i, \mathbf{a}_{i+1},...$ Namen und $\mathbf{x}$ eine Variable, die an die Stelle eines Namens eingesetzt werden kann. Der Name $\mathbf{a}$ kann in dem Satz $\mathbf{A}$ an mehreren Stellen vorkommen, was durch **A**(**a**) hier nur angedeutet wird.[21] Wenn der Name **a** an den genau angegebenen Stellen durch die Variable **x** ersetzt wird, entsteht aus **A**(**a**) eine *Formel*, ein satzartiges Gebilde der Form **A**(**x**). Wir vermeiden die Worte *wahr* und *falsch*, und benutzen die neutraleren Ausdrücke *gültig* und *ungültig*, um zu betonen, dass es sich hier um formale, lokale Regeln handelt.

Eine erste logische Regel ist die *Konjunktionsregel*. Durch diese Regel wird das Symbol *und* ein formaler Teil eines neuen Satzes (**A** *und* **B**), wenn **A** und **B** Sätze bezeichnen. Das Wort *und* wird oft mit ∧ abgekürzt.

(**A** *und* **B**) ist gültig gdw (**A** ist gültig und **B** ist gültig).

Das Wort 'und' auf der rechten Seite der Regel wird also wie üblich in der natürlichen, deutschen Sprache verwendet. Anders gesagt wird hier geregelt, wie sich die Konjunktion **A** ∧ **B** durch die zwei Sätze **A** und **B** einführen und eliminieren lässt, und wie zugleich die Gültigkeit und Bedeutung der Konjunktion völlig eindeutig festgelegt wird.

In der *Adjunktionsregel* wird das Wort *oder* eingeführt und mit ∨ abgekürzt.

(**A** *oder* **B**) ist gültig gdw (**A** ist gültig oder **B** ist gültig).

Dieses Prinzip wird in verschiedenen Disziplinen abgewandelt. In der Rechtswissenschaft und in der Informatik wird eine andere, effektivere Regelung verwendet. **A** ∨ **B** ist dort gültig gdw ((**A** ist gültig) oder (wenn **A** nicht gültig ist, dann ist **B** gültig)). In dieser Regel, braucht das zweite Adjunktionsglied **B** nicht weiter untersucht zu werden, wenn sich der Satz **A** als gültig herausgestellt hat.

Die Verneinung eines Satzes (*nicht* **A**) wird durch die *Negationsregel* erzeugt und mit ¬**A** abgekürzt.

¬**A** ist gültig gdw (**A** ist nicht gültig).

Diese Regel wird sowohl in der Wissenschaft als auch in allen Lebenslagen verändert oder außer Kraft gesetzt. Zum Beispiel lässt sich eine dritte Gültigkeitsstufe 'unbestimmt' einführen. Es gibt dann Fälle, in denen der Satz weder gültig, noch ungültig ist. Ist ein bestimmtes Ding dunkelrot, oder hellrot? Diese Frage wird einer Person normalerweise keine Seelenqual verursachen. Aber was macht sie, wenn sie in einer existentiellen Situation die Frage beantworten *muss*, ob sie gläubig oder ungläubig ist? Beide Situationen hängen prinzipiell auch von der Negationsregel ab. In der intuitionistischen Logik und in mehrwertigen Logiksystemen werden die beiden Endpunkte 'gültig' und 'ungültig' durch andere Werte ergänzt, in anderen Varianten sind auch quasi-konsistente Mengen von Sätzen erlaubt, die durch die obige Standardverneinung einfach inkonsistent würden.

Eine Menge *S* von Sätzen ist *inkonsistent* gdw es einen Satz **A** gibt, so dass sowohl **A** als auch ¬**A** aus der Menge *S* abgeleitet werden kann. Die Computertechnik

---

21 Genauere Regeln finden sich etwa in (Shoenfield 1967: Chap. 3).

benutzt noch andere Varianten zur Verneinung, wenn der Computer einen Satz maschinell beweisen oder widerlegen will.[22]

Die *Implikationsregel* für einen Wenn-Dann Satz (abgekürzt durch **A** → **B**) lautet wie folgt:

(*wenn* **A**, *dann* **B**) ist gültig gdw (wenn **A** gültig ist, dann ist **B** gültig).

Hier gibt es bei der normalen, sprachlichen Implikation das Problem, wie mit **B** verfahren wird, 'wenn' **A** ungültig ist. Ist der Satz **A** → **B** gültig, ungültig, unbestimmt? Eine der Logik unkundige Person würde oft sagen 'ich weiss es nicht'. Dass **A** ungültig werden kann, mögen sich die LeserInnen an einem Beispiel klar machen. Die Standardinterpretation, die auch als 'klassische Logik' bekannt ist, führt die linke Seite mit den beiden oben gerade beschriebenen Regeln zurück auf die Formulierung (**A** ist ungültig oder **B** ist gültig). Mit anderen Worten wird der komplexe Satz **A** → **B** in dieser Formulierung nur dann ungültig, wenn **A** gültig und **B** ungültig ist, oder noch anders, wenn **A** → **B** in allen anderen Fällen gültig ist. Eine andere Variante dieses Prinzips lässt den Gesamtsatz **A** → **B** unbestimmt, wenn **A** ungültig ist.

Zwei weitere Regeln betreffen die Zusammenfassung von Sätzen, die sich nur unterscheiden, wenn in solchen Sätzen andere Namen an den jeweiligen Stellen stehen, d.h. in Sätzen der Form **A**($a_i$), $i = 1,2,3$ ... Die *Allregel* geht von einer Menge von Sätzen **A**($a_1$),...,**A**($a_i$),... aus und bildet den *Allsatz* in der Form (*für alle* **x** gilt **A(x)**) (abgekürzt durch ∀**xA**(**x**)). Die betreffende Regel lautet in erster Näherung wie folgt:

∀**xA**(**x**) ist gültig gdw (für alle Namen $a_1$, ..., $a_i$,... gilt
( **A**($a_1$) ist gültig und ... und **A**($a_i$) ist gültig und ... )).

Wie sollen wir aber mit diesen Pünktchen umgehen? Dies führt zur Frage, wie der Bereich der Variablen **x** abgegrenzt wird und wie wir die Namen $a_1$, ..., $a_i$,... für die richtigen Dinge in der 'richtigen' Ordnung benennen sollen (Shoenfield 1967). Eine andere Variante dieser Regel füllt die Pünktchen in induktiver Weise aus, also Schritt für Schritt.

Ähnlich wird die *Existenzregel* angewandt. Ein *Existenzsatz* der Form (*es gibt* **x**, so dass **A**(**x**) gilt) (abgekürzt durch ∃**xA**(**x**)) besagt, dass es mindestens ein Objekt im zuständigen Variablenbereich für **x** gibt, für dessen Name $a_i$ der Satz **A**($a_i$) gültig ist.

∃**xA**(**x**) ist gültig gdw (es gibt einen Namen $a_i$, so dass **A**($a_i$) gültig ist).

Auch hier stossen wir auf ein ähnliches Problem wie bei der Allregel. Welcher Name ist der richtige und wie wird dieser Name dem richtigen Objekt zugeordnet? Dies führt zur Frage, wie wir mit einer unendlichen Menge von Adjunktionen umgehen sollen. Auch hier bietet es sich an, etwas konstruktiver zu verfahren.

---

[22] Strategisch ist die Computersprache PROLOG hier besonders interessant, auch wenn sie für Beweise oft länger als andere Programme braucht.

Zwei, längere Zeit etwas stiefmütterlich behandelte Regeln heben die All- und Existenzregeln auf die zweite Stufe (Manna 1974: Chap. 2). Es geht hier um All- und Existenzsätze, bei denen sich die Namen nicht auf 'normale' Objekte, sondern auf *Mengen* solcher Objekte beziehen. Eine Variable, die sich auf solche 'Objekte zweiter Stufe' – also auf Mengen von Objekten der ersten Stufe – bezieht, schreiben wir mit Grossbuchstaben. Die entsprechenden Regeln lauten nun genauso: ' $\forall \mathbf{X}\mathbf{A}(\mathbf{X})$ ist gültig gdw (für alle Namen $\mathbf{a}_1, ..., \mathbf{a}_i, ...$ gilt ($\mathbf{A}(\mathbf{a}_1)$ ist gültig) und ... und ($\mathbf{A}(\mathbf{a}_i)$ ist gültig) und ... )' und ' $\exists \mathbf{X}\mathbf{A}(\mathbf{X})$ ist gültig gdw (es gibt einen Namen $\mathbf{a}_i$, für den $\mathbf{A}(\mathbf{a}_i)$ gültig ist)'. Hier sind $\mathbf{a}_1, ..., \mathbf{a}_i, ...$ Namen für *Mengen* von Objekten. Damit potenziert sich die Frage, wie man die richtigen Namen in einem Bereich von Mengen von Objekten finden kann.

Schliesslich beschreiben wir zwei allgemeine Prinzipien über Namen, die für alle Systeme einer Theorie gelten. Erstens bezeichnet ein Name mindestens ein Objekt. Zweitens wird in empirischen Theorien normalerweise gefordert, dass es für einen Namen nur höchstens ein Objekt gibt, das diesen Namen trägt. Gegenbeispiele für das erste Prinzip finden wir im Bereich der normalen Sprache leicht. Zum Beispiel bezeichnet der Name '*Pegasus*' (normalerweise) nichts. In den Wissenschaften wird man ähnliche Beispiele nur in Grenzbereichen finden, etwa wenn ein bestimmtes Objekt hypothetisch eingeführt wird, aber keine Fakten für das Objekt vorliegen. Ein Gegenbeispiel für die Eindeutigkeit wäre der deutsche Name 'Hans', welcher auf viele verschiedene Personen zutrifft. Sowohl in den Wissenschaften als auch in der normalen Sprache lässt sich ein mehrdeutiger 'Name' eindeutig machen, indem er durch weitere Zusätze zu einer Phrase wird, die dann als Name fungiert. Der Name einer Person wird zum Beispiel durch den Zusatz Geburtstag und Geburtsort eindeutig gemacht. Ein Objekt ist nach diesen Feststellungen durch einen Namen *eindeutig bestimmt*.

## 2.4 Definitionen

Definitionen haben zwei verschiedene Funktionen. Sie werden erstens zum Zweck der reinen Abkürzung eingeführt. Komplexe Ausdrücke werden der Übersichtlichkeit halber durch einen neuen Term bezeichnet. So lassen sich neue, einfach gebaute Sätze über sehr komplexe Sachverhalte formulieren. Das Verfahren scheint in jedem einzelnen Schritt trivial, darf aber in seiner praktischen Auswirkung nicht unterschätzt werden. In stark formal arbeitenden Disziplinen werden komplexe Zusammenhänge oft überhaupt erst mit Hilfe von Definitionen einsehbar; viele komplizierte Beweise wären ohne sie wahrscheinlich nicht gefunden worden. Für die axiomatische Formulierung von Theorien sind Definitionen praktisch unverzichtbar, weil nur so die Anzahl der Begriffe einer Theorie (außer Namen und Phrasen) durch definitorische Rückführung auf einige wenige Grundbegriffe klein gehalten werden kann.

## 2.4 Definitionen

Über diese erste Funktion hinausgehend dienen Definitionen zweitens zur Klärung, Präzisierung und Bedeutungsfestlegung von Begriffen. Oft benutzen die Beteiligten in kontroversen Diskussionen dasselbe Wort in verschiedener Bedeutung, so dass eigentlich keine Diskussion stattfindet, sondern die Beteiligten aneinander vorbeireden. Dann ist es angebracht, dass jede Partei 'ihre' Definition des mehrdeutigen Wortes angibt. Wenn dies gelingt, so wird klar, dass die Diskussionspartner über verschiedene Dinge geredet haben. Falls ernstes Interesse an der Sache besteht, kann dann eine echte Diskussion beginnen, zum Beispiel damit, dass man das Thema mit jeder vorgeschlagenen Definition jeweils separat durchgeht, oder sich auf eine der Definitionen einigt.

Definitionen sind als Abkürzungen und auch als Bedeutungsfestlegungen nicht wahrheitsfähig. Es macht keinen – oder zumindest wenig – Sinn, zu fragen, ob eine Definition wahr oder falsch sei. Es gibt keine empirischen Argumente, keine Hinweise auf die Beschaffenheit der Welt, mit denen eine Definition als falsch erwiesen werden könnte. Definition ist Setzung; Setzung ist in gewissem Sinn willkürlich und kann nicht auf Wahrheit hinterfragt werden.

Hieraus folgt jedoch keineswegs, dass Definitionen nicht kritisierbar wären. Ich kann gegen eine Definition einwenden, dass sie äußerst umständlich ist und zu Formulierungen zwingt, die weit vom normalen Sprachgebrauch abweichen. Ich kann darauf hinweisen, dass mir der definierte Term **t** viel klarer erscheint, als die Terme, aus denen **t** definiert wurde. Ich kann behaupten, der definierte Term bezeichne nichts Reales. Eine Definition ist kritisierbar und kann als inadäquat, unnötig kompliziert oder schlichtweg unbrauchbar angegriffen werden. Ob sie dann tatsächlich verworfen wird, hängt – ähnlich wie bei Theorien – davon ab, ob eine bessere Alternative zur Verfügung steht.

Definitionen werden immer mit einer schon vorhandenen Sprache, hier speziell mit einer Sprache für eine Theorie, formuliert. Wir hatten die Sprache einer Theorie so normiert, dass ein Satz dieser Sprache nur aus den Grundbegriffen $G_1, ...,$ $G_k, H_1, ..., H_m, R_1, ..., R_n$ und aus weiteren logischen, mengentheoretischen und mathematischen Termen, insbesondere auch aus Variablen, besteht. Wir bezeichnen Variablen mit $\mathbf{x}, \mathbf{y}, \mathbf{x}_1, ..., \mathbf{x}_m, \mathbf{y}_1, ..., \mathbf{y}_n$. In einem Satz, in dem ein Name oder ein Term an einer bestimmten Stelle vorkommt (ein 'Vorkommnis' dieses Terms), lässt sich der Term durch eine Variable ersetzen. Wenn man die einschlägigen logischen Regeln der Substitution beachtet, entsteht aus einem Satz eine Formel, ein satzartiges Gebilde, bei dem einige Terme in dem Satz durch 'Leerstellen' – eben durch Variable – ersetzt werden, so dass man dort nicht auf bestimmte Dinge oder Objekte zugreifen kann. Ein Vorkommnis einer Variablen in einer Formel nennt man *frei*, wenn das Vorkommnis der Variablen in der Formel nicht unter den Bereich eines Quantors fällt – ansonsten ist sie *gebunden*. Eine beliebig komplexe Formel, in der alle Vorkommnisse der Variablen **x** frei sind, kürzen wir durch $\mathbf{A(x)}$ ab und eine Formel, in der alle Vorkommnisse der beiden Variablen **x** und **y** frei sind, durch $\mathbf{A(x,y)}$, siehe etwa (Shoenfield 1967: Chap. 2).

Die Form einer Definition hängt von der Art des zu definierenden Begriffs ab. Wir unterscheiden die in 2.2 erklärten drei Arten: Relationsbegriffe (im engeren

Sinn), Funktionsbegriffe, Konstanten. Bis zum Ende dieses Abschnitts setzen wir eine Sprache und die Sätze, die in dieser formuliert werden können, als gegeben voraus.

Um einen Relationsbegriff **R** zu definieren, müssen wir zuerst dessen Syntax festlegen, d.h. wir müssen klären, welche Arten von Objekten und wieviele Objekte in Beziehung gesetzt werden. Betrachten wir den Fall einer zweistelligen Relation, die Objekte verschiedener Sorten in Beziehung setzt. Unter Verwendung der Variablen **x** für Objekte der ersten Sorte und **y** für Objekte der zweiten Sorte entsteht aus dem Relationsbegriff ein satzartiges Gebilde, eine Formel **R**(**x**,**y**). Bei Ersetzung der Variablen durch Namen, die wir etwa mit **a** und $\alpha$ bezeichnen, erhalten wir einen echten Satz: **R**(**a**,$\alpha$).[23] Die korrekte Form einer Definition für **R** lautet in diesem Fall:

Für alle **x**,**y** gilt: **R**(**x**,**y**) gdw **A**(**x**,**y**).

Dabei bezeichnet **A**(**x**,**y**) eine Formel in der vorgegehenen Sprache, in der genau alle Vorkommnisse der Variablen **x** und **y** frei sind und in der das Zeichen **R** nicht vorkommt.

Bei Funktionsbegriffen werden Argumente und Funktionswerte unterschiedlich behandelt. Eine Funktion **f**, die Objekte einer Sorte in Objekte einer zweiten Sorte abbildet, wird wie folgt definiert. Wir wählen Variable für Objekte der beiden Sorten, etwa wieder **x** und **y**. Die Definition von **f** muss dann die Form

Für alle **x**,**y** gilt: **f**(**x**) = **y** gdw **A**(**x**,**y**)

haben, wohei **A**(**x**,**y**) wieder eine Formel der gegebenen Sprache bezeichnet, in der genau alle Vorkommnisse der Variablen **x** und **y** frei sind, und in der das Zeichen **f** nicht vorkommt. Außerdem muss nun die Formel **A** die beiden für Funktionen charakteristischen Bedingungen erfüllen:

F1)  Zu jedem **x** gibt es ein **y**, so dass gilt **A**(**x**,**y**).
F2)  Für alle **x**,**y**,**z** folgt aus **A**(**x**,**y**) und **A**(**x**,**z**), dass **y**=**z** gilt.

Wenn diese Bedingungen nicht gelten, definiert das angegebene Schema keine Funktion, sondern nur eine 'echte', zweistellige Relation im Sinne des ersten Definitionsschemas.

Die Definition einer Konstanten **K** schliesslich hat die Form

Für alle **x** gilt: **x** = **K** gdw **A**(**x**).

Die Formel **A**(**x**) enthält einerseits genau die freie Variable **x**, andererseits enthält sie die Konstante **K** nicht, und sie erfüllt folgende Bedingungen

K1)  Es gibt ein **x**, für das **A**(**x**) gilt.
K2)  Für alle **x**,**y** gilt: wenn **A**(**x**) und **A**(**y**), dann **x** = **y**.

---

23 Genauer müssten wir natürlich die syntaktischen Variablen **R**, **a**, $\alpha$ mit konkretem Inhalt füllen.

## 2.4 Definitionen

Die angegebenen Schemata betreffen hinsichtlich der Typen der zu definierenden Begriffe spezielle Fälle, die sich aber mühelos verallgemeinern lassen. Im Fall von Relationsbegriffen verwenden wir anstelle der beiden Variablen **x,y** eine endliche Liste, ein *n*-Tupel $\langle \mathbf{x}_1, ..., \mathbf{x}_n \rangle$ von Variablen. Ein *n*-stelliger Relationsbegriff wird dann durch ein Schema der Form

Für alle $\mathbf{x}_1, ..., \mathbf{x}_n$ gilt: $\mathbf{R}(\mathbf{x}_1, ..., \mathbf{x}_n)$ gdw $\mathbf{A}(\mathbf{x}_1, ..., \mathbf{x}_n)$

definiert und ein Funktionsbegriff mit mehreren Argumenten, dessen Funktionswerte die Form von *n*-Tupeln haben, durch ein Schema der Form

Für alle $\mathbf{x}_1, ..., \mathbf{x}_m, \mathbf{y}_1, ..., \mathbf{y}_n$ gilt: $\mathbf{f}(\mathbf{x}_1, ..., \mathbf{x}_m) = \langle \mathbf{y}_1, ..., \mathbf{y}_n \rangle$
  gdw $\mathbf{A}(\mathbf{x}_1, ..., \mathbf{x}_m, \mathbf{y}_1, ..., \mathbf{y}_n)$,

wobei wieder alle Vorkommnisse der Variablen in der Formel **A** frei sind, **R** bzw. **f** nicht in **A** vorkommen und im zweiten Fall die speziellen Funktionalbedingungen F1) und F2) mit $\langle \mathbf{x}_1, ..., \mathbf{x}_m \rangle$ und $\langle \mathbf{y}_1, ..., \mathbf{y}_n \rangle$ anstelle von **x** und **y** gelten müssen.

Eine 'Definition', die äusserlich keine dieser drei Formen hat, ist mit Vorsicht zu geniessen und muss als fehlerhaft, d.h. als nach den Regeln der Definitionslehre nicht korrekt gebildet, bezeichnet werden.[24] Nach einiger Übung ist man geneigt, verkürzte Versionen zu benutzen. Dies ist tolerabel, solange klar ist, wie durch Modifikation die angegebenen, korrekten Formen hergestellt werden können.

Der jeweils definierte, neue Begriff wird auch als *Definiendum*, der Satz **A** als *Definiens* bezeichnet. Für die Prädikatenlogik erster Stufe lassen sich wünschenswerte Eigenschaften von Definitionen, wie ihre Eliminierbarkeit ('ein definierter Term lässt sich stets eliminieren') und Nicht-Kreativität ('mittels Definition lässt sich kein neuer Satz im alten Vokabular ableiten') beweisen. Bei stärkeren Sprachen insbesondere bei der Mengenlehre fehlt diese metatheoretische Unterstützung. Die angegebenen Definitionsschemata können aber auch in solchen Sprachen bei hinreichend vorsichtiger Formulierung des Satzes **A** ohne Probleme verwendet werden. Zur Ausmerzung inkorrekter Definitionsversuche sind sie jedenfalls völlig ausreichend.

Bei der Formulierung axiomatischer Theorien spielen Definitionen eine hervorragende Rolle, indem sie in vielen Fällen eine einigermassen verständliche Formulierung der Hypothesen überhaupt erst ermöglichen. Ohne Definitionen wären manche Hypothesen hoffnungslos komplex und undurchsichtig. Die Einführung von Definitionen in eine Wissenschaftssprache erweitert deren praktischen Anwendungsbereich immens. Viele Sätze, deren Sinn ohne Definitionen aus Komplexitätsgründen uneinsehbar bliebe, rücken so in den Bereich des Verwendbaren und viele Ableitungen, die zwar im Prinzip im Nachhinein auch ohne Definitionen möglich sind, werden praktisch unter Benutzung von Definitionen gefunden. Dies wird besonders deutlich, wenn wir die definitorische Erweiterung einer Theorie als Prozess ansehen. Anfangs ist eine Theorie mit ihrer Sprache und ihren Hypothesen gegeben. Ein neuer Begriff wird nach einem der obigen Schemata über einen Satz dieser Sprache de-

---

[24] Dies gilt nicht für *induktive* und *rekursive* Definitionen.

Kapitel 2: Strukturen

finiert und zur Sprache hinzugefügt. Die Sprache wird so um einen neuen Begriff erweitert; in der erweiterten Sprache lassen sich neue Sätze formulieren. Das Verfahren kann nun in der neuen Sprache wiederholt, ein zweiter Begriff eingeführt und die Sprache wieder erweitert werden. Und so weiter. Ersetzt man nach mehreren solchen Erweiterungsschritten in den neuen Sätzen die neuen Begriffe durch die definierenden Sätze, so entsteht oft ein Satzungetüm, welches nicht nur unverständlich, sondern sogar unlesbar ist.

In der Physik wird der Begriff der kinetischen Energie eines Teilchens **p** zur Zeit **t** durch die Masse **m** und Geschwindigkeit **v** des Teilchen definiert. Bezeichnen wir die kinetische Energiefunktion mit **e** und ihre Funktionswerte mit **e(p,t)** (zu lesen als: die Energie des Teilchens **p** zur Zeit **t**), so lautet die korrekte Definition nach dem obigen, zweiten Schema (mit Variablen **p** für Teilchen, **t** für Zeitpunkte und $\alpha$ für reelle Zahlen):

Für alle **p**, alle **t** und alle $\alpha$ gilt: **e(p,t)** = $\alpha$ gdw $\alpha = 1/2 \cdot$ **m(p)** $\cdot$ (**v(p, t)**)$^2$.

Schon etwas komplexer ist die Definition der Geschwindigkeit als Ableitung des Ortes nach der Zeit. Voraussetzung ist hier, dass der Ort eines Teilchens in Abhängigkeit von der Zeit durch eine differenzierbare Funktion, der *Ortsfunktions* oder *Bahn* des Teilchens, beschrieben wird. Der Einfachheit halber nehmen wir an, dass es sich um eine 1-dimensionale Bahn handelt, so dass die Orte durch Zahlen und nicht, wie allgemein nötig: durch Vektoren, darstellbar sind. Bezeichnen wir diese Funktion mit **s** und ihre Funktionswerte mit **s(p,t)** (zu lesen als: der Ort von Teilchen **p** zur Zeit **t**), so ist die Geschwindigkeit des Teilchens **p** durch die Ableitung von **s** nach 'der Zeit', d.h. nach dem zweiten, hier mit **t** bezeichneten Argument, gegeben. Geschwindigkeit ist ein Funktionsbegriff. Wir bezeichnen die Geschwindigkeitsfunktion mit **v** und ihre Funktionswerte mit **v(p,t)**. Die Definition der Ableitung als Grenzwert der Differenzenquotienten setzen wir als bekannt voraus. Schreiben wir $\Delta$(**s, p, t, t$_0$**) für den Differenzenquotienten von **s** für Teilchen **p** zum Zeitpunkt **t** und mit Differenz **t$_0$**, so lässt sich Geschwindigkeit als Funktion von **p** und **t** wie folgt definieren:

Für alle **p,t** und $\alpha$ gilt: **v(p,t)** = $\alpha$ gdw $\alpha = lim_{t_0 \to 0} \Delta$(**s,p,t,t$_0$**).

Noch komplexer ist die Definition der Beschleunigung als zweite Ableitung des Ortes nach der Zeit. Beschleunigung wird in der klassischen Mechanik zur Formulierung des zentralen Axioms: des zweiten *Newton*schen Gesetzes 'Kraft gleich Masse mal Beschleunigung' gebraucht. Natürlich könnte man Beschleunigung auch einfach als Grundbegriff benutzen. Im Sinne der axiomatischen Methode ist dieser Begriff jedoch als Grundbegriff 'überflüssig', da er sich definieren lässt. Zur genauen Definition beginnen wir wieder mit einer Ortsfunktion **s** (die wir nur aus Einfachkeitsgründen als 'ein-dimensional' voraussetzen) und bilden deren erste Ableitung nach der Zeit: **v**. Falls diese Geschwindigkeitsfunktion **v** differenzierbar ist, wiederholen wir den Ableitungsprozess und erhalten genau wie vorher eine Definition der Beschleunigung **b**

Für alle **p ,t** und $\alpha$ gilt: **b(p,t)** = $\alpha$ gdw $\alpha = lim_{t_0 \to 0} \Delta$(**v,p,t,t$_0$**).

Schon an diesem einfachen Beispiel zeigt sich die Stärke der Methode. Würden wir Beschleunigung in einem Schritt definieren und das Definiens formal vollständig ausschreiben, so entstünde ein langer, nur schwer lesbarer Satz. Indem eine Definition – von Geschwindigkeit – dazwischen geschoben wird, bleibt die Sache übersichtlich und verständlich.

## 2.5 Strukturen

Wir verlassen nun die sprachliche Ebene. Eine *Struktur (für eine Theorie)* ist ein mengentheoretisches Gebilde, das ein intendiertes System der Theorie mit Hilfe der Sprache der Theorie darstellt. Die Wörter, Namen, Begriffe, Phrasen in der Sprache der Theorie bezeichnen Dinge, Objekte, Ereignisse, und Mengen von solchen, die zu einem mengentheoretischen Ganzen zusammengefügt werden.[25] Genauer wird eine Bezeichnung – etwa ein Wort – in einem bestimmten, intendierten System interpretiert. Wir verwenden im allgemeinen für all diese Dinge, Objekte, Ereignisse und Mengen, das Wort 'Denotat', das heißt 'Benanntes, Bezeichnetes'. Eine Struktur ist also eine Ganzheit, in der viele Denotate zu einer Einheit zusammengefasst sind, und zwar relativ zu der gegebenen Sprache und zu einem gegebenen System der Theorie. Dieses ziemlich abstrakte Grundthema werden wir nun weiter variieren.

Ausgehend von einem intendierten System und einer Sprache betrachten wir eine Liste von Ausdrücken – Termen – aus dieser Sprache. Jeder Term aus dieser Liste wird interpretiert durch Objekte, Dinge oder – im Allgemeinen – Ereignisse, die in dem intendierten System vorhanden sind. All diese Entitäten werden *Denotate*, 'bezeichnete Entitäten' oder 'Entitäten, die Etwas bezeichnen' genannt. Eine Menge von solchen Denotaten können zur einer Gesamtheit zusammengefügt werden, die als eine *Struktur* bezeichnet wird. Eine Sprache wird in dieser Weise in einer Struktur interpretiert.

In Abb. 2.5.1 lässt sich gut sehen, dass es in einer Sprache sowohl Ausdrücke gibt, die durch Mengen oder Gesamtheiten interpetiert werden, als auch Ausdrücke, deren Denotate als Elemente in Mengen oder Gesamtheiten zu finden sind.

Eine empirische Theorie enthält immer viele intendierte Systeme und ein intendiertes System lässt sich in vielen verschiedene Strukturen interpretieren. Durch die Sprache der Theorie lässt sich auch über die *Menge* der intendierten Systeme der Theorie reden. Durch die Sprache können wir auch über eine 'Menge aller möglichen Systeme' sprechen. In ähnlicher Weise können wir mit Strukturen verfahren. 'Am Anfang' existieren die Denotate aus einer Struktur nur, wenn die Struktur ein intendiertes System repräsentiert. Aber durch die Sprache lassen sich Strukturen durch die SprecherInnen auf 'alle möglichen' Strukturen der gleichen Form verallgemeinern. In den möglichen Strukturen finden wir nun auch mögliche Denotate.

---

25 Unser Ansatz lehnt sich an die Werke der *Bourbaki*-Gruppe an. Für uns sind vor allem die Bände über Mengenlehre und Topologie wichtig: (Bourbaki 1968) und (Bourbaki 1961).

Kapitel 2: Strukturen

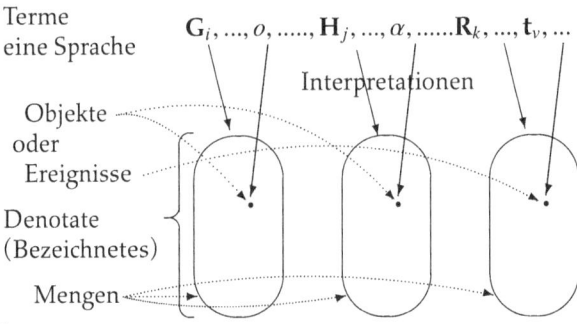

*Abb.* 2.5.1

Aus der Menge der möglichen Strukturen können wir eine Teilmenge von Strukturen herausschneiden, deren Strukturen intendierte Systeme repräsentieren. Diese speziellen Strukturen nennen wir *intendierte Strukturen*. Mit anderen Worten gibt es auch 'nur mögliche' Denotate und 'nur mögliche' Strukturen, die kein Objekt und kein intendiertes System darstellen. Zum Beispiel finden wir in dem intendierten System der Gravitationstheorie ('unser Sonnensystem') das Objekt (das 'Teilchen') mit dem Namen 'unsere Erde', das auch als Denotat in einer bestimmten Struktur existiert, die unser Sonnensystem repräsentiert. Andererseits finden wir in der gleichen Struktur das Objekt mit dem Namen 'die Gravitationskonstante', welches in unserem Sonnensystem – jedenfalls am Anfang – als reales Objekt nicht zu entdecken ist.[26] Es gibt auch 'rein mögliche' Strukturen für diese Theorie, die durch keine Person beschrieben wurden.

Wir unterscheiden zwischen *normalen*, mengentheoretischen Strukturen und *angereicherten* Strukturen, die zu einer bestimmten Theorie gehören. Eine normale Struktur für eine Theorie enthält genau alle Denotate für die Grundbegriffe dieser Theorie. Eine angereicherte Struktur enthält dagegen zusätzlich auch Denotate, die in einer Theorie durch Namen benannt sind, aber *nicht* in den Hypothesen einer Theorie zu finden sind. Diese vielen Namen, die für Fakten verwendet werden, sind für die Formulierung eines empirischen Anspruchs unerläßlich. Solche Denotate, die durch Namen bezeichnet sind, nennen wir *Ankerelemente*; sie machen eine Struktur an der 'Wirklichkeit' fest. Ein Ankerelement ist anders gesagt ein Element aus einer Grundmenge einer Struktur, die zu einem intendierten System der Theorie gehört.

In einer Struktur gibt es für *jeden* Grundbegriff der Theorie ein Denotat. In angereicherten Strukturen finden wir zusätzlich Ankerelemente. Diese sind Denotate, die durch Wörter oder Phrasen repräsentiert werden. Solche Wörter werden nicht als Grundbegriffe der Theorie betrachtet, weil ein Wort für ein Ankerelement nicht in *jeder* Struktur der Theorie interpretiert werden muss. Oft existiert in *einer* Struktur, die zu einem intendierten System gehört, ein Ankerelement, aber in einer *anderen*

---

26 Dies führt zu dem wissenschaftstheoretischen Spezialthema 'theoretische Terme', welches hier nicht erörtert wird. Siehe etwa (Balzer 1996).

'intendierten' Struktur der gleichen Theorie existiert dieses Ankerelement *nicht*. In der Stöchiometrie (Balzer, Moulines, Sneed 1987: Chap. 3), gibt es zum Beispiel in einer Struktur eine Substanz, die aus Molekülen der gleichen Art besteht, während diese Substanz in einer anderen Struktur nicht existiert.

Bei mathematischen Ausdrücken verfolgen wir die gleiche Strategie wie in 2.2. Eine Struktur soll Denotate für jene Ausdrücke enthalten, die *Mengen* mathematischer Objekte bezeichnen, nicht dagegen Ausdrücke für mathematische Relations- und Funktionszeichen und Konstanten.

Oft wird der Strukturbegriff als Gattungsbegriff benutzt, wenn zum Beispiel von 'der Struktur des Wasserstoffatoms' die Rede ist. 'Struktur' bedeutet dann die Gattung der Wasserstoffatome und das, was ihnen gemeinsam ist. Zwischen dieser Verwendung und unserer, am einzelnen System orientierten, besteht ein enger Zusammenhang: die 'Struktur' als Gattung besteht aus der Klasse aller einzelnen, systemabbildenden Strukturen in unserem Sinn. Wir verwenden für diesen Gattungsbegriff immer die Bezeichnung 'abstrakte Struktur'.

Ausgehend von einem realen System lässt sich bei gegebener Theorie die zugehörige Struktur durch einen Prozess gewinnen, der als Systemanalyse bezeichnet werden kann. Ausgehend von dem System werden Mengen von Objekten ermittelt und es werden Mengen von mathematischen Entitäten bestimmt, die zu dem System gehören. Jede solche Menge ist ein Denotat eines Grundbegriffs, ein Teil des analysierten Systems. Weiter werden die Zusammenhänge untersucht, die zwischen den Objekten und Objektmengen des Systems bestehen. Diese Zusammenhänge werden in der Struktur geklärt und als Beziehungen zwischen Elementen aus den Objektmengen und den mathematischen Mengen der Struktur dargestellt. All diese Zusammenhänge und Beziehungen lassen sich in der Struktur als Relationen, Funktionen und Konstanten darstellen, die aus Elementen der Objektmengen und mathematischen Mengen aufgebaut sind. Die Analyse des Systems ergibt als Resultat also Objektmengen, mathematische Menge und Relationen im weiteren Sinn, die Teile der repräsentierenden Struktur sind. Mit anderen Worten erhalten wir als Resultat eine Struktur der Form

$$\langle G_1, ..., G_k, A_1, ..., A_m, R_1, ..., R_n \rangle,$$

wobei $G_1, ..., G_k$ Mengen von Objekten, $A_1, ..., A_m$ Mengen von mathematischen Entitäten und $R_1, ..., R_n$ Relationen im weiteren Sinn aus der Struktur sind. Noch anders gesagt ist eine Struktur eine Liste, die die Denotate für die Grundbegriffe der Theorie in der richtigen Reihenfolge enthält.

In einer Struktur lässt sich jede Relation $R_i$ als eine Menge von Listen oder Tupeln analysieren. Um dies genauer zu sehen, sei $R_i$ eine $n$-stellige Relation, die Objekte $a_1, ..., a_n$ bestimmter Sorten in Beziehung setzt. Indem wir diese Objekte der Reihe nach durchgehen, erhalten wir eine Menge von Listen der Form $\langle a_1, ..., a_n \rangle$. Wir können prüfen, ob die jeweils aufgelisteten Objekte $a_1, ..., a_n$ in der Relation $R_i$ stehen oder nicht. Sammeln wir nun all die Listen, die positiv geprüft wurden, und geben sie in eine Menge $R_i^*$, so enthält $R_i^*$ genau die gleiche Information wie die Relation $R_i$. Um zu sehen, ob gegebene Objekte in der Relation $R_i$ stehen, prüfen wir, ob eine Liste von Namen in der Menge $R_i^*$ vorkommt. Wenn dies der Fall ist, stehen die Objekte in der Relation $R_i$, andernfalls nicht.

Der gleiche Zusammenhang gilt auch im spezielleren Fall für Funktionen. Eine Funktion $f$ mit Argumenten $x$ und Werten $y$ wird identifiziert mit einer Menge von Paaren $\langle x, y \rangle$. 'Paar' ist der geläufigere Ausdruck für '2-Tupel'. Für jedes dieser Paare gilt, dass $y$ der Funktionswert des Argumentes $x$ von $f$ ist. Wie bei Relationen im allgemeinen enthält auch hier die Menge all dieser Paare genau alle Informationen über die Funktion $f$ und kann daher mit $f$ gleichgesetzt werden. Genauso verfahren wir mit den Konstanten, die als nullstellige Funktionen behandelt werden. Eine nullstellige Funktion hat kein Argument und genau einen Funktionswert, der mit dieser Konstanten übereinstimmt.

In angereicherten Strukturen wurden auch Ankerelemente als Denotate hinzugefügt. Wir beschreiben diese Anker als eine Liste $\langle e_1, ..., e_r \rangle$, oder als viele Listen, oder als eine Datenbank. In die normalen Strukturen haben wir sie aus zwei Gründen nicht aufgenommen. Erstens sind die Listen von Namen oft sehr (viele 'Megabytes') lang; sie haben normalerweise auch eine interne Systematik. Zweitens sind sie für unterschiedliche Systeme unterschiedlich lang und verschieden organisiert. Die Zahl der Denotate für die Grundbegriffe bleibt im Gegensatz dazu für *alle* intendierten Systeme und damit auch für alle Strukturen der Theorie gleich. Dieser Unterschied ist für die empirische Seite von Theorien zentral und wird im nächsten Kapitel genauer erörtert.

Wir fassen den Analyseprozess in Abb. 2.5.2 schematisch zusammen. Ein senkrechter Pfeil deutet die Beziehung zwischen einem Zeichen und dem Bezeichneten an. Die gepunkteten Pfeile deuten den Prozess der Systemanalyse an: das sprachliche Muster der Theorie wird in das System $S$ hineingelegt und mit seiner Hilfe werden Denotate für die verschiedenen Grundbegriffe ermittelt.

Damit eine Struktur ein in sich geschlossenes Ganzes bildet, dürfen die Relationen nur solche Objekte in Beziehung setzen, die in den Mengen $G_1, ..., G_k, A_1, ..., A_m$ vorkommen. Dies lässt sich zum Teil durch Typisierung der Relationen erreichen. Jede Relation im weiteren Sinn hat einen bestimmten Typ (oder sollte ihn jedenfalls haben), der regelt, welche Objektsorten in welcher Reihenfolge in Beziehung gesetzt werden. Genauer umfasst die Typenangabe für eine Relation im weiteren Sinn drei Bestimmungen:[27]

– eine Stellenzahl, die angibt, wieviele Objekte in Beziehung gesetzt werden
– Sortenangaben über die Art der Objekte, die in Beziehung gesetzt werden
– Stufen, die – vor allem in der Mathematik – angeben, welche Mengen (oder noch komplexere Konstrukte aus Objekten) in Beziehung gesetzt werden.

---

27 Die hier verwendeten Typen stecken in den *Leiterverfahren* (*'echelon construction schemes'*) von *Bourbaki*, vergleiche (Bourbaki 1968). Siehe auch (Balzer 1985: Kap. II).

## 2.5 Strukturen

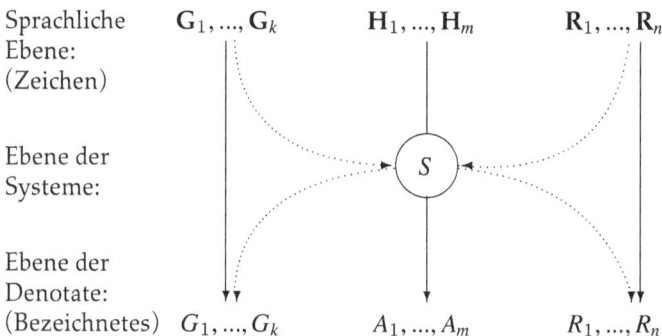

Abb. 2.5.2

Zwischen Typen für Funktionen und Relationen im engeren Sinn besteht kein wesentlicher Unterschied. Der Typ einer Konstanten gibt nur an, aus welcher der Objektmengen $G_1, ..., A_m$ die Konstante stammt.

Diese Typenangaben lassen sich am besten durch Beispiele verstehen. Die geometrische Zwischenrelation ist 3-stellig. Alle Objekte, die sie in Beziehung setzt, sind von gleicher Sorte, nämlich der der geometrischen Punkte. Objekt*mengen* treten in ihr nicht auf: die Relation ist von erster Stufe. Die Ortsfunktion in der Mechanik ist 3-stellig: sie setzt Teilchen, Zeitpunkte und Orte wie folgt miteinander in Beziehung: '$o$ ist der Ort von Teilchen $p$ zur Zeit $t$'. Alle drei Entitäten sind von verschiedener Sorte. Die Funktion betrifft keine Objektmengen; sie ist eine Funktion erster Stufe. In vielen sozialen Theorien spielen Intentionen eine Rolle. Die Relation des Intendierens ist 2-stellig, von der Art: 'Person $j$ intendiert, Handlung $a$ zu tun'. Die beiden verknüpften Entitäten sind von verschiedener Sorte, die Relation bleibt auf der ersten Stufe. Eine Relation zweiter Stufe finden wir in der Geometrie, wenn wir dort Geraden als Punktmengen einführen. Die Relation zwischen zwei Geraden $g$, $g^*$: '$g$ schneidet $g^*$' ist 2-stellig und setzt zwei Mengen von Objekten der gleichen Sorte in Beziehung. Auch die Wahrscheinlichkeitsfunktion ist eine Funktion zweiter Stufe. Sie bildet Zufallsereignisse in reelle Zahlen ab. Ereignisse werden dabei als Mengen von möglichen Ergebnissen (eines Zufallsexperiments) aufgefasst. Als Relation setzt die Funktion also eine Menge möglicher Ergebnisse mit einer reellen Zahl in Beziehung. Sie ist 2-stellig, von zweiter Stufe und betrifft Objekte von zwei Sorten.

Zusammenfassend enthält eine *Struktur* einer Theorie (für die Sprache der Theorie) alle Denotate für die Grundbegriffe und bei angereicherten Strukturen auch Ankerelemente. In einer Struktur stehen $G_1, ..., G_k$ für Mengen von Grundobjekten der verschiedenen Sorten, $A_1, ..., A_m$ für Mengen mathematischer Objekte verschiedener Art und $R_1, ..., R_n$ für Relationen im weiteren Sinn, die in einem – intendierten oder nur möglichen – System der Theorie vorkommen. In Anlehnung an (Ludwig 1991) nennen wir $G_1, ..., G_k$ *Hauptbasismengen* oder auch *Grundmengen*, $A_1, ..., A_m$ *Hilfsbasismengen* und $G_1, ..., G_k, A_1, ..., A_m$ *Basismengen*.

Kapitel 2: Strukturen

Betrachten wir zwei Beispiele von Strukturen, die intendierte Systeme repräsentieren. Unser Planetensystem liefert eine Struktur für die Theorie der klassischen Mechanik. Sie enthält fünf Arten von Objekten: materielle Teilchen (die Sonne und die Planeten), Zeitpunkte, Orte, reelle Zahlen und reelle 3-er Vektoren (d.h. 3-Tupel aus reellen Zahlen). Versammeln wir die Objekte in ihren jeweiligen Mengen, so erhalten wir

- $P$: die Menge der Teilchen
- $T$: die Menge der Zeitpunkte
- $O$: die Menge der Orte
- $\mathbb{R}$: die Menge der reellen Zahlen
- $\mathbb{R}^3$ : die Menge der drei-dimensionalen, reellen Vektoren.

Dazu kommen die empirischen Relationen: 1) die Ortsfunktion $s$ vom gerade eingeführten Typ, 2) eine Koordinatisierung $\sigma$ der Orte durch Vektoren, 3) eine Koordinatisierung $\tau$ der Zeitpunkte durch reelle Zahlen. Die Koordinatisierungen sind Funktionen, die jedem 'möglichen' Ort bzw. jedem 'möglichen' Zeitpunkt eindeutig einen Vektor bzw. eine Zahl zuordnen. Die vierte Relation ist die Massefunktion $m$, die den Teilchen Zahlen zuordnet, und die fünfte die Kraftfunktion $f$, die jedem Teilchen und jedem mit Koordinaten versehenen Ort einen Vektor zuordnet. Dieser stellt die Kraft dar, die zur gegebenen Zeit auf das Teilchen wirkt. Schließlich enthält die Struktur noch die Gravitationskonstante $\gamma$, die den Typ einer reellen Zahl hat. Insgesamt lässt sich diese Struktur als Liste in folgender Form schreiben (Balzer, Moulines, Sneed 1987: Chap. 3)

$$\langle P, T, O, \mathbb{R}, \mathbb{R}^3, \sigma, \tau, s, m, f, \gamma \rangle.$$

Die Raum-Zeit-Struktur wird dadurch nur ansatzweise als eigenständige Entität erwähnt. Die Konstruktionsverfahren für Ortsvektoren und Zeitpunkte werden nicht thematisiert. Dies führt dazu, dass die Kräfte in einem Modell auch auf die Koordinatenräume wirken können, d.h. diese Räume bilden kein sogenanntes Inertialsystem. Ein formal puristischer Ansatz findet sich in (McKinsey, Sugar, Suppes 1953) und eine neue physikalische Sichtweise in (Kamlah 2002).

Als zweites Beispiel betrachten wir die Struktur, die sich aus einem Wochenmarkt in einem kleinen, ziemlich isolierten Städtchen aus der Perspektive der ökonomischen Tauschtheorie ergibt. Hier finden wir drei Objektsorten: Akteure, Warenarten und reelle Zahlen. Zwei Zeitpunkte, die den Anfangszeitpunkt $v$ ('vorher') und den Endzeitpunkt $n$ ('nach') des Markttages festlegen, werden hier nur als Indizes für zwei Funktionen gebraucht. Die Mengen der Objekte, die im System eine Rolle spielen, bezeichnen wir mit $A$, $W$ und $\mathbb{R}$. Darüberhinaus enthält das System vier empirische Relationen: zwei Warenverteilungen $e_v$ und $e_n$. $e_v$ beschreibt die mengenmäßige Verteilung der Warenarten auf die Personen am Anfang des Tages ('Ausstattung, Warenbündel, endowment'), $e_n$ die Verteilung am Ende des Tages, wenn das System idealerweise im Gleichgewicht ist. Jede Verteilung ist eine Funktion, die Akteure und Warenarten in Zahlen abbildet. Mit einer solchen Funktion lassen sich Sätze der Art 'Akteur $j$ besitzt von Warenart $g$ die Menge $\alpha$' bilden. Drittens enthält das System

## 2.5 Strukturen

Preise in Form einer Funktion $p$, die Warenarten in Zahlen abbildet und zu Sätzen der Form 'Der Preis einer Einheit von Warenart $g$ ist $\alpha$' führt. Viertens schließlich enthält das System jedenfalls aus der Sicht der ökonomischen Theorie eine Nutzenfunktion $U$, die jedem Akteur $j$ im System und jeder möglichen Warenausstattung des Akteurs eine Zahl als Ausdruck des Nutzens zuordnet, den er aus dem Besitz oder Konsum dieser Warenausstattung zieht oder ziehen würde. Die mögliche Warenausstattung wird dabei durch einen Vektor reeller Zahlen dargestellt, der genauso viele Komponenten enthält, wie es im System Warenarten gibt. Insgesamt nimmt eine solche ökonomische Struktur folgende Form an:

$$\langle A, W, \mathbb{R}, \mathbb{R}^m, e_v, U, e_n, p \rangle,$$

wobei die Zahl $m$ gleich der Anzahl der Elemente von $W$ ist. Das heisst, es gibt nur endlich viele Warenarten. Die Zahl $m$ ist durch die Menge $W$ eindeutig festgelegt.

Wir beschliessen diesen Abschnitt mit drei grundsätzlicheren Bemerkungen, die wir allerdings nicht im Detail begründen. Erstens dürfte deutlich geworden sein, dass Strukturen einen 'gemischten', ontologischen Status haben: sie beinhalten sowohl Elemente der menschenunabhängigen Welt, als auch Elemente menschlicher Aktivität. Insbesondere sind Strukturen sprachabhängig: die Sprache ist an ihrer Konstitution erheblich beteiligt. Strukturbildung geht von den realen, intendierten Systemen der Theorie aus. Strukturen werden aus diesen Systemen 'abstrahiert'. Sind diese jedoch gebildet, beginnen sie, ein 'Eigenleben' zu führen. Die Menschen können dann auch Strukturen konstruieren, die *keinen* realen Systemen entsprechen. Der Begriff des realen Systems lässt sich so zu dem des *möglichen* Systems erweitern. Konstruierte Strukturen, die keinen realen Systemen entsprechen, lassen sich immerhin als 'Bilder' *möglicher* Systeme ansehen. Mögliche Systeme sind Systeme, die in der Sprache der Theorie dargestellt werden können, obwohl ihnen kein wirkliches System entspricht.

Zweitens beinhaltet die Benutzung von Strukturen gegenüber den Varianten der rein sprachorientierten Metatheorie eine feinere ontologische Einteilung der Realität in Systeme. Diese 'systemische' Perspektive ist charakteristisch für den strukturellen Ansatz der Wissenschaftstheorie.[28]

Drittens ist festzustellen, dass es keine scharfe Grenze zwischen realen und 'bloss möglichen' Systemen gibt. Die sprachliche Konstitution von Strukturen ist untrennbar mit dem verwoben, was wir als reale Systeme bezeichnen. Diese Unschärfe wird deutlich, wenn wir über die Existenz von 'theoretischen' Größen nachdenken, wie etwa: der Nutzenfunktion oder der Kraftfunktion. Existieren diese Funktionen schon in den realen Systemen, bevor wir mit deren sprachlicher Beschreibung und Erfassung durch Strukturen beginnen?

---

28 Siehe etwa (Balzer, Moulines, Sneed 1987); (Balzer, Sneed, Moulines 2000). Eine umfassende Bibliographie wurde in (Diederich, Ibarra, Mormann 1989, 1994) und (Abreu, Lorenzano, Moulines 2013) zusammengestellt.

## 2.6 Interpretation und Gültigkeit

Mit der Sprache einer Theorie werden die intendierten, realen Systeme dieser Theorie beschrieben. Die Sätze dieser Sprache drücken Informationen aus, die von den intendierten Systemen der Theorie stammen. Wie funktioniert dies?

Der Prozess des Beschreibens lässt sich in mehrere Schritte zerlegen. Eine Theorie, ihre Sprache, und eine Struktur für diese Sprache, die ein reales System darstellt, seien gegeben. Im ersten Schritt werden die Grundbegriffe der Theorie und einige Namen auf bestimmte Denotate ('Dinge') abgebildet. Diese Zuordnung erfolgt durch die WissenschaftlerInnen dieser Theorie. In der wirklichen Welt deuten sie auf diese Denotate, sie bezeichnen und beschreiben sie. Dieser Prozess wird zu einer *Interpretationsfunktion* zusammengefasst. Abhängig von der Struktur $x$ der Form $\langle G_1, ..., G_k, A_1, ..., A_m, R_1, ..., R_n \rangle$ ordnet die Interpretationsfunktion $I_x$ den Grundbegriffen $\mathbf{G}_1, ..., \mathbf{R}_n$ der Theorie die Komponenten $G_1, ..., R_n$, und den Namen $\mathbf{n}_1, ..., \mathbf{n}_s$ bestimmte Objekte zu, die in den Grundmengen $G_1, ..., G_k, A_1, ..., A_m$ zu finden sind. Wir betonen, dass die Denotate nicht objektiv, sondern 'subjektiv' durch die Brille dieser Theorie betrachtet werden. Statt von objektiven Dingen zu reden, wäre es zweckmässiger, von *anderen* Denotaten zu sprechen, die aus der Sicht *anderer* Theorien anders interpretiert werden.

Im zweiten Schritt werden einerseits die Begriffe und Namen der Theorie zu einfachen Sätzen – zu atomaren Sätzen – zusammengebaut, andererseits werden die Denotate aus der Struktur $x$ zu einfachen Sachverhalten zusammengefügt. Ein *Sachverhalt* besteht im einfachsten Fall aus zwei Denotaten, die sich in der 'richtigen Weise' *verhalten*, d.h. in einer Weise, die durch eine Relation ausgedrückt wird. In einer Struktur $x$ werden wir diese Sachverhalte in der Form $R(a,b)$, $a = b$, $a \in b$ oder in der Form $\langle a, b \rangle \in R$ beschreiben.[29] Die Form dieser speziellen Sachverhalte sind interessanterweise strukturell genau gleich gebaut, wie Atomsätze. Atomare Sätze haben die Formen $\mathbf{R}(\mathbf{a},\mathbf{b})$ oder $\mathbf{a} = \mathbf{b}$. Dabei sind $\mathbf{a}$ und $\mathbf{b}$ Namen, $\mathbf{R}$ ist ein Grundbegriff der Theorie und = ist der logische Gleichheitsbegriff.

Im dritten Schritt wird untersucht, ob ein solcher Satz zu einem möglichen Sachverhalt passt. Wir können interpretierte Begriffe und Namen nicht einfach mit Denotaten, die in der Struktur schon vorhanden sind, gleich setzen. Um dies genau zu verstehen, greifen wir den wichtigsten Fall heraus. Wir gehen von dem Satz $\mathbf{R}(\mathbf{a},\mathbf{b})$ der Theorie, dem Grundbegriff $\mathbf{R}$ und den Namen $\mathbf{a}, \mathbf{b}$ aus. Durch die Interpretationsfunktion $I_x$ werden den Namen $\mathbf{a}$ und $\mathbf{b}$ Denotate $I_x(\mathbf{a})$ und $I_x(\mathbf{b})$ zugeordnet, und dem Grundbegriff $\mathbf{R}$ das Denotat $I_x(\mathbf{R})$.

Wir können diese Denotate aus zwei Blickwinkeln betrachten. Einerseits sehen wir die Denotate 'durch die Brille dieser' Theorie. Die Denotate bekommen bestimmte Formen und Typen. Andererseits können wir Dinge $a, b$ und eine Relation $R$ aus dem intendierten System anschauen. Letzten Endes werden auch diese Dinge $a, b$

---

29 Die Relation ∈ wird in Abschnitt 2.7 genauer erörtert. Mengentheoretisch gedacht, müssten die Sachverhalte $R(a,b)$ und $a = b$ eigentlich nur in den Formen: $\langle a, b \rangle \in R$ und $\langle a, b \rangle \in =$ geschrieben werden.

## 2.6 Interpretation und Gültigkeit

und die Relation $R$ durch Symbole repräsentiert. Um den roten Faden nicht zu verlieren, nehmen wir für einen Moment lang – kontrafaktisch – an, dass $a$ und $b$ objektive Dinge 'sind' und $R$ eine reale, bestehende Verbindung zwischen $a$ und $b$.

Wir haben nun zwei Beziehungen. Die erste Beziehung wird in der Sprachebene formuliert. Die Symbole **a**, **b** und **R** werden zu einem Satz **R**(**a**,**b**) zusammengefügt, der den Sachverhalt $I_x(\mathbf{R})(I_x(\mathbf{a}),I_x(\mathbf{b}))$ ausdrücken soll. Dieser Satz behauptet, dass die Denotate $I_x(\mathbf{a})$ und $I_x(\mathbf{b})$ in der Beziehung $I_x(\mathbf{R})$ stehen. Dies heisst noch nicht, dass dieser so notierte Satz **R**(**a**,**b**) auch schon richtig ist. Er kann auch falsch sein. Wenn zum Beispiel **a** und **b** Namen für Personen sind und **R** eine Verbalphrase, die Beziehung 'des Machtausübens' ausdrückt, kann der Satz **R**(**a**,**b**) falsch sein. Die Person mit Namen **a** übt eben keine Macht auf die Person des Namens **b** ausübt. Es kann aber auch sein, dass der Satz **R**(**b**,**a**) richtig ist, d.h. Person $b$ übt Macht auf Person $a$ aus.

Die zweite 'reale' Beziehung, die von der ersten *unabhängig* sein kann, besteht zwischen den 'extern betrachteten' Dingen $a, b$, die in der Relation $R$ stehen. Wir drücken diese Beziehung durch einen Sachverhalt $R(a,b)$ aus, der die gleiche Form wie der Satz **R**(**a**,**b**) hat.[30] Wichtig ist hier, dass der Sachverhalt $R(a,b)$ zutrifft oder nicht zutrifft.

In Abb. 2.6.1 haben wir einen der vier Möglichkeiten hervorgehoben. Der Sachverhalt $R(a,b)$ trifft nicht zu, während der 'entsprechende' Satz in der Struktur $x$ gültig ist. Dieser Fall enthält mehrere Aspekte, die in der Logik nicht gebraucht werden, weil dort die Sachverhalte den atomaren Sätzen eins zu eins entsprechen. In einer empirischen Anwendung, können aber die Denotate auf mehrere Dinge oder auf kein Ding zutreffen. Ebenso kann eine Relation – wie etwa hier $R$ – *verschieden* von dem Denotat $I_x(\mathbf{R})$ sein. Im Wesentlichen wird aber die Passung zwischen $R(a,b)$ und **R**(**a**,**b**) auf die Interpretationsfunktion zurückgespielt.

Informell und realitätsbezogen ist ein atomarer Satz in $x$ gültig gdw die Denotate genau zusammenpassen. D.h. die Denotate sind identisch mit den entsprechenden Dingen und Beziehungen, die wirklich in der Struktur existieren und durch Wissenschaftler beobachtet wurden, und die Denotate beziehen sich in der 'richtigen' Weise aufeinander.

Im vierten Schritt wird schliesslich die Gültigkeit eines komplexen Satzes in der gegebenen Struktur $x$ auf atomare Sätze zurückverfolgt. Die atomaren Sätze werden in der Struktur $x$ 'direkt' als gültig oder ungültig erwiesen. Alle anderen Sätze werden durch die in 2.3 eingeführten Ableitungsregeln Schritt für Schritt auf die Gültigkeit oder Ungültigkeit von atomaren Sätzen zurückgespielt.

Eine Besonderheit der Logik liegt in Sätzen, die in allen Strukturen einer Theorie gültig sind. Ein sehr einfaches Beispiel ist der Satz $\mathbf{R}(\mathbf{a}) \vee \neg\mathbf{R}(\mathbf{a})$, der in jeder Struktur aus rein formalen Gründen gültig ist. Nach den Regeln für die Adjunktion und Negation in 2.3 ist in einer Struktur $x$ dieser Satz gültig gdw $\mathbf{R}(\mathbf{a})$ (in $x$) gültig

---

30 Noch puristischer gedacht, können wir diese Beziehung mengentheoretisch wie folgt schreiben: $\langle a,b \rangle \in R$, siehe Abschnitt 2.7. Das heisst, das Paar $\langle a,b \rangle$, bestehend aus den beiden 'wirklichen' Dingen $a$ und $b$, ist ein Element der 'wirklichen' Relation $R$.

Kapitel 2: Strukturen

ist oder **R(a)** (in *x*) nicht gültig ist. Wie wir auch die Sache wenden, der Satz **R(a)** ∨ ¬**R(a)** ist immer gültig. Solche Sätze gibt es in grosser Zahl. Die Sätze, die in jeder (keiner) Struktur gültig sind, nennt man *allgemein gültig* (*allgemein ungültig*). Der Satz **R(a)** ∧ ¬**R(a)** z.B. ist in keiner Struktur einer Theorie gültig. Die Begriffe der *Allgemeingültigkeit* und *Ungültigkeit* decken so einen Grenzbereich von Sätzen ab, deren Sachverhalte empirisch wirklich irrelevant sind.

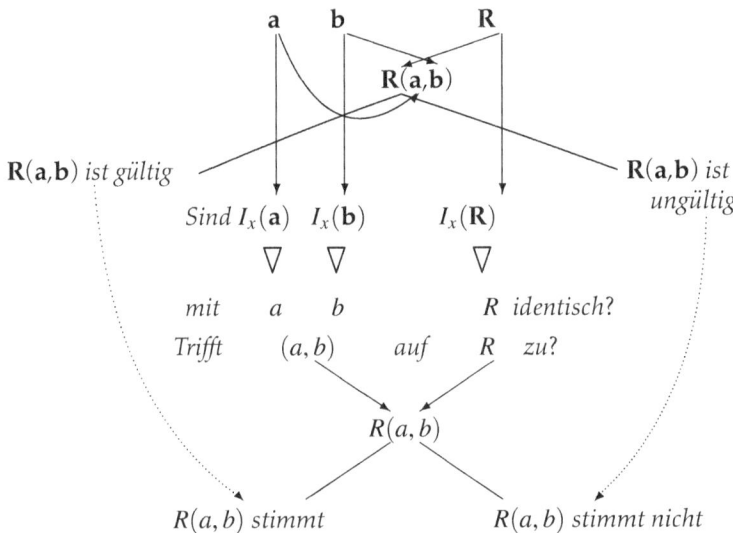

Abb. 2.6.1

Wir sind bis jetzt davon ausgegangen, dass der Sachverhalt denselben Typ wie der entsprechende Satz hat. Dies muss aber nicht so sein. Es ist möglich, einen komplexen Term zu bilden, der ein einfaches, nicht weiter intern strukturiertes Objekt bezeichnet. Mit anderen Worten ist das Objekt (das Denotat) aus der Sicht der gegebenen Theorie einfach. Bei anderen Theorien kann dasselbe Objekt aber komplex sein. Umgekehrt kann ein atomarer Satz oder ein einfacher Begriff ein komplexes Denotat ausdrücken. Dies kann z.B. passieren, wenn in 2.4 ein definierter Begriff in dem Satz auftritt.

Wir erklären Interpretation und Gültigkeit in zwei Beispielen. Wir betrachten zwei ziemlich 'einfache' Sätze, die in zwei Theorien als Hypothesen verwendet werden. Der erste Satz stammt aus der klassischen Geometrie.

H1  *Für alle Punkte* $y_1, y_2$ *und alle Punkte* $x_1, x_2$ *gibt es einen Punkt* $x_3$, *so dass:*
**zwischen**$(x_1, x_2, x_3)$ *und* **kongruent**$(x_2, x_3, y_1, y_2)$.

Die Geometrie benutzt drei Grundbegriffe **Punkt**, **zwischen** und **kongruent**, die in den Strukturen interpretiert werden. Eine dieser Strukturen *x* besteht aus einer Menge *P* der geometrischen Punkte, und aus den Relationen *zwischen* und *kongruent*. Mengentheoretisch betrachtet 'ist' *zwischen* eine Menge von Tripeln von

## 2.6 Interpretation und Gültigkeit

Punkten und *kongruent* eine Menge von 4-Tupeln von Punkten. Ein Sachverhalt *zwischen*(*a*, *b*, *c*) drückt inhaltlich aus, dass der Punkt *b* zwischen *a* und *c* liegt, und der Sachverhalt *kongruent*(*a*, *b*, *a'*, *b'*) beinhaltet, dass die Punkte *a* und *b* den gleichen Abstand haben, wie die Punkte *a'* und *b'*. Die Interpretationsfunktion $I_x$ ordnet nun den drei Grundbegriffen ihre Interpretationen zu:[31] $I_x$(**Punkt**) = *P*, $I_x$(**zwischen**) = *zwischen* und $I_x$(**kongruent**) = *kongruent*. In Abb. 2.6.2 zeichnen wir in der oberen Ebene die drei Grundbegriffe und unten ihre teilweisen Interpretationen ein.

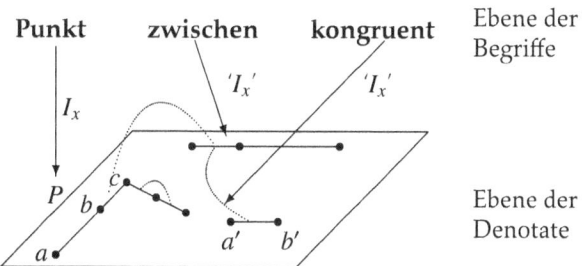

*Abb.* 2.6.2

Die Relation *zwischen* ist als Ganzes völlig unanschaulich, da sie für unendlich viele Tripel von Punkten gilt, und für unendlich viele andere Tripel nicht. Dasselbe gilt für die Relation *kongruent*. Wir haben drei Sachverhalte der Art 'zwischen' dargestellt. In einem solchen Sachverhalt werden drei Punkte durch eine gerade Linie verbunden. Genauso haben wir drei Kongruenzen eingezeichnet, die durch gepunktete Linien dargestellt sind. Für zwei Teile des Interpretationsprozesses stellen wir fünf Namen **a**, **b**, **c**, **a'** und **b'** bereit, die in Abb. 2.6.3 durch die Funktion $I_x$ auf Denotate *a*, *b*, *c*, *a'* und *b'* abbilden.

In Abb. 2.6.2 liegt der Punkt *b* zwischen den Punkten *a* und *c*. Mit blossem Auge sieht man, dass dieser Sachverhalt stimmt und daher der Satz **zwischen**(**a**,**b**,**c**) in der Struktur *x* gültig ist. Ähnlich lässt sich dort direkt erkennen, dass der Sachverhalt *kongruent*(*a*, *b*, *a'*, *b'*) nicht stimmt, und damit der Satz **kongruent**(**a**,**b**,**a'**,**b'**) in *x* nicht gültig ist.

Einen Sachverhalt, nach dem die Punkte *b*, *c* zu den Punkten *a'*, *b'* kongruent sind, haben wir Abb. 2.6.2 nicht eingezeichnet. Man weiss dort nicht genau, ob diese Punkte tatsächlich kongruent sind. Die Hypothese H1 beginnt mit einem komplizierten Vorspann von Quantoren: *'für alle Punkte a, b, a', b' gibt es einen Punkt c so dass ...'*. Mit Hilfe dieser Figuren sollte klar werden, dass diese Hypothese und der Gesamtprozess der Gültigkeit dieses Satzes nur exemplarisch dargestellt werden kann.

---

31 In der Logik erster Stufe, die keine Sorten unterscheidet, werden die Gattungsbegriffe – in diesem Beispiel: **Punkte** – nicht direkt interpretiert. Sie bleiben dort implizit und werden durch die zugehörigen Variablen mitverarbeitet.

Kapitel 2: Strukturen

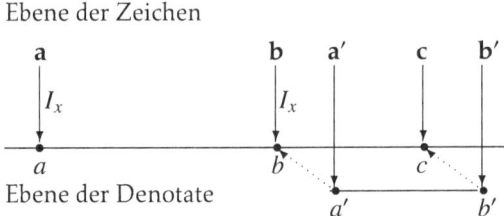

*Abb.* 2.6.3

Als zweites Beispiel nehmen wir einen Satz aus der Theorie der sozialen Institutionen, in der unter anderem Personen und ihre Handlungen beschrieben werden und in der Personen andere Personen beeinflussen. In einer bestimmten Formulierung (Balzer 1993)[32] werden die Grundbegriffe **Person**, **Handlung**, **real** und **einfl** benutzt. Ein mit **real(i,a)** abgekürzter Satz besagt, dass die Person **i** die Handlung **a** ausführt ('realisiert, verwirklicht') und ein Satz **einfl(i,a, j,b)** besagt, dass die Person **i** mit der Handlung **a** die Person **j** und ihre Handlung **b** beeinflusst. Zur Interpretation brauchen wir eine Struktur $x$ der Form $\langle J, A, real, einfl, ...\rangle$, in der es Grundmengen $J$ von Personen und $A$ von Handlungen gibt. Der Begriff **real** wird in $x$ durch die Beziehung *real* und **einfl** durch die Beziehung *einfl* interpretiert. Mengentheoretisch werden in *real* und *einfl* Dinge verschiedener Art in Beziehung gesetzt. *real* ist mengentheoretisch gesehen eine Menge und in einem Paar $\langle i, a \rangle$ aus der Menge *real* wird $i$ als eine Person und $a$ als eine Handlung interpretiert, so dass diese beiden 'Dinge' durch *real* miteinander in Beziehung gesetzt werden. Ganz ähnlich werden in der Relation *einfl* zwei Personen und zwei Handlungen in Beziehung gesetzt, nämlich so, dass die Person $i$ mit ihrer Handlung $a$, die Person $j$ und ihre zugehörige Handlung $b$ beeinflusst. Formal ist *real* eine Menge von Paaren der Form $\langle i, a \rangle$, *einfl* eine Menge von 4-Tupeln der Form $\langle i, a, j, b \rangle$. Die Interpretationsfunktion $I_x$ ordnet also den Begriffen ihre Grundmengen und Relationen zu: $I_x(\textbf{Person}) = J$, $I_x(\textbf{Handlung}) = A$, $I_x(\textbf{real}) = real$ und $I_x(\textbf{einfl}) = einfl$.

In Abb. 2.6.4 stellen wir eine Struktur und einige Sachverhalte aus der Struktur schematisch dar. Jede Spalte beschreibt eine Person und ihre Handlungen. In einigen Spalten haben wir einige Handlungen als Kästchen eingezeichnet. Die fett eingezeichnete Linie teilt die Kästchen in zwei Arten ein: die Kästchen oberhalb der Linie bezeichnen wir als *machtausübende* (einflussnehmende) Handlungen und die unterhalb als *erleidende* (beeinflusste) Handlungen.

In der Spalte für die Person $j'$ haben wir alle Handlungen eingezeichnet; die schwarzen Kartensymbole stellen die machtausübenden Handlungen von $j'$ dar und die weißen die erleidenden Handlungen von $j'$. Durch die fette Unterscheidungslinie lässt sich direkt sehen, dass eine Person weiter rechts weniger mächtig ist als eine Person weiter links. Die Person $k$ zum Beispiel hat nur eine Handlung (♠) mit der sie jemanden beeinflusst. Bei den Personen $j'$ und $i$ finden wir Kästchen auf der 'Machtgrenze', die nicht klar einzuordnen sind. Diese Grenze lässt sich nur

---

32 Dort wird statt **einfl** das Symbol **macht** benutzt.

## 2.6 Interpretation und Gültigkeit

approximativ ziehen, siehe 4.2. Die Kästchen oberhalb der oberen, gepunkteten Linie stellen die realen Machthandlungen der Personen dar, die in dem System wirklich stattfinden. Genauso bezeichnen die Kästchen unterhalb der unteren, gepunkteten Linie die erleidenden Handlungen der Personen. Anders gesagt drücken die beiden beschriebenen Bereiche zusammen die Realisierungsrelation *real* aus. Eine einzige Machtausübung zwischen $i$ und $j$ – und die zugehörigen Handlungen $a$ und $b$ – sind eingezeichnet. $a$ ist die machtausübende Handlung von $i$ und $b$ die erleidende Handlung $j$. Die Person $i'$ stellt einen Fall dar, der zu einer Hypothese der Institutionentheorie im Widerspruch steht, siehe Hypothese 6 in 2.9. Diese Person beeinflusst niemanden; sie kann in keiner Handlung als Machtausübende wirken.

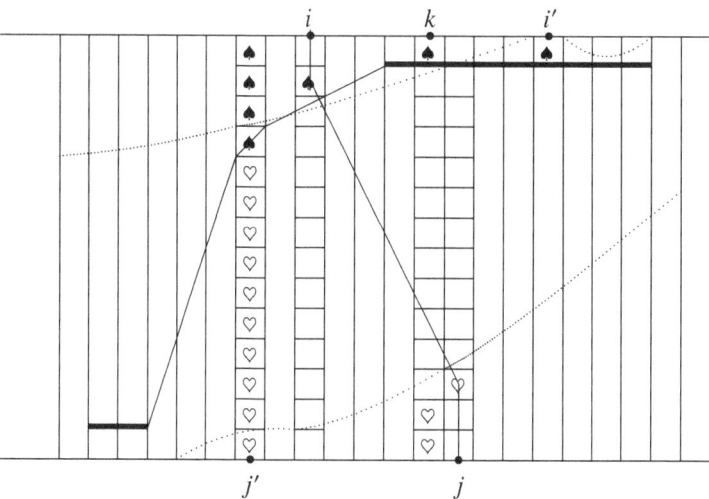

*Abb.* 2.6.4

Der Satz, den wir betrachten, ist eine 'einfache' Hypothese H2 – abgekürzt:

H2  $\forall \mathbf{x}_1^J \exists \mathbf{x}_2^J \exists \mathbf{y}_1^A \exists \mathbf{y}_2^A \,(\mathbf{real}(\mathbf{x}_1^J, \mathbf{y}_1^A)\text{ und }\mathbf{einfl}(\mathbf{x}_1^J, \mathbf{y}_1^A, \mathbf{x}_2^J, \mathbf{y}_2^A))$.

In dieser Hypothese spielen bestimmte Personen und Handlungen keine Rolle. Personen werden nur durch die Variablen $\mathbf{x}_1^J$ und $\mathbf{x}_2^J$ und die Handlungen nur durch die Variablen $\mathbf{y}_1^A$ und $\mathbf{y}_2^A$ ausgedrückt. Die Variablen $\mathbf{x}_1^J$ und $\mathbf{x}_2^J$ laufen über die Grundmenge $J$ und die Variablen $\mathbf{y}_1^A$ und $\mathbf{y}_2^A$ über die Grundmenge $A$. Die Personen sind in einer Grundmenge $J$ versammelt und die Handlungen in einer anderen Menge $A$. Wir haben die verschiedenen Sorten von Variablen durch obere Indizes der Variablen kenntlich gemacht. Inhaltlich gesprochen kann keine Person mit irgendeiner Handlung gleich gesetzt werden.[33]

Die Gültigkeit dieses verschachtelten Satzes muss durch die Regeln in 2.3 in viele Atomsätze aufgelöst werden, und am Ende des Prozesses müssen wir für jeden

---

[33] In der deutschen Sprache würde man wohl gleich sagen, dieser Inhalt habe keinen Sinn.

Atomsatz herausfinden, ob er in der gegebenen Struktur gültig ist. Exemplarisch nehmen wir einen Satz der Form **einfl**(**i**,**a**, **j**,**b**), wobei **i**, **j** und **a**,**b** Namen für Personen, respektive für Handlungen sind. Diese Namen müssen durch die Interpretationsfunktion $I_x$ auf Personen $i$, $j$ und Handlungen $a$, $b$ abgebildet werden, die in der Struktur zu finden sind. Der Grundbegriff **einfl** erhält durch $I_x$ ein Denotat *einfl*. Die Frage ist, ob diese Entitäten zusammen einen Sachverhalt bilden, der den Atomsatz gültig werden lässt. Dies funktioniert nach dem Schema in Abb. 2.6.1.

Ob diese Hypothese in einem intendierten System gültig oder ungültig ist, hängt von diesem System ab. Betrachten wir einen konkreten Sachverhalt aus einem realen System. Die Unternehmerin Uta wirft den Angestellten Udo aus ihrer Firma. Uta beeinflusst Udo, in dem sie die Handlung *kündigen* ausführt und Udo die Handlung *gekündigt sein* 'ausführt'. Wenn wir davon ausgehen, dass dieser Sachverhalt eine Beeinflussung ist, gilt der entsprechende Satz, der diesen Sachverhalt beschreibt.

Dies sagt aber wenig über die Hypothese H2. Diese behauptet ja, dass *jede* Person *irgend jemanden* beeinflusst. Die erörterte, reale Beeinflussung muss zusammen mit vielen anderen Handlungen gesehen werden, die in diesem System stattfinden. Nehmen wir an, dass Udo keine Handlung ausführen kann, mit der er seine Chefin beeinflussen kann. Um die Hypothese H2 nicht gleich als falsch zu bezeichnen, müssen wir untersuchen, ob Udo eine andere Person in dem System beeinflusst. Es ist klar, dass eine solche Untersuchung interessant, aber sehr arbeitsaufwendig ist.

## 2.7 Aspekte von mengentheoretischen Sprachen

Bei Beschreibung der Sprache *einer* Theorie setzten wir oben Logik und Mathematik als einen gleichbleibenden Hintergrund voraus. Neben diesen beiden Hintergrundtheorien gibt es noch eine dritte, die in den letzten 70 Jahren allgemeiner Bestandteil 'des' wissenschaftlichen Denkens geworden ist: die Mengenlehre.

Nachdem die *Bourbaki*-Gruppe mit Erfolg die gesamte Mathematik auf eine mengentheoretische Grundlage gestellt hat, breitet sich diese Denkweise auch in den empirischen Disziplinen aus. Man kann sagen, dass das wissenschaftliche Denken der Form nach heute in weiten Bereichen durch mengentheoretische Konzepte mitgeprägt ist.

Was sind aber Mengen? Eine bestimmte Menge kann einerseits als 'Objekt' angesehen werden, wie z.B. die Menge der Fixsterne, die zum Sternbild des großen Bären gehört, andererseits kann diese Menge auch im menschlichen Gehirn als Zeichen, als eingeprägtes, mentales Bild benutzt werden. Dieses Sternbild ist im Gedächtnis von vielen Menschen gespeichert. Was Mengen im allgemeinen sind, wurde erst im 19. Jahrhundert theoretisch diskutiert. Es entstanden verschiedene Theorien über Mengen im allgemeinen. In solchen Theorien werden Grundbegriffe benutzt, die Mengen zusammenbinden. Neben den reinen Mengentheorien, die in vielen Lehrbücher dargestellt werden, aber für uns weniger interessant sind, gibt es auch solche, die sich mit anderen Theorien verknüpfen lassen. In *Bourbaki* werden in der

## 2.7 Aspekte von mengentheoretischen Sprachen

mengentheoretischen Sprache Strukturen (*structures*) formal dargestellt, die für mathematische Theorien vorgesehen sind. *Ludwig* hat diesen Ansatz auf physikalische Theorien erweitert, und *Sneed* und *Suppes* haben diese mengentheoretischen Strukturen als Werkzeuge benutzt, mit denen man empirische Theorien klären und beschreiben kann.

Wir skizzieren eine *mengentheoretisch angereicherte Sprache* für eine gegebene Theorie (kurz: *ma-Sprache*), die für unsere Anwendungen besonders passend ist. In einer solchen Sprache sind neben den Grundbegriffen der Theorie auch mengentheoretische Symbole und Ankerelemente ('Namen') vorhanden. Im Folgenden schreiben wir die Symbole für die Grundbegriffe und Namen einer Theorie nicht mehr fett, sondern kursiv. Anders gesagt, unterscheiden wir reale Ereignisse nicht mehr klar von Elementen aus Mengen. Wir tun dies aus rein praktischen Gründen, um nicht so viele fettgedruckte Symbole und so viele Passagen einzufügen, die nur ständig die Ebenen der Ereignisse und der Elemente (von Mengen) unterscheiden. Die metaphysische 'Auflösung' beider Ebenen möchten wir hier nicht genauer begründen.

Das Vokabular einer *ma*-Sprache besteht aus

– den mengentheoretischen Symbolen $\in, =, (\ )$ und $\{\ \}$,
– den Symbolen für Grundbegriffe $G_1, ..., G_k, A_1, ..., A_m, R_1, ..., R_n$ einer empirischen Theorie (2.2),
– den üblichen mathematischen Symbolen,
– den Variablen $x, x_1, x_2, x_3, ..., x_i, y, y_i...$,
– den logischen Begriffen $\neg, \wedge, \vee, \rightarrow, \leftrightarrow ...$ (2.3) und
– den Namen für Ankerelemente $n, n_i, a, a_1, b, b_1$ etc.

Zusätzlich muss vorausgesetzt werden, dass in einem Term der Form '$t_1 \in t_2$' der Term $t_2$ eine Stufe höher liegt als der Term $t_1$. In einem Term der Form $t_1 = t_2$ wird dagegen meist vorausgesetzt, dass beide Terme $t_1$ und $t_2$ auf derselben Stufe liegen.

In einer *ma*-Sprache soll jedes Ankerelement, was in intendierten Systemen benutzt wird, einen Namen haben. Jeder Name, der – formal gesprochen – wie eine Konstante wirkt, kann durch ein Ankerelement interpretiert werden. In einer *ma*-Sprache werden die mengentheoretischen Symbole wie normale Relationen behandelt; sie werden nur in eingeschränkter Bedeutung verwendet. Anstatt dies genauer zu präzisieren, begnügen wir uns mit vielen, verschiedenen Beispielen, die im Text zu finden sind. Anders gesagt, werden in einer *ma*-Sprache die Axiome einer Mengentheorie nicht 'ausgereizt'.

Aus diesem Vokabular lassen sich Terme und Atomsätze bilden. $n \in n^*$, $n = n^*$ und die negierten Sätze $n \notin n^*$ und $n \neq n^*$ werden gelesen als: '$n$ ist Element von $n^*$', '$n$ ist gleich mit $n^*$', '$n$ ist kein Element von $n^*$' und '$n$ ist ungleich mit $n^*$'. Der Term $\langle n_1, ..., n_m \rangle$ ist ein sogenanntes $m$-Tupel mit *Komponenten* $n_1, ..., n_m$. Ein Tupel fasst die Komponenten in der richtige Reihenfolge zu einer Einheit zusammen. Bei Änderung der Reihenfolge entsteht ein anderes $m$-Tupel, etwa $\langle n_2, n_1, n_3, ..., n_m \rangle$. Die Tupel ermöglichen eine 'vektorielle' Notation, in der mehrere gleichartige Zeichen zu einer Liste zusammengefasst werden. Ein Term $\{x/A(x)\}$ schließlich, der eine Menge ausdrückt, wird so gelesen: 'die Menge aller $x$, die die Eigenschaft $A(x)$ hat'. Dabei ist $A(x)$ eine Formel, in der eine freie Variable $x$ für Mengen vorkommt.

Die 'normalen' Formen von Atomsätzen, die in 2.3 erörtert wurden, sehen in dieser Notation so aus: $R_i(n_1,...,n_m)$, $f_j(n_1,n_2) = n$. Aus den bisherigen Sätzen entstehen nun interessante Sätze wie z.B. $f_1(n_1,...,n_m) = \langle n'_1,...,n'_{m'}\rangle$, $n \in \{x/A(x)\}$, $\{x/A(x)\} = n$ oder $R_i(\{x/A(x)\}, n_2,...,n_m)$. Schließlich werden die üblichen Negationen, Konjunktionen, Adjunktionen und die Existenz- und Allsätze und andere gebildet: $\neg A$, $A \wedge B$, $A \vee B$, $\exists x A(x)$, $\forall x A(x)$.

In einer *ma*-Sprache, mit der eine Theorie beschrieben wird, gibt es oft in den Modellen der Theorie mehrere Grundmengen $G_1,...,G_k$ – und eventuell auch mehrere Hilfsbasismengen $A_1,...,A_m$. Die Variablen, die über diese Mengen laufen, müssen unterschieden werden. Wenn eine Variable $x$ innerhalb einer Teilformel $A(x)$ einer Hypothese auftritt, muss explizit gemacht werden, über welche Grundmenge $G_i$ die Variable $x$ läuft. Dies geschieht oft wie folgt. Die Teilformel $A(x)$ wird ergänzt. Es wird explizit gemacht, dass die Variable $x$ genau über die Grundmenge $G_i$ läuft. Dazu wird links oder rechts von $A(x)$ der Zusatz $x \in G_i$ und ein Symbol aus der Menge $\{\rightarrow, \wedge, \vee\}$ hinzugefügt. Aus $A(x)$ wird zum Beispiel $\forall x(x \in G_i \rightarrow A(x))$. In diesem Fall wird ausgedrückt, dass alle Grundelemente $x$ aus $G_i$ auch die Eigenschaft $A(x)$ haben.

Wir ziehen oft den Zusatz '$x \in G_i$' vor die Teilformel $A(x)$, was oft besser zu lesen ist. Zum Beispiel:

statt $\forall x(x \in G \rightarrow A(x))$ schreiben wir $\forall x \in G(A(x))$ oder
statt $\exists x(x \in G \wedge A(x))$ schreiben wir $\exists x \in G(A(x))$.

Eine *ma*-Sprache könnte so verallgemeinert werden, dass alle die verschiedenen Grundmengen aus den Modellen der vielen Disziplinen in eine Gesamtmenge eingebettet würden. Dies ist formal möglich. In der Mengenlehre gibt es Varianten, in denen der Begriff des *Urelements* eingeführt wird. Praktisch würde aber eine Ansammlung von Grundmengen nur zu einem chaotischen Ganzen führen.

In 2.5 benutzten wir die kursiven Symbole für Mengen und Elemente aus Mengen (für Denotate). Dagegen verwenden wir im Folgenden die kursiven Symbole auch als Zeichen für Relationen. Dies führt zu einem Notationsproblem. Eigentlich sollte ein Symbol für einen Begriff nicht zugleich für ein Denotat des Begriffs benutzt werden, d.h. für eine Relation, die in einer gegebenen Struktur den Begriff interpretiert. Da wir hier aber einerseits oft über verschiedene Theorien, andererseits über reale, intendierte Systeme solcher Theorien reden, ist es ziemlich mühsam, diese genaue Unterscheidung ständig durchzuhalten. Im Prinzip werden die Erörterungen über reale Systeme in unserem Buch immer durch die Sprache vermittelt. Wenn wir in diesem Buch wirkliche Sachverhalte beschreiben, sollten wir eigentlich nicht sagen, dass z.B. 'diese Handlung eine Beeinflussung ist', sondern wir sollten sagen, dass 'wir eine Handlung des Beeinflussens in einem hier beschriebenen System darstellen'. Man sieht, dass dies oft zu länglichen Sätzen führt. Oft können diese inhaltlich abgekürzt werden, indem wir einen realistischen Stil pflegen, und das beschreibende Element unterdrücken. Wenn die gerade beschriebene Situation soweit klar ist, lohnt es sich normalerweise bei der weiteren Beschreibung nicht, ständig über Sätze und Beschreibungen zu reden. Anders gesagt unterscheiden wir im Folgenden nicht systematisch zwischen einem Symbol für einen Begriff und einem Symbol für eine Menge. Wir werden im Weiteren meist den realistischen Stil verwenden. Dieses Buch enthält natürlich nur sprachlich beschriebene Sachverhalte, aber eigentlich möchten wir zu den inhaltlichen Fragen der Theorien vordringen. Natürlich müssen wir schließlich alle diese Fragen sprachlich beschreiben, aber oft kann ein Leser oder eine Leserin die hier realistisch formulierten Inhalte besser verstehen.

Wir möchten diesen Punkt noch in anderer Weise ausdrücken. Sei $R_i$ ein Symbol aus einer *ma*-Sprache einer Theorie **T**. $R_i$ bezeichnet einerseits einen bestimmten Grundbegriff der Theorie **T**. Andererseits bezeichnet $R_i$ die $i$-te Grundrelation, die in einer gegebenen Struktur $x$ von **T** vorkommt. Realistisch gesagt, *ist* diese $i$-te Relation eine *Menge*. $R_i$ bezeichnet also sowohl einen Grundbegriff, als auch eine Menge für den 'entsprechenden' Begriff. Der Unterschied zwischen einem Begriff und einer entsprechend strukturierten Menge ist in unserem Themenbereich nicht groß. Wir bringen dazu zwei konkrete Beispiele. In der Geometrie kann man ohne weiteres sagen, dass das Wort 'kongruent' sowohl den Kongruenzbegriff als auch die Kongruenzrelation *kongruent* bezeichnet. In diesem Fall sollte im Prinzip klar sein, aus welcher Struktur diese Kongruenzrelation stammt. Diese Voraussetzung wird normalerweise stillschweigend angenommen. In diesem Beispiel ist diese Voraussetzung besonders unwichtig. Die Geometrie hat nämlich in mengentheoretischer Formulierung 'eigentlich' nur ein einziges Modell. Alle Strukturen, die die geometrischen Axiome erfüllen, sind isomorph zueinander. Ein zweites Beispiel stammt aus der klassischen Stossmechanik. Dort bezeichnet das Wort 'Masse' sowohl den Massebegriff dieser Theorie als auch die Massefunktion, die in einer Struktur der Theorie auftritt.

Mit diesen *ma*-Sprachen lassen sich die drei zentralen Prinzipien der Mengenlehre schnell erklären. Im Zentrum der mengentheoretischen Denkweise steht das *Komprehensionsprinzip*. Es erlaubt – unter bestimmten technischen, für empirische Theorien praktisch kaum störenden Bedingungen – den Übergang von Sätzen zu Mengen und wieder zurück. In der Aussage 'Die Erde dreht sich um die Sonne' ersetzen wir zum Beispiel 'die Erde' durch eine Variable $x$. Aus der so entstehenden Form (Formel) '$x$ dreht sich um die Sonne' dürfen wir nach dem Komprehensionsprinzip 'die Menge aller $x$, die sich um die Sonne drehen' bilden.

Dieser Prozess hat im Allgemeinen offenbar einen riesigen Anwendungsbereich und erlaubt, aus allen möglichen Sätzen entsprechende Mengen zu bilden. Durch solche Mengenbildung wird eine Einheit der in der Menge versammelten Objekte hergestellt, die dem ursprünglichen Satz nicht anzusehen ist. Mengenbildung ist eine genuin menschliche Aktivität und Leistung, und geht immer mit Begriffsbildung zusammen. Ob es in der 'Natur' Mengen gibt, hängt nicht nur von philosophischen Sichtweisen, sondern auch zum Beispiel von der Germanistik ab.

Sei $A(x)$ eine Formel, in der die Variable $x$ frei vorkommt. Aus dieser Formel, diesem satzartigen Gebilde, entsteht durch Komprehension die Menge aller Entitäten, die Namen tragen könnten und deren Namen wir in die Formel $A(x)$ einsetzen können. Diese Menge wird mit

$$\{x/A(x)\}$$

bezeichnet. Inhaltlich wird diese Menge oft umschrieben mit: 'die Menge aller $x$, die die Eigenschaft $A$ haben'. Der Prozess der Komprehension, des 'Umfassens', wird durch das *Komprehensionsaxiom* ausgedrückt

Für alle $x$ gilt: $A(x)$ gdw $x \in \{y/A(y)\}$.

'Ein $x$ hat die durch $A$ ausgedrückte Eigenschaft gdw $x$ ein Element der Menge aller $y$ ist, die die Eigenschaft $A$ haben'. Diese Formel führt ohne Vorsichtsmaßnahmen direkt zu Widersprüchen. Der erste Widerspruch wurde durch *Russell* entdeckt. Er nahm als $A(x)$ einfach die Formel $x \notin x$ und substituierte dann $x$ an allen Stellen durch die Menge $\{z/z \notin z\}$. Auch ein Widerspruch ist ein menschliches Produkt. Er lässt sich in der Sprache der Mengenlehre besonders effektiv erzeugen. In vielen Varianten der Mengenlehre wird deshalb das Komprehensionsaxiom vermieden und durch andere Axiome ersetzt; in anderen Varianten wird es eingeschränkt. Ein Widerspruch hat oft unangenehme Folgen, er kann manchmal aber auch zu interessanten Gedanken führen.

Um Widersprüchen zu minimieren, wurden durch *von Neuman, Bernays* und *Gödel* (Bernays 1954) zunächst Klassen eingeführt. Manche Klassen sind dann auch Mengen; eine Menge ist immer auch ein Element einer Klasse. Dagegen darf eine Klasse kein Element einer Klasse sein. Damit lassen sich viele Entitäten benennen, die in dem Raum der Mengen zu Widersprüchen führen würden.

Das zweite Prinzip drückt die Gleichheit von Mengen aus. Es erlaubt nicht nur die Formulierung von Gleichheitsaussagen, sie stellt auch – im Gegensatz zur Logik erster Stufe – ein einfaches und sehr effektives Kriterium für Gleichheit bereit. Gleichheit von zwei Mengen wird durch das *Extensionalitätsaxiom* darauf zurückgeführt, dass beide Mengen genau die gleichen Elemente enthalten. Das Axiom lautet

Für alle Mengen $x, y$ gilt ($x = y$ gdw (für alle $z$ gilt ($z \in x$ gdw $z \in y$))).

Dieser auf den ersten Blick unschuldige Satz, kann ziemlich schnell 'nach unten' führen. Wenn wir die Variable $x$ durch einer Menge $n$ ersetzen, mit einigen Hypothesen über $n$ anfangen und ein Element $n_1 \in n$ betrachten, können wir oft den Hypothesen entnehmen, dass $n_1$ auch eine Menge ist. Wenn wir ein Element $n_2$ aus $n_1$ ($n_2 \in n_1$) untersuchen, kann auch dieses durch die Hypothesen weiter verarbeitet werden. Ein Ende dieses Prozesses ist nur in Sicht, wenn die analysierende Person ein Axiom, das *Fundierungsaxiom*, benutzt, mit dem der Prozess 'gewaltsam' abgebrochen wird. Als Beispiel können wir mit einer Menge von Modellen der Quantenmechanik (Ludwig 1976) beginnen, ein Modell untersuchen, und in weiteren Schritten 'nach unten' zu einer Menge von *Hilbert*räumen kommen. Auch diese führt weiter in die Tiefe zu weiteren Grundmengen. Wir sehen nicht, wo wir diesen Prozess abbrechen müssten.

Interessanterweise führt ein anderer Weg zu einer ziemlich zirkelhaft aussehenden Formel $R = \{x/x = \langle x_1, ..., x_n \rangle \in R\}$, die aber harmlos ist. Man kann auch ohne Ende nach oben kommen: aus $x$ wird $\{x\}, \{\{x\}\}$ und so weiter.

Wenn wir in dem Axiom das Symbol = durch $\subseteq$ und 'gdw' durch 'wenn, dann' ersetzen, erhalten wird die Definition der Teilmengenrelation $x \subseteq y$.

Das dritte Prinzip betrifft die Konstruktion von mengentheoretischen $n$-Tupeln. Eigentlich sind $n$-Tupel durch die beiden anderen genannten Prinzipien definierbar. In der Praxis, vor allem in der Informatik, werden $n$-Tupel aber gleichwertig als eigenständige Entitäten, nämlich als Listen, verarbeitet. Letzten Endes wird diese Verarbeitung auch im endlichen Fall induktiv durchgeführt. Ein induktiver Prozess besteht aus zwei Teilen: aus der 'Induktionsbasis' und dem 'Induktionsschritt', und die Induktionsbasis aus einer gegebenen Menge von Paaren (Levy 1979: 24). Der Induktionsschritt lautet wie folgt:

$\langle x_1, ..., x_{n+1} \rangle$ ist ein $(n+1)$-Tupel gdw
$\langle x_1, ..., x_n \rangle$ ist ein $n$-Tupel und $\langle x_1, ..., x_{n+1} \rangle = \{\{\langle x_1, ..., x_n \rangle\}, \{\langle x_1, ..., x_n \rangle, x_{n+1}\}\}$.

*ma*-Sprachen können zu einem Problem führen, wenn wir *verschiedene* empirische Theorien in derselben *ma*-Sprache formulieren möchten. Ein solches Problem kann durch intertheoretische Relationen entstehen. In diesem Buch werden wir aber dieses Thema nicht genauer erörtern. Schliesslich möchten wir ein weiteres Problem wenigstens erwähnen: die Einbindung der Namen in eine mengentheoretische Sprachumgebung. Auch wenn alle Namen in *einer* Theorie konsistent benutzt werden, kann es bei *verschiedenen* Theorien zu Inkonsistenzen führen.

Zusammenfassend hat das mengentheoretische Element einer *ma*-Sprache für die Wissenschaft eine vereinheitlichende Wirkung, mit der sich auf konstantem logisch-mathematischem und mengentheoretischem Hintergrund die verschiedensten Theorien durch Benutzung der jeweils für sie charakteristischen Grundbegriffe $G_1, ..., R_n$ formulieren lassen. Eine *ma*-Sprache ist sparsam; in ihr lassen sich alle bisher bekannten Theorien mit geringem Aufwand formulieren. Wir gehen noch weiter und behaupten, dass diese Sprache für metatheoretische Zwecke unter allen bisherigen Alternativen die einfachste und aus diesem Grund am besten geeignete ist.

## 2.8 Mengentheoretische Prädikate

Was in 2.4 über Definitionen gesagt wurde, gilt im Wesentlichen auch in einer *ma*-Sprache. Für unsere Zwecke ist eine spezielle Form der Definition besonders wichtig: die Definition eines *mengentheoretischen Prädikats*, d.h. eines Prädikats, das auf Strukturen der in 2.5 beschriebenen Form $\langle G_1, ..., G_k, A_1, ..., A_m, R_1, ..., R_n \rangle$ zutrifft. Kürzen wir das Prädikat durch $\mathcal{P}$ und die mengentheoretische Struktur durch $x$ ab, so hat ein mit dem Prädikat gebildete Formel die Gestalt $\mathcal{P}(x)$. In der Anwendung wird für $\mathcal{P}$ in der Regel ein umgangssprachlicher Ausdruck benutzt, zum Beispiel 'ist ein

Modell der klassischen Stoßmechanik'. $\mathcal{P}(x)$ drückt dann aus, dass $x$ ein Modell der klassischen Stoßmechanik ist. Mit Hilfe mengentheoretischer Prädikate lassen sich komplexe Systeme in empirischen Theorien in einfacher und durchsichtiger Weise beschreiben.

Dies hat zwei Gründe. Erstens werden syntaktische Angaben über Typen, Sorten etc. in realistischer Sprechweise als Bedingungen an die Objekte und Relationen der Theorie formuliert. Statt langwieriger, abstrakter Erläuterung dieses Punktes, geben wir einige weitere Beispiele an. Dass ≤ eine 2-stellige Relation zwischen Objekten aus einer Menge $G$ ist, schreiben wir mengentheoretisch so: $\leq\; \subseteq G \times G$. Dabei bezeichnet $G \times G$ das *kartesische Produkt* der Menge $G$ mit sich selbst, d.h. die Menge aller Paare $\langle x, y \rangle$ mit $x \in G$ und $y \in G$. '$X \subseteq Y$' ist zu lesen als '$X$ ist eine echte oder unechte Teilmenge von $Y$'. Ein Beispiel ist die gewöhnliche Kleinerrelation zwischen reellen Zahlen ($G = \mathbb{R}$). Bei verschiedensortigen Relationen müssen die Sorten berücksichtigt werden. Die geometrische Inzidenzrelation *liegt auf*, die ausdrückt, dass ein Punkt $a$ auf einer Geraden $g$ liegt, ist 2-stellig. Ihre Zweistelligkeit folgt aus dem mengentheoretischen Satz *liegt auf* $\subseteq P \times L$, in dem $P$ und $L$ Mengen von Punkten und Geraden bezeichnen. Die Zwei*tufigkeit* einer Wahrscheinlichkeitsfunktion **p** wird mengentheoretisch durch den Satz $\mathbf{p} \subseteq \mathbf{Po}(G) \times \mathbb{R}$ ausgedrückt. Hier ist $G$ die Menge möglicher Ergebnisse eines Zufallsexperiments und $\mathbf{Po}(G)$ die *Potenzmenge* der Menge $G$, d.h. die Menge aller Teilmengen von $G$. Durch solch mengentheoretische Notation lässt sich eine beträchtliche Vereinfachung erzielen, die am Beispiel deutlich wird. Der Satz '$\mathbf{p} \subseteq \mathbf{Po}(G) \times \mathbb{R}$' zum Beispiel lautet in normaler Sprache ausgeschrieben: '**p** ist eine Menge von Paaren der Gestalt $\langle e, \alpha \rangle$, in denen $e$ eine Menge möglicher Ereignisse aus $G$ und $\alpha$ eine reelle Zahl ist'.

Die zweite Wurzel der Einfachheit mengentheoretischer Prädikate liegt in der speziellen Art, wie mathematische Modelle in mengentheoretische Prädikate 'eingebaut' werden können. Betrachten wir dazu als einfaches Beispiel die Definition der Modelle für die klassische Stoßmechanik (Balzer, Moulines, Sneed 1987: 26ff), die durch Definition eines mengentheoretischen Prädikats 'ist ein Modell der klassischen Stoßmechanik' (oder einfacher 'ist eine Stoßmechanik') eingeführt wird.

$x$ ist *eine klassische Stoßmechanik* gdw es $P, T, \mathbb{R}, \mathbb{R}^3, v$ und $m$ gibt, so dass gilt $x = \langle P, T, \mathbb{R}, \mathbb{R}^3, v, m \rangle$ und

1) $P$ ist eine nicht-leere, endliche Menge
2) $T$ ist eine zwei-elementige Menge
3) $\mathbb{R}$ ist die Menge der reellen Zahlen und $\mathbb{R}^3$ die Menge aller Tripel[34] reeller Zahlen
4) $v : P \times T \to \mathbb{R}^3$ und[35]
   $m : P \to \mathbb{R}$

---

34 'Tripel' ist ein anderer Ausdruck für '3-Tupel'.
35 $f : X \to Y$ ist die Abkürzung für '$f$ ist eine Funktion mit Definitionsbereich $X$ und Wertebereich $Y$'.

## 2.8 Mengentheoretische Prädikate

5) für alle $p \in P$ ist $m(p) > 0$
6) für alle $p \in P$ und alle $t_1, t_2 \in T$ gilt:
$\Sigma_{p \in P}\, m(p) \cdot v(p, t_1) = \Sigma_{p \in P}\, m(p) \cdot v(p, t_2)$.

Dabei haben die Zeichen folgende physikalische Interpretation. $P$ steht für eine Menge von Teilchen, die in irgendeiner geometrischen Konfiguration alle zu einem Zeitpunkt zusammenstoßen (wie beim Billard). $T$ enthält zwei Zeitpunkte: einen kurz vor dem Zusammenprall, einen kurz danach. $\mathbb{R}^3$ ist der mathematisierte Raum, in dem Geschwindigkeiten dargestellt werden, nämlich durch drei-dimensionale, reelle Vektoren, d.h. 3-Tupel reeller Zahlen. Dabei wird implizit vorausgesetzt, dass die Geschwindigkeiten in einem Inertialsystem bestimmt wurden. $\mathbb{R}$ enthält den Vorrat für mögliche Massenwerte. $v$ ist die Geschwindigkeitsfunktion und $m$ die Massefunktion.

Schauen wir zunächst auf Bedingung 3), die der Charakterisierungen von $\mathbb{R}$ und $\mathbb{R}^3$ als mathematische Mengen bestimmter Art dienen. Hier wird der Begriff der reellen Zahl als Standardbegriff, über den es kaum Kontroversen gibt und dessen Definition man in der mathematischen Literatur nachlesen kann, nicht weiter erklärt.[36]

Weitere mathematische Standardbegriffe kommen in Bedingungen 5) und 6) vor: die Kleiner- bzw. Größerrelation für reelle Zahlen in 5), die Funktionen 'Summe' (+) und 'Multiplikation' (·) für reelle Zahlen in 6). Die Definitionen solcher Begriffe können als bekannt vorausgesetzt werden und brauchen nicht bei der Formulierung jeder empirischen Theorie wiederholt zu werden. Eine Version der Definition von 'klassischer Stoßmechanik', die auch alle mathematischen Begriffe umfasst, wäre etwa sechsmal so lang wie die oben Angegebene. Die Prozedur, mathematische Standardbegriffe einfach nur dem Namen nach in der Definition zu erwähnen, ist charakteristisch für mengentheoretische Prädikate und für die strukturelle Wissenschaftstheorie.

Am Beispiel lässt sich noch mehr über die allgemeine Form mengentheoretischer Prädikate ablesen. In einem ersten Teil enthält die Definition die Angabe der Komponenten von $x$ und der genauen Form von $x$: 'es gibt $P, T, \mathbb{R}, \mathbb{R}^3, v, m$, so dass gilt $x = \langle P, T, \mathbb{R}, \mathbb{R}^3, v, m \rangle$'. Ein zweiter Teil der Definition ist mit den Typen der Komponenten von $x$ befasst. Die betreffenden Sätze sind allerdings nicht sauber von den übrigen Teilen getrennt. Bedingungen 1) und 2) typisieren $P$ und $T$ als Mengen und damit, weil keine weitere mathematische Struktur erwähnt ist, als Hauptbasismengen. 3) legt die Typen von $\mathbb{R}$ und $\mathbb{R}^3$ fest. Zusätzlich enthält 3) noch weitere, mathematische Bedingungen, so dass es sich bei $\mathbb{R}$ und $\mathbb{R}^3$ um mathematische Hilfsbasismengen handelt. 4) legt die Typen von $v$ und $m$ fest. Danach ist $v$ eine Funktion, die Paare der Form $\langle p, t \rangle$ mit $p \in P$ und $t \in T$ als Argumente auf reelle, 3-dimensionale Vektoren abbildet, und $m$ ist eine Funktion, die Elemente aus $P$ in reelle Zahlen abbildet.

---

36 Eine einfache Axiomatisierung der Theorie der reellen Zahlen findet sich in (Tarski 1937: 153ff).

Ein dritter Teil der Sätze in 1) - 6) enthält mathematische Forderungen, die in 3) zusammengefasst sind und den Begriff der reellen Zahlen als bekannt voraussetzen. Ein vierter Teil schliesslich umfasst die inhaltlichen Aussagen, die wir als 'echte' Hypothesen ansehen können. In 1) und 2) sind dies die Teile, die besagen, dass $P$ nicht leer und endlich ist, bzw. dass $T$ genau zwei Elemente enthält. Dies sind zwar recht triviale 'Hypothesen', aber sie stellen echte Einschränkungen der Extensionen der Begriffe dar. Weiter sind Bedingungen 5) und 6) inhaltlicher und weniger trivialer Natur. Bedingung 6) ist die zentrale Hypothese der Theorie: der Impulserhaltungssatz. Für jedes Teilchen $p$ ist dessen *Impuls* zur Zeit $t$ definiert als $m(p) \cdot v(p,t)$, und die Summe der Impulse aller Teilchen zur Zeit $t$ wird als der *Gesamtimpuls* des Systems zu $t$ bezeichnet. 6) besagt, dass der Gesamtimpuls des Systems vor und nach dem Stoß der Gleiche ist, also erhalten bleibt. Zwischen 6) und allen übrigen Sätzen besteht noch ein bemerkenswerter Unterschied. In 6) sind die beiden Relationsbegriffe $v$ und $m$ untrennbar verbunden, im Gegensatz etwa zu 4). Auch in 4) kommen die Begriffe $v$ und $m$ vor, die Bedingung 4) ist aber eine Konjunktion von zwei Sätzen, in denen jeweils nur noch ein Begriff vorkommt.

Als zweites Beispiel betrachten wir die Theorie von *Holland* und *Leinhardt*[37] über das Wahlverhalten von Personen in kleinen Gruppen. Diese Theorie beschreibt eine 2-stellige *Sympathie*relation zwischen den Personen in einer kleinen Gruppe $J$, die wir mit *mag* symbolisieren ('$x$ *mag* $y$'). Diese Relation lässt sich durch verschiedene soziometrische Tests operationalisieren. In einem solchen Test wird die Testperson $x$ zum Beispiel gefragt, welche anderen Personen aus der Gruppe $x$ gern *mag* oder mit welchen $x$ gern bestimmte Aktivitäten gemeinsam durchführen würde oder welche andere Personen $x$ für bestimmte Zwecke auswählen würde.

Da sich die Sympathierelation in der Zeit ändert, müssen wir ihr einen Zeitindex $t$ anheften. Wir sagen nicht einfach *mag*, sondern *mag zur Zeit t*, abgekürzt durch $mag_t$. 3-Tupel von (paarweise verschiedenen) Personen in der Gruppe $J$ werden als *Triaden* bezeichnet. Eine Triade $\langle x,y,z \rangle$ heiße *zur Zeit t intransitiv*, wenn folgendes gilt: $x \, mag_t \, y$ und $y \, mag_t \, z$, aber $x \, mag_t \, z$ nicht. Wir kürzen durch $itt(J, mag, t)$ die Menge all dieser **int**ransitiven **T**riaden ab, die in der Gruppe $J$ zur Zeit $t$ und relativ zur Sympathierelation *mag* existieren:

$itt(J, mag, t) = \{y / \text{ es gibt } a,b,c \in J \; (y = \langle a,b,c \rangle \text{ und } (a \, mag_t \, b)$
    $\text{und } (b \, mag_t \, c) \text{ und } \neg(a \, mag_t \, c))\}$.

Intransitive Triaden verstoßen gegen das normalerweise in der Gruppe wirksame Transitivitätsprinzip, nach dem zum Beispiel gilt: die Freundin meiner Freundin ist auch meine Freundin.

Die Anzahl der Elemente einer endlichen Menge $X$ bezeichnen wir mit $\|X\|$. Mit Hilfe dieser Anzahlfunktion $\| \; \|$ können wir die Anzahl der intransitiven Triaden zum Zeitpunkt $t$ kompakt in der Form $\|itt(J, mag, t)\|$ schreiben und für endliche Mengen den Vergleich von Anzahlen definieren. Wir sagen, dass die Anzahl $\|X\|$

---

[37] (Holland und Leinhardt 1971). Unsere Darstellung ist eine modifizierte Fassung der Rekonstruktion von (Manhart 1995), auch (Manhart 1994).

kleiner oder gleich $\|Y\|$ ist gdw es eine injektive Funktion $f$ von $X$ nach $Y$ gibt. Wir schreiben dies kurz so: $\|X\| \triangleleft \|Y\|$.

Unter Benutzung dieser Definitionen besagt die zentrale Hypothese der *Holland-Leinhardt* Theorie, dass für eine gegebene, kleine Gruppe die Anzahl der intransitiven Triaden im Laufe der Zeit kleiner wird. Das mengentheoretische Prädikat 'ist ein Modell der *Holland-Leinhardt* Theorie' nimmt dann die folgende, einfache Form an.

> $x$ ist *ein Modell der Holland-Leinhardt Theorie* (kurz: *HL-Theorie*) gdw es $J, T, <$ und *mag* gibt, so dass gilt: $x = \langle J, T, <, mag \rangle$ und
> 1) $J$ und $T$ sind nicht-leere, endliche, disjunkte Mengen
> 2) $< \subset T \times T$
> 3) $mag : T \rightarrow \mathbf{Po}(J \times J)$
> 4) $<$ ist eine lineare Ordnung auf $T$
> 5) für alle $t, t' \in T$, wenn $t < t'$, dann gilt $\|itt(J, mag, t')\| \triangleleft \|itt(J, mag, t)\|$.

Die Elemente von $J$ werden als Personen interpretiert und die Elemente von $T$ als Zeitpunkte. $t < t^*$ bedeutet: 'Zeitpunkt $t$ liegt früher als Zeitpunkt $t^*$'. Die Sympathierelation *mag* muss zur Formulierung der Hauphypothese zeitabhängig sein. Wir haben *mag* als Funktion angesetzt, die jedem Zeitpunkt $t$ eine zweistellige Relation $mag_t$ der 'eigentlich interessierenden' Art zuordnet. $a \, mag_t \, b$ heißt also, das zur Zeit $t$ eine Person $a$ eine Person $b$ mag.

Auch hier sind wieder die vier Arten von Bedingungen aus dem letzten Beispiel deutlich zu erkennen. Im ersten Teil der Definition wird die Form der Struktur $x$ festgelegt. Bedingungen 1) – 3) legen (unter anderem) die Typen dieser Komponenten fest. $J$ und $T$ sind nicht-mathematische Hauptbasismengen. Sie sind überdies disjunkt, ihre Elemente also von verschiedener Sorte. $<$ ist eine zweistellige Relation zwischen Elementen aus $T$, und *mag* eine Funktion, die Zeitpunkte in zweistellige Relationen zwischen Personen abbildet. Die Potenzmenge von $J \times J$ ist hier gerade die Menge all solcher möglichen, zweistelligen Relationen der Form $mag_t$. Ein dritter Teil in den Bedingungen 1) – 5) beinhaltet eine mathematische Forderung an die Vorgängerrelation $<$, nämlich in 4) soll $<$ eine lineare Ordnung sein. Der vierte Teil der Definition enthält empirisch-inhaltliche Forderungen, nämlich, dass $J$ und $T$ endlich und nicht-leer sind, und Bedingung 5) erfüllt ist. Auch hier wird in der zentralen Bedingung 5) die beiden empirischen Grundbegriffe in untrennbarer Weise verknüpft und 5) ist die einzige Bedingung mit dieser Eigenschaft.

## 2.9 Modelle

Wir kommen nun zum wichtigsten Bestandteil einer Theorie, der *Modellklasse* **M** *der Theorie*. Der Begriff 'Modell' wird hier ähnlich wie 'Struktur' im Sinne von Bild oder Konstrukt eines Systems verstanden: Modelle sind 'begriffliche Bilder', Konstrukte oder Repräsentanten realer Systeme. Diese Verwendung ähnelt der in der Technik, in der ein Modell (zum Beispiel ein Modell eines Flugzeugs) die Darstellung oder Repräsentation eines anderen Systems (des Flugzeugs selbst) ist. In der Alltagssprache ist der Begriff 'Modell' leider vieldeutig. Auch in der Informatik wird ein Computermodell (siehe 2.14 unten) häufig als das 'Original' – als 'Maßstab' – für die verschiedenen Computerabläufe betrachtet.

Wir formulieren eine Modellklasse auf zwei Weisen. In einer Theorie **T**, die ohne mengentheoretische Hilfen dargestellt wird, ist eine Modellklasse von **T** eine Klasse von Strukturen, die durch einige Hypothesen[38] charakterisiert wird. Genauer erfüllt eine Modellklasse **M** drei Bedingungen. Erstens ist jedes Modell aus **M** eine Struktur der Theorie **T**. Das heißt, ein Modell besteht aus Entitäten (Mengen und Relationen), die durch die Begriffe einer vorgegebenen Sprache bezeichnet werden. Ein Modell besteht, anders gesagt aus Denotaten der Begriffe. Genau wie Strukturen sind auch Modelle relativ zu einer Sprache einer Theorie definiert. Zweitens gibt es eine Menge von Hypothesen der Theorie, so dass genau diese Hypothesen in der Klasse **M** gültig sind. Modelle sind also stets Modelle *für* bestimmte Hypothesen. Drittens haben Hypothesen nicht die Form von Atomsätzen. Mengentheoretisch gedacht, drücken sie keine einzelnen Sachverhalte aus. Diese dritte Bedingung ist allerdings nur approximativ richtig. Als Gegenbeispiel finden wir etwa in der mathematischen Theorie der reellen Zahlen den Satz '0 < 1', der dort als Axiom formuliert wird. Trotzdem nehmen wir die Bedingung, nicht atomar zu sein, als Abgrenzungskriterium für Modelle hinzu, da normalerweise die Hypothesen keine atomare Form haben. Die Form von atomaren Sätzen findet sich normalerweise nur bei Fakten (3.1 unten).

Ein Modell besteht aus Denotaten für sprachliche Ausdrücke. Diese Denotate müssen in den 'richtigen' Verhältnissen zueinander stehen, nämlich so, wie es in den Hypothesen ausgedrückt ist. Die Grundidee der Gültigkeit einer Hypothese in einer Struktur haben wir in 2.6 erörtert. Wenn $x$ als Struktur die Form $\langle G_1, ..., G_k, A_1, ..., A_m, R_1, ..., R_n \rangle$ hat, ist – kurz gesagt – eine Hypothese $H$ der Theorie in $x$ gültig, wenn die Relationen $R_1, ..., R_n$ in der Struktur $x$ so miteinander in Beziehung stehen, wie es im Satz $H$ mittels der Grundbegriffe und der logischen, mengentheoretischen und mathematischen Begriffe ausgesagt ist.

Die zweite Formulierung von Modellklassen benutzt mengentheoretische Prädikate $\mathcal{P}(x)$. Wir abstrahieren aus den beiden letzten Beispielen in 2.8 die allgemeine Form. Im ersten Beispiel ersetzen wir den Namen des Prädikats, den Namen 'klassische Stoßmechanik', durch die Metavariable *ein Modell der Theorie XYZ* und die Symbole für die speziellen Mengen und Relationen: $P$, $T$, $\mathbb{R}$, $\mathbb{R}^3$, $v$, $m$ durch Metavariable $G_1, ..., G_k, A_1, ..., A_m, R_1, ..., R_n$, wobei wir gleich die Anzahlen 2 (für $P$ und $T$), 2 (für $\mathbb{R}$ und $\mathbb{R}^3$), und 2 (für $v$ und $m$) durch variable Anzahlen $k$, $m$, $n$, und die Anzahl der Hypothesen (hier: 6) durch die variable Anzahl $r$ ersetzen. Im zweiten Beispiel der *Holland-Leinhardt* Theorie erhalten wir ein ähnliches Resultat: zwei

---

38 Statt 'Hypothese' wird in vielen Arbeiten auch Ausdrücke 'Axiom' oder 'Gesetz' verwendet.

Grundmengen $J$ und $T$ ($k = 2$), keine Hilfsbasismengen ($m = 0$) und zwei Relationen $R$ und $\prec$ ($n = 2$) werden benutzt. Aus einem mengentheoretischen Prädikat entsteht so ein Definitionsrahmen der folgenden Form

$x$ ist *ein Modell der Theorie XYZ* gdw es Mengen $G_1, ..., G_k, A_1, ..., A_m, R_1, ..., R_n$ gibt, so dass gilt:
$x = \langle G_1, ..., G_k, A_1, ..., A_m, R_1, ..., R_n\rangle$ und

1) $H_1(G_1, ..., G_k, A_1, ..., A_m, R_1, ..., R_n)$
2) $H_2(G_1, ..., G_k, A_1, ..., A_m, R_1, ..., R_n)$
   ....
r) $H_r(G_1, ..., G_k, A_1, ..., A_m, R_1, ..., R_n)$.

Dabei sind $H_i(G_1, ..., G_k, A_1, ..., A_m, R_1, ..., R_n)$, $i = 1, ..., r$, Abkürzungen für Formeln aus der *ma*-Sprache einer gegebenen Theorie, die aus den Variablen $G_1, ..., G_k, A_1, ..., A_m, R_1, ..., R_n$ und weiteren formalen Zeichen bestehen. Nicht alle Variablen $G_1, ..., G_k, A_1, ..., A_m, R_1, ..., R_n$ müssen in einer solchen Formel auftreten. In 'Hypothese' 1) des ersten Beispiels etwa ('$P$ ist eine nicht leere, endliche Menge') tritt nur die Variable $P$ auf; die logischen und mengentheoretischen Symbole bleiben dort implizit. In Hypothese 5) des zweiten Beispiels treten dagegen alle Zeichen $J, T, \prec, mag$ für die Grundbegriffe auf.

Eine Modellklasse besteht nun genau aus den 'Mengen' $x$, die das Prädikat $\mathcal{P}$ erfüllen, wenn dieses Prädikat die oben formulierten Eigenschaften hat. Die Elemente einer solchen Modellklasse, heißen – wie nicht anders zu erwarten – Modelle. Ein Modell ist also, kurz gesagt, eine Menge $x$, die das Prädikat erfüllt und dies heißt folgendes. 1) $x$ hat die Form einer Struktur $\langle G_1, ..., G_k, A_1, ..., A_m, R_1, ..., R_n\rangle$, die innerhalb des Prädikats genauer festgelegt ist. Insbesondere sind damit die Sorten und Typen der Mengen festgelegt. 2) Die im Prädikat formulierten Hypothesen sind in dieser Struktur erfüllt.

Bei der Charakterisierung von Modellen durch Hypothesen ist es aus zwei Gründen nicht nötig, in den Modellen Denotate für definierbare Begriffe explizit aufzulisten. Erstens wird durch die Definition eines neuen Begriffs der Bereich der Objekte in den Modellen nicht verändert. Zweitens lassen sich aus den im Modell vorhandenen Entitäten geeignete Denotate für einen definierten Begriff explizit konstruieren. Wenn wir daher Modelle für solche Hypothesen betrachten, in denen definierte Begriffe vorkommen, so brauchen in den Modellen zunächst keine Denotate für diese Begriffe angegeben zu werden; sie können bei Bedarf aus den vorhandenen Denotaten definiert werden. Zum Beispiel kommt in den Modellen der klassischen Mechanik, in deren Hypothesen der Beschleunigungsbegriff benutzt wird, Beschleunigung als Funktion nicht explizit vor. Es genügt, die Ortsfunktion anzugeben, aus der sich Beschleunigung durch zweifache Ableitung nach der Zeit definieren lässt. Damit ist das Denotat von 'Beschleunigung' in einem Modell zwar nicht explizit, aber doch 'implizit', im Sinne von 'definierbar', vorhanden.

Modellklassen für *empirische* Theorien haben – im Gegensatz zu denen mathematischer Theorien – noch eine vierte allgemeine Eigenschaft: unter den sie charakterisierenden Hypothesen kommt mindestens ein Verknüpfungsgesetz ('cluster law') vor. In jedem Modell einer empirischen Theorie ist also mindestens ein Verknüpfungsgesetz gültig. In einer *ma*-Sprache einer Theorie mit Vokabular $G_1, ..., R_n$ ist ein *Verknüpfungsgesetz* ein Satz, der mindestens zwei der Relationsbegriffe $R_1, ..., R_n$ wesentlich miteinander verknüpft. Das soll heißen: im Satz kommen mindestens zwei solche Begriffe vor und der Satz lässt sich nicht äquivalent in zwei Sätze zerlegen, die jeweils nur *einen* Relationsbegriff enthalten. Diese Eigenschaft hängt unter anderem auch von dem gegebenen Vokabular der Theorie, insbesondere von den Typen der Grundbegriffe, ab. Es ist natürlich leicht, ein Verknüpfungsgesetz durch einen äquivalenten Satz in einem anderen Vokabular zu formulieren, so dass der neue Satz – relativ zu dem anderen Vokabular – zerlegbar ist.

In den formalen Disziplinen werden auch Theorien studiert, unter deren Axiomen keine Verknüpfungsgesetze zu finden sind. Beispiele wären die Ordnungstheorien. Das heißt natürlich nicht, das formale Theorien nicht auch Verknüpfungsgesetze enthalten *können*; in der Regel enthalten sie solche. Theorien ohne Verknüpfungsgesetze sind meist recht einfach und schnell vollständig erforscht.

Als Beispiel für eine etwas komplexere Modellklasse betrachten wir eine Version der Institutionentheorie aus der Soziologie.[39] Intendierte Systeme dieser Theorie sind soziale Institutionen und Organisationen verschiedener Größe und Komplexität, angefangen von Vereinen, über Stadträte, Post, Finanzamt, Polizei, zu politischen Systemen, wie Bundesregierung, Bundesrat, Bundespräsident, oder historisch: etwa dem kurfürstlichen Wahlsystem im deutschen Hochmittelalter.

Die Theorie benutzt Grundbegriffe auf zwei Ebenen. Die erste, individuelle Ebene besteht aus Personen und ihren Handlungen. Auf der zweiten Ebene, der Makroebene, geht es um Gruppen und Handlungstypen. Handlungstypen sind Ähnlichkeitsklassen von konkreten[40] Handlungen, deren Ähnlichkeit wir uns durch ein vages Schema sprachlicher Art – meist durch ein Verb – festgemacht denken: 'grüssen', 'bedrohen', 'befehlen' etc. Wir definieren die Modelle der Theorie durch ein mengentheoretisches Prädikat 'ist eine soziale Institution'. Dabei verzichten wir auf eine formal explizite Formulierung zugunsten besserer, inhaltlicher Verständlichkeit und fügen zusätzlich noch kurze inhaltliche Erläuterungen, die *nicht* zur Definition gehören, in eckigen Klammern hinzu.

$x$ ist eine *soziale Institution* gdw es $J, A, \Gamma, \Theta, \chi, <, real, int$ und *einfl* gibt, so dass gilt: $x = \langle J, A, \Gamma, \Theta, \chi, <, real, int, einfl \rangle$ und

1) $J$ und $A$ sind nichtleere, disjunkte Mengen [von Personen und Handlungen] und $J$ ist endlich

---

39 Dabei beschränken wir uns auf einen – schon für sich interessanten – Teil dieser Theorie. Eine vollständige Darstellung ist in (Balzer 1993) zu finden.
40 'Konkret' impliziert nicht 'real', sondern ist als Gegensatz zu 'abstrakt' zu verstehen.

2) Γ ist eine Menge von Teilmengen von $J$ [Gruppen] und Θ eine Menge von Teilmengen von $A$ [Handlungstypen]
3) $\chi : \Gamma \to \mathbf{Po}(\Theta)$ [charakteristische Funktion]
4) < ist eine zweistellige Relation über Γ [Statusrelation zwischen Gruppen]
5) *real, int, einfl* sind Relationen zwischen Elementen von $J$ und $A$ [der folgenden Typen]:
   – $i$ *real*[isiert] $a$, (wobei $i \in J, a \in A$)
   – $i$ *int*[endiert], dass $j$ $a$ tut, (wobei $i, j \in J, a \in A$)
   – $i$ [be]*einfl*[usst] mit [Handlung] $a$ [Person] $j$, [Handlung] $b$ zu tun (wobei $i, j \in J, a, b \in A$)
6) für alle $i, j \in J$: wenn $i \neq j$ ist, dann gibt es $a, b \in A$, so dass gilt:
   $i$ [be]*einfl*[usst] mit $a$ $j$, $b$ zu tun, oder
   $j$ [be]*einfl*[usst] mit $a$ $i$, $b$ zu tun
   [Das Netz der Beeinflussungen in der Gruppe ist zusammenhängend]
7) für alle $i \in J$ und alle $a \in A$ gilt: wenn $i$ *real*[isiert] $a$, dann gibt es $\gamma \in \Gamma$ und $\tau \in \chi(\gamma)$, so dass gilt: $i \in \gamma$ und $a \in \tau$
   [Jede von Person $i$ ausgeführte Handlung ist charakteristisch für eine der Gruppen, zu denen $i$ gehört]
8) für alle $\gamma, \gamma' \in G$: wenn $\gamma < \gamma'$, dann gilt:
   a) fast alle $i$ in $\gamma'$ [be]*einfl*[ussen] irgendwelche $j$ in $\gamma$ und ein großer Teil von Mitgliedern von $\gamma$ wird von Personen $i$ aus $\gamma'$ [be]*einfl*[usst]
   b) nur ein kleiner Teil der Personen $j$ von $\gamma$ [be]*einfl*[usst] irgendwelche Personen $i$ von $\gamma'$ und nur ein kleiner Teil der Personen $i$ aus $\gamma'$ wird von Personen $j$ aus $\gamma$ [be]*einfl*[usst]
9) < ist transitiv und es gibt genau ein $\gamma^* \in \Gamma$, so dass für alle $\gamma \in \Gamma$ mit $\gamma \neq \gamma^*$ gilt: $\gamma < \gamma^*$. [Status ist transitiv und es gibt genau eine 'Spitzengruppe' mit höchstem Status].

Konkrete Handlungen (die Elemente von $A$) sind *Ereignisse*, d.h. sie sind raumzeitlich begrenzt und im Universum einmalig. Nach diesen Hypothesen sind Handlungstypen Mengen von konkreten Handlungen. Dadurch ist aber dieser Begriff nicht ausgeschöpft. Der Typ einer Handlung ist meist sprachlich – und schematisch – festgelegt. Ein Handlungstyp hat oft sehr viele Ausprägungen. Der Typ des 'Grüssens' etwa wird jeden Tag milliardenfach ausgeführt. Die charakteristische Funktion $\chi$ 'charakterisiert' jede Gruppe $\gamma$ durch eine Menge von Handlungstypen $\chi(\gamma) = \{\tau_1, ..., \tau_n\}$, die in dieser Kombination typischerweise von Mitgliedern der Gruppe ausgeführt werden, von Mitgliedern anderer Gruppen dagegen nicht. Bedingung 6) eliminiert mögliche Redundanzen bei der Einflussrelation. Die Statuselation < drückt durch $\gamma < \gamma'$ aus, dass Gruppe $\gamma'$ höheren Status als Gruppe $\gamma$ hat. Die eigentlich inhaltlichen Hypothesen findet man in 7) – 9). Nach 7) werden nur charakteristische Handlungen ausgeführt. Die charakteristische Funktion bestimmt daher einen Rahmen, in dem sich die 'institutionellen' Handlungen bewegen. Dieser

Kapitel 2: Strukturen

kann durch informelle Konventionen etabliert sein, aber auch durch Normen und schriftliche Gesetze. In 8) werden die informellen Wendungen 'fast alle' und 'ein kleiner Teil', bezogen auf die Anzahl der Gruppenmitglieder in den Gruppen $\gamma$ und $\gamma'$, benutzt, die in jeder Anwendung präzisiert werden müssen. Da sie sich auf endliche Mengen beziehen, kann man sie leicht numerisch, etwa durch Prozentsätze, festlegen. Zusammen mit der in 9) geforderten globalen Struktur der Statusrelation zwingt 8) die zunächst unüberschaubare Vielfalt von Beeinflussungen in ein übersichtliches Schema. Bedingungen 7) und 8) haben offensichtlich die Form von Verknüpfungsgesetzen, während 9) kein Verknüpfungsgesetz ist. Dies zeigt, dass Hypothesen, die keine Verknüpfungsgesetze sind, durchaus eine inhaltlich substantielle Rolle spielen können.

Schliesslich geben wir die Modelle der Tauschwirtschaft an, deren Strukturen in 2.5 beschrieben wurden, siehe (Balzer, Moulines, Sneed 1987: Chap. II). $A$ ist die Menge der Akteure, $W$ die Menge der Warenarten. $e_v$ und $e_n$ sind die Anfangs- ($v$ für *vorher*) und die Endverteilungen ($n$ für *nachher*) von Waren, $U$ die Nutzenfunktion und $p$ die Preisfunktion. Wir schreiben $\mathbb{R}^+$ und $\mathbb{R}_0^+$ als Abkürzungen für die Mengen der positiven bzw. nicht-negativen, reellen Zahlen.

$x$ ist ein *Modell der Tauschwirtschaft* gdw es $A, W, \mathbb{R}, \mathbb{R}^m, e_v, U, e_n, p$ gibt, so dass gilt: $x = \langle A, W, \mathbb{R}, \mathbb{R}^m, e_v, U, e_n, p \rangle$ und

1) $A$ ist eine endliche, nicht-leere Menge
2) $W$ ist eine Menge von geordneten natürlichen Zahlen, $W = \{1, ..., m\}$
3) $\mathbb{R}$ und $\mathbb{R}^m$ sind die Mengen der reellen Zahlen und der $m$-Tupel von reellen Zahlen
4) $e_v : A \times W \to \mathbb{R}_0^+$, $e_n : A \times W \to \mathbb{R}_0^+$, $U : A \times \mathbb{R}^m \to \mathbb{R}$, $p : W \to \mathbb{R}^+$
5) Für alle $j \in A$ gilt:
   $\Sigma_{w \in W} \, p(w) \cdot e_v(j, w) = \Sigma_{w \in W} \, p(w) \cdot e_n(j, w)$
6) Für alle $j \in A$ und alle Funktionen $e : A \times W \to \mathbb{R}_0^+$ gilt: wenn für alle $i \in A$:
   $\Sigma_{w \in W} \, p(w) \cdot e(i, w) = \Sigma_{w \in W} \, p(w) \cdot e_v(i, w)$, dann gilt:
   $U(j, e(j, 1), ..., e(j, m)) \leq U(j, e_n(j, 1), ..., e_n(j, m))$.

In dieser Axiomatisierung sind die Warenarten durch natürliche Zahlen repräsentiert, d.h. die Menge $W$ wird als eine mathematische Menge benutzt. Dies vereinfacht die Formulierung von Hypothese 6), wo die Warenmengen $e_n(j, 1), ..., e_n(j, m)$ in einer bestimmten Reihenfolge als Argumente der Nutzenfunktion $U$ auftreten. Der Wert einer unbestimmten Warenverteilung $e$ einer Person $i$, wird durch $\Sigma_{w \in W} \, p(w) \cdot e(i, w)$ definiert. Hypothese 5) besagt so, dass für jeden Akteur $i$ der Wert 'einer' Warenverteilung vor und nach der Tauschperiode gleich geblieben ist. Hypothese 6) ist die zentrale Bedingung der Nutzenmaximierung. Für jeden Akteur $j$ ist der Nutzen, den $j$ aus der Endverteilung zieht, größer oder gleich dem Nutzen, den $j$ aus jeder beliebigen, anderen Warenverteilung $e$ ziehen würde, die den gleichen Wert wie die Anfangsverteilung hätte.

## 2.10 Invarianzen

Die intendierten Systeme für eine Theorie bilden in gewissem Sinn die Objekte, mit denen sich die Theorie befasst. Solche Objekte 'größerer Art' können auf zwei, sich gegenseitig ergänzende Weisen näher bestimmt werden. Der erste Zugang besteht darin, jeweils ein einzelnes Objekt genauer zu untersuchen. Man findet heraus, dass es eine bestimmte, 'innere' Struktur hat, mit deren Hilfe es von anderen Objekten unterschieden werden kann. So lassen sich etwa Planetensysteme von anderen Ansammlungen kosmischer Körper dadurch unterscheiden, dass sie einen Zentralkörper haben, um den die restlichen Körper kreisen, oder Institutionen von anderen sozialen Systemen dadurch, dass es in ihnen eine durch Machtausübung erzeugte Hierarchie von Gruppen gibt.

Die gleichen Objekte können aber auch auf andere Weise, von 'außen', durch ihre Ähnlichkeit zu anderen Objekten der gleichen Art, bestimmt werden. Eine solche Ähnlichkeit äußert sich durch die Möglichkeit einer – zumindest teilweisen – Abbildung von Dingen oder Merkmalen des einen Objekts auf solche eines anderen. Planetensysteme sind sich ähnlich, insofern die Sonne des einen Systems auf die eines anderen abgebildet werden kann und ebenso die Planeten des 'kleineren' Systems auf Planeten des anderen. Dies ist in Abb. 2.10.1 dargestellt. Eine Zuordnung der gerade beschriebenen Art stiftet auch Ähnlichkeiten zwischen sozialen Institutionen. Die Spitzengruppe der einen Institution wird in die einer anderen abgebildet, die restlichen Gruppen der 'kleineren' Institution in entsprechende Gruppen der anderen, und zwar so, dass die Statusrelation erhalten bleibt, d.h. wenn Gruppe $\gamma$ in der einen Institution höheren Status als Gruppe $\gamma'$ hat, so besteht diese Beziehung auch zwischen ihren 'Bildern' in der anderen Institution.

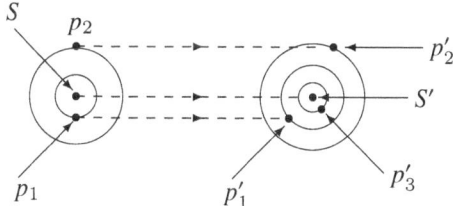

Abb. 2.10.1

In Abb. 2.10.2 hat eine Gruppe höheren Status als eine zweite, wenn sie von der zweiten auf einem Ast 'nach oben' erreichbar ist. Zusätzlich sollte gefordert werden, dass jeder charakteristische Handlungstyp für eine Gruppe der 'kleinen' Institution auch charakteristisch ist für die 'entsprechende' Gruppe in der 'großen' Institution.

Ein Objekt ist 'von außen' bestimmt durch die Art der Abbildungen, die von ihm zu ähnlichen Objekten führen. Diese Abbildungen werden in der Mathematik als *Morphismen* bezeichnet. Es stellt sich heraus, dass man viele Objekte von außen

Kapitel 2: Strukturen

charakterisieren kann, nämlich durch die Systeme von Morphismen, die zwischen ihnen existieren. Die 'innere Struktur' von Objekten, die in solchen Morphismensystemen vorkommt, ist nachweisbar durch ihre 'äußeren' Beziehungen, eben die Morphismen, festgelegt. In der Mathematik hat sich eine Richtung entwickelt, die sich in dieser Art mit der äußerlichen Charakterisierung von Objekten befasst: die *Kategorientheorie* (Herrlich und Strecker 1979). Auch der hier dargestellte Theoriebegriff kann auf diese Weise in großem Maße 'externalisiert' werden (Mormann 1996).

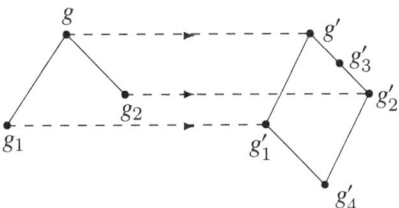

*Abb.* 2.10.2

In der Wissenschaftsentwicklung spielen die beiden beschriebenen Zugangsweisen zu Objekten folgendermaßen ineinander. Einerseits werden Klassen von Objekten durch deren äußerliche Ähnlichkeit untereinander festgelegt, andererseits wird durch genaueres Studium je eines einzelnen Objekts aus einer solchen Ähnlichkeitsklasse dessen innere Struktur ermittelt. In beiden Prozessen dient die jeweils andere Zugangsweise als Führer und Korrektiv. Bei der Festlegung von äußeren Ähnlichkeiten kann auf bestimmte, innere Eigenschaften der Objekte Bezug genommen werden, bei Bestimmung der inneren Struktur eines Objekts dient die vorliegende Ähnlichkeitsklasse als Kriterium: Objekte innerhalb der Klasse sollen diese Struktur aufweisen, Objekte außerhalb nicht. Dieser sich ergänzende Prozess ist in der Entwicklungspsychologie von *Piaget* beschrieben worden und stellt sich als zunehmend relevant auch für die Entwicklung der Wissenschaft heraus. In der Geometrie formulierte erstmals *Felix Klein* Ende des 19. Jahrhunderts ein Programm, in dem beide Aspekte als zwei Seiten der gleichen Sache angesehen wurden (Klein 1974). Seither wurden Morphismen für viele axiomatisch formulierte Theorien untersucht, vor allem im Bereich der Physik.

Der ideale Zustand ist erreicht, wenn für eine Theorie beide Darstellungsarten vorliegen und genau zueinander passen: die Theorie ist einerseits durch eine Modellklasse axiomatisch charakterisiert, andererseits liegt eine genau definierte Klasse von Morphismen zwischen den Strukturen der Theorie (den 'möglichen Modellen') vor, und genau *alle* Modelle werden durch die Morphismen wieder in Modelle abgebildet.

Unter den verschiedenen Arten von Morphismen sind zwei Arten besonders häufig. Bei der ersten Art bleiben die Grundobjekte unberührt, transformiert werden nur einige der empirischen Relationen und Funktionen. Typische Beispiele sind die Koordinatentransformationen in der Physik, bei denen sich nur die mathematische

Beschreibung der Teilchenbahnen eines Systems ändert: die Bahnen werden von einem anderen Koordinatensystem aus 'gesehen'. Erinnern wir uns, dass die Bahn eines Teilchens $p$ durch eine mit Koordinaten versehene Funktion $s$ modelliert wird.

$s_K(p,t) = \langle \alpha, \beta \rangle$  $\qquad\qquad s_{K'}(p,t) = \langle \alpha', \beta' \rangle$
der Ortsvektor für $p$ $\qquad\qquad$ der Ortsvektor für $p$
von $K$ aus gesehen $\qquad\qquad$ von $K'$ aus gesehen

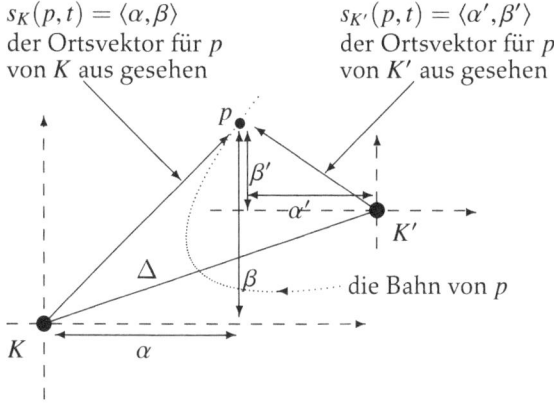

*Abb.* 2.10.3

Durch $s$ werden die Zeitpunkte $t$ in Ortsvektoren der Art $s(p,t)$ abgebildet: $s(p,t)$ beschreibt den Ort, an dem sich $p$ zur Zeit $t$ befindet. Um auch das Koordinatensystem $K$ kenntlich zu machen, von dem aus die Bahn beschrieben wird, hängen wir $K$ an die Bahn $s$ an: $s_K$. Den Begriff des Koordinatensystems und die Bestimmung der Raumkoordinaten eines Ortsvektors $s_K(p,t)$ setzen wir als bekannt voraus. In unserer Formulierung kann man sich ein Koordinatensystem $K$ am einfachsten als ein Modell eines drei-dimensionalen Vektorraums vorstellen, in dem drei Achsen ausgezeichnet sind, die sich im 'Nullpunkt' des Vektorraums treffen.

Bei gleichem Bestimmungsverfahren, aber Wahl eines anderen Koordinatensystems $K'$, ändern sich die Raumkoordinaten des Teilchens. In Abb. 2.10.3 haben wir die punktierte Bahn eines einzelnen Teilchens $p$ dargestellt. Aus Einfachheitsgründen haben wir die dritte Raumdimension unterdrückt. Die beiden Ortsvektoren $s_K(p,t)$ und $s_{K'}(p,t)$, die von den Nullpunkten ihrer Koordinatensysteme ausgehen, sind an einem einzigen Zeitpunkt $t$ eingezeichnet. Im Koordinatensystem $K$ sind die Koordinaten $\alpha, \beta$ für $p$ und in $K'$ die Koordinaten $\alpha'$ und $\beta'$ zu sehen. Diese Koordinaten werden zu den Ortsvektoren $\langle \alpha, \beta \rangle$ und $\langle \alpha', \beta' \rangle$ zusammengefasst. Weiter ist die lineare Koordinatentransformation $\Delta$ abgebildet, die den Nullpunkt von $K$ auf den von $K'$ abbildet. Wenn die Koordinatensysteme starr sind, lässt sich diese Transformation $\Delta$ für alle Raumpunkte von $K$ in die entsprechenden Raumpunkte in $K'$ homogen abbilden.

Statt einer einfachen Verschiebung können alle möglichen mathematischen, stetigen Transformationen betrachtet werden. Manche davon sind theoretisch interessant, andere nicht. In der klassischen Mechanik zum Beispiel bleibt das zweite *Newton*sche Axiom gültig, wenn man die Teilchenbahnen in einem Modell einer *Galilei*-Transformation (Verschiebung plus Hinzufügung einer 'konstanten Geschwindigkeit' relativ zu einem festen Koordinatensystem) unterwirft, komplexere Transformationen machen aus Modellen Nicht-Modelle. In der Elektrodynamik bleiben die zentralen Axiome, die *Maxwell*schen Gleichungen, bei *Lorentz*-Transformationen der Koordinaten erhalten.

In der ökonomischen Tauschwirtschaft (2.5, 2.9) kann man in einem Modell die Preisfunktion $p$ mit einem konstanten, positiven Faktor $\alpha$ – d.h. alle Preise mit dem gleichen Faktor – multiplizieren und das Resultat, $\alpha \cdot p$, an Stelle von $p$ in das Modell einsetzen. Die durch diese Transformation entstehende Struktur ist nach einem bekannten Theorem wieder ein Modell (Henderson und Quandt 1971: Chap. 5.1). Die genauere Analyse zeigt, dass diese Transformation genau einer Koordinatentransformation der physikalischen Art entspricht. Das 'Koordinatensystem' besteht hier in den physischen Einheitsquantitäten der Warenarten, für die die Preise bestimmt werden, und die Koordinatentransformation besteht in einer physischen Vergrößerung oder Verkleinerung der Einheiten – etwa der Vergrößerung der 'Einheitsmilchkanne' von *pint* zu *Liter*.

Bei einer zweiten Art von Morphismen werden primär die Objekte aus den Basismengen einer Struktur in andere Objekte abgebildet, und sodann die Relationen mit Hilfe dieser Abbildungen in 'Bildrelationen' über den 'transformierten' Objekten übersetzt. Im Fall einer zweistelligen Relation $R$ etwa, die aus Paaren der Form $\langle a, b \rangle$ mit $a$ aus einer Objektmenge $G_1$ und $b$ aus einer Objektmenge $G_2$ besteht, werden die Objektmengen $G_i$ durch Funktionen $f_i$ bijektiv auf andere Mengen $G'_i$ ($k = 1,2$) abgebildet: $f_1 : G_1 \to G'_1, f_2 : G_2 \to G'_2$. Die Paare $\langle a, b \rangle$ von Objekten $a$, $b$, die in der $R$-Relation stehen, lassen sich dann überführen in Paare $\langle f_1(a), f_2(b) \rangle$. Die Menge $R'$ aller so gewonnenen Paare ist wieder eine zweistellige Relation, nun auf den 'Bildmengen' $G'_1$ und $G'_2$. Die Transformation von $R$ zu $R'$ wird also durch $f_1, f_2$ dargestellt.

Das Beispiel lässt sich völlig analog auf den allgemeinen Fall übertragen. Für eine gegebene Struktur $\langle G_1, ..., G_k, A_1, ..., A_m, R_1, ..., R_n \rangle$ betrachten wir $k$ bijektive Abbildungen $f_i$ ($i \leq k$), $f_i : G_i \to G'_i$, sowie für die mathematischen Mengen die identischen Abbildungen $id_i$ ($i \leq m$): $id_i : A_i \to A'_i (= A_i)$. Aus diesen Abbildungen lässt sich für jede Relation $R_j$ ($j \leq n$) ähnlich wie im Beispiel eine entsprechende Bildrelation $R'_j$ über den 'neuen' Basismengen $G'_1, ..., G'_k, A_1, ..., A_m$ bilden, wobei für höherstufige Relationen induktiv vorzugehen ist (Balzer 1985: 13). Für Modellklassen, die einigermassen vorsichtig definiert wurden, lässt sich beweisen, dass Morphismen der skizzierten Art Modelle wieder in Modelle überführen. Dies gilt auf jeden Fall für alle in diesem Buch behandelten Beispiele (Mühlhölzer 1996).

## 2.11 Praktische Disziplinen

Auch in den praktischen Disziplinen: Medizin, Rechtswissenschaft, Ingenieurwissenschaften, werden Modelle benutzt. Sie dienen dort jedoch weniger der Repräsentation realer Systeme, sondern mehr als Blaupausen, als Grundlage zur Konstruktion neuer, realer Systeme. Da in unserer Terminologie bisher keine Beispiele aus diesen Bereichen rekonstruiert wurden,[41] müssen wir uns mit kurzen Hinweisen begnügen.

Die intendierten Systeme sind in den praktischen Disziplinen meist mit praktischer Anwendung und mit konkreten Zielen verbunden. In der Technik möchte man bestimmte System ganz neu herstellen, in der Medizin geht es primär um Heilung von Krankheiten und in den juristischen Disziplinen um Subsumption realer Ereignisse unter gegebene Gesetze und um Urteilsfindung. Auch hier werden für bestimmte intendierte Systeme spezielle Grundbegriffe verwandt, so dass wir die Denotate dieser Grundbegriffe im jeweiligen System zu einer Struktur zusammenfügen können. Technische Apparate werden in einem eigenen, speziellen Vokabular ebenso beschrieben wie Krankheiten und Heilmethoden, und juristisch relevante Sachverhalte.

Damit solche, mit intendierten Systemen verknüpfte Strukturen auch Modelle sind, müssen zusätzliche Annahmen in der Form von Verknüpfungsgesetzen vorhanden und in den Strukturen gültig sein. Ob es in den praktischen Wissenschaften Modelle gibt, hängt also davon ab, ob sich dort Annahmen und Hypothesen identifizieren lassen, die die Form von Verknüpfungsgesetzen haben. Wir meinen, dass dies der Fall ist.

In Medizin und in den Ingenieurwissenschaften treffen wir auf eine Vielzahl von empirischen Regularitäten, die einen kausalen oder probabilistischen Zusammenhang zwischen zwei Ereignisarten herstellen. Solche Regularitäten erfordern zu ihrer Beschreibung Verknüpfungsgesetze und führen daher zur Definition von Modellen.

In der Medizin wurde beispielsweise in den 60er Jahren des letzten Jahrhunderts die *Myokardprotektion* durch Kardioplegie nach *Bretschneider* (Kleinsorge und Zöckler 1984: 82ff) als Methode eingeführt, mit der bei Herzoperationen Schaden am Myokard, der Herzwand, vermieden werden. Ohne zusätzliche Vorkehrungen treten Schäden auf, wenn die Operationsdauer mehr als 15 Minuten beträgt. Mit der neuen Methode wird das Herz durch eine Kombination von Hypothermie (erniedrigte Körpertemperatur), Natriumentzug und Kaliumentzug ruhig gestellt und damit die Zeit, in der ohne Folgeschäden operiert werden kann, auf etwa 120 Minuten verlängert. Die so teilweise gefundene und teilweise hergestellte Regularität lautet wie folgt. Wenn bei einer Herzoperation Myokardprotektion vorgenommen wird, kann bis zu 120 Minuten operiert werden, ohne dass Folgeschäden am Myokard auftreten. Bei genauerer Formulierung müsste noch eine Angabe über die Wahrscheinlichkeit erfolgen, mit der die Methode zum Erfolg führt. Auch ohne genaue Rekonstruktion ist klar, dass wir hier eine ähnliche Situation wie in früheren Beispielen vor uns haben. Über eine Menge intendierter Systeme – Operationen am offenen Herzen – wird, bei Unterdrückung der probabilistischen Komponente, eine Allaussage gemacht: 'Für alle Systeme, in denen Myokardprotektion vorgenommen

---

41 Zwei Ausnahmen sind (Eleftheriadis 1991) und (Müller 1985).

wird, kann die Operationszeit ohne Folgeschäden auf etwa 120 Minuten verlängert werden.' Offenbar hat diese Aussage die Form 'Für alle $x$: wenn $P(x)$ dann $Q(x)$', wobei $x$ für 'Herzoperation', $P(x)$ für 'es wird Myokardprotektion vorgenommen' und $Q(x)$ für 'es kann etwa 120 Minuten ohne Folgeschäden operiert werden' stehen. Dies ist ein Verknüpfungsgesetz, in dem die beiden Prädikate $P$ und $Q$ nicht getrennt werden können.

Etwas anders ist die Situation in den Rechtswissenschaften. Hier finden wir im deutschen Recht systematisch verwobene Aussagensysteme, wie zum Beispiel das bürgerliche Gesetzbuch, das Strafgesetzbuch, oder das deutsche Aktiengesetz, die ohne Zweifel theoretischen Charakter haben. Zur Beschreibung eines Tatbestands werden verschiedene juristische Begriffe benutzt, die durch die einschlägigen Paragraphen des Gesetzes miteinander verknüpft werden. Betrachten wir Ereignisse, *juristische Fälle*, als intendierte Systeme, so haben die für sie einschlägigen Paragraphen und Gesetze eine ähnliche Funktion wie die Hypothesen für die Modelle. Die Paragraphen strukturieren einen Fall in präziser Weise und erleichtern einerseits deren praktische Bestimmung und Subsumption unter einen Sachverhalt oder einen Tatbestand, andererseits die Urteilsfindung. Durch Aufsammeln der für einen Sachverhalt relevanten Begriffe erhalten wir eine Struktur. Es bleibt die Frage, ob die Gesetzesparagraphen als Hypothesen angesehen werden können. Dies führt zur Unterscheidung der Beschreibungs- und der Entscheidungskomponente eines Falls. Viele Paragraphen strukturieren 'nur' die Beschreibung von Fallklassen.

Im (Aktiengesetz 1993) finden wir etwa im Paragraphen §119: 'die Hauptversammlung ... beschließt ... die Bestellung des Abschlussprüfers'. Hier werden zwei Entitäten, 'die Hauptversammlung' und 'der Abschlussprüfer' verknüpft. Dieser Satz funktioniert wie eine Hypothese; er kann in einem bestimmten Fall richtig oder falsch werden. Viele solche Sätze (Paragraphen, Hypothesen) ergeben zusammen eine Beschreibung der Fallklasse. Oft ist ein einzelner Begriff in einem Fall nicht gut zu bestimmen. Wie schafft es die Hauptversammlung, 'eine Bestellung zu beschließen'? Diese Relation des Beschließens bekommt erst zusammen mit vielen anderen Paragraphen einen Sinn. Wenn der Sinn nicht klar genug ist, müssen Experten aus anderen Bereichen dazukommen. Zum Beispiel muss ein Ökonom zu Rate gezogen werden, der die Tätigkeit des Buchprüfens genauer erklärt.

In anderen Bereichen, etwa im Strafgesetzbuch, wird in einem Paragraphen erstens ein Tatbestand beschrieben, und zweitens der Bereich des zugehörigen Strafmaßes festgelegt. Ein solcher Paragraph enthält als Prämisse die Beschreibung des Tatbestandes, und als Konklusion eine Vorschrift, was in diesem Fall zu tun sei. So lautet etwa § 242 StGB: *Einfacher Diebstahl* 'Wer eine fremde bewegliche Sache einem anderen in der Absicht wegnimmt, dieselbe sich rechtswidrig anzueignen, wird wegen Diebstahls mit Gefängnis bestraft'. Im 'Wer'-Teil des Satzes wird der Tatbestand des Diebstahls beschrieben und im 'wird mit'-Teil wird das Strafmaß bestimmt. Durch Umformulierung können wir ohne Sinnänderung eine Definition von 'Diebstahl' gewinnen: '$p$ begeht Diebstahl gdw ... '. Solche Sätze, die die Form von Definitionen haben, sind Verknüpfungsgesetze, wenn man den definierten Begriff als Grundbegriff auffasst. Dies ist auf jeden Fall angebracht, denn nach juristischer Methodenlehre kann die Subsumption eines Falles unter einen Tatbestand eine mitunter höchst komplexe Prozedur beinhalten, die sich keineswegs in der Prüfung des 'definierenden' Paragraphen erschöpft, sondern auch auf Kommentare und Urteile zurückgreift (Engisch 1956).

Es scheint plausibel, dass sich aus den 'geeigneten', beschreibenden Teilen eines Gesetzeskorpus Modelle konstruieren lassen. Die Anwendung solcher Modelle entspricht dann dem ersten Teil des juristischen Subsumptionsprozesses, auf den wir hier jedoch nicht näher eingehen (siehe aber 5.6). Der normative Charakter der restlichen Teile eines Gesetzeskorpus ändert nichts an diesem Befund. Die Normen sind zusätzlich zum deskriptiven Teil vorhanden, entsprechend der gesellschaftlichen Funktion, die das Rechtswesen hat und entprechend dem durchaus sozialen Charakter der Anwendungsfälle.

Durch maschinelles Lernen (4.6) wird heute der Subsumptionsprozesses durch den Computer abgekürzt. Ob dieser Prozess selbst juristisch in Ordnung ist, wird schon längere Zeit diskutiert (Gaede 2019).

## 2.12 Statistische Theorien

Statistik untersucht die Häufgkeitsverteilungen und ihre Anwendungen in den Wissenschaften. In einem konkreten System handelt es sich um die Verteilung eines Merkmals oder mehrerer Merkmale in einer 'Population' $\Omega$. Wir beschränken uns zunächst nur auf ein einziges Merkmal. Eine Population ist eine – oft große – Menge von Objekten, wobei jedes Objekt das Merkmal in einer der verschiedenen Ausprägungen trägt. Die Ausprägungen stellen wir uns abstrakt vor als Elemente einer Menge $M$, einer Menge von 'Graden', oder Zahlen. Zum Beispiel bilden in der Ökonomie die Warenarten eine Population, und ihr Merkmal 'Preis' hat als mögliche Ausprägungen positive, reelle Zahlen. Ein qualitatives Beispiel aus der Genetik ist die Population der Menschen (in einem kurzen Zeitraum) und das Merkmal 'Augenfarbe' mit den bekannten Ausprägungen: braun, blau, grün, schwarz, rot. Jedes Element der Population hat genau eine Ausprägung des Merkmals, d.h. es gibt eine Funktion $h : \Omega \to M$, die jedem Objekt genau eine Ausprägung zuordnet. Oft werden in mathematischen Anwendungen die Ausprägungen durch reelle Zahlen kodiert, etwa bei der Augenfarbe: blau=1, braun=2, etc.

Eine bestimmte Ausprägung des Merkmals hat relativ zu einem gegebenen System, d.h. relativ zu der Population $\Omega$, eine Häufigkeit. Die *Häufigkeit* einer Ausprägung ist einfach die Anzahl der Objekte, die diese Ausprägung haben. Die Verbindung zwischen Häufigkeiten und Objekten wird also durch Zahlen 'vermittelt'. Bestimmte Objekte werden gezählt, das Resultat – die Zahl – repräsentiert die Häufigkeit. Diese Verbindung lässt sich mit dem Komprehensionsprinzip der Mengenlehre (2.7) einfach herstellen. Nach diesem Prinzip identifizieren wir eine Merkmalsausprägung (in $\Omega$) mit der Menge aller Objekte (in $\Omega$), die genau diese Ausprägung aufweisen. Mengentheoretisch gedacht *ist* somit die Ausprägung eine Menge von

Kapitel 2: Strukturen

Objekten. Eine solche Menge wird durch eine Formel $A(x)$ 'definiert', die genau diese bestimmte Ausprägung beschreibt. Häufigkeit wird so zu einer Eigenschaft von *Mengen* von Objekten. Die normale Sprache macht diesen Übergang leider nicht mit; sie zwingt uns, statt von Mengen von 'irgendeinem Element' derselben zu reden. In dem Beispiel der Augenfarben nehmen wir eine Schulklasse mit 20 Kindern als Population. Wir nehmen an, dass 7 Kinder braune Augen, 6 Kinder blaue, 4 Kinder grüne und 3 Kinder schwarze Augen haben. Man sagt nun nicht, die Menge der braunäugigen Kinder habe die Häufigkeit 7, sondern man sagt, die Häufigkeit, dass *irgendein* Kind aus dieser Menge braune Augen habe, sei[42] 7. Dieser Übergang von irgendeinem Objekt der entsprechenden Ausprägung zu einer abstrakten Merkmalsausprägung ist für das heutige Verständnis der Wahrscheinlichkeit zentral; er markiert den Aufstieg der 'probabilistischen Weltsicht' (Krüger, Daston, Heidelberger 1967), (Suppes 1970, 1984).

In vielen Anwendungen ist eine genaue Bestimmung von Häufigkeiten nicht möglich, weil die Menge der Ergebnisse entweder zu groß ist, so dass Zeit und Geld fehlt, sie vollständig zu untersuchen, oder eine 'offene', potentielle, unendliche Menge bildet. So werden in der VWL und in der empirischen Sozialforschung die Häufigkeiten, die z.B. bei der Einkommensverteilung oder der Stimmverteilung auf politische Parteien in Deutschland auftreten, nicht durch Untersuchung aller Deutschen ermittelt. Häufigkeiten, die bei Wiederholung eines beliebig reproduzierbaren Experiments auftreten, wie etwa in der Quantenmechanik, sind nie 'fertig'. Stets können weitere Experimente gemacht werden, die eine Häufigkeit verändern.

Eine *Häufigkeitsverteilung* ist eine Funktion, die zu jeder Ausprägung $a$ die 'richtige' Anzahl von Objekten zuordnet, die diese Ausprägung haben. Formal gesprochen gibt es eine Funktion

$f : \mathcal{M} \rightarrow \mathbb{N}$, so dass $f(a) = \|\{o \in \Omega / h(o) = a\}\|$.

Dabei kürzt der Term $\|\{o \in \Omega / h(o) = a\}\|$ den Ausdruck ab: 'die Anzahl von Objekten $o$, die alle denselben Wert $a = h(o)$ haben'. Anders gesagt, werden die verschiedenen Anzahlen auf die Ausprägungen verteilt. Normalerweise soll es aber nicht auf die absoluten Anzahlen ankommen, sondern auf die Zahlenverhältnisse, in denen die verschiedenen Ausprägungen zueinander stehen. In der obigen Schulklasse mit 20 Kindern ist die absolute Häufigkeitsverteilung der Augenfarben gegeben durch die Zahlen 7 : 6 : 4 : 3. Wir können diese Werte relativieren, indem wir sie durch die Anzahl der Population (in diesem Beispiel durch 20) dividieren. Die relativen Häufigkeiten sind hier 7/20, 6/20, 4/20, 3/20. Wenn $f$ eine 'absolute' Häufigkeitsverteilung und $n$ die Anzahl der Objekte aus der Population ist, nennt man die durch $n$ dividierte ('normierte') Verteilung die *relative Häufigkeitsverteilung rf* (im gegebenen System). Formal: für alle $a \in \mathcal{M}$ ist $rf(a) = f(a)/n$.

---

[42] Die erste Formalisierung der Wahrscheinlichkeitstheorie von (Lukasiewicz 1913) verfolgt auch diesen Weg.

## 2.12 Statistische Theorien

In der Wahrscheinlichkeitstheorie (wir kürzen im Folgenden 'Wahrscheinlichkeit' in längeren Wortzusammensetzungen durch 'W-' ab) redet man statt von Ausprägungen von Ereignissen, und statt von Elementen (oder Individuen) einer Population von Ergebnissen. Diese Wortwahl stellt den Prozess des Herausgreifens von Objekten aus der Population und – in naturwissenschaftlichen Anwendungen – den Ausgang von Experimenten in den Vordergrund.

In der W-Theorie werden Ereignisse als Mengen konzipiert und als *Zufallsereignisse* bezeichnet. Ein Zufallsereignis besteht genau aus denjenigen Objekten, die die untersuchte Ausprägung aufweisen, und die Objekte aus der Population werden als mögliche Ergebnisse oder als *Ergebnisse* oder als *Elementarereignisse* bezeichnet. Bei Experimenten ist der Begriff des Elementarergebnisses unmittelbar einleuchtend, beim Augenfarben-Beispiel können wir uns ein 'Experiment' vorstellen, das im zufälligen Herausgreifen eines Objekts (eines Individuums) und dessen Untersuchung auf das fragliche Merkmal (Augenfarbe) besteht. Ein Ergebnis dieses Experiments besagt, dass ein geprüftes Individuum die Ausprägung $a$ des Merkmals hat.

Bei 'offenen' Populationen, in denen die Anzahl der Objekte nicht bekannt ist, gibt es mit den relativen und absoluten Häufigkeiten und ihren Verteilungen, einige Probleme. Der direkte Weg, diese Begriffe operational zu definieren, ist entweder schwierig oder unmöglich. Ein anderer Weg, der auch in anderen Fällen von Fortschritt, metatheoretisch geboten und historisch verwirklicht wurde, besteht darin, ein theoretisches Konstrukt einzuführen, dessen Bedeutung teilweise durch präzise Annahmen festgelegt wird und in Spezialfällen auch operational bestimmt werden kann. Im vorliegenden Fall sind die theoretischen Konstrukte: die Wahrscheinlichkeit und die W-Funktion. Grob gesagt, werden relative Häufigkeiten durch reelle Zahlen zwischen 0 und 1, und durch Rechenregeln zum Umgang mit diesen, ersetzt. Die Regeln sind so gewählt, dass sie in der eingeschränkten Anwendung auf relative Häufigkeiten direkt operational interpretierbar sind. Diese Regeln werden durch die Axiome der W-Theorie beschrieben. Dieser theoretische Weg zum Umgang mit Häufigkeiten und Verteilungen vermeidet insbesondere das Problem, dass bei unendlichen Populationen der Nenner in einer relativen Häufigkeit nicht definiert ist. In solchen Fällen drückt die Wahrscheinlichkeit ein nicht durch ganzzahlige Brüche zu fassendes Größen- oder Maßverhältnis zweier Mengen (oder zweier Zufallsereignisse) aus.

Wahrscheinlichkeit wird im allgemeinen durch eine W-Funktion **p** dargestellt. Diese drückt die Maßverhältnisse der Objekte in der Population aus. Die W-Funktion **p** ordnet jedem Zufallsereignis eine Wahrscheinlichkeit zu – eine Zahl, die zwischen 0 und 1 liegen muss. Diese Zahlen repräsentieren – in einfachen Fällen – relative Häufigkeiten.

Um eine W-Funktion verstehen zu können, wird zunächst eine $\sigma$-*Algebra* über $\Omega$ definiert.

Kapitel 2: Strukturen

$\mathcal{A}$ ist eine $\sigma$-*Algebra* über $\Omega$ gdw gilt:[43]
1) $\mathcal{A} \subseteq \mathbf{Po}(\Omega)$ und $\Omega \in \mathcal{A}$
2) für alle $A \in \mathcal{A}$ ist auch[44] $\bar{A} \in \mathcal{A}$
3) für jede Folge $(A_i)_{i=1,2,3...}$ aus $\mathcal{A}$ ist auch $\cup_i A_i \in \mathcal{A}$.

Die Elemente von $\Omega$ sind Elementarereignisse und die von $\mathcal{A}$ sind Zufallsereignisse.

Ein *W-Raum* ist eine Struktur der Form $\langle \Omega, [0,1], \mathcal{A}, \mathbf{p} \rangle$, für die gilt:
1) $\Omega$ ist eine nicht-leere Menge
2) $\mathcal{A}$ ist eine $\sigma$-Algebra über $\Omega$
3) $\mathbf{p}: \mathcal{A} \to [0,1]$
3.1) $\mathbf{p}(\Omega) = 1$
3.2) für jede Folge $A_1, A_2, A_3, ...$ aus $\mathcal{A}$ mit paarweise disjunkten Gliedern gilt: $\mathbf{p}(\cup_i A_i) = \Sigma_i\, \mathbf{p}(A_i)$.

In einem W-Raum wird die 2-stellige *bedingte W-Funktion* $\mathbf{p}^b$ explizit definiert. Die Wahrscheinlichkeit eines Zufallsereignisses $E_1$ wird durch $\mathbf{p}^b$ nur noch relativ zu einem anderen Zufallsereignis $E_2$ betrachtet. Es wird gesagt, dass die Wahrscheinlichkeit von $E_1$ durch die Wahrscheinlichkeit von $E_2$ bedingt ist, wobei $\mathbf{p}(E_2)$ nicht Null sein darf. $\mathbf{p}^b$ wird formal als eine *partielle* Funktion eingeführt: $\mathbf{p}^b : \mathcal{A} \times \mathcal{A} \to [0,1]$ (Rényi 1962). Das heißt, nur solchen Paaren $\langle E_1, E_2 \rangle$ werden Werte zugewiesen, bei denen $\mathbf{p}(E_2)$ nicht Null ist. Der Funktionswert $\mathbf{p}(E_1, E_2)$ wird hier in anderer Weise notiert, nämlich so: $\mathbf{p}^b(E_1 \mid E_2)$. In dieser Schreibweise wird die Beinflussung von $E_1$ durch $E_2$ hervorgehoben. Oft wird sogar von einem kausalen Verhältnis gesprochen: $E_2$ verursacht $E_1$ partiell. Der Funktionswert $\mathbf{p}^b(E_1|E_2)$ ist so definiert:

$$\mathbf{p}^b(E_1|E_2) = \mathbf{p}(E_1 \cap E_2)/\mathbf{p}(E_2). \tag{2.12.1}$$

Diese Gleichung bildet einen sehr einfachen Spezialfall des Theorems von *Bayes*. Dieses Theorem spielt heute in verallgemeinerter Form eine zentrale Rolle in den Computernetzen.

Zum Beispiel betrachten wir in einem Würfelwurf nur die Fälle, in denen die Resultate gerade Zahlen sind. Das zugehörige Zufallsereignis $E_2$ enthält also drei Elementarereignisse: $E_2 = \{2, 4, 6\}$. Auch das Resultat, bei dem zum Beispiel das Resultat 2 erscheint, kann durch ein Zufallsereignis $E_1 = \{2\}$ dargestellt werden. Die bedingte Wahrscheinlichkeit in einem Wurf, das Resultat 2 zu finden, *wenn* nur gerade Zahlen betrachtet werden, ist dann $\mathbf{p}^b(E_1|E_2) = \mathbf{p}^b(\{2\}|\{2,4,6\}) = \mathbf{p}(\{2\} \cap \{2,4,6\})/\mathbf{p}(\{2,4,6\}) = \mathbf{p}(\{2\})/\mathbf{p}(\{2,4,6\}) = (1/6)/(3/6) = 3/36 = 1/12$.

---

[43] Die restlichen in diesem Abschnitt nur kurz gestreiften Definitionen sind in (Bauer 1974) sehr klar formalisiert, vor allem in den Abschnitten 6, 9 und 28.
[44] $\bar{A}$ bezeichnet das *Komplement* von $A$ in $\Omega$, d.h. die Menge $\Omega \setminus A$, lies '$\Omega$ minus $A$'.

## 2.12 Statistische Theorien

Der Begriff der bedingten Wahrscheinlichkeit spielt heute in der neuronalen Welt und den Computernetzen die zentrale, formale Rolle, wie wir in 4.5 sehen werden.

An die Stelle der abstrakten Menge $M$ tritt in dem W-Raum eine – ebenfalls abstrakte – Menge $V$ von *Werten*. Diese Werte werden je nach Anwendung verschieden gewählt. Manchmal werden reelle Zahlen als solche Werte benutzt und in anderen Fällen andere Symbole, wie $w, f$ oder $0, 1$. An die Stelle der oben eingeführten Funktion $h$ tritt eine Funktion $\xi : \Omega \to V$. $\xi$ heisst *Zufallsvariable*, wenn $\xi$ die technische Bedingung der Messbarkeit erfüllt. Wenn die Werte reelle Zahlen sind, spricht man von *reellen Zufallsvariablen*.

Mit dieser begrifflichen Maschinerie wird das Gegenstück zur relativen Häufigkeit einer Ausprägung ausgedrückt durch die Wahrscheinlichkeit des entsprechenden Zufallsereignisses $\{\omega \in \Omega / \xi(\omega) = a\}$. Die Wahrscheinlichkeit

$$\mathbf{p}(\{\omega \in \Omega / \xi(\omega) = a\})$$

besagt, dass irgendein Objekt $\omega$ aus der Population die 'Ausprägung' $a$ hat; und damit alle Objekte, die diese Ausprägung haben, dieselbe Wahrscheinlichkeit – auch wenn dies formal in dieser Weise nicht wirklich ausgedrückt werden kann.

Wenn eine reelle Zufallsvariable $\xi$ verwendet wird, lässt sich wie folgt eine reelle Funktion $\mathbf{v}$ einführen

$$\mathbf{v} : \mathbb{R} \to [0, 1] \text{ und } \mathbf{v}(\alpha) = \mathbf{p}(\{\omega \in \Omega / \xi(\omega) = \alpha\}).$$

Jeder reellen 'Ausprägung' $\alpha$ kann die Wahrscheinlichkeit ('relative Häufigkeit') ihres Vorkommens zuordnet werden. $\mathbf{v}$ nennt man die *Verteilung* der Zufallsvariablen $\xi$, oder die *Verteilungsfunktion* für Werte der Zufallsvariablen $\xi$.

Aus technischen Gründen wird die Funktion $\mathbf{v}$ nicht nur für einzelne reelle Zahlen $\alpha$, sondern für ganze Zahlenintervalle und allgemeiner: für sogenannte *Borelmengen* reeller Zahlen definiert (Borel 1925 - 1952). Für praktische Zwecke ist eine Menge reeller Zahlen immer eine *Borel*menge. Man erhält so – mit $\mathcal{B}$ als Abkürzung für die Menge aller *Borel*mengen – eine Funktion $\psi : \mathcal{B} \to \mathbb{R}$ (oder $\psi_\xi$)

$$\psi(Y) = \mathbf{p}(\{\omega \in \Omega / \xi(\omega) \in Y\}),$$

die eine *Borel*menge $Y$ in eine reelle Zahl, eine Wahrscheinlichkeit abbildet.

Verteilungen sind als mathematische Entitäten in der mathematischen Statistik intensiv untersucht worden. Es gibt viele verschiedene, mathematische Formen von Verteilungen, die meist über eine *Dichte* definiert werden. Eine *Dichte* für die Verteilung $\psi$ ist eine Funktion $g : \mathbb{R} \to \mathbb{R}$ mit der Eigenschaft, dass sich die $\psi$-Werte $\psi(Y)$ als Integral der Dichte über den Bereich $Y$ und bezüglich des *Lebesgue*-Maßes $\lambda$ ausdrücken lassen:

$$\int_Y g \, d\lambda. \tag{2.12.2}$$

Die bekannteste Verteilung ist die *Normalverteilung*, die durch eine Dichte in der bekannten Glockenform definiert ist. In Abb. 2.12.1 ist eine Dichte $g$ dieser Form abgebildet.

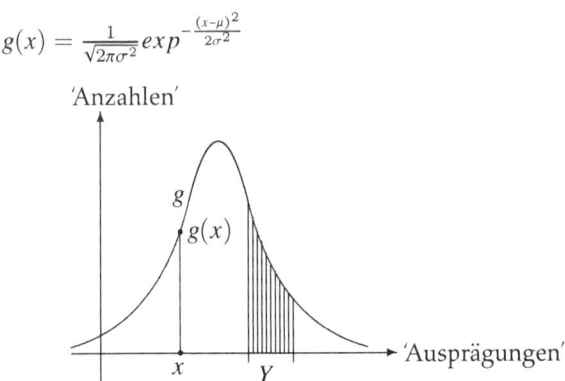

*Abb.* 2.12.1

Das Intervall $Y$ auf der $x$-Achse ist ein passendes Argument für eine Verteilung $\psi$ und der Wert von $\psi$ für $Y$ ist gegeben durch die schraffierte Fläche unter der Kurve, die anschaulich den Wert des Integrals $\int_Y g\, d\lambda$ darstellt. Andere Formen von Verteilungen sind: die *Binomial*-, die $\chi^2$-, die *F*-, die *Poisson*- und die *t*-Verteilung (Bauer 1974: Abschnitt 28), (Rüger 1988: 2.3).

Wir können nicht genauer auf die mathematischen Details eingehen, dies ist auch für unsere Zwecke nicht nötig. Es genügt zu sehen, wie der Begriff der Verteilung durch die Zufallsvariable $\xi$ und einen W-Raum $\langle \Omega, [0,1], \mathcal{A}, \mathbf{p} \rangle$ definiert ist. Eine Struktur $\langle \Omega, \mathbb{R}, \mathcal{A}, \mathbf{p}, \xi \rangle$, bestehend aus einem W-Raum ($[0,1] \subset \mathbb{R}$) und einer Zufallsvariablen $\xi$ nennen wir ein *statistisches Element*.

Eine *Verteilungshypothese* für ein statistisches Element der Form $\langle \Omega, [0,1], \mathcal{A}, \mathbf{p}, \xi \rangle$ ist dann ein Satz, der die *genaue Form* der Verteilung der Zufallsvariablen $\xi$ über der Grundmenge $\Omega$ festlegt.

Diese Form ist meist durch eine Gleichung gegeben, in der einige Parameter auftreten. Wenn die Parameter durch Zahlen ersetzt werden, erhält man meist eine handhabbare, mathematische Funktion. Variation der Parameter ergibt eine entsprechende Variation der Funktion, jedoch unter Wahrung der allgemeinen, durch die Gleichung festgelegten Form. Mit Festlegung der 'genauen' Form meinen wir, dass auch die Parameter numerisch bestimmt werden. In der obigen Normalverteilung z.B. sind Mittelwert $\mu$ und Varianz $\sigma^2$ solche Parameter. 'Normalverteilung' bezeichnet die Klasse aller Verteilungen, die man bei Einsetzung bestimmter Zahlen für $\mu$ und $\sigma$ erhält.

Als eine *rein statistische Theorie* bezeichnen wir eine Theorie, deren Modelle aus einem statistischen Element und deren Hypothesen aus einer Verteilungshypothese für dieses Element bestehen. Bei kleinen Änderungen in der Notation liefert eine rein statistische Theorie eine Modellklasse in unserem Standardformat.

## 2.12 Statistische Theorien

**M** ist *eine Klasse von Modellen einer rein statistischen Theorie* gdw es einen Satz $C$ gibt, so dass für alle $x$ gilt: $x \in \mathbf{M}$ gdw es $\Omega, \mathcal{A}, \mathbf{p}, \mathbb{R}, \xi$ gibt, so dass gilt

1) $x = \langle \Omega, \mathbb{R}, \mathcal{A}, \mathbf{p}, \xi \rangle$ und $[0,1] \subset \mathbb{R}$
2) $\langle \Omega, [0,1], \mathbb{R}, \mathcal{A}, \mathbf{p} \rangle$ ist ein W-Raum
3) $\mathbb{R}$ ist die Menge der reellen Zahlen
4) $\xi : \Omega \to \mathbb{R}$ ist messbar ($\xi$ ist eine Zufallsvariable)
5) $C$ ist ein Satz, der außer Variablen, logischen und mathematischen Zeichen nur die Zeichen $\Omega, \mathcal{A}, \mathbf{p}$ und $\xi$ enthält
6) $C$ ist eine Verteilungshypothese für das statistische Element $\langle \Omega, \mathbb{R}, \mathcal{A}, \mathbf{p}, \xi \rangle$.

Die Funktion $\xi$ heißt *messbar*, wenn folgendes gilt: für alle $Y \in \mathcal{B}$ ist das Urbild $X$ von $Y$ unter $\xi$ ein Element (d.h. $X = \{\omega \in \Omega / \xi(\omega) \in Y\}$, wir schreiben: $\xi^{-1}(X)$) von $\mathcal{A}$.

Der wichtigste und häufigste Spezialfall rein statistischer Theorien liegt vor, wenn die Verteilungshypothese die Verteilung der Zufallsvariablen über eine Dichte festlegt. In diesem Fall besagt Bedingung 6), dass die Verteilung $\psi$ von $\xi$ durch eine Dichte $g$ über das Integral in der obigen Form (2.12.2) definiert ist. Die genaue Form, die Hypothese 6) dann annimmt, ist von allgemeinem Interesse und sei für späteren Bezug hier angegeben. Sie lautet unter Berücksichtigung der früheren Definitionen und unter Bezugnahme auf eine gegebene W-Dichte $g : \mathbb{R} \to \mathbb{R}$ wie folgt.

Für alle *Borel*mengen $Y \in \mathcal{B}$ gilt:
$$\mathbf{p}(\{\omega \in \Omega / \xi(\omega) \in Y\}) = \int_Y g \, d\lambda. \tag{2.12.3}$$

Betrachten wir als Beispiel ein Modell der rein statistischen Theorie, welches die Altersverteilung in der deutschen Bevölkerung numerisch repräsentiert. Die Population besteht aus allen zur Zeit $t$ lebenden deutschen Staatsbürgern. Untersucht wird das Merkmal 'Alter', dessen Ausprägungen in Tagen angegeben werden. Wir nehmen an, die genaue Form der Dichte $g$ sei gegeben. Nach (2.12.3) besagt dann die Verteilungshypothese, dass für jede *Borel*menge $Y$ die Wahrscheinlichkeit dafür, dass Personen $\omega$ (zu $t$) das Alter $\alpha$ ($\alpha = \xi(\omega)$ mit $\alpha \in Y$) haben, gleich dem durch rein mathematische Berechnung aus dem Integral auf der rechten Seite von (2.12.3) erhaltenen Wert ist.

Aus $n$ W-Räume lässt sich nach einem Standardverfahren ein $n$-dimensionaler W-Raum bilden. Dazu werden die einzelnen W-Räume $\langle \Omega_1, [0,1], \mathcal{A}_1, \mathbf{p}_1 \rangle, ..., \langle \Omega_n, [0,1], \mathcal{A}_n, \mathbf{p}_n \rangle$ als Ausgangspunkt benutzt. Aus den Elementarereignissen aus den Mengen $\Omega_1, ..., \Omega_n$ wird das kartesische Produkt $\Omega^{\otimes n} = \Pi_i \Omega_i$ gebildet. Die Elemente aus $\Omega^{\otimes n}$ sind $n$-Tupel von Elementarereignissen; aus jedem W-Raum $\langle \Omega_i, [0,1], \mathcal{A}_i, \mathbf{p}_i \rangle$ wird ein Elementarereignis genommen und an die $i$-te Stelle geschrieben: $\langle \omega_1, ..., \omega_i, ..., \omega_n \rangle$. Aus den verschiedenen $\sigma$-Algebren $\mathcal{A}_i$ wird ebenfalls eine Art von Produkt gebildet. Dazu, werden aus jeder $\sigma$-Algebra $\mathcal{A}_i$ ein Zufallsereignis $E_i$ genommen. All diese Zufallsereignisse $E_1, ..., E_n$ sind Mengen; man kann also des kartesische Produkt $E_1 \times ... \times E_n$ dieser Mengen bilden. Auch diese Mengen sind Zufallsereignisse; und aus diesen lassen sich induktiv weitere Vereinigungen,

Kapitel 2: Strukturen

Komplemente und Durchschnitte bilden. Die so entstandene Menge erfüllt wieder die Hypothesen einer $\sigma$-Algebra, die so geschrieben wird: $\mathcal{A}^{\otimes n} = \mathcal{A}_1 \otimes ... \otimes \mathcal{A}_n$. Über dieser Produktalgebra wird schließlich eine $n$-dimensionale W-Funktion $\mathbf{p}^{\otimes n}$ gebildet. Dazu werden die Projektionsfunktionen $\pi_1, ..., \pi_n$ eingesetzt. $\pi_i$ pickt aus einem Elementarereignis $\langle \omega_1, ..., \omega_n \rangle$ die $i$-te Komponente heraus: $\pi_i(\langle \omega_1, ..., \omega_n \rangle) = \omega_i$ und auf der Mengenebene projiziert $\pi_i$ das Zufallsereignis $E$ auf die $i$-te Dimension: $\pi_i(E) = \{\pi_i(\omega)/\omega \in \Omega\}$. Speziell für ein $n$-dimensionales Zufallsereignis $E$, welches die Form eines kartesischen Produkts hat ($E = \Pi_i \, \pi_i(E)$), wird definiert:

$$\mathbf{p}^{\otimes n}(E) = \mathbf{p}_1(\pi_1(E)) \cdot ... \cdot \mathbf{p}_n(\pi_n(E)). \tag{2.12.4}$$

Die komplexeren Zufallsereignisse lassen sich dann – wie bei den Mengen – durch Vereinigung, Durchschnitt und Komplement konstruieren.

Damit ist ein *n-dimensionaler W-Raum* $\langle \Omega^{\otimes n}, [0,1], \mathcal{A}^{\otimes n}, \mathbf{p}^{\otimes n} \rangle$ vorhanden. Eine Zufallsvariable $\xi^{\otimes n}$ für den $n$-dimensionalen W-Raum ordnet jedem $n$-Tupel $\langle \omega_1, ..., \omega_n \rangle$ einen Wert aus einer Menge $V$ zu; $\xi^{\otimes n} : \Omega^{\otimes n} \to V$.

In einem $n$-dimensionalen W-Raum wird die Zufallsvariable $\xi^{\otimes n}$ auf $n$ 'lokale', 1-dimensionale Zufallsvariable $\xi_1, ..., \xi_n$ zurückgeführt. Man sagt, dass ein Element $\langle \omega_1, ..., \omega_n \rangle$ aus $\Omega^{\otimes n}$ ein *Zustand* des $n$-dimensionalen W-Raums ist. Dies lässt sich durch die gerade beschriebene Konstruktion rechtfertigen, weil sich jeweils der Bestandteil $\omega_i$ eines Zustandes unabhängig von den restlichen Teilen beschreiben lässt.

Zum Beispiel kann bei einem Wochenmarkt zu einem Zeitpunkt $t$ die $n$ Personen mit ihren Warenbündeln beschrieben werden und für jede Person $A$ kann die Wahrscheinlichkeit des Nutzens einer bestimmten Ware für eine Person untersucht werden. Für jede Person können wir einen W-Raum konstruieren. Wenn es viele verschiedene Waren auf dem Markt gibt, können einige davon für $A$ den gleichen Nutzen haben und dies lässt sich durch eine Zufallsvariable beschreiben. Die interessante Frage ist, ob die Nutzenwerte für dieselbe Warenart bei zwei Personen gleich sind.

Wenn die lokalen Zufallsvariablen *unabhängig* von einander sind, kann die 'globale' Zufallsvariable $\xi^{\otimes n}$ durch die lokalen Zufallsvariablen $\xi_1, ..., \xi_n$ definiert werden:

Für jede Konstellation von Werten $\alpha_1, ..., \alpha_n$ gibt es genau einen Wert $\alpha$, so dass:

$\mathbf{p}^{\otimes n}(\{\langle \omega_1, ..., \omega_n \rangle \in \Omega^{\otimes n}/\xi^{\otimes n}(\langle \omega_1, ..., \omega_n \rangle) = \alpha\}) =$
$\quad \Pi_{i \leq n} \mathbf{p}_i(\{\omega_i \in \Omega_i/\xi_i(\omega_i) = \alpha_i\}).$

In speziellen Arten von $n$-dimensionalen W-Räumen kann der Zusammenhang zwischen den Werten $\alpha$ und $\alpha_1, ..., \alpha_n$ genauer gefasst werden – zum Beispiel in den *Bayes*-Netzen, siehe 4.5.

Dabei spielt der Begriff der Unabhängigkeit – von Zufallsvariablen und von Zufallsereignissen – die zentrale Rolle. Zwei Zufallsereignisse $E_1$ und $E_2$ sind unabhängig, wenn sie zusammen dieselbe Wahrscheinlichkeit haben wie das Produkt der Wahrscheinlichkeiten der beiden Ereignisse

$\mathbf{p}(E_1 \cap E_2) = \mathbf{p}(E_1) \cdot \mathbf{p}(E_1).$

## 2.12 Statistische Theorien

Und zwei Zufallsvariable $\xi, \xi'$ heißen *unabhängig* von einander, wenn die Produktbildung auch für alle Konstellationen von Werten $\alpha, \alpha'$ gilt:

Für alle $v \in V$ und alle $v' \in V'$ gilt: (2.12.5)
$\mathbf{p}(\{\omega/\xi(\omega) = v\} \cap \{\omega/\xi'(\omega) = v'\}) = \mathbf{p}(\{\omega/\xi(\omega) = v\}) \cdot \mathbf{p}(\{\omega/\xi'(\omega) = v'\})$.

In einem Modell $\langle \Omega, \mathbb{R}, \mathcal{A}, \mathbf{p}, \xi \rangle$ einer rein statistischen Theorie scheint zunächst die Zufallsvariable der einzige empirische Grundbegriff zu sein; alle anderen Komponenten (außer den Grundmengen) sind scheinbar mathematischer Natur. Eine genauere Analyse führt jedoch zu einem anderen Ergebnis. Der Begriff des Wahrscheinlichkeitsraums ist zwar ein mathematischer Standardbegriff, er kann aber in der Anwendung statistischer Theorien nicht als 'rein mathematischer' Teil der Theorie angesehen werden. Dies hat zwei Gründe.

Erstens legt die mathematische Definition die Komponenten eines W-Raums nicht bis auf Isomorphie eindeutig fest. Die Axiome für einen W-Raum beinhalten nur ziemlich schwache, notwendige Bedingungen und können in sehr vielen, völlig verschiedenen W-Räumen erfüllt werden. Diese mögliche Vielfalt muss durch *empirische* Interpretation weiter eingeschränkt werden. Sie wird besonders im Kontrast zum Beispiel der reellen Zahlen deutlich. Die Menge $\mathbb{R}$ ist durch die üblichen Axiome (zweiter Stufe) eindeutig bis auf Isomorphie festgelegt, d.h. es gibt – bis auf strukturell gleiche Varianten – nur eine einzige Menge von Entitäten, die die Axiome erfüllt.

Ein zweiter Grund für die empirische Natur des W-Raums in rein statistischen Theorien wird sichtbar, wenn wir direkt auf die Anwendung einer solchen Theorie schauen. Die Elemente der $\sigma$-Algebra $\mathcal{A}$ werden in der Anwendung als Mengen von Objekten aus der Grundmenge $\Omega$ interpretiert. Die Elemente aus einer solchen Menge haben alle die gleiche Merkmalsausprägung. Im Beispiel würde eine solche Menge aus Bürgern einer bestimmten Altersklasse bestehen. Die Bestimmung einer solchen Menge ist offenbar Erfahrungssache und kann nicht mathematisch gefolgert werden. Die Mathematik sagt uns nicht, welche, oder auch nur, wieviele Personen in Deutschland zur Zeit $t$ zum Beispiel 3000 Tagen alt sind. Dies widerspricht nicht der *theoretischen* Praxis, Verteilungen rechnerisch nur über Zufallsvariable zu behandeln und das Wahrscheinlichkeitsmaß samt $\sigma$-Algebra im Hintergrund zu belassen.

In der *praktischen* Anwendung jedoch, bei Untersuchung einer Stichprobe, werden allemal Häufigkeiten – sogar absolute – von Merkmalsausprägungen bestimmt. Im Beispiel wird die Wahrscheinlichkeit $\mathbf{p}$ in (2.12.2) näherungsweise durch die relative Häufigkeit der Personen mit Alter $\alpha$ in einer Stichprobe ermittelt. Die $\sigma$-Algebra stellt vom Typ her eine einstellige Relation zweiter Stufe dar, sie trifft auf Teilmengen von $\Omega$ zu. Entsprechend ist die W-Funktion $\mathbf{p}$ als Funktion zweiter Stufe anzusehen. Bei inhaltlicher Deutung der Wahrscheinlichkeit als relativer Häufigkeit kommt der relationale Charakter klar zum Ausdruck. $\mathbf{p}$ setzt, so gedeutet, Teilmengen von $\Omega$ miteinander in Beziehung. Der Funktionswert, die Wahrscheinlichkeit eines Zufallsereignisses $E$, drückt bei realistischer Deutung eine Beziehung zwischen $E$ und $\Omega$ aus, nämlich den 'Anteil' von $\Omega$, den $E$ ausmacht. Die Begriffe $\mathcal{A}$ und $\mathbf{p}$ sind daher keine rein mathematischen Hilfsbegriffe. Die Festlegung einer

Verteilung durch eine Hypothese der Form (2.12.3) muss im Sinne von 2.9 als Verknüpfungsgesetz angesehen werden. Rein statistische Theorien sind also *empirische* Theorien, auch wenn sie 'nur' die Verteilung einer Zufallsvariablen $\xi$ festlegen. Dass (2.12.3) ein Verknüpfungsgesetz ist, vermuten wir. Der Satz enthält zwei relationale Grundbegriffe **p** und $\xi$ und der Satz lässt sich vermutlich nicht konjunktiv in die 'separierte' Form $B(\mathbf{p}) \wedge C(\xi)$ bringen.

Neben den rein statistischen Theorien gibt es viele Theorien, deren Modelle außer einem statistischen Element noch andere Komponenten enthalten. Die Verteilungen der Zufallsvariablen, die in den Modellen solcher Theorien zu finden sind, werden nicht *genau* festgelegt, sondern unter Bezug auf andere Modellkomponenten nur mehr oder weniger eingeschränkt. Solche Theorien bezeichnen wir als *statistische Theorien*. Insbesondere ist also jede rein statistische Theorie eine statistische Theorie.

Meist wird in der Formulierung rein statistischer Theorien der W-Raum überhaupt nicht erwähnt, sondern nur die Verteilung der Zufallsvariablen durch die mathematische Form einer Dichte explizit gemacht. Diese Praxis ist insofern gerechtfertigt, als alle *Rechnungen* im Rahmen der Theorie stets über die Dichte erfolgen.

Der Unterschied zwischen statistischen und nicht-statistischen Theorien ist auf inhaltliche Weise nur umständlich zu charakterisieren, weil der Wahrscheinlichkeitsbegriff auf zwei verschiedene Arten von Phänomenen Anwendung findet (Krüger 1988). Er wird zum einen auf Phänomene der großen Zahl angewendet, wo es, wie bei Umfragen etwa über die Forschungsaktivität von Professoren oder bei Wahlprognosen, zu teuer ist, alle einzelnen Objekte zu untersuchen und man sich mit Mittelwerten und anderen Verteilungscharakteristika begnügt. Andererseits findet er auch Anwendung auf Phänomene nicht deterministischer Art, wo die jeweils gleiche Ausgangssituation bei 'Wiederholung' zu verschiedenen, genau bekannten Arten von Nachfolgesituationen führt, ohne dass man in jedem einzelnen Fall sagen könnte, genau welche Nachfolgesituation eintreten wird.[45]

Beispiele für nicht-deterministische Phänomene sind Würfelwürfe oder Spin-Experimente in der Quantenphysik. Die intendierten Systeme von statistischen Theorien weisen stets einen dieser beiden Züge auf: sie enthalten entweder sehr viele Objekte, die für sich genommen nicht besonders interessant sind, oder sie enthalten nicht-deterministische Vorgänge.

## 2.13 Netze

Netze können in zwei Arten eingeteilt werden: in statische und in dynamische Netze. Ein dynamisches Netz ändert sich mit der Zeit, ein statisches dagegen nicht. Struk-

---

[45] Auch die Präzisierung des Determinismusbegriffs ist heikel, wie sich an unserem vagen Definitionsversuch erkennen lässt.

turell kann ein dynamisches Netz als eine Folge von statischen Netzen repräsentiert werden. Anders gesagt hat ein dynamisches Netz die Form eines Prozesses. Es enthält Zustände, die jeweils nur zu einem Zeitpunkt existieren und ein solcher Zustand 'ist' ein statisches Netz.

Ein statisches Netz $N$ besteht aus einer Menge $K$ von *Knoten* und einer Menge $L$ von *Linien*: $N = \langle K, L \rangle$. Jede Linie $l$ kann durch ein Paar von Knoten $k_1, k_2$ dargestellt werden: $l = \langle k_1, k_2 \rangle$. Der allgemeine Begriff des statischen Netzes ist damit schon festgelegt. Wenn wir weitere Hypothesen hinzufügen, erhalten wir spezieller Arten von Netzen.

Einige oft benutzte Hypothesen besagen, dass ein Netz *transitiv, konnex, reflexiv, anti-reflexiv, endlich, linear, zirkulär* oder *baumartig* ist. Ein Netz kann zum Beispiel durch ein Quadrat oder durch eine Raute oder durch ein Fünfeck oder durch ein Polygon dargestellt werden und es kann Dimensionen haben (Menger 1943).

Ein dynamisches Netz hat die Form $\langle \mathbf{N}, T, <, \theta, \Phi \rangle$, wobei $\mathbf{N}$ eine Menge von statischen Netzen, $T$ eine Menge von Zeitpunkten, $<$ eine *später-als* Beziehung, $\theta$ eine Folge von statischen Netzen und $\Phi$ eine *Transformationsfunktion* ist. $\theta$ ordnet die statischen Netze zeitlich linear an, $\theta : T \to \mathbf{N}$. $\theta(t) = N$ besagt, dass zum Zeitpunkt $t$ das Netz $N$ existiert. Ein Netz $N'$ existiert später als das Netz $N$, wenn $N = \theta(t), N' = \theta(t')$ und $t < t'$. Die Funktion $\Phi$ transformiert ein Netz $N$ in ein anderes Netz $N'$: $\Phi(N) = N'$ und diese Transformationen werden durch die Funktion genauer beschrieben, $\Phi : \mathbf{N} \to \mathbf{N}$. Oft wird auch eine spezielle Bedingung $\mathbf{C}$ formuliert und in die Transformationsfunktion eingebaut, $\Phi : \mathbf{N} \times \mathbf{C} \to \mathbf{N} \times \mathbf{C}$. Je nach Transformationsfunktion und je nach benutzter Bedingung sieht ein dynamisches Netz inhaltlich und graphisch anders aus.

In den Anwendungen werden die Knoten eines Netzes mit weiterer Bedeutung gefüllt. Zum Beispiel kann ein Knoten mit einer Menge von Sätzen oder mit einer Zahl oder mit einer Menge von Zahlen oder mit einer Mengen von Gleichungen oder mit einem Computerzustand identifiziert werden. Heute werden speziell die sogenannten *Bayes-Netze* (Jensen 2001) untersucht. *Bayes*-Netze sind transitiv, irreflexiv und nicht-zirkulär. Die Knoten in einem solchen Netz enthalten Wahrscheinlichkeiten oder Listen von solchen.

Für uns sind speziell Netze von Theorien wichtig. Einige dieser Netze wurden schon untersucht. Dabei spielen Beziehungen zwischen Theorien: *intertheoretische Relationen* eine wesentliche Rolle. Nur zwei Arten von intertheoretischen Relationen beschreiben wir hier genauer: Querverbindungen und Spezialisierungen.[46]

Querverbindungen von Theorien werden meist durch Modelle – oder allgemeiner durch Strukturen – der jeweiligen Theorien beschrieben und sie werden weiter in *interne* und *externen* Querverbindungen aufgeteilt. Interne Querverbindungen bestehen zwischen Modellen einer einzelnen Theorie und *externe* Querverbindungen existieren zwischen verschiedenen Theorien.

---

[46] Siehe zum Beispiele (Ludwig 1991), (Schmidt 1984), (Balzer, Moulines, Sneed 1987), (Stephan 1990), (Rott 1991), (Manhart 1998), (Scheibe 1997, 1999), (Moulines 2014).

Eine *interne theoretische* Querverbindung verknüpft Komponenten aus verschiedenen Strukturen einer Theorie. Der häufigste und wichtigste Fall ist die *Identitäts*-Querverbindung. Auf der Sprachebene besagt eine solche Identität, dass ein Begriff in zwei verschiedenen Strukturen (oder Modellen) das gleiche Denotat hat. Strukturell würden wir einfach sagen, dass zwei Relationen – die in zwei Strukturen der Theorie an derselben Stelle stehen – identisch sind, oder etwas schwächer, dass die eine Relation die andere umfasst. Wenn die Identität eine Funktion betrifft, gilt die Eindeutigkeitsbedingung für Funktionen (2.4, F2) innerhalb einer Struktur immer. Die Gleichheit zweier Werte von zwei Funktionen aus *verschiedenen* Strukturen führt dagegen sprachlich gesehen in eine höhere Sprachstufe, die in der *ma*-Sprache aber keinen zusätzlichen Aufwand erfordert. Zum Beispiel wird in der klassischen Partikelmechanik angenommen, dass ein Teilchen in *verschiedenen* Systemen die *gleiche* Masse hat. Seine Masse ändert sich nicht, wenn es z.B. aktiv von einem System in ein anderes transportiert wird. In ökonomischen Gleichgewichtstheorien wird manchmal angenommen, dass der Nutzen einer Person in *verschiedenen* Situationen in etwa gleich bleibt, wenn die Person in beiden Situationen das *gleiche* Warenbündel besitzt. In diesen Fällen werden Funktionswerte identifiziert.

*Externe* Querverbindungen dienen der Formulierung von Verbindungen oder Identitäten zwischen Relationen, Objekten, Funktionswerten, oder Sachverhalten, die in Strukturen *verschiedener* Theorien vorkommen. Als Beispiel einer externen Querverbindung sei im Bereich der Mechanik die Querverbindung genannt, mit der Orte, die mittels Annahmen der klassischen Kinematik gemessen wurden, von der klassischen Kinematik in die Mechanik überführt werden. Ein anderes Beispiel ist die Anbindung der Konstanten $k$ aus dem idealen Gasgesetz $T = k \cdot V \cdot P$ an den Begriff der Molzahl $\mu$ aus der Stöchiometrie 2.9. Gase werden verknüpft mit der Molzahl und ein bestimmtes Gas wird mit einer Menge von Substanzen identifiziert. Ein sozialwissenschaftliches Beispiel ist die externe Querverbindung zwischen Präferenztheorie und sozialer Austauschtheorie (Blau 1964). Sie füllt die Begriffe der Präferenz und des Nutzens in soziologischen Theorien mit den Inhalten, die von der tieferliegenden, 'operationalen' Präferenztheorie stammen.

In unserem allgemeinen Format wird eine interne Querverbindung als Relation zwischen Strukturen definiert. Die Querverbindung spezifiziert also Paare von Strukturen, zwischen denen die Querverbindung besteht. Im Masse-Beispiel gilt für je zwei Strukturen $\langle P, ..., s, m, f \rangle$, $\langle P', ..., s', m', f' \rangle$ der klassische Partikelmechanik folgendes: Für alle Partikel $p$, die sowohl im Definitionsbereich von $m$ als auch in dem von $m'$ vorkommen, gilt $m(p) = m'(p)$. Externe Querverbindungen lassen sich genauso durch Auszeichnung von Paaren verknüpfter Strukturen, nunmehr aus zwei *verschiedenen* Theorien darstellen.

Unter den intertheoretischen Relationen hat sich die *Spezialisierung* als besonders wichtig herausgestellt. Eine Theorie wird spezialisiert, indem zu ihren Hypothesen, d.h. den Hypothesen, die ihre Modelle charakterisieren, neue Hypothesen hinzugenommen werden, die aber nicht für alle ursprünglich intendierten Systeme Geltung haben sollen, sondern nur für einen speziellen Bereich. Die Hinzunahme von Hypothesen führt zu einer *Einschränkung* der Modellklasse. Entsprechend heißt eine Theorie $\mathbf{T}^* = \langle \mathbf{M}^*, \mathbf{I}^*, \mathbf{F}^*, \mathbf{U}^* \rangle$ eine *Spezialisierung* von $\mathbf{T} = \langle \mathbf{M}, \mathbf{I}, \mathbf{F}, \mathbf{U} \rangle$, wenn gilt $\mathbf{M}^* \subseteq \mathbf{M}$ und $\mathbf{I}^* \subseteq \mathbf{I}$. Das genaue Verhältnis der Approximationsapparate bei dieser Relation ist erst teilweise untersucht.

Mit Hilfe der Spezialisierungsrelation lässt sich der Prozess der Ausdifferenzierung einer Theorie beschreiben. Eine zunächst vorhandene Theorie gilt für einen ziemlich großen Bereich intendierter Systeme. Diese weisen bei genauerer Untersuchung jedoch Verschiedenheiten auf, die sich auch theoretisch fassen lassen. Für eine Teilmenge der intendierten Systeme wird so eine neue Hypothese gefunden, die zusätzlich zur allgemeinen, schon bekannten Hypothese gilt. Wenn dies öfter passiert, entsteht ein ganzes Netz von Spezialisierungen, welches die paradigmatische Funktion der ursprünglichen Theorie deutlich macht. Formal ist ein *Spezialisierungsnetz* eine Menge von Theorien, die alle Spezialisierungen einer ausgezeichneten *Basis-Theorie* sind. Alle Theorien in einem Spezialisierungsnetz sind sich insofern ähnlich, als sie mit Strukturen des gleichen Typs arbeiten. Alle Modelle haben also, trotz der Unterschiede in den Hypothesen den gleichen Typ $\langle G_1, ..., G_k, A_1, ..., A_m, R_1, ..., R_n \rangle$.

Als Beispiele seien genannt die Spezialisierungsnetze der klassischen Partikelmechanik, der Thermodynamik, der ökonomischen Gleichgewichtstheorie und der politischen Wahltheorie. Die Basis-Theorie ist im ersten Fall die von *Newton*, im zweiten Fall die von *Gibbs*, im dritten Fall die von *Debreu* und im vierten Fall die von *Downs*.[47] Diese Basis-Theorien wurden im Laufe der Zeit in vielfacher Weise spezialisiert. In der Thermodynamik etwa zur Virialgleichung, in der Gleichgewichtstheorie zu Wirtschaftssystemen mit öffentlichem Sektor (Böhm 1991).

Ein Spezialisierungsnetz für die *Mechanik* ist in Abb. 2.13.1 dargestellt (Balzer und Moulines 1981). Dabei bezeichnet KPM die Basis-Theorie mit Modellen der Form $\langle P, T, \mathbb{R}, \mathbb{R}^3, s, m, f_1, ..., f_n \rangle$, bestehend aus Partikelmenge $P$, Zeitintervall $T$, der koordinatisierten Ortsfunktion $s : P \times T \to \mathbb{R}^3$, der Massefunktion $m : P \to \mathbb{R}$ und den Kraftfunktionen $f_i : P \times T \to \mathbb{R}^3$, $i = 1, ..., n$, die das zweite *Newton*sche Axiom ('$\Sigma_i f_i = m \cdot \ddot{s}$ : Kraft gleich Masse mal Beschleunigung') erfüllen.

In abgeschlossenen Systemen gilt darüberhinaus das Actio-Reactio Gesetz, nach dem jede auf ein Teilchen wirkende Kraft durch entsprechende, auf andere Teilchen wirkende Kräfte 'ausgeglichen' wird. In teilweise abgeschlossenen Systemen gibt es einen solchen Ausgleich nur in einem Teilsystem. In orts-, geschwindigkeits-, bzw. zeitabhängigen Systemen hängt mindestens eine Kraftfunktion $f_i$ explizit vom Ort, der Geschwindigkeit der Teilchen, bzw. von der Zeit ab. In Systemen mit Reibung hängt eine Kraftfunktion von der Geschwindigkeit von Teilchen ab, in konservativen Systemen lässt sich die wirkende Kraft von einem Potential ableiten. Bei den 'inversen Abstandsquadrat'-Spezialisierungen ist eine Kraftart proportional zum inversen Abstand des Teilchens zu den anderen Teilchen. Im *Coulomb*schen Gesetz ist der Proportionalitätsfaktor gegeben durch Ladungen und Dielektrizitätskonstante.

---

[47] Siehe (Balzer, Moulines, Sneed 1987: Chap. 4) für die Theorie von *Newton*. Kritisch dazu siehe (Kamlah 2002). Die Theorie von *Gibbs* findet sich in (Balzer, Moulines, Sneed 1987: Chap. 4), *Debreu*s Theorie in (Debreu 1959) und die Theorie von *Downs* in (Downs 1957). Siehe auch (Balzer und Dreier 1999).

Kapitel 2: Strukturen

Die mit 'Hooke' bezeichnete Spezialisierung betrifft das *Hooke*sche Gesetz, das 'den ungedämpften harmonischen Oszillator' beschreibt. In der einfachsten Darstellung enthalten die Modelle dieser speziellen Theorie zusätzlich eine Kraftfunktion $f_i$, so dass das *Hooke*sche Gesetz erfüllt wird:

Es gibt $k \in \mathbb{R}$, so dass für alle $p \in P, t \in T$: $f_i(p,t) = -k \cdot s(p,t)$. (2.13.1)

Die *Hooke*sche Spezialisierung ist also durch die Konjunktion der Hypothesen der Basis-Theorie *KPM* und des *Hooke*schen Gesetzes charakterisiert. Unter den intendierten Systemen der *Hooke*schen Spezialisierung kommen unter anderem Systeme vor, in denen ein Gewicht an einer elastischen Feder hängt und auf- und abschwingt. Der ungedämpfte harmonische Oszillator stellt einen idealen Grenzfall dar, der nur annähernd realisiert werden kann.

Realistischere Modelle von wirklichen Schwingungen erhält man in (2.13.1) durch Hinzufügung eines 'Dämpfungsglieds'. Analog erhält man die speziellen Modelle der mit 'Gravitationsgesetz' bezeichneten Spezialisierung durch konjunktive Hinzufügung des Gravitationsgesetzes für eine Kraftart $f_i$ zu den Axiomen von *KPM*:

Es gibt $\gamma$ so dass für alle $p_0 \in P, t \in T$ gilt:
$f_i(p_0,t) = \sum_{p \in P, p \neq p_0} \gamma \cdot m(p_0) \cdot m(p) \cdot \frac{s(p,t)-s(p_0,t)}{|s(p,t)-s(p_0,t)|^3}$.

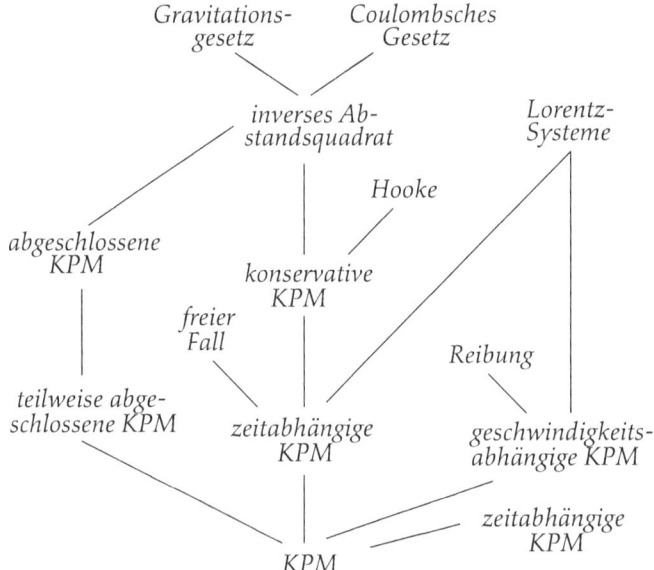

*Abb.* 2.13.1

Wenn wir den Spezialisierungsprozess in dynamischer Weise modellieren, erhalten wir zur Darstellung der Entwicklung einer ausgereiften Theorie eine Folge von Spezialisierungsnetzen, in der jedes Folgenglied, jedes Netz, den Zustand der Theorie in einem bestimmten Zeitraum wiedergibt. Darüberhinaus müssen zwei weitere Bedingungen erfüllt sein. Erstens muss mindestens zwischen je zwei unmittelbar aufeinanderfolgenden Spezialisierungsnetzen eine gewisse Ähnlichkeit bestehen. Diese liegt zum Beispiel vor, wenn die Strukturen und damit die Modelle in beiden Netzen den gleichen Typ haben und wenn jede Theorie des 'Nachfolger'-Netzes Spezialisierung einer Theorie des 'Vorgänger'-Netzes ist. Zweitens muss es eine wissenschaftliche Gemeinschaft geben, die mit den Theorien in den verschiedenen Perioden arbeitet. Bei längeren Zeiträumen, die die Lebensdauer von Individuen überschreiten, ist die Identität dieser Gemeinschaft nach soziologischen Kriterien zu beurteilen. Solche Folgen von Spezialisierungsnetzen werden als *Theorie-Evolutionen* bezeichnet (Moulines 1979), (Manhart 1995a). Aufgrund der Ähnlichkeitsbedingung sind auch die in einer Theorie-Evolution studierten Phänomene einander ähnlich. Alle intendierten Systeme müssen ja durch Strukturen des gleichen Typs beschreibbar sein und damit den gleichen Satz von Grundbegriffen realisieren.

Die Dynamisierung der vier obigen Beispiele von Spezialisierungsnetzen liefert vier Beispiele von Theorie-Evolutionen. Eine *Theorie-Evolution* ist ein dynamisches Netz von statischen Spezialisierungsnetzen von Theorien. Das Netz der *Newton*schen Mechanik wurde über drei Jahrhunderte hinweg ständig ausgebaut, indem neue Spezialisierungen gefunden, aber auch 'alte' intendierte Systeme, die sich der erfolgreichen Behandlung hartnäckig widersetzten, eliminiert wurden. Für beide Fälle von Änderung sind die oben formulierten Ähnlichkeitsbedingungen erfüllt: beim Wegfall in trivialer Weise, beim Neuhinzukommen durch die Eigenschaften der Spezialisierungsrelation. In ähnlicher Weise entwickelte sich die Thermodynamik (Balzer, Moulines, Sneed 1987: Chap.5), die ökonomische Gleichgewichtstheorie (Weintraub 1985), (Ingrao und Israel 1990) und die politische Wahltheorie (Balzer und Dreier 1999).

Schließlich können die Begriffe des Spezialisierungsnetzes und der Theorie-Evolution, die sich beide wesentlich auf die Spezialisierungsrelation stützen, so verallgemeinert werden, dass an die Stelle der Spezialisierung beliebige, innerhalb eines Netzes auch variable, intertheoretische Relationen treten.

Der so zuerst entstehende statische Begriff, bei dem die zeitliche Entwicklung nicht berücksichtigt ist, wird in (Balzer, Moulines, Sneed 1987) *Theorie-Holon* genannt. Ein Theorie-Holon besteht aus einer Menge von Theorien im bisherigen Sinn, zwischen denen intertheoretische Relationen und Querverbindungen verschiedener Art bestehen können und müssen. Damit ein zusammenhängendes Gebilde entsteht, muss jede im Holon vorkommende Theorie mit wenigstens einer anderen in einer intertheoretischen Relation stehen, oder mit einer anderen durch eine externe Querverbindung verknüpft sein. Diese schwache Bedingung lässt in einem Holon zu, dass Theorien verschiedene Strukturen haben können.

Ein Holon kann damit zur Darstellung umfassenderer Gebilde dienen, die Theorien verschiedener Begrifflichkeit aus verschiedenen Paradigmen oder Forschungsprogrammen enthalten. Beispiele für umfassende Holone wurden bis jetzt nicht explizit rekonstruiert, aber informell gehaltene Beispiele gibt es natürlich: (Balzer 1982b), (Bartelborth 1988, 1993), (Lauth und Zoubek 1992). In der Physik ist dieses Thema klar sichtbar; 'verwandte' Disziplinen können unter größeren Einheiten zusammengefasst werden. In der Mechanik etwa finden wir das Theorie-Holon, bestehend aus der klassischen Partikelmechanik, der Mechanik starrer Körper, der Kontinuumsmechanik und der relativistischen Mechanik. Alle Theorien dieses Holons befassen sich mit 'mechanischen' Systemen in der Weise, dass deren Bewegungen mit Hilfe von Kräften systematisiert werden. Die Grundbegriffe sind dabei von Fall zu Fall von verschiedenem Typ. Zwischen allen Varianten bestehen aber starke Ähnlichkeiten, die durch intertheoretische Relationen ausgedrückt werden können. Als zweites Beispiel sei das Theorie-Holon genannt, das durch Zusammenfassung aller quantenmechanischen Theorien entsteht. Hier sind neben der Wellenmechanik von *Schrödinger* und der Matrizenmechanik von *Heisenberg*, die 'klassischen' Theorien von *Neumann* und *Dirac*, sowie neuere, grundlagentheoretische Ansätze wie die von *Ludwig*, *Piron* und der 'Quantenlogik' zu nennen (Jammer 1966), (Ludwig 1976), (Jauch 1968), (Mittelstaedt und Stachow 1985).

Durch Einbeziehung der zeitlichen Entwicklung entsteht aus einem Theorie-Holon eine *Theorien-Kinematik*. Die genannten Beispiele exemplifizieren auch diesen Begriff, der bisher nur begrifflich präzisiert (Balzer, Lauth, Zoubek 1993), nicht aber auf Beispiele im Detail angewandt wurde.

Im Rahmen umfassenderer Theoriebegriffe lassen sich noch zwei weitere Problemkreise mit Gewinn analysieren, auf die wir hier nicht näher eingehen. Erstens bringt die Unterscheidung zwischen *theoretischen* und *nicht-theoretischen* Termen eine gewisse Ordnung in größere Theorie-Holone (Sneed 1971), (Balzer 1985, 1996), (Gähde 1990). Zweitens erhellt die Diskussion holistischer Züge das Zusammenspiel 'lokaler' Theorien mit ihrer 'Umgebung' und auch mit größeren, durch die natürliche Sprache gegebenen Bedeutungszusammenhängen (Duhem 1954), (Moulines 1986), (Gähde 1996).

## 2.14 Computerprogramme

In den letzten 50 Jahren haben sich die Computer und die Computerprogramme (in diesem Abschnitt einfach: *Programme*) rasant weiterentwickelt. Heute hat jeder Wissenschaftler und jede Wissenschaftlerin Computer, Laptops, Handies und Smartphones. Es gibt Computer, die zeitlich *parallel* arbeiten; sie verarbeiten zum Beispiel gleichzeitig Bilder und multiplizieren Zahlen. Heute gibt es Computernetze, in denen Programme auf verschiedene Computer verteilt werden, so dass bestimmte Teilprogramme parallel laufen. Inzwischen gibt es auch indeterministische Computer (*Quantencomputer*). Viele Computer können heute bestimmte Ziele viel schneller erreichen, als ein Mensch.

Vor 70 Jahren gab es weder solche Geräte und Programme, noch die dazugehörigen Bezeichnungen. Als diese dann vorhanden waren, entstanden erste Programme, die in gewissem Sinn 'selbst' neue, publizierbare Forschungsergebnisse generierten. Heute gibt es Tausende von Programmen, die für wissenschaftliche Zwecke benutzt werden; wir finden sie praktisch in jeder Disziplin. Vor 50 Jahren wurden erste Programme geschrieben, die zum Beispiel medizinische Diagnosen erstellten – DENDRAL (Buchanan und Feigenbaum 1978). Heute werden durch Computer global in jeder Sekunde Milliarden von Handlungen ausgeführt oder angestoßen – von Beobachtungen, über Schreiben von Texten, und Börsenabschlüssen bis zu Bombenabwürfen. Viele der dazugehörigen Programme sind nicht öffentlich zugänglich – sie sind geheim. In den Wissenschaften werden heute ständig erstaunliche, hilfreiche Computerergebnisse produziert, aber auch Ergebnisse, die die Menschen beeinflussen und bedrohen.

Ein Computer ist ein materieller Festkörper (eine 'Hardware'). In der einfachsten und etwas idealisierten Form besteht der Computer aus einem Netz von Knoten und Linien. Eine Linie führt von einem Knoten zu einem anderen. Durch eine Linie kann 'Etwas' durchfliessen, was als 'Strom' bezeichnet wird. Der Strom kann dabei nur in einer Richtung fliessen – von einem Knoten zu einem anderen. Daher spricht man statt von einer Linie auch von einem Pfeil. Von einem Computerknoten können höchstens zwei Pfeile ausgehen.

In einem Computer gibt es zwei Arten von Knoten. Die Ersten nennen wir *Zellen*, die Zweiten werden *Transitoren* oder *Halbleiter* genannt. Die Transitoren regeln den Stromfluss und die Spannung im Netz. Insbesondere kann der Strom in Schleifen durchlaufen werden – was in den *Bayes*-Netzen verboten ist (siehe 4.5 unten). In einem solchen Netz lassen sich die Zellen durchnummerieren. Jede Zelle hat sozusagen einen Namen, der eindeutig den Ort bezeichnet, an dem die Zelle – vom Computer aus gesehen – liegt.

Eine Zelle kann zwei mögliche *Zustände* haben. In einem ersten Zustand wird gesagt, dass die Zelle *angeregt* ist, oder dass sie unter *Strom* oder *unter Spannung* steht. Im zweiten Zustand ist die Zelle nicht angeregt. Mit der Zeit ändern sich die Zustände der Zellen. Die Zustände zwei benachbarter Zellen können verglichen werden. Beide Zustände sind gleich, wenn beide unter Strom stehen oder beide nicht unter Strom stehen. Andernfalls sind die Zustände verschieden. Wenn zwei Zustände verschieden sind, ist die erste Zelle im Zustand der Anregung und die zweite nicht. Oder die zweite Zelle ist angeregt und die Erste nicht. Wenn eine Zelle $z$ unter Strom steht, wird dies symbolisch durch 1 ausgedrückt und wenn $z$ nicht unter Strom steht, durch 0. Anders gesagt, befindet sich die Zelle im Zustand 0 (nicht unter Strom) oder im Zustand 1 (unter Strom). Diese Information führt zur zugehörigen Disziplin, der Informatik. Noch anders gesagt, kann es für eine gegebene Computerzelle $z$ nur zwei elementare Informationen (*Bits*) geben, die den Inhalt der Zelle genauer beschreiben. Die erste Art von Information wird durch 1 abgekürzt und die zweite durch 0. Aus den Zuständen der Zellen kann ein Gesamtzustand des Netzes konstruiert werden. Wenn die Ordnung der Zellen bekannt ist, besteht ein Gesamtzustand einfach aus einer Liste von Zuständen der vielen Knoten. Da jeder Zustand durch 0 oder 1 ausgedrückt wird, kann ein Gesamtzustand des Netzes durch eine Liste von Bits beschrieben werden, z.B. $\langle 1, 0, 0, 0, 1, 1, ..., 0, 1, 1, 0, 0\rangle$. Diese Listen sind so lang, dass sie in dieser Form nicht wirklich verwendet werden (können). Die räumliche Anordnung der Zellen führt zu einem Spezialbereich der Informatik.

Mit der Zeit wird der Computer viele verschiedene (Gesamt-) Zustände annehmen. Welche Zustände als Nachfolgezustände angenommen werden, hängt von den Regeln ab, die in einem Programm festgeschrieben sind. Die so entstehende Folge von Zuständen nennt man einen *Ablauf* (*run*) oder einen *Programmablauf*. Ein Ablauf hängt neben den Regeln und den Fakten eines Programms auch von der Netzstruktur des Computers ab.

Physikalisch betrachtet sind die Zellen (und die Transitoren) mit Molekülen, Atomen und Elektronen gefüllt. Bildlich gesprochen kreisen in einem Atom Elektronen um einen Kern so, dass ein Elektron nur auf bestimmten 'Zwiebelschalen' kreisen kann. Die Elektronen können in einem Atom in 'ihren natürlichen' Schalen kreisen. Ein Elektron kann aber auch zu einer anderen, 'nicht-natürlichen' Schale 'springen'. Welche Schalen natürlich sind, wird durch die Atomphysik und durch die verschiedenen Atomtypen festgelegt. Eine Schale ist 'nicht-natürlich', wenn sie, relativ zum Atomkern und zur natürlichen Schale, weiter außen oder weiter innen liegt. Wenn ein Elektron in einer nicht-natürlichen Schale kreist, wird gesagt, dass das Atom *angeregt* sei. Und wenn genug Atome in einer Zelle angeregt sind, ist die Zelle *unter Spannung*. In diesem Bild 'springen' die Elektronen von einer Zelle durch den Halbleiter zur nächsten Zelle. Zwischen den Zellen und durch die Transitoren fliesst mit anderen Worten ein Strom.

Bei einem Computer unterscheiden wir – nur aus didaktischen Gründen – vier Bereiche $B_1, ..., B_4$ von Zellen. In den Zellen im Bereich $B_1$ werden Informationen (viele Bitlisten) gelagert, die sich in einem Programmablauf nicht ändern. Diese Regeln stammen aus der Logik, der Mathematik und aus der Informatik. Die Zellen aus dem Bereich $B_2$ werden durch den Computer am Anfang eines Ablaufs durch Fakten ('Daten', Bitlisten) gefüllt. In den Zellen in $B_3$ werden in der gleichen Zeit Terme (Bitlisten, Programmregeln) 'eingetragen', die den Hypothesen einer Theorie entsprechen. Sowohl Fakten also auch Programmregeln werden in der Informatik als *Daten* bezeichnet. In die Zellen aus $B_4$ kann Input (eine Bitliste) und Output (eine Bitliste) eingebracht werden.

Ein Programm besteht nun aus einer Menge von Fakten und einer Menge von Programmregeln, die den Computer zum Laufen bringen. Ein Programm ist in einer der vielen Programmiersprachen geschrieben, für die wir uns hier nicht interessieren. Ein solches Programm wird in Bitlisten transformiert. Nach der Transformation 'versteht' der Computer die Bitlisten und schickt sie ordnungsgemäß an die richtigen Zellen.

Wenn der Computer eingeschaltet wird und 'unter Spannung steht', werden die Zellen aus $B_1$ automatisch angeregt. Je nach Struktur des Computers werden automatisch einige Zellen aus dem Bereich $B_1$ unter Strom gesetzt und die restlichen aus $B_1$ nicht. Solange kein Programm eingegeben wurde, sind die Zellen in $B_2$ und $B_3$ nicht angeregt, die Zellen enthalten nur Nullen. Am Anfang eines Ablaufs werden die Fakten im Bereich $B_2$ an den richtigen Stellen, in den richtigen Zellen eingetragen. Und genauso verfährt der Computer mit den Programmregeln, die als Bitlisten

## 2.14 Computerprogramme

in die vorgesehenen Zellen Bit für Bit eingetragen werden. Unter den Programmregeln finden wir einen 'Start'-Befehl, der in einer der Regeln vorhanden sein muss, so dass das 'Regelwerk' anfängt zu arbeiten. Innerhalb des Abarbeitens dieser Regeln und auch – im positiven Fall – bei Beendigung des Programms, werden Resultate in den Outputbereich geschoben. Schließlich wird der Output in eine menschliche Sprache 'übersetzt'. Während des Ablaufs können weitere Fakten (in bestimmten Programmiersprachen, wie z.B. in PROLOG, auch Regeln) hinzugefügt werden.

Der für uns interessante Teil des Computerprogramms liegt in den Zellen im Bereich $B_2$ und $B_3$. Diese Teile bestehen – abstrakt gesprochen – aus einem System von Programmregeln, die den Computer in 'seiner' Maschinensprache veranlasst, den jeweiligen *Vorgängerzustand* $z_v$ der Maschine zu verändern und in einen *Nachfolgezustand* $z_n$ zu überführen. Der Nachfolgezustand wird im nächsten Schritt zum neuen Vorgängerzustand und wird wieder gemäß den Regeln verändert, und so weiter.

Da es so viele verschiedene Zustände eines Computers gibt, werden diese normalerweise durch eine Formel aus der Maschinensprache beschrieben. Eine Computerregel *RL* besteht – abstrakt formuliert – aus einem Paar $\langle V, N \rangle$ von Formeln $V$ und $N$, die für die Maschine lesbar und veränderbar sind.[48] Wenn zum Zeitpunkt $t$ die Regel $\langle V_t, N_t \rangle$ angewendet wurde, sucht sich der Computer aus der Liste *RL* eine Regel $\langle V_{t+1}, N_{t+1} \rangle$, die er dann im nächsten Zeitpunkt $t+1$ benutzt: $V_{t+1} = N_t$.

Ein Ablauf beginnt mit einem ersten Zustand und endet mit einem letzten Zustand, der durch Regelanwendung nicht weiter verändert werden kann. Es gibt auch Programme, bei denen es zu jeder Zeit eine Regel gibt, die anwendbar ist. In diesem Fall gibt es Abläufe, die keinen wohldefinierten letzten Zustand haben. Der erste Zustand eines Ablaufs wird immer durch ein Startsymbol – eine einfache Formel – beschrieben.

Zu diesem einfachen Bild muss eine Programmiersprache hinzugefügt werden, um diese Zustände und ihre Übergänge durch Sätze und Formeln beschreiben zu können. In der Informatik wurde der Unterschied zwischen Wörtern, Sätzen und Formeln eingeebnet. Dort wird als Grundbegriff das Wort *Term* verwendet. Ein Wort wird zu einem einfachen Term, ein Satz zu einem komplexen Term, und eine Formel zu einem Term, der Variable enthält.

Ein Computer sollte mindestens drei verschiedene Programmiersprachen kennen. Die Beschreibung eines Ablaufs ist so komplex, dass die Beschreibung in – mindestens – drei Ebenen unterteilt wird. Es gibt die Maschinensprache *Assembler* (Niemeyer 1989), verschiedene Programmiersprachen für Betriebssysteme, wie UNIX oder DOS (Baumgarten und Siegert 2007) und die 'Hochsprachen', wie C, $C^{++}$, Java, PROLOG, PYTHON, die für Menschen einigermaßen verständlich sind.

In der Ebene eines Betriebssystems, kann der Prozess einer Rechenmaschine nicht mehr einheitlich dargestellt werden. Jedes Betriebssystem funktioniert in anderer Weise; es hat eine andere Struktur. In der Ebene der Hochsprache wird

---

48 Siehe die *Turing*maschine, (Trachtenbrot 1977).

diese Vielfalt noch größer. Im Allgemeinen lässt sich nur sagen, dass Maschinenzustände in Klassen eingeteilt werden. Aus diesen Klassen werden wiederum neue Grundmengen und Modelle gebildet. Diese Prozedur wird mindestens zwei Mal angewendet. Weiter lässt sich noch sagen, dass jeder Term einer der Sprachen eindeutig in Terme übersetzt werden kann, die von der jeweils weiter unten liegenden Ebene stammen.

Da bis jetzt noch jede Programmiersprache ('Hochsprache') ziemlich schnell durch die nächste abgelöst wurde, möchten wir uns nicht mit einer gerade aktuellen Programmiersprache befassen.

Der 'prozedurale' Aspekt, der in den Computerprogrammen direkt ins Auge springt, ist bei den Hypothesen, die eine Modellklasse definieren, nicht so deutlich zu sehen. Die Funktion von Hypothesen in der Definition einer Modellklasse besteht nach 2.9 darin, Strukturen für die Sprache der Theorie zu charakterisieren: die Strukturen, ihre Grundmengen und Relationen erfüllen die Hypothesen. Das ist alles.

Wissenschaftstheoretisch lassen sich die Programmregeln den Hypothesen einer Theorie zuordnen und ein Programmablauf entspricht ziemlich genau einem Modell einer Theorie. Wie können wir die Hypothesen in ein Programm umwandeln, und umgekehrt, wie können wir aus einem Programm die Hypothesen einer Theorie gewinnen?

In der ersten Richtung geben wir die Hypothesen einer Theorie vor, durch die die Modellklasse definiert wird. Wenn es in einem solchen Modell möglich ist, Zeit, Zustände und Veränderungen von Zuständen zu erkennen, zu identifizieren und zu definieren, lässt sich das Modell wie ein Progammablauf betrachten. Wenn die Übergänge von Zuständen durch Programmregeln dargestellt werden können, müssen von dem gegebenen Modell her gesehen auch In- und Output des Programmablaufs zu erkennen sein. Das Modell hat die in 2.5 angegebene Form einer Struktur $\langle G_1, ..., R_n \rangle$. Für eine computergerechte Beschreibung einer solchen Struktur werden Mengen durch Listen ersetzt. *Liste* ist die in der Informatik gebräuchliche, schönere Bezeichnung für $n$-Tupel. Eine Liste ist eine Entität der Form $\langle x_1, ..., x_n \rangle$, die neben den Zeichen $x_1, ..., x_n$ auch deren Reihenfolge festlegt. Jede Grundmenge $G_i$ wird ersetzt durch eine Liste $G_i^*$ von Namen und jede Relation $R_j$ und jede Funktion $f_j$ durch eine Liste atomarer Sätze der Form $R_j(a_1, ..., a_s)$ bzw. $f_j(a_1, ..., a_s) = a_{s+1}$. Viel mehr können wir hier im Allgemeinen nicht sagen.

Die Programmregeln hängen entscheidend von der logischen Bauart der Hypothesen der Theorie ab. Es gibt keine allgemeine Methode, wie wir solche Hypothesen zu Programmregeln umformulieren können. Aber für jede Theorie lässt sich dies 'irgendwie' machen. Eine solche Umformulierung ist bei komplizierten Hypothesen oft schwierig und erzwingt unter Umständen[49] Abstriche am theoretischen Gehalt

---

[49] Wenn es nur um Erfüllbarkeit geht, können Formeln der Prädikatenlogik erster Stufe nach einem Standardverfahren in *Horn*klauseln umgewandelt werden, siehe etwa (Clocksin und Mellish 1984: Chap. 10). Bei höherstufigen Hypothesen, aber auch, wenn es um mehr als nur Erfüllbarkeit geht, führt dieses Verfahren allerdings zu Fehlern.

## 2.14 Computerprogramme

der Hypothesen. Es gibt jedenfalls keinen Algorithmus, der *jede* Hypothese in ein 'entsprechendes', logisch gleichwertiges Programm transformiert. Wenn die Hypothesen allerdings 'irgendwie' in Regeln überführt sind, lässt sich ein Programmablauf mit einem entsprechenden Modell der Theorie vergleichen.

In der umgekehrten Richtung lässt sich jedes Computerprogramm durch eine Menge von Hypothesen ersetzen. Dazu müssen geeignete 'dynamische' Hypothesen formuliert werden, die die Funktion von Überführungsregeln ausüben können. Im Begriff des Modells von 2.9 liegt nichts, was derartige Hypothesen ausschließen würden. Bei einigen Theorien haben die Hypothesen von Anfang an solche Form; etwa die Differenzengleichungen in der Ökonomie. Die Strukturen, in denen solche Hypothesen gültig sind, stellen wir uns der Übersichtlichkeit halber in dieser Situation in drei 'Teile' gegliedert vor, einen Inputteil, einen Outputteil und einen Teil, der die vom Programm ausgeführten Zwischenschritte erfasst. Die Hypothesen müssen so formuliert werden, dass ihre Gültigkeit in einer solchen Struktur das 'richtige' Verhältnis von Input- und Outputteil festlegt, nämlich dass der Inputteil bei Gültigkeit der Hypothesen den Outputteil so weit festlegt, wie es das entsprechende Computerprogramm tun würde.

*Theoretische* Probleme entstehen bei der Überführung von Hypothesen in Programme, weil Computer endliche Maschinen sind, Strukturen jedoch unendlich sein dürfen. Hypothesen können anzahlmäßig beliebig 'große' Strukturen charakterisieren; im entsprechenden Computerprogramm muss nach obiger Überlegung die Struktur aber faktenmäßig präsent sein, d.h. in Form von Listen atomarer Sätze. Da es prinzipiell unmöglich ist, eine unendliche Struktur in dieser Form in einen Computer einzulesen, sind der Reproduktion beliebiger Systeme von Hypothesen auf dem Rechner relativ enge theoretische Schranken gesetzt. In der anderen Richtung: von Programmen zu gegebenen Modellen besteht dagegen keine Beschränkung. Jedes Computerprogramm lässt sich in der skizzierten Weise in ein gleichwertiges System von Hypothesen transformieren.

Der strukturelle Ansatz ist also theoretisch umfassender. Wir betonen aber, dass diese *theoretische* Beschränkung der Computer für die Praxis bedeutungslos ist. Wir stellen keine kühne These auf, wenn wir behaupten, dass jede *praktische* Anwendung von Modellen auch durch ein Computerprogramm erledigt werden kann. Die Behauptung hat in der Tat wenig Gehalt, sie erweist sich bei vernünftiger Präzisierung des Begriffs der praktischen Anwendung als ziemlich analytisch. Da wir die Programmiersprachen nicht weiter thematisierten, bleiben all diese Behauptungen allerdings im Vagen.[50]

Betrachten wir das Verhältnis von Hypothesen und Programmen an einem einfachen Beispiel der Gravitationstheorie, in der die Ortsfunktion $s$, die Massefunktion $m$ und die Gravitationskonstante $\gamma$ in einer Differentialgleichung zusammengebunden sind. Ein Modell der Theorie enthält in (2.5) eine Menge $P$ von Teilchen. Den

---

50 Zu den Grundlagen siehe zum Beispiel (Manna 1974) oder (Maurer 1974). Als Beispiel für unsere Behauptungen bietet sich die Programmiersprache PROLOG an, auch wenn sie (wie alle anderen auch nach 'kurzer' Zeit) aus der Mode gekommen ist (Warren et al. 2023).

Teilchen sind Orte $s(p,t)$ und Koordinaten zugeordnet. Die Zeitpunkte $t$ stammen aus einem Zeitintervall $T$ und die Massen werden in der Form $m(p)$ notiert. Die Gravitationsgleichung lautet:

Für alle $p_0 \in P, t \in T$: (2.14.1)
$$\ddot{s}(p_0,t) = \sum_{p \in P, p \neq p_0} \frac{s(p,t)-s(p_0,t)}{|s(p,t)-s(p_0,t)|^3}.$$

Dies ist eine Differentialgleichung mit der unbekannten Funktion $s$. Aus bestimmten Fakten über den Zustand des Systems zu einem ('Anfangs-') Zeitpunkt $t_0$ lassen sich Fakten für zukünftige Zustände berechnen. Die dazu benötigten Fakten sind: der Wert der Gravitationskonstanten $\gamma$, alle Massenwerte $m(p), p \in P$, sowie die Orte und Geschwindigkeiten aller Teilchen zur Zeit $t_0$: $s(p,t_0), \dot{s}(p,t_0), p \in P$. Wenn wir diese Faktenliste als Input bezeichnen, so lassen sich durch approximative Berechnung der Lösung der Differentialgleichung für einen – nicht zu fernen – zukünftigen Zeitpunkt ($t \geq t_0$) die Orte und Geschwindigkeiten, und damit, weil die Massen sich in der Zeit nicht ändern, alle Fakten der angegebenen Liste für den späteren Zeitpunkt $t$ vorausbestimmen. Wenn wir In- und Output als Listen solcher Fakten ansetzen, so leistet ein Programm, das die Input-Fakten zur Zeit $t_0$ in Output-Fakten zur Zeit $t$ überführt, für praktische Zwecke das Gleiche wie die Gravitationsgleichung. Der Einwand, dass die Computerlösung nur approximativ gefunden wird, ist nicht stichhaltig, weil für mehr als zwei Teilchen auch die Differentialgleichung nicht analytisch gelöst werden kann und daher auch ohne Computer Approximationsverfahren angewandt werden müssen. Die axiomatische Definition der Gravitationsmodelle lässt sich also in ein für praktische Zwecke äquivalentes Computerprogramm transformieren.

Umgekehrt sei eine Programmregel von der Gestalt $H_v(t) \to H_n(t+1)$ gegeben, wobei $H_v$ und $H_n$ zwei Beschreibungen von Zuständen der Maschine sind: 'vorher' und 'nachher'. Das Programm führt jeden durch $H_v$ beschriebenen Zustand in einen durch $H_n$ beschriebenen Nachfolgezustand über. $H_n(t+1)$ sei durch $H_v(t)$ eindeutig bestimmt, es handle sich mit anderen Worten um ein deterministisches Programm. Die Funktion dieses 'Programms' lässt sich auch durch folgende, einfache Modelle erfüllen. Wir betrachten eine Struktur $\langle Z, T, v, H_v, H_n, f \rangle$, bestehend aus einer Menge $Z$ von 'Zuständen' (deren genauere innere Struktur hier nicht weiter erörtert wird), einer Menge $T$ von Zeitpunkten, einer Funktion $v$, die jedem Zeitpunkt $t$ dessen Nachfolger $v(t)$ (den wir auch mit $t+1$ bezeichnen) zuordnet, zwei Prädikate $H_v \subseteq Z$ und $H_n \subseteq Z$ und aus einer Funktion $f$, die jedem Zeitpunkt $t$ einen Zustand $f(t)$ zuordnet. Die Gültigkeit der Hypothese 'Für alle $t \in T$ gilt: wenn $f(t) \in H_v$, dann ist $f(t+1) \in H_n$' hat in dieser Struktur den gleichen Effekt, wie die gegebene Programmregel. Sie erzwingt, dass ein Vorgängerzustand der Art $H_v$ in den Nachfolgezustand der Art $H_n$ überführt wird. Ein Modell für diese Hypothese stellt den Prozess, den der Computer ausführt, genauso dar, wie die ursprüngliche Programmregel.

Unsere Überlegungen zeigen folgendes Verhältnis zwischen Computerprogramm und theoretischen Modellen. Die Regeln, aus denen das Programm besteht,

## 2.14 Computerprogramme

entsprechen nach Status und Funktion genau den Hypothesen, die eine Modellklasse festlegen. Sowohl Programmregeln als auch Hypothesen sind sprachliche, syntaktische Entitäten, und beide haben die Funktion, andere Entitäten zu charakterisieren und genauer festzulegen. Die Programmregeln legen die Programmabläufe fest, die Hypothesen die genaue Form der Relationen. Zwischen Programmablauf und Modell besteht ebenfalls eine genaue Entsprechung. Ein Programmablauf ist ein konkreter Prozess und ein Modell ist eine ganz bestimmte Struktur. Der Programmablauf produziert einen bestimmten, konkreten Output und das Modell charakterisiert bestimmte, konkrete Grundobjekte und Relationen.

Die anderen Komponenten auf der Computerseite: Input, Output, und Transformation von In- in Output, haben keine expliziten Gegenstücke auf der Modellseite und zwar deshalb nicht, weil der Modellansatz wesentlich allgemeiner gehalten ist. In dem wir den Modellbegriff *spezialisieren*, lassen sich bei speziellen Arten von Modellen Input, Output und Überführungsfunktion als Teile des Modells identifizieren. Wir halten fest: Computerprogramme sind keine Theorien, sie entsprechen viel mehr den Hypothesen für eine Theorie. Modelle entsprechen den Programmabläufen, der Modellklasse einer Theorie entspricht auf der Computerseite der Klasse aller Programmabläufe.

Es bleibt noch der Begriff des Computermodells einzuordnen. Wie schon in 2.9 erwähnt, hat der Term 'Computermodell' in der Informatik eine speziellere Bedeutung. Er grenzt die Fakten für ein Programm stärker von den Programmregeln ab. Mengentheoretisch sind aber sowohl Sachverhalte als auch Fakten, Teile eines Modells. Ein Computermodell ist ein – wie in 2.9 beschriebenes – Modell, welches zusätzliche Eigenschaften hat.

# Kapitel 3: Fakten

## 3.1 Fakten

Fakten sind die 'singulären' Gegenstücke zu den 'universellen' Hypothesen, die die Modelle einer Theorie charakterisieren. Während Hypothesen etwas Allgemeines über viele verschiedene Dinge aussagen, werden Fakten durch atomare, variablenfreie Sätze oder deren Negationen ausgedrückt, die etwas Konkretes über einzelne Dinge beinhalten, dass heißt, über einzelne, einfache Ereignisse und Sachverhalte.

Wir erwähnt, wird das Wort 'Datum' in der Informatik und in den dazugehörigen Bereichen sowohl für Fakten als auch für Hypothesen verwendet. Um Fakten und Hypothesen terminologisch auseinander zu halten, vermeiden wir daher das Wort 'Datum' und verwenden das Wort 'Faktum'. Fakten repräsentieren Ereignisse, die nicht durch Hypothesen dargestellt werden.

Atomare Sätze haben die beiden Formen

$$R(a_1, ..., a_n) \text{ und } f(a_1, ..., a_n) = b.$$

Dabei stehen $R$ und $f$ für einzelne Wörter, die eine Relation bzw. eine Funktion bezeichnen, und $a_1, ..., a_n, b$ für Namen von konkreten Entitäten, d.h. Namen für Objekte oder Ereignisse. Wenn $n = 1$ und $f$ die identische Funktion ist, die jedes Argument in sich selbst überführt, erhalten wir als Spezialfall 'reine' Gleichungen der Form $a = b$. Neben den atomaren Sätzen lassen wir auch Negationen von atomaren Sätzen als Fakten zu.

In der Philosophie wurde lange über den Begriff des 'absoluten' Faktums diskutiert mit dem Ziel, Fakten als ausgezeichnete Grundlage der Theoriebildung so zu charakterisieren, dass Fakten keine Theorie voraussetzen. Das Ergebnis der Diskussion war im wesentlichen negativ. Der Umgang mit Fakten setzt Sprache und sprachliche Konventionen voraussetzt.

Fakten drücken Ereignisse oder Sachverhalte aus. Ereignisse nehmen aber nicht in allen natürlichen Sprachen die gleiche Form an. Die Übersetzung eines atomaren Satzes wie 'Peter räkelt sich' in eine für uns exotische Sprache führt unter Umständen zu einer nicht-atomaren Form, weil in der Zielsprache kein entsprechendes Verb existiert. Aber 'absolute' Fakten sollten in allen Sprachen atomare Form haben. Ferner können Ereignisse sprachlich auf verschiedenen Abstraktionsebenen wiedergegeben werden. 'Hans bedroht Peter' drückt das gleiche Ereignis aus, wie 'Hans sagt zu Peter: 'Wenn du nicht still bist, geb ich dir eins auf die Klappe' ', nur in abstrakterer Weise. Ereignisse sind also nicht besonders objektiv oder gar sprachinvariant. 'Absolute' Fakten als Ausdruck 'absoluter' Ereignisse sollten aber frei von solcher Relativität sein. Weiter zeigt die Analyse von Beispielen aus der Wissenschaft, dass Fakten vielfach erst durch Theorien geschaffen, oder mindes-

Kapitel 3: Fakten

tens in ihrer Bedeutung von Theorien mitgeprägt werden: die 'Beobachtungssprache' ist theoriebeladen. Begriffe wie 'Spin', 'Kernladungszahl', aber auch 'Neurose' oder 'legitimationsorientiertes Rollenverhalten' hatten vor Einführung 'ihrer' jeweiligen Theorie wenig Sinn. Die Bedeutung atomarer Sätze, die mit Hilfe dieser Terme formuliert werden, hängt offenbar stark von den jeweiligen Theorien ab. Gleiches gilt aber auch für weniger 'theoretische' Terme wie Geschwindigkeit, Masse, Warenbündel, Machtausübung und für Handlung. 'Die' Masse eines Teilchens in einer Diskussion aus dem 18. Jahrhundert ist in heutigen Theorien zur 'Ruhemasse' desselben geworden, seine Geschwindigkeit zur 'Geschwindigkeit auf der Erdoberfläche' oder '- in einem Inertialsystem'. Der Begriff des Warenbündels hat Bedeutungsprobleme bekommen bei Waren wie 'frische Luft' und 'emotionale Zuwendung'. Die Bedeutung von 'Machtausübung' wird theoriebeladen bei institutionell 'vermittelten' Formen, wie Befehl und Gehorsam beim Militär oder dem Urteilsspruch eines Richters. Selbst eine Handlung kann ihre Bedeutung je nach theoretischer Perspektive ändern. Wenn der Bürgermeister die Behandlung eines Randgruppenproblems nicht auf die Tagesordnung des Stadtrats setzt, hat er unter Umständen durch sein Nichtstun eine wichtige politische Handlung ausgeführt. In (Lukes 1974) werden diese Handlungen 'non-issue policies' genannt.

Es wundert nicht, dass auch die Unterscheidung von Beobachtungs- und theoretischer Sprache selbst als systematisch unscharf und nicht haltbar angegriffen wurde (Quine 1971). Dazu passt die Feststellung, dass Wissenschaftler den Begriff des Beobachtbaren beliebig weitdehnen und zum Beispiel die Temperatur im Sonneninneren als beobachtbar bezeichnen (Shapere 1982). Es wird auch behauptet, dass nicht nur die soziale Realität, sondern überhaupt die ganze Realität 'sozial konstruiert' ist, und damit auch alle Ereignisse, Sachverhalte und Fakten (Bloor 1996). Ohne auf diese präzisierungsbedürftige These näher einzugehen, spricht doch vieles für den sozial entstandenen Charakter zumindest *mancher* Fakten, vor allem aus den praktischen und historischen Disziplinen.

Neben diesen negativen Gründen gegen die Verwendung eines absoluten Faktenbegriffs gibt es auch positive *für* die Verwendung eines theorie-relativen Begriffs. Theorien sind die kleinsten, sinnstiftenden Einheiten, die Fakten mit Bedeutung füllen. Fakten spielen ihre Hauptrolle im Zusammenhang mit Aufstellung und Test von Theorien. Im Rahmen einer Theorie und ihres Vokabulars ist völlig klar, welche Ausdrücke atomar sind, nämlich die der oben angegebenen Form, die mit Grundbegriffen und mit definierten Begriffen der Theorie gebildet werden können.

Wir brauchen in der Wissenschaftstheorie nicht den ganzen sozialen Hintergrund einer Sprache zu berücksichtigen. Es genügt für unsere Zwecke, Fakten auf eine gegebene Theorie zu relativieren. Wir tun dies, indem wir die Fakten mit den intendierten Systemen der Theorie verknüpfen. Ein Faktum 2.1 muss von einem intendierten System stammen.

Wir bringen einige Beispiele für diese Formen. In *Newtons* Gravitationstheorie werden Fakten durch Sätze folgender Formen dargestellt: 'Der Ort von $p$ zur Zeit $t$ ist durch den Vektor $\langle \alpha_1, \alpha_2, \alpha_3 \rangle$ gegeben', 'Die Masse von $p$ ist $a$', 'Die auf $p$ zu $t$ wirkende Kraft ist durch den Vektor $\langle \alpha_1, \alpha_2, \alpha_3 \rangle$ gegeben' oder 'Die Masse von $p$ ist nicht gleich $a_1$', 'Der Ort von $p$ zu $t$ ist nicht gleich $\langle \beta_1, \beta_2, \beta_3 \rangle$', oder 'Die Geschwindigkeit von $p$ zur Zeit $t$ ist gegeben durch den Vektor $\langle \alpha_1, \alpha_2, \alpha_3 \rangle$'. Dabei nehmen wir an, dass die Symbole $p, t, \alpha_i, \beta_i$ Namen sind. In der Quantenmechanik haben Fakten zum Beispiel die Form 'Die Aufenthaltswahrscheinlichkeit des Teilchens $p$ im Raumgebiet $B$ ist $\alpha$', 'Die Masse von $p$ ist $\alpha$', 'Die Masse von $p$ ist nicht gleich $\alpha_1$' oder 'Der Spin von $p$ ist $1/2$'. In der Tauschtheorie, 2.5, 2.9, finden wir Fakten der Form 'Person $j$ besitzt $\alpha$ Einheiten von Warenart $g$', 'Der Preis einer Einheit von Warenart $g$ ist $\alpha$', oder 'Der Nutzen, den Person $j$ aus dem Besitz von $\langle \alpha_1, ..., \alpha_n \rangle$ zieht, ist $\alpha$', bzw. '... ist von $\alpha$ verschieden', aber auch Fakten mit definierten Termen wie 'Die Überschussnachfrage nach Warenart $g$ ist $\alpha$' oder 'Der Wert der Anfangsausstattung von Person $j$ ist $\alpha$'. In der Institutionentheorie, 2.9, haben Fakten etwa die Form 'Gruppe $\gamma$ hat höheren Status als Gruppe $\gamma^*$', bzw. 'hat nicht höheren Status als $\gamma^*$', oder 'Person $j$ beeinflusst mit Handlung $a$ die Person $k$, so dass $k$ die Handlung $b$ ausführt'.

Diese Beispiele zeigen noch mehr. Erstens kann die Bestimmung und Ermittlung von Fakten über einen weiten Bereich von direkter Wahrnehmung einerseits bis hin zu komplexen Experimenten und Rechnungen andererseits variieren. Zum Beispiel sind Statusunterschiede in günstig gelagerten Fällen direkt wahrnehmbar,[51] etwa zwischen Kabinettsmitgliedern und Bauern. Die Angabe eines Orts- oder gar Kraftvektors kann dagegen eine umfangreiche Prozedur von Messungen und Transformationen der abgelesenen Ergebnisse in Koordinaten beinhaltet. Auch negierte Atomsätze lassen sich in günstigen Fällen direkt bestimmen.

In vielen Fällen werden zur Bestimmung des Faktums einer Theorie **T** auch andere Theorien benutzt. Das Faktum wird mit Hilfe der theoretischen Annahmen aus anderen, als bekannt vorausgesetzten Fakten und auch – wenn nötig – mit Hilfe anderer Theorien abgeleitet. Trotzdem stammt das Faktum aus einem intendierten System der Theorie **T** (siehe 3.5 unten). Ein harmloses Beispiel ist die Bestimmung eines Ortsvektors aus Abstands- oder Winkelangaben, bei der Gesetze der Geometrie benutzt werden. Ein heikleres Beispiel ist die Bestimmung eines Massewertes in der Stoßmechanik, wenn durch Voraussetzung derselben Theorie der Massewert als Faktum ermittelt werden soll.

Zweitens variiert die Komplexität der Ermittlung eines Faktums nicht nur mit den verschiedenen Begriffen und Modellen, sondern sie variiert bereits bei verschiedenen Fakten, die mit dem gleichen Begriff formuliert sind. Statusunterschiede zwischen Gruppen mögen in einigen Fällen direkt wahrnehmbar sein, für andere Gruppen müssen sie durch soziometrische Tests ermittelt werden. Die Ortsmessung in meinem Zimmer ist mit einem Metermaß zu bewältigen, die Bestimmung des Ortes von Planet *Jupiter* erfordert umfangreiche astronomische Voraussetzungen, in die ihrerseits wieder 'zahllose' Messungen eingehen. In (Balzer 1985: Kap. 4) wird zum Beispiel eine Messkette aus dem Bereich 'einfacher', astronomischer Messungen re-

---

51 Auf Probleme des Wahrnehmungsbegriffs in verschiedenen Disziplinen gehen wir hier nicht.

konstruiert. Die empiristische Unterscheidung von 'beobachtbaren' und 'theoretischen' Termen scheint nicht geeignet, solche Komplexitätsunterschiede zu erfassen.

Drittens können in einem System für *eine* Funktion oder Relation unter Umständen sehr viele Fakten vorhanden oder gemessen sein. Fakten über die Orte der Planeten unseres Sonnensystems wurden über Jahrtausende hinweg gesammelt. Die Warenbündel selbst für einen kleinen Markt enthält viele Angaben – je nach Zahl der getauschten Warenarten.

Viertens gibt es auch in der Wissenschaft *qualitative* Fakten, das heißt Fakten, in deren Beschreibung keine Zahlen verwendet werden. Selbst der große Bruder Physik, an dem sich viele andere Disziplinen lange orientiert haben, benutzt qualitative Fakten; so in der Geometrie ('zwischen'), aber auch in der Quantenmechanik bei Ja-Nein Experimenten.

Oft wird die Benutzung numerischer Fakten als Hinweis auf die besondere Präzision der zugehörigen Theorien und Methoden aufgefasst. Dies lässt sich jedoch methodisch kaum begründen, da qualitative, d.h. 'zahlenlose', Theorien sich im Präzisionsgrad nicht von quantitativen unterscheiden. Die in 2.8 dargestellte Balancetheorie ist qualitativ, sie enthält nur rudimentären Bezug auf Zahlen. Ein quantitativer Bezug würde die Theorie weder verbessern noch vereinfachen, sondern nur redundante Elemente in die Beschreibung einbringen. Trotzdem ist die Theorie nach den Standards der Logik *völlig präzise* dargestellt. Über die Wahl qualitativer oder quantitativer Darstellungsmittel für eine Theorie entscheidet nicht der Erfolg anderer Disziplinen, sondern der Gegenstandsbereich, die Menge der intendierten Systeme *dieser* Theorie.

Schließlich fällt bei Beispielen wie Nutzen und Macht die Einigung über Fakten oft aus methodischen Gründen schwer, weil viele Sozialwissenschaftler eine sich auf Fakten stützende Methode für die Sozialwissenschaften als Positivismus ansehen und deshalb ablehnen. (Albert 1972) und (Adorno 1969), zum Beispiel, zettelten den sogenannten Historikerstreit an.

Weitere spezielle Bedingungen, die oft im Zusammenhang mit Fakten diskutiert werden, würden den *allgemeinen* Faktenbegriff stark einengen. Eine erste spezielle Bedingung verknüpft den Faktenbegriff mit unmittelbarer Beobachtbarkeit: Fakten müssen unmittelbar beobachtbar sein. Die hier implizierte allgemeine Unterscheidung zwischen (direkter, unmittelbarer) Beobachtbarkeit und 'theorievermitteltem' Zugang würde eine systematische Abgrenzung von 'absoluten' Fakten erlauben und ist daher, wie die obige Diskussion gezeigt hat, kaum haltbar. Die Forderung nach direkter Beobachtbarkeit scheitert an begrifflichen Schwierigkeiten. Auf die laxe Verwendungsweise dieses Begriffs haben wir schon hingewiesen.

Eine zweite, spezielle Bedingung fordert von Fakten, dass sie, wenn nicht durch direkte Beobachtung, so doch jedenfalls durch Experimente gewonnen werden müssen. Experiment ist ein kontrollierter Eingriff in ein System, der oft mit der Konstruktion des ganzen Systems oder eines Teilsystems zusammengeht. Experimente sind typisch für die Naturwissenschaft, in den Sozialwissenschaften gibt es weite Bereiche in Politik, sozialen Institutionen, aber auch bei manchen Experimenten mit Individuen in der Psychologie, in denen sie aus ethischen Gründen nicht durchführbar sind. In den Geisteswissenschaften hat der Experimentbegriff wenig Sinn. Da wir auch in diesen Disziplinen vollwertige wissenschaftliche Theorien vorfinden, wäre ein experimentell orientierter Faktenbegriff zu eng: er würde derartige Theorien aus dem Bereich der zu eng definierten 'Theorien' ausschließen.

Drittens spielt in der allgemeinen Diskussion die Forderung nach Konstruktion der Fakten eine wichtige Rolle (Lorenzen 1987). Fakten sollen aus Systemen stammen, die nach bestimmten Regeln in wiederholbarer Weise konstruiert werden können. Zum Beispiel sollen Fakten über die Zwischenrelation so bestimmt sein, dass in diesen Systemen die Geraden (auf denen die in Beziehung gesetzten Punkte liegen) nach bestimmten, handwerklichen Regeln hergestellt werden. Diese Forderung scheint im Licht der wissenschaftlichen Praxis zu eng. Sie wird von den Konstruktivisten allerdings auch nicht als Beschreibung der tatsächlichen Faktenfindung, sondern als Norm aufgefasst, nach der Fakten methodisch korrekt produziert werden *sollten*.

Nach diesen Erörterungen definieren wir im allgemeinen den Begriff des Faktums für eine Theorie wie folgt. $d$ ist ein *Faktum für eine Theorie* gdw gilt: 1) $d$ ist ein atomarer oder negierter, atomarer Satz im Vokabular der Theorie, wobei auch definierte Terme zum Vokabular dazu gehören. 2) $d$ stammt von einem intendierten System. 3) Die Bestimmung des Satzes $d$ ist wiederholbar. 4) Die Benutzer der Theorie sind sich weitgehend über den Inhalt und die Herkunft von $d$ einig. Mit *Bestimmung* ist hier der reale Prozess der Generierung eines Faktums gemeint. Wiederholung soll hier heißen, dass verschiedene Bestimmungsprozesse (approximativ) denselben Wert ergeben. 'Einigkeit der Herkunft des Satzes' besagt, dass alle (oder die meisten) Benutzer der Theorie den Satz auf dasselbe intendierte System beziehen. Alle Benutzer sind sich einig, dass der Satz aus einem einzigen intendierten System stammt. Für atomare oder negierte, atomare Sätze im Vokabular einer Theorie verwenden wir als Oberbegriff den des *Basissatzes*. Fakten für eine Theorie sind also Basissätze mit den drei angegebenen Eigenschaften: Abstammung, Wiederholbarkeit der Bestimmung und Einigkeit unter den Benutzern.

Über den Inhalt atomarer Sätze sind Personen sich einig, wenn sie dem Inhalt konform zustimmen oder konform ablehnen. Da wir die Realität einer Theorie als in verschiedene Systeme aufgeteilt ansetzen, ergibt sich bei den Fakten die Notwendigkeit, den Fakten die 'richtigen' Systemen zuzuordnen. Für jedes Faktum muss festgelegt sein, zu welchem System es gehört, oder aus welchem System es stammt. Oft wird dies durch die Namen der Objekte hinreichend klar. Etwa das Faktum 'Der Abstand von Sonne zu Jupiter zur Zeit $t$ beträgt $\alpha$ Kilometer' bezieht sich offenbar auf unser Sonnensystem. 'Der Abstand der Elektroden in meinem Experiment war 3mm' erfordert dagegen die weitere Festlegung des betrachteten Systems. Im Allgemeinen ist eine Einigung über die Zugehörigkeit von Fakten zu Systemen erforderlich. Diese beiden Aktivitäten: Zustimmung und Zuordnung zu Systemen, verankern den Faktenbegriff, genau wie den der Theorie selbst, im sozialen Gefüge einer wissenschaftlichen Gemeinschaft. Einem Atomsatz allein kann man nicht ansehen, ob er ein Faktum für eine Theorie ist oder nicht.

Die Bedingung, dass Fakten *für* eine Theorie im Vokabular *dieser* Theorie formuliert sein müssen, scheint im Hinblick auf verschiedene Methoden der Faktenerhebung zu eng zu sein. Es kommt häufig vor, dass Fakten für eine Theorie mit Hilfe anderer Theorien und in deren Vokabular ermittelt werden. Beispiele sind Fakten über Molzahlen für die Thermodynamik, die aus der Stöchiometrie stammen, oder Fakten in der empirischen Sozialwissenschaft, die durch die Auswertung von Fragebögen gewonnen und umgangssprachlich formuliert sind. In solchen Fällen müssen zwei Arten von 'Fakten' unterschieden werden: die *Rohdaten*, die in einem beliebigen Vokabular ohne Verbindung zur betrachteten Theorie formuliert sein können und die *echten* Fakten *für* diese Theorie. In allen Fällen, wo Rohdaten mit Hilfe anderer Begriffe formuliert werden, erfolgt eine Transformation der Rohdaten in echte Fakten, die im Vokabular der Theorie formuliert sind. Dies ist aus rein logischen Gründen nötig, weil sonst *überhaupt kein* Zusammenhang zwischen Rohdaten und Hypothesen bestehen könnte. Allerdings kann der Prozess der Transformation von Rohdaten zu echten Fakten die verschiedensten Formen annehmen und er ist in vielen Fällen höchst problematisch. Wir beschäftigen uns hier nur mit echten Fakten *für* eine Theorie; die Transformation von Rohdaten wird unten in 3.6 behandelt. Bei echten Fakten ist die Forderung, dass sie im Vokabular der Theorie formuliert sein müssen, sinnvoll und keineswegs zu eng.

Die Bedingung der Wiederholbarkeit der Bestimmung eines Faktums ist sehr weit zu fassen und kann in den verschiedensten Formen erfüllt sein, von denen einige weiter unten genauer betrachtet werden. Sie impliziert grob gesprochen, dass bei der Faktenermittlung bestimmte Regeln beachtet werden, die die Beteiligten beherrschen, ohne dass sie jedoch im Stande zu sein brauchen, sie sprachlich zu beschreiben. Solche Regeln werden schon *vor* der Faktenermittlung beherrscht; dies weist auf eine gewisse Einigkeit in der wissenschaftlichen Gemeinschaft hin. Dies entspricht in (Popper 1966) einer Bedingung für Beobachtungssätze. Regelanwendung bei der Faktenbestimmung impliziert *nicht*, dass die Bestimmung Erfolg hat, d.h. dass ein Faktum produziert wird. Sie impliziert noch weniger den Inhalt eines im Erfolgsfall zustande gekommenen Faktums. Gerade in den experimentellen Disziplinen lässt es sich oft schwer begründen, warum ein konkretes Experiment nicht 'richtig' abgelaufen ist. Im allgemeinen legt eine Regel weder die Resultate ihrer Anwendung genau fest, noch gibt es eine Garantie dafür, dass sie immer *korrekt* angewandt wird.

Wir unterscheiden zwischen der *Bestimmung* eines Faktums, die nach einer gewissen, wenn auch noch so rudimentären Methode erfolgt und dem *Inhalt* des Faktums, also der Bedeutung eines Sachverhalts, die durch den atomaren Satz oder der Negation ausgedrückt wird. Der Begriff der Wiederholung einer Bestimmung setzt *keine* Identität im Resultat voraus. Bei wiederholter Bestimmung nach der gleichen Methode können verschiedene Sachverhalte auftreten, etwa verschiedene Ausprägungen einer Farbe oder verschiedene Zahlen für eine numerische Funktion. Wenn von wiederholter Bestimmung 'eines Faktums' geredet wird, so kann damit nur gemeint sein, dass eine Methode wiederholt angewandt wird und zu Fakten 'gleicher Art' führt, die *nicht* streng identisch zu sein brauchen.

Fakten, die aus einem veränderlichen System kommen ('Der maximale Abstand zwischen Erde und Sonne beträgt $\alpha$ km'), lassen sich in einer erste Variante wiederholen, wenn das System sich *periodisch* ändert, so dass 'derselbe' Zustand, in dem das Faktum ermittelt wurde, wiederkehrt. In einer zweiten Variante gibt es einfach viele Exemplare 'des gleichen' Systems zu verschiedenen Zeiten ('Ein Wasserstoffatom hat einen Durchmesser von etwa $\beta$ mm'). Die erste Variante ist ein Spezialfall der Zweiten.

*Periodizität* braucht nicht im mathematischen Sinn verstanden zu werden, nach dem sich ganze Teilstücke einer Funktion in allen Einzelheiten wiederholen. Es genügt, dass eine einzige Konstellation, die durch das Faktum erfasst wird, einige Male wiederkehrt, und es macht wenig Sinn, im allgemeinen eine genaue Anzahl von Wiederholungen festzulegen. Dieser schwache Wiederholungsbegriff impliziert nicht, dass die Fakten experimentell bestimmt werden, oder dass das System, aus dem sie stammen, konstruiert und reproduziert werden kann. Auch in den Sozialwissenschaften kehren in einem unüberschaubar komplexen System bestimmte Konfigurationen wieder. In einem Markt wird 'die gleiche' Tauschhandlung ('drei Äpfel gegen 2 Euro') vielfach ausgeführt, in einer Institution gibt es zahlreiche Beeinflussungen der gleichen Art ('Der Oberst befiehlt'). Im Allgemeinen scheint selbst dieser ziemlich schwache Wiederholungsbegriff etwas einschränkend zu sein, er scheint für Fakten in den historischen Wissenschaften, wie 'Napoleon verliert die Schlacht bei Waterloo' nicht zuzutreffen. Diesem scheinbaren Einwand liegt allerdings eine falsche Vorstellung des Faktenbegriffs in den historischen Wissenschaften zugrunde. 'Historische Fakten' der obigen Form sind aus metatheoretischer Perspektive keine Fakten, sondern theoretische Konstrukte. Die echten Fakten, die zur Stützung dieser theoretischen Aussagen dienen, beziehen sich auf statische Systeme wie schriftliche Dokumente oder archäologische Funde und können daher völlig problemlos wiederholt ermittelt oder bestimmt werden.

Statische Fakten, bei denen der durch das Faktum ausgedrückte Sachverhalt ständig vorliegt ('der Landtagsabgeordnete $A$ hat höheren Status als der Straßenkehrer $B$'), lassen sich in trivialer Weise wiederholt feststellen.

Schließlich ist darauf hinzuweisen, dass *Wiederholbarkeit* eine Disposition ist. Für die Wiederholbarkeit eines Vorgangs können gute Gründe vorliegen, auch wenn tatsächlich noch keine Wiederholung stattgefunden hat.

## 3.2 Harte und weiche Fakten

Es trägt zu einer Klärung des Verhältnisses der verschiedenen Disziplinen bei, die Unterschiede in der Natur von Fakten genauer zu beachten. Wiederholbarkeit der Bestimmung oder Ermittlung von Fakten ist in verschiedenen Phänomenbereichen in verschiedenem Maß vorhanden. Diese Maße können graduell entlang einer zunächst sehr groben Skala angeordnet werden, die von *harten* Fakten am einen Ende zu *weichen* Fakten am anderen Ende reicht, und sich bei genauerer Analyse weiter verfeinern lässt. Die Skala stimmt in etwa mit einer entsprechenden 'Ordnung' der Disziplinen überein, die von den Formalwissenschaften auf der einen Seite, über technische Disziplinen, Naturwissenschaften (wie Physik, Chemie, Biologie), Medizin, Sprachwissenschaften (wie Linguistik, Romanistik), Sozialwissenschaften (wie Psychologie, Soziologie, Ökonomie, Politologie), historischen Wissenschaften und Geisteswissenschaften, bis zu den praktischen Disziplinen (Jura, Didaktik) auf der anderen Seite reicht.

Die härtesten Fakten werden aus konstruierten Systemen gewonnen. Solche Systeme gibt es in der Technik und den experimentellen Wissenschaften: materielle Gegenstände bestimmter Form, Maschinen, experimentelle Anordnungen. Im Begriff der Konstruierbarkeit ist enthalten, dass die Konstruktion einem Plan folgt, nach dem sich beliebig viele Exemplare eines Systems herstellen lassen. Die Erfahrung lehrt, dass 'gleiche' Fakten aus konstruierten Systemen, d.h. Fakten, die am gleichen Teil oder im gleichen Zustand, von identisch konstruierten Systemen bestimmt wurden, gleich oder doch sehr ähnlich sind. Beispiele für solche Fakten haben etwa in der Geometrie die Form '$a$ liegt zwischen $b$ und $c$', 'Der Abstand von $a$ und $b$ ist $\alpha$', oder in der Experimentalphysik die Form 'Auf der linken Photoplatte haben $n$ Teilchen eingeschlagen', oder die Form von Negationen solcher Sätze. Fakten aus konstruierten Systemen erfüllen die Wiederholbarkeitsbedingung in idealer Weise. Man kann ja bei Bedarf ein Exemplar des Systems neu herstellen und in diesem die Bestimmung nach der jeweiligen Methode neu durchführen.

Die zweithärtesten Fakten sind statischer Natur, sie ändern sich im Laufe der Zeit nicht oder kaum. Solche Fakten finden wir in den Naturwissenschaften: 'Die Masse des Teilchens $p$ ist $\alpha$'. In der Geschichtswissenschaft sind auf einem Stein – der 'großen Rhetra' – die eingemeißelten Gesetzen aus Sparta (Forrest 1968) zu lesen. Aber auch in anderen Disziplinen finden wir solche Fakten, z.B. in der Literaturwissenschaft in Form von literarischen Texten (Finke und Schmidt 1984). In der Astronomie gibt es viele Fakten, die man sowohl statisch als auch periodisch (siehe unten) nennen kann.

Als nächste kommen 'vergängliche' Fakten, die nur während eines meist kurzen Zeitraums existieren. Hier können wir weiter differenzieren nach der Natur der zugrundeliegenden Systeme, aus denen die Fakten stammen. Die härtesten vergänglichen Fakten stammen aus streng periodischen Systemen in den Naturwissenschaften. Beispiele sind Pendelschwingungen, Schwingungen im subatomaren Bereich. Ein weniger hartes Beispiel ist die Reproduktion von Lebewesen in der Genetik. In solchen Systemen wiederholt sich ein Teilvorgang ständig in – fast – gleicher Weise. Ein Fakt, das in einem Teilvorgang gewonnen wurde, wird in allen folgenden Wiederholungen – fast – identisch realisiert und kann so wiederholt bestimmt werden.

Eine weitere Sorte von Fakten stammt aus Systemen, die in *vielen* Exemplaren vorkommen. Hierzu gehören neben den konstruierten auch natürliche Systeme, wie zum Beispiel der $\beta$-Zerfall. Im sozialen Bereich sind Beispiele der Kauf einer bestimmten Ware beim gleichen Verkäufer, oder in der Institutionentheorie ein Faktum der Form 'Der König befiehlt den Schatzmeister zu sich', bezogen auf Monar-

## 3.2 Harte und weiche Fakten

chien. Auch in den historischen und Geisteswissenschaften liegt diese Situation im Rahmen vergleichender Studien vor. 'Das gleiche' Faktum kann hier in vielen 'gleichen' Exemplaren eines Systems, d.h. in vielen sehr ähnlichen Systemen, und zu verschiedenen Zeiten erhoben werden, wodurch eine breite Basis für Übereinkunft gegeben ist. Wenn sich die Anzahl 'gleicher' Systeme verringert, vermindert sich auch die Härte der entsprechenden Fakten. Während in den Naturwissenschaften oft Tausende von Exemplaren vorliegen, sind es in den Sozialwissenschaften Dutzende und in den Geisteswissenschaften eine Handvoll.

Menschen können relativ mühelos Ähnlichkeiten feststellen, nach denen verschiedene Phänomene als Vorkommnisse 'des gleichen Systems' identifiziert werden. Wie und nach welchen Kriterien dies funktioniert, ist jedoch weniger klar. Wie auch immer die Standards für Gleichheit aussehen mögen, sie werden entlang unserer Skala zunehmend ungenauer. Zwei Exemplare des gleichen, konstruierten Systems – etwa zwei Automobile der gleichen Marke – unterscheiden sich weniger als zwei Sonnensysteme mit 10 Planeten, und diese unterscheiden sich weniger als die Preise, die verschiedene Käufer manchmal für die gleiche Ware beim gleichen Händler zahlen.

Am anderen Ende der Skala stehen Fakten, die nur in einem sehr schwachen Sinn wiederholt bestimmbar sind. Sie stammen aus Systemen, in denen 'derselbe' Zustand zwar mehrmals durchlaufen wird, jedoch ohne dass das System irgendeine Art von Periodizität aufweist. Die Änderung des Systems zwischen zwei Zuständen kann also ganz anders erfolgen, als zwischen zwei anderen Zuständen. Wichtig ist nur, dass bei Bestimmung im jeweils 'gleichen' Zustand auch 'das' Faktum die (in etwa) gleiche Form annimmt. Ein makroökonomisches Beispiel wären etwa die Börsenkrisen, oder in der Geologie die Eiszeiten. Hier kann weiter nach der Art der Gründe unterschieden werden, die für die Wiederholung eines bestimmten Zustandes im System sprechen. Diese können von quantitativen Gesetzen, etwa in der Form von Differentialgleichungen mit nicht-periodischen Lösungen, über Beobachtung des tatsächlichen Auftretens des Zustands, bis zu rein qualitativen, hypothetischen Erwartungen variieren; wobei die Härte der entsprechenden Fakten abnimmt.

Die weichsten Fakten stammen aus Systemen, die nicht periodisch sind, nur in einzelnen, oder sehr wenigen, Exemplaren vorkommen, und für die auf theoretischer Seite nur qualitative und vage Vorhersagen möglich sind. Beispiele hierfür finden wir in den Sozialwissenschaften, wie etwa das Rätesystem kurz nach der Oktoberrevolution (Soziologie), das Leben Andy Warhols (Psychologie), oder die altägyptische Form der Staatswirtschaft (Ökonomie).

Diese 'Härteskala' von Fakten deckt sich nicht reibungslos mit der variablen Anzahl von Exemplaren, in denen die intendierten Systeme vorliegen. In den historischen Wissenschaften sind die intendierten Systeme oft im Universum einmalig, die Fakten über diese Systeme jedoch von dauerhafter Art; sie liegen in Form von Texten oder Funden vor und ihre Bestimmung ist leicht wiederholbar. Dies führt zu der –

Kapitel 3: Fakten

vielleicht überraschend scheinenden – Einordnung der historischen Wissenschaften im relativ harten Faktenbereich.[52]

Entlang der Skala von harten zu weichen Fakten nimmt der Grad der Objektivität der Fakten, worunter wir den Grad an Übereinstimmung über die Fakten in den verschiedenen, wissenschaftlichen Gemeinschaften verstehen, ab. Bei reproduzierbaren oder statischen Fakten kann Einigung durch Wiederholung der Bestimmung erfolgen, bei 'weichen' Fakten dagegen ist der Einigungsprozess weniger klar strukturierbar. Den höchsten Objektivitätsgrad haben Fakten aus konstruierten Systemen. Der Grund ist leicht einzusehen. Jeder, dem die Pläne zur Konstruktion des betreffenden Systems mitgeteilt werden, kann es bauen und die Fakten selbst erzeugen. Auch bei periodischen Systemen ist Übereinstimmung recht gut herzustellen. Die Wissenschaftler warten gemeinsam auf das nächste Eintreten des fraglichen Zustands und bestimmen das Faktum dann gemeinsam. Gleiches gilt für vielfach vorkommende Systeme. Wenn es möglich ist, verschiedene Exemplare 'des gleichen' Systems nach Kriterien zu identifizieren, können verschiedene Personen anhand dieser Kriterien die Fakten überprüfen. Am wenigsten objektiv sind Fakten aus einmaligen Systemen mit geringer Vorhersagekapazität.

Diese Objektivitätsunterschiede sind gradueller Natur. Auch bei einmaligen Ereignissen kann im Prinzip praktisch völlige Übereinstimmung hergestellt werden. Man denke an ein dramatisches, astronomisches Ereignis in Erdnähe, zu dessen Beobachtung sich alle relevanten Astronomen der Zeit versammeln. Das Faktum wird dokumentiert und von allen explizit bestätigt. Unter solchen Umständen werden auch nachfolgende Generationen wenig Grund haben, das Faktum in Zweifel zu ziehen. Da es nicht reproduziert werden kann, besteht jedoch immer mehr Grund zum Zweifel als bei anderen Typen. Beispielsweise könnten die Astronomen das Faktum in einem Zustand von Massenhysterie falsch wahrgenommen haben.

Den Unterschieden in den Fakten entsprechen Unterscheidungen im ontologischen Bereich. Harte Fakten stammen aus konstruierten, das heißt von Menschen geschaffenen Systemen. Nicht-konstruierte Systeme, bei denen wiederholte Messung möglich ist, bestehen aus materiellen Teilchen und deren Beziehungen. Unter diesen Systemen besteht wiederum in Bezug auf ihre Komplexität eine ungefähre Rangordnung: je einfacher die Systeme, desto zuverlässiger die Fakten. Die Komplexität wächst beim Übergang von den einfachsten Systemen der Mechanik über Mikro- und Makrosysteme, komplexe chemische Systeme bis zu den intendierten Systemen für Biologie, Genetik und Medizin. Am anderen Ende der Härteskala bestehen diejenigen Systeme, die die unzuverlässigsten Fakten liefern, aus einer einzigen Handlung, die am Ende des Spektrums auch noch sehr komplex ist, zum Beispiel 'eine Schlacht gewinnen' oder 'eine neue Versicherungsordnung einführen'. Unter den Handlungen werden die Fakten von komplexeren zu einfacheren Handlungen

---

52 Die Versuchung, sie am 'weichen' Ende eines Spektrums der Disziplinen anzusiedeln, kommt daher, dass über ihre intendierten Systeme, relativ zu dem, was im Prinzip möglich wäre, meist nur *sehr wenige* Fakten bekannt sind. Anzahl und 'Härtegrad' von Fakten sind jedoch auseinanderzuhalten.

härter: '*j* schlägt *k*' ist einfacher zu bestimmen, als '*i* führt ein neues Versicherungssystem ein'. Sie werden auch härter beim Übergang zu Systemen, in denen nicht einzelne Handlungen, sondern Handlungstypen als Grundobjekte dienen, wie etwa in der Institutionentheorie. Die Bestimmung von Fakten über Handlungstypen erfordert statistische Methoden und jedenfalls eine Vielzahl von Beobachtungen. Irgendwo treffen sich die beiden so verfolgten Stränge: in gemischten Systemen, in denen neben Handlungen oder Handlungstypen auch materielle Dinge vorkommen (wie in der Soziobiologie).

Das Vorkommen oder Nicht-Vorkommen von Handlungen in den intendierten Systemen, aus denen die Fakten stammen, markiert einen wichtigen Einschnitt auf der beschriebenen Skala. Bei Vergröberung der geschilderten Unterschiede auf zwei Grade: *hart* und *weich*, sehen wir, dass weiche Fakten dort zu finden sind, wo Handlungen theoretisch wichtig werden. Handlungen haben einen völlig anderen und wesentlich komplexeren Status als materielle Dinge. Nicht nur in ihre Beschreibung, sondern auch in ihre Konstitution geht die Sprache ein. Das heißt, Handlungen umfassen als Entitäten streng genommen ein Teil einer Sprache. Die Videoaufnahme (mit Ton) einer 'Handlung' genügt im allgemeinen *nicht*, um diese zu identifizieren. Aus ihr ist im Beispiel der Unterzeichnung eines Papiers nicht ersichtlich, ob es um eine Heirat, eine Kriegserklärung, oder einen Kaufvertrag geht. In die Konstitution der jeweiligen Handlung geht der sprachliche Inhalt des Textes ein. Das Vorkommen von Handlungen in intendierten Systemen ändert die Ontologie in dramatischer Weise. Die Systeme werden ungeheuer komplex, die ganze Familie der propositionellen Einstellungen: Intentionen, Glauben, Wollen, Meinen etc. geht mehr oder weniger explizit in die Systeme ein (Tuomela 1984), (Beckermann 1985), (Lenk 1977), (Meggle 1977).

Wir sagen, eine Theorie habe eine *Handlungsontologie*, wenn in ihren intendierten Systemen Handlungen vorkommen, andernfalls reden wir von *materieller Ontologie*. Der Unterschied von harten und weichen Fakten lässt sich nun dadurch ausdrücken, dass harte Fakten zu Theorien mit materieller Ontologie, weiche Fakten zu Theorien mit Handlungsontologie gehören. Wir haben gezeigt, dass viele Übergänge fließend sind, aber die Änderung beim ersten Auftreten von Handlungen ist dramatisch.

Weiche Fakten kommen typischerweise in der Sozialwissenschaft und, weniger häufig, in den historischen und Geisteswissenschaften vor. Wir betonen, dass weiche Fakten immer noch *Fakten* sind. Erst wenn überhaupt keine Gründe mehr für die Annahme der Wiederholbarkeit bestehen, verliert der Faktenbegriff seinen Sinn. Wiederholbarkeit ist die praktische Seite von Regelmäßigkeit. Den stärker und schwächer ausgeprägten Regelmäßigkeiten entsprechen Grade der Wiederholbarkeit. Am 'weichen Ende' der Skala wissenschaftlicher Vorgehensweisen verliert sich Regelmäßigkeit und genauso Wiederholbarkeit. Der Faktenbegriff gehört mit seinem Wiederholbarkeitsaspekt zum festen Bestand des Wissenschaftlichen.

## 3.3 Faktengewinnung

Unter Faktengewinnung verstehen wir Aktivitäten, durch die Fakten produziert werden. Da der Faktenbegriff die Einigung einer Gruppe beinhaltet, handelt es sich letzten Endes um soziale Prozesse von großer Komplexität, an deren begriffliche Präzisierung vorerst nicht zu denken ist.

Die wichtigste Form der Faktengewinnung ist zweifellos Messung: diese werden wir weiter unten genauer analysieren. Für die anstehenden Überlegungen genügt es, die zwei Hauptmerkmale von Messung kurz anzugeben. Das erste Merkmal ist die Gesetzesartigkeit. Der Messung liegt eine Hypothese (ein Gesetz) zugrunde. Der Messprozess ist eine Realisierung dieser Hypothese. Das zweite Merkmal ist die Eindeutigkeit des Messwerts, oder des erwarteten Ergebnisses. Der Messwert ist durch das System und durch die Hypothese, die im System gilt, eindeutig bestimmt.

Es ist nicht nötig, die verschiedenen Varianten: bekannte Messmethode für neues System, neue Messmethode für bekanntes System, neue Messmethode für neues System, genau durchzugehen. In allen Fällen ist neben der Produktion eines atomaren Sachverhalts oder der Äußerung eines atomaren Satzes eine Einigung nötig; der Satz als Faktum ist anerkannt oder nicht. Die Einigung stützt sich auf das gesetzesartige, regelhafte Element, das im Messprozess, realisiert ist. Falls Zweifel bestehen, kann versucht werden, die Situation, in der der Basissatz produziert wurde, erneut zu realisieren, d.h. die Messung zu wiederholen.

Formen der Faktengewinnung sind: Experiment, reine Beobachtung, theoretische Bestimmung, Umfrage, Lesen.

Ein Experiment verändert ein System aktiv durch den Experimentator (Tetens 1996). Er verändert und schaut, was dabei herauskommt. Unter diesen Begriff fallen z. B. auch archäologische Ausgrabungen, bei denen das vorhandene System, etwa ein Erdhügel, aktiv verändert wird. Manche Experimentatoren äußern sich ausgesprochen theoriefeindlich (Hacking 1983: 257), was sich aber prinzipiell kaum durchhalten lässt. Systematische Vorstellungen über die Funktion des benutzten Apparates oder über den kausalen Zusammenhang von Eingriff und unmittelbarer Wirkung liegen in der Regel vor. Der Experimentator kann ein Experiment in Bezug auf eine bestimmte Theorie neutral betrachten, was aber nicht heißt, dass er überhaupt keine Theorie hat oder benutzt. Ein völlig 'theoriefreies' Experiment ist kaum vorstellbar; es entspräche einem völlig konfusen und ziellosen Herumprobieren. Im allgemeinen enthält das Experiment stets eine systematische, theoretische Komponente. Das Experiment von *Michelson-Morley* zur Untersuchung, ob Licht für verschiedene Bewegungsformen der Lichtquelle verschiedene Geschwindigkeit hat, setzte beispielsweise weder die *Lorentz*sche, noch die relativistische Raum-Zeit-Theorie voraus. Aber natürlich ist dieses Experiment nicht theoriefrei, es wurden komplizierte Aufbauten benutzt, deren Funktion nur im Lichte verschiedener Theorien sinnvoll erscheinen.

Der Ausgang eines Experiments braucht weder im Vorhinein festgelegt, noch durch andere Parameter eindeutig bestimmt zu sein. In letzterem Punkt ist das Experiment liberaler als Messung. In einer Messung soll es nur einen einzigen Messwert geben. Die theoretische Vorstellung, die dem untersuchten System im Experiment zugrunde liegt, lässt verschiedene mögliche Ergebnisse zu, wobei kein Überblick über alle Möglichkeiten bestehen muss. Dies ist nicht als Schwäche der theoretischen Vorstellung zu deuten, sondern kann auch mit Absicht so eingerichtet sein. Die Möglichkeit des Auftretens verschiedener Ergebnisse markiert kein scharfe Grenze für den Begriff des Experiments in Richtung zur Messung. Wenn bei häufiger Wiederholung eines Experiments die verschiedenen Ergebnisse in konstanten, relativen Häufigkeiten auftreten – wie zum Beispiel in quantenmechanischen Spin-Experimenten – sind wir geneigt, die Redeweise zu ändern und statt von einem 'bloßen' Experiment von einer Messung der relativen Häufigkeiten zu sprechen.

*Reine* Beobachtung ist, im Gegensatz zum Experiment, passiv, insofern sie das untersuchte System nicht zu verändern sucht. Wir fügen den Zusatz 'rein' hinzu, um Beobachtung als vollständige Form der Faktengewinnung von anderen Fällen abzugrenzen, wo Beobachtungen als 'Teile' anderer Formen, wie Messung und Experiment, auftreten. Im Unterschied zur Messung wird bei Beobachtung keine Gesetzmäßigkeit vorausgesetzt oder in schwächerer Form ins Spiel gebracht. Das heißt nicht, dass Beobachtung in systematischen Kontexten keine Rolle spielen kann. Wenn keine Regelmäßigkeit im Hintergrund steht, hat es ein Basissatz, der durch Beobachtung festgestellt wird, schwer, den Status eines Faktums zu erlangen. Aus welchem Grund sollen andere Personen den Satz akzeptieren? Wenn sie selbst diese Beobachtung machen können, ist bereits Wiederholbarkeit und Regelmäßigkeit gegeben.

Beobachtungen ohne systematischen Hintergrund markieren die Grenze zwischen wissenschaftlicher und 'rein sozialer' Funktion atomarer Sätze. In Gesellschaften, deren Weltbild von magischen Phänomenen geprägt ist, spielen nicht-wiederholbare – und in diesem Sinn unsystematische – Beobachtungen eine wichtige soziale Rolle. Im Rahmen wissenschaftlicher Aktivität wird jedoch auch die reine Beobachtung stets einen systematischen Hintergrund haben.

Aus philosophischen Diskussionen sind wir geneigt, Beobachtung mit den menschlichen Sinnesorganen oder mit unterstützenden Rezeptoren, wie photographischen Platten, Mikrophonen, Videokameras, Smartphones, Lichtschranken etc. zu assoziieren, während bei dem Begriff der Wahrnehmung auch gewisse Interpretationsleistungen 'hinter' den menschlichen Rezeptoroberflächen zugelassen sind. Wir wollen Faktengewinnung durch Beobachtung in einem weiten Sinn verstehen, der auch Wahrnehmungen sozialer Sachverhalte mit einschließt. Insbesondere fallen unter unseren Begriff auch Fakten, die in den hermeneutisch-dialektischen Richtungen der Sozialwissenschaft durch 'teilnehmende Beobachtung', 'Deutung', 'Verstehen' gewonnen werden. Die teilnehmende Beobachtung von sozialem Verhalten in einem fremden Kulturkreis unterscheidet sich nur wenig von 'normaler' Beobachtung nicht-sozialer Sachverhalte. Das Training, das für eine Feldforscherin nötig ist, um einen Satz über magische Wirkungen im Bereich der *Azande* (Evans-Pritchard 1937) korrekt zu äußern, ist sehr ähnlich dem für den Satz 'Da läuft ein Hase' für einen Bundesbürger. Nur das Training beider Personen, Äußerungen korrekt einzuordnen, beginnt in verschiedenen Phasen ihres Lebens. Das Training der

Bundesbürger findet in ihrer Kindheit statt, während das Lernen der Feldforscherin in reifem Alter stattfindet. Im Rahmen sozialer Theorien können Fakten auch propositionale Einstellungen und Intentionen ausdrücken, wie etwa 'Willi will Milch holen gehen'. Natürlich ist es schwieriger, über solche Sätze Einigung zu erzielen, aber es ist jedenfalls möglich.

Das direkte Gegenteil von Beobachtung ist die 'rein theoretische' Bestimmung, die sich in der Praxis auch nachweisen lässt. Sowohl Funktionen als auch Konstante werden manchmal rein theoretisch bestimmt, d.h. aus theoretischen Annahmen abgeleitet. Diese Art der Bestimmung lässt sich unter den allgemeinen Begriff von Messung subsumieren, da sowohl Regelmäßigkeit in Form einer Theorie, als auch eindeutige Bestimmtheit in Form der theoretischen Ableitung vorliegen.

Die Faktengewinnung durch Umfragen spielt in der empirischen Sozialforschung und Ökonometrie eine zentrale Rolle (Friedrichs 1985). Personen werden nach Kunstregeln ausgewählt und befragt, wobei die möglichen Antworten meist in normierter Form vorgegeben sind. Die Antworten bilden die Basis für den Test einer Hypothese und sollten daher Faktencharakter haben. Wir brauchen hier nicht zu überlegen, wie die Hypothese aussieht, für die die Fakten erhoben werden. Wichtig sind hier drei andere Aspekte. Erstens sind die Antworten auf den Fragebögen häufig nicht im Vokabular der Theorie formuliert. Sie stellen deshalb nur Rohdaten dar, die noch weiter bearbeitet werden müssen, um zu richtigen Fakten *für* diese auf dem Prüfstand stehende Theorie zu werden. Neben der Aussonderung von 'suspekten' Fragebögen geht es dabei hauptsächlich um eine Transformation der Antworten in atomare Sätze der Theorie oder deren Negationen. Zum Beispiel wird in der Rollenkonflikttheorie in (Gross, Mason, McEachern 1958) der Legitimationsgrad einer Person, d.h. ihre Tendenz, nur legitime Handlungen auszuführen, als Faktum durch die Anzahl von '*ja*'-Antworten bestimmt, die die Person auf einem Fragebogen gibt. In den Fragen geht es dabei natürlich inhaltlich darum, ob die Person viel Wert auf Legitimation legt oder nicht. Sie enthalten aber nicht das Wort 'Legitimationsgrad'.

Zweitens ist die Bestimmung von Fakten mittels Fragebogen wiederholbar. Es besteht kein Hindernis, einer Person den Fragebogen wiederholt vorzulegen. Wenn dabei nicht die gleichen Antworten gegeben werden, so spricht dies nicht gegen den Begriff der Wiederholbarkeit. Wie in 3.1 betont, impliziert Wiederholbarkeit der Bestimmung eines Faktums *nicht*, dass bei der Wiederholung das Faktum stets die gleiche Ausprägung annimmt. Die Frage ist allerdings, ob bei 'statistischen Fakten', um die es bei Fragebögen geht, die *einzelnen* Antworten die geeigneten Kandidaten für die Wiederholbarkeitsbedingung sind. Der Zusammenhang zwischen statistischen Fakten ist ja nicht deduktiver Natur, sondern wird durch eine statistische Verteilungshypothese ausgedrückt. Während bei deduktiven Theorien ein Faktum im Idealfall die Hypothese widerlegt, hat ein einzelnes Faktum auf das Ergebnis der statistischen Hypothesenprüfung nur geringen Einfluss. Die Bedingung der Wiederholbarkeit der Faktenbestimmung sollte daher, um ein wiederholtes Prüfen der Hypothese zu gestatten, bei statistischen Theorien weniger auf einzelne Fakten, als auf ganze Faktensätze bezogen werden. Auch für ganze Erhebungen ist Wiederhol-

## 3.3 Faktengewinnung

barkeit gegeben. Eine Umfrage kann in der gleichen Population mit anderer oder gleicher Stichprobe wiederholt werden.

Drittens ist wichtig die Frage, auf welche Weise in der wissenschaftlichen Gemeinschaft Einigung über Umfragewerte erzielt wird. Entsprechend der statistischen Natur der Hypothesen ist eine Diskussion über einzelne Fakten bei Umfragen selten; Ausnahmen betreffen 'Ausreißer', d.h. Fakten, die – zum Beispiel vom numerischen Wert her – völlig aus dem erwarteten Bereich herausfallen. Der Einigungsprozess über Fakten betrifft in der Regel eine ganze Umfrage. Hier ist Kritik möglich und wird auch häufig geübt. Neben der Kritik an methodischen Mängeln bei Stichprobenauswahl, Durchführung der Umfrage, und Auswertung der Fragebögen ist es auch möglich, die von einer anderen Forschungsgruppe gemachte Umfrage selbst zu wiederholen und durch das möglicherweise abweichende Ergebnis zu kritisieren.

Die vermutlich am häufigsten benutzte Art der Faktengewinnung ist das Lesen von Texten und Erkennen von graphischen Darstellungen. Diese Aktivitäten beruhen auf Büchern, Texten und auf Bildsequenzen, die heute hauptsächlich aus dem Internet stammen. Wir verwenden für diese Aktivitäten als Sammelbegriff weiterhin das Wort *Lesen*. Beim Lesen sind zwei Fälle auseinanderzuhalten. Einerseits wird meistens ein Faktum, das schon bekannt ist, einfach durch die Leserin übernommen. In diesem Fall kommt durch Lesen kein *neues* Faktum zu ihrem Wissensbestand hinzu. Andererseits gibt es wirklich *neue* Fakten, die durch Lesen im weiteren Sinn entstehen. Dies kann in zwei Weisen erfolgen.

Erstens kann ein Faktum, das schon als Faktum benutzt wird, in eine neue Theorie integriert werden. Die Leserin sieht, dass sich das Faktum für eine neue Hypothese verwenden lässt. Wenn die Einigung mit anderen Wissenschaftlern positiv ausgeht, wird das Faktum als Faktum *für* die neue Theorie anerkannt. Das Faktum ist, mit anderen Wort auf der einen Seite alt, weil es zu anderen, 'alten' Theorien gehört, und auf der anderen Seite neu, weil es ein Teil einer neuen Theorie geworden ist.

Zweitens gibt es aber auch die Möglichkeit durch Lesen neue Fakten zu erzeugen, die vorher nicht als Fakten für andere Theorien benutzt wurden. Mit anderen Worten war ein Satz oder ein Bild zwar dokumentiert, wurde aber als Faktum für eine Theorie bis jetzt nicht verwendet. Solche Fakten nennen wir *echt-neue* Fakten. Bevor das Internet entstand, konnte man sagen, dass die 'Bücherwissenschaften' echt-neue Fakten erzeugen konnten. Heute würde man dieses Wort anachronistisch finden. Wir verwenden daher den Term 'digitalisierte Bestände'. Auf Neudeutsch könnte man etwa sagen, dass es Items aus den digitalisierten Beständen gibt, die durch Data Mining gefiltert wurden und durch Wissenschaftler als Fakten zu Theorien hinzugenommen wurden. Inhaltlich hat sich dabei die wissenschaftstheoretische Situation nicht verändert. Mit Hilfe der digitalisierten Bestände können durch Lesen – im allgemeineren Sinn – echt-neue Fakten erzeugt werden, die vorher nicht als Fakten gesehen oder erkannt wurden.

Die Ermittlung des Faktums besteht in der Angabe der Quelle und im wörtlichen oder bildlichen Zitat. Natürlich spielt der Inhalt dann in der theoretischen Diskussion eine Rolle, aber solche Diskussionen haben einen anderen Status als der Einigungsprozess über Fakten. Der Faktencharakter von Sätzen aus historischen Do-

Kapitel 3: Fakten

kumenten oder künstlerischen Werken ist bei Ausklammerung des Inhalts oft unproblematisch. Dagegen muss sehr sorgfältig geprüft werden, ob ein Text oder eine Bildsequenz aus dem Internet wissenschaftlich seriös ist.

Zusammenfassend ist also Lesen eine legitime Methode zur Erhebung echtneuer Fakten. Die Bestimmung von Fakten durch Lesen ist wiederholbar.

Schließlich sei noch Offenbarung als möglicher Kandidat für Faktengewinnung betrachtet. Hier sind zwei Gesichtspunkte zu beachten. Erstens betrifft Offenbarung ein ganzes System von Sätzen, in dem meist die theoretischen und nichtdeskriptiven Sätze Vorrang haben. Deskriptive Sätze, die fast atomar sind, ('Gott macht Eva aus einer Rippe Adams') werden oft metaphorisch verstanden. Auch offenbarte Sätze können einen beachtlichen Grad an Übereinstimmung in sozialen Gruppen erzielen. Der springende Punkt ist aber, zweitens, dass die Bestimmung solcher Sätze in der Realität nicht überprüft werden können; es sei denn durch Wiederholung dieser Sätze.

Neben der jeweiligen Technik, mit der ein atomarer Sachverhalt erzeugt oder festgestellt wird, sind für alle Formen der Faktengewinnung zwei allgemeine Faktoren wichtig. Der erste ist der Grad an Übereinstimmung des neuen 'potentiellen' Faktums mit schon vorhandenen Fakten und Hypothesen über das System, aus dem es gewonnen wurde. Im häufig diskutierten Idealfall wird Übereinstimmung als Konsistenz definiert. Bei Widerspruch zwischen neuem Faktum und Hypothese muss nicht unbedingt die Hypothese in Frage gestellt werden. Es kommt auch vor, dass das potentielle Faktum problematisiert wird: Hat der Messapparat nicht richtig funktioniert? Waren störende Einflüsse wirksam? Hat der Beobachter die soziale Situation nicht richtig verstanden? Ist der 'Produzent' ein Betrüger? Nur wenn das potentielle Faktum reproduzierbar ist und wiederholt auftritt, muss eine Anpassung zwischen einer Hypothese und der um das neue Faktum erweiterten Faktenmenge erfolgen. Oft wird dazu das System, aus dem das widerborstige Faktum stammt, aus der Menge intendierter Systeme für die schon vorhandenen Theorien ausgeschieden. Dies ist keineswegs methodisch bedenklich, denn die vorhandenen Hypothesen wurden ja nicht blanko akzeptiert. Sie haben eine wertvolle Systematisierungsleistung vollbracht und werden deshalb erst dann nicht mehr genutzt, wenn neue, bessere Varianten als Ersatz zur Verfügung stehen. Diese Diskussion betrifft den Idealfall des strengen Widerspruchs, der in der wirklichen Welt jedoch nicht oft anzutreffen ist. Hypothesen sind meistens nur approximativ richtig und Fakten passen nur approximativ mit Hypothesen zusammen, so dass der 'Widerspruch' in gradueller Abstufung auftritt und damit an Schärfe verliert. Es dreht sich nicht darum, ob ein neuer atomarer Satz dem vorhandenen Wissen widerspricht, sondern darum, in welchem Grad er mit Modellen zusammenpasst.

Ein zweiter, allgemeiner Faktor bei der Anerkennung von Fakten ist die soziale Stellung des Produzenten. Einem etablierten Mitglied der Gemeinschaft wird leichter geglaubt als einem Neuling und auch der soziale, außerwissenschaftliche Status kann Unterschiede machen. Im Extremfall des Religionsstifters, dessen Sätze sämtlich in voller Übereinstimmung angenommen werden, ergibt sich das in 1.5 diskutierte Abgrenzungsproblem.

## 3.4 Fundamentale Messung

Wir beschreiben zunächst den historisch – und für das Verständnis – wichtigen Spezialfall der *fundamentalen Messung*, die sich aus der technischen Praxis heraus entwickelte und in Geometrie, Astronomie und klassischer Physik angewandt wurde.

Die Grundidee ist im Beispiel der Abstandsmessung mittels Metermaß in allen Details realisiert. Es geht darum, die *Größe* – im Beispiel die Länge – eines gegebenen Objekts zu messen. Dazu legt man soviele Einheiten in einer geraden Linie aneinander, wie mindestens nötig sind, um ein künstliches Objekt herzustellen, welches die gleiche Länge (im allgemeinen: die gleiche Größe) hat, wie das zu messende Objekt. Dieses Objekt ist im Beispiel das benutzte Metermaß, welches in kleine Einheiten, etwa in Millimeter, unterteilt ist und nicht genau so lang wie ein zu messender Abstand zu sein braucht. Die Gleichheit des zu messenden Abstands mit der passenden Zahl von Einheiten wird durch Anlegen des Maßstabs festgestellt, so dass die Nullmarke mit dem einen Ende des Objekts und eine andere Marke mit dessen anderem Ende zusammenfällt. Es werden nun die Einheiten gezählt, die zwischen beiden Marken liegen: ihre Anzahl ist das *Maß* für die gesuchte Größe. Ein anderes Beispiel ist die Volumenmessung, bei der das Volumen eines Gefäßes durch die Anzahl von Messbechern bestimmt wird, die nötig ist, um das Gefäß mit einer bestimmten Flüssigkeit zu füllen. Hier besteht das 'Aneinanderlegen' der Einheiten im 'nacheinander Eingießen'. Gleichheit des zu messenden Volumens mit einer Anzahl von Einheiten liegt vor, wenn das Gefäß beim Eingießen des 'letzten' Messbechers gerade voll wird.

Weitere Beispiele nach demselben Muster sind Zeitmessung und Gewichtsmessung. Die 'Objekte' bei der Zeitmessung sind Ereignisse, deren Dauer durch 'Anfang' und 'Ende' festgestellt wird. Eine Senatssitzung wird zum Beispiel mit Hilfe einer Uhr gemessen und als Einheiten werden meist Minuten genommen. Bei Gewichtsmessung mittels Balkenwaage sind die Gewichte die Einheiten. Auf der einen Waagschale werden so viele Einheitsgewichte hineingelegt, bis die Waage mit dem zu messenden Objekt auf der anderen Schale ins Gleichgewicht kommt.

Im allgemeinen nennt man das Aneinanderlegen der Einheiten, das die verschiedensten Formen annehmen kann, ein *Konkatenation*. Bei fundamentaler Messung wird die Größe eines zu messenden Objekts durch die minimale Anzahl von Einheiten bestimmt, deren Konkatenation ein Objekt der gleichen Größe wie das zu messende Objekt ergibt.

Die Systeme, die aus genau einem derartigen Messvorgang bestehen, lassen sich in den für die Messung relevanten Aspekten gut beschreiben. So wird eine Klasse von Modellen definiert, die wir *Messmodelle* nennen. Solch beschriebene, reale Messvorgänge, sind intendierte Systeme, die durch Messmodelle dargestellt werden. Eine Vielzahl von Varianten solcher Modelle wurde in der Literatur studiert (Pfanzagl 1968), (Krantz, Luce, Suppes, Tversky 1971), (Narens 1985). Wir konzentrieren uns hier auf ein sehr einfaches, mögliches Modell, in dem Einheiten explizit ausgezeichnet sind. In der folgenden Definition verwenden wir Ausdrücke der Form

Kapitel 3: Fakten

'$x <^* y$' als Abkürzung für '($x \leq^* y$ und $x \neq y$)' und '$x \equiv y$' als Abkürzung für '($x \leq^* y$ und $y \leq^* x$)'.

$x$ ist ein *fundamentales Messmodell mit Einheiten* $U$ gdw es $G, \mathbb{R}, \leq^*, \circ, \phi$ gibt, so dass $x$ eine Struktur der Form $\langle G, \mathbb{R}, U, \leq^*, \circ, \phi \rangle$ ist und folgende Bedingungen erfüllt sind:

1) $G$ und $U$ sind Mengen und $U$ ist eine nichtleere Teilmenge von $G$
2) $\mathbb{R}$ ist die Menge der reellen Zahlen
3) $\leq^*$ ist eine Relation zwischen Elementen von $G$
4) $\circ$ ist eine partielle Funktion von $G \times G$ nach $G$
5) $\phi$ ist eine Funktion von $G$ nach $\mathbb{R}$
6) $\leq^*$ ist transitiv, reflexiv und konnex[53]
7) $\circ$ ist assoziativ
8) Für alle $a, b, c \in G$, für die $a \circ c, b \circ c, c \circ a$ und $c \circ b$ definiert sind, gilt:
8.1) $a <^* a \circ c$
8.2) $a \leq^* b$ gdw $a \circ c \leq^* b \circ c$ gdw $c \circ a \leq^* c \circ b$
9) Für alle $b, b' \in U$ gilt: $b \equiv b'$
10) Für alle $a \in G$ gibt es eine natürliche Zahl $n$ und es gibt $b_1, ..., b_n \in U$, so dass $(b_1 \circ (b_2 \circ ... \circ b_n)...)$ definiert ist und so, dass gilt $a = (b_1 \circ (b_2 \circ ... \circ b_n)...)$
11) Für alle $a \in G$ ist $\phi(a)$ die kleinste natürliche Zahl $n$, für die gilt: es gibt $b_1, ..., b_n \in U$, so dass $a = (b_1 \circ (b_2 ... \circ b_n)...)$.

Die Menge $G$ enthält verschiedene Objekte, deren Größen gemessen werden könnten. $U$ ist eine Menge von Einheiten und $\leq^*$ ist eine *Vergleichsrelation*, die durch eine konkrete Operation überprüft werden kann. '$a \leq^* b$' soll ausdrücken, dass das Objekt $a$ im Vergleich 'kleiner oder gleich groß' ist wie Objekt $b$. Aus der Vergleichsrelation lässt sich die in den Beispielen benutzte Gleichheit von Objekten explizit definieren. Zwei Objekte $a, b$ sind *gleich* hinsichtlich der untersuchten Größe, wenn sowohl $a \leq^* b$ als auch $b \leq^* a$ gilt. In den obigen Beispielen hat die Vergleichsrelation jeweils eine natürliche Interpretation. Bei der Längenmessung ist es der Längenvergleich von Strecken, beim Volumen das Überlaufen bei Umfüllung, bei der Zeitdauer das spätere Eintreten des Endes *eines* Ereignisses im Vergleich zum Ende des *anderen* Ereignisses, wenn beide Ereignisse gleichzeitig anfangen. Bei der Gewichtsmessung sinkt die Waagschale mit dem 'größeren' Objekt nach unten.

Bedingung 6) ist für die Vergleichsrelation in den Beispielen offenbar erfüllt. Transitivität stellt inhaltlich gesehen eine elementare empirische Hypothese dar, während Konnexität die Art der in $G$ vorkommenden Objekte einschränkt. Reflexivität ist streng genommen keine empirisch realisierbare Aussage. Der Vergleich

---

53 Das heisst, es gilt für alle Objekte $a, b, c \in G$: wenn $a \leq^* b$ und $b \leq^* c$, dann auch $a \leq^* c$ (Transitivität); für alle Objekte $a$ gilt: $a \leq^* a$ (Reflexivität) und für alle Objekte $a, b$ gilt: $a \leq^* b$ oder $b \leq^* a$ (Konnexität).

von a *mit sich selbst* kann entweder als begrifflicher Extremfall und Reflexivität entsprechend als analytische Aussage angesehen werden, oder aber durch Interpretation der Objekte als Äquivalenzklassen streng empirisch gedeutet werden. ∘ stellt die Konkatenation von Objekten dar. Diese ergibt aus jeweils zwei Objekten $a, b$ ein neues Objekt $c$, das formal als Funktionswert beschrieben wird: $c$ ist das Ergebnis der Konkatenation von $a$ und $b$, d.h. $c = a \circ b$. Auch hier kommen wir in Interpretationsprobleme, die sich letzten Ende nur durch Äquivalenzklassenbildung lösen lassen. In 4) wird ∘ als zweistellige Funktion eingeführt. Funktion ∘ ist *partiell*,, wenn sie nicht für alle Argumentpaare definiert zu sein braucht. Dies ermöglicht endliche Modelle. Nach Bedingung 7) kommt es bei der Bildung iterierter Funktionswerte nicht auf die Reihenfolge an: für alle $a, b, c$ gilt: $(a \circ b) \circ c = a \circ (b \circ c)$. Wir könnten daher die vielen Klammern in 10) und 11) auch weglassen. Die Vergleichsrelation $\leq^*$ und die Konkatenation ∘ werden auch als *empirische Relationen* bezeichnet. Die Funktion $\phi$ schließlich gibt an, dass für jedes Objekt 'seine' Größe in Form einer Zahl angegeben wird.

Die zentralen, inhaltlichen Hypothesen finden sind in 8) – 11). 8) wird das Zusammenspiel von $\leq^*$ und ∘ dargestellt. Die Konkatenation zweier Objekte ist stets größer als das jeweils einzelne Objekt. 8.1), und 8.2) lässt sich am besten operational deuten. Wenn zwei 'gleiche' Objekte mit demselben Symbol $c$ ausgedrückt, und jeweils mit Objekten $a$ und $b$ konkateniert werden, stehen die vergrößerten Objekte $a \circ c$ (bzw. $c \circ a$) und $b \circ c$ (bzw. $c \circ b$) weiter im selben Vergleich wie $a$ und $b$. 9) besagt, dass alle Einheiten gleich groß sind. Nach 10) gibt es zu jedem Objekt ein anderes, das gleich groß ist, wie die konkatenierten Einheiten ($b_1 \circ ... \circ b_n$).

Diese Modelle sind einerseits realistisch, insofern sie keine unendlichen Objektbereiche voraussetzen. Andererseits sind sie etwas grob beim Vergleich eines Objekts mit konkatenierten Einheiten. Nach 10) muss jedes Objekt *genau* die Größe einer endlichen Zahl von konkatenierten Einheiten haben. Wenn die Einheiten ziemlich 'groß' oder grob gewählt sind, etwa Zentimeter bei der Längenmessung, kann diese Bedingung nur approximativ erfüllt werden. Allerdings sind die Modelle nicht auf eine bestimmte Menge von Einheiten angewiesen. Wenn sich eine Menge von Einheiten als zu grob herausstellt, kann sie durch eine feinere Menge ersetzt werden. Dies geschieht in der Tat in der Physik, wenn neue Definitionen für Längen- und Zeitmessung festgelegt werden. Der Prozess des Wechsels zu einer anderen Menge von Einheiten $U$ ist in der obigen Definition eingefangen. Bis heute gibt es keine guten Gründe für die Annahme, dass die Objekte der materiellen Welt unbegrenzt teilbar sind und dass daher mit einer immer feineren Wahl der Einheiten gerechnet werden müsste.

Bedingung 11) schließlich hat die Form einer Definition von $\phi$. $\phi$ ist durch die restlichen Begriffe, einschließlich Einheiten $U$ definiert: 'Für alle $a$ und alle $n$ gilt: $\phi(a) = n$ gdw $n$ die minimale Anzahl von Elementen von $U$ ist, deren Konkatenation $a$ ergibt'. Wir formulieren dies für spätere Zwecke als

*Theorem* 1 In jedem fundamentalen Messmodell mit Einheiten $U$ ist $\phi$ durch die Hypothesen und die Menge $U$ der Einheiten eindeutig bestimmt.

Kapitel 3: Fakten

$\phi$ hat noch weitere schöne Eigenschaften. Ein Objekt $a$ ist genau dann kleiner als $b$, wenn die entsprechenden $\phi$-Werte als Zahlen in der Kleiner-Gleich-Relation für Zahlen stehen. Und der $\phi$-Wert der Konkatenation von $a$ und $b$ ist gerade die Summe der $\phi$-Werte der einzelnen Objekte:

(R1)  $a \leq^* b$ gdw $\phi(a) \leq \phi(b)$
(R2)  $\phi(a \circ b) = \phi(a) + \phi(b)$.

Die Funktion $\phi$ ist mit anderen Worten ein *Homomorphismus*, der die empirische Struktur der Objekte samt Vergleichsrelation und Konkatenation in die numerische Struktur der Zahlen samt Kleiner-Gleich-Relation und Addition abbildet. Nach Theorem 1 ist dieser Homomorphismus durch die Hypothesen und die Menge der Einheiten eindeutig bestimmt.

Die Wahl einer Menge von Einheiten ist weitgehend willkürlich, und es ist wichtig zu verstehen, wie sich ein Wechsel der Menge $U$ der Einheiten bei den Werten der Größe $\phi$ auswirkt. Anschaulich ist dies an den obigen Beispielen völlig klar. Der Wechsel von 'längeren' zu 'kürzeren' Einheiten bei der Längenmessung führt dazu, dass dasselbe Objekt bei Messung mit den kürzeren Einheiten eine größere Maßzahl zugeordnet bekommt. Das Objekt selbst wird dabei natürlich nicht länger. Der Tisch, der in Zentimetern gemessen 100 Einheiten lang ist, wird bei Messung in Millimetern nicht länger, nur seine Maßzahl vergrößert sich auf 1000. Der entsprechende Sachverhalt lässt sich abstrakt in Form eines Theorems ausdrücken.

*Theorem 2*   Ist $x = \langle G, \mathbb{R}, U, \leq^*, \circ, \phi \rangle$ ein fundamentales Messmodell mit Einheiten $U$ und $y$ eine Struktur der Form $\langle G, \mathbb{R}, U, \leq^*, \circ, \phi' \rangle$, so gilt für alle $U'$: $y$ ist genau dann ein fundamentales Messmodell mit Einheiten $U'$, wenn es eine positive, reelle Zahl $\alpha$ gibt, so dass für alle $a \in G$ gilt: $\phi'(a) = \alpha \cdot \phi(a)$ (Balzer 1992: 97).

Wenn die Objektmenge $G$ und die empirischen Relationen $\leq^*$ und $\circ$ die Hypothesen eines Messmodells erfüllen, so wird damit die Funktion $\phi$ relativ zu einer Menge $U$ von Einheiten festgelegt. Die Wahl einer anderen Einheitenmenge verändert $\phi$, jedoch nur um einen positiven Faktor.

Der 'Repräsentationsaspekt', der in den fundamentalen Messmodellen mit Einheiten $U$ erfasst ist, und darin besteht, dass die 'empirischen' Relationen $\leq^*$ und $\circ$ durch die mathematischen Relationen $\leq$ und $+$ repräsentiert werden, lässt sich auch ohne Bezug auf Einheiten explizit machen. Die Grundidee ist, die Einheiten beliebig 'klein' (im Sinne von $\leq^*$) werden zu lassen, so dass es zu jedem noch so kleinen Objekt eine noch kleinere Einheit gibt. Im Limes, bei 'unendlich kleinen' Einheiten, verliert zwar das obige Axiom 10) seinen Sinn, aber die Eindeutigkeit der Repräsentation von $\leq^*$ und $\circ$ durch $\leq$ und $+$, wie sie in den obigen Theoremen 1 und 2 zum Ausdruck kommt, bleibt beim Übergang zu unendlich kleinen Einheiten erhalten. Mit diesem Übergang ändert sich die Interpretation der Axiome. Sie beschreiben nicht mehr einen einzelnen Messvorgang, sondern einen umfassenden Bereich von *allen* Objekten, der sich durch die numerischen Relationen $\leq$ und $+$ mittels der beiden obigen Bedingungen R1 und R2 repräsentieren lässt.

Damit ist der Anschluss an die oben schon genannte, umfangreiche Literatur über fundamentale Messung hergestellt, in der diese Limesperspektive vorherrscht. Als repräsentatives Beispiel finden wie in der Literatur etwa die Definition eines 'positiv geschlossenen, extensiven' Systems (Krantz et al. 1971: 73).

$x$ ist ein *positiv geschlossenes extensives System* gdw es $G, \leq^*, \circ, \phi$ gibt, so dass $x = \langle G, \mathbb{R}, \leq^*, \circ, \phi \rangle$ und

1) $G$ ist eine nichtleere Menge
2) $\mathbb{R}$ ist die Menge der reellen Zahlen
3) $\leq^* \subseteq G \times G$, $\circ : G \times G \to G$ und $\phi : G \to \mathbb{R}$
4) $\leq^*$ ist transitiv, reflexiv und konnex
5) Für alle $a, b, c \in G$ gilt
5.1) $a \circ (b \circ c) = (a \circ b) \circ c$
5.2) $a \leq^* b$ gdw $a \circ c \leq^* b \circ c$ gdw $c \circ a \leq^* c \circ b$
5.3) wenn $a <^* b$ ist, dann gibt es für alle $d, e \in G$ ein $n \in \mathbb{N}$ so dass: $na \circ d \leq^* nb \circ e$
5.4) $a < a \circ b$
6) Für alle $a, b \in G$ gilt:
R1) $a \leq^* b$ gdw $\phi(a) \leq \phi(b)$
R2) $\phi(a \circ b) = \phi(a) + \phi(b)$.

$na$ bezeichnet die $n$-fache Konkatenation von $a$ mit sich selbst, d.h. von Objekten, die die gleiche Größe wie $a$ haben. Dabei wird implizit die Abkürzung $\sim$ für ($x \leq^* y$ und $y \leq^* x$) benutzt. Axiom 5.3) ist das *archimedische* Axiom 'Für alle $a, b \in G$ gibt es ein $n$, so dass $na > b$', gleichgültig, um wieviel $b$ größer ist als $a$. Wenn wir mit $\circ$ wie mit $+$ rechnen, so besagt die Ungleichung $na \circ d \leq nb \circ e$, in 5.3): $d - e \leq nb - na = n(b-a)$, also: die $n$-fache Differenz von $b$ 'minus' $a$ ($b$ ist nach Voraussetzung größer als $a$) wird für hinreichend großes $n$ größer als jedes vorgegebene Objekt (hier in Form der Differenz von $d$ und $e$). Axiom 5.4) besagt, dass die Objekte alle eine 'positive' Größe haben: für jedes $b$ ist $a \circ b$ größer als $a$.

In diesen Systemen kommt kein Bezug auf Einheiten vor. Es gilt aber das zu Theorem 2 analoge *Repräsentationstheorem*

*Theorem* 3   Zu gegebenen $G, \leq^*, \circ$, die die Axiome 1),3),4) und 5) erfüllen, gibt es bis auf einen positiven Faktor $\alpha$ genau ein $\phi$, welches Axiom 6) erfüllt.

(Krantz et al. 1971: 74). Es lässt sich zeigen, dass durch Zusammenfügung ('Vereinigung') genügend vieler fundamentaler Messmodelle mit Einheiten $U$ ein extensives System entsteht, wenn nur die Messmodelle in dem Sinn miteinander konsistent sind, dass 'gleiche' Objekte in verschiedenen Messmodellen gleiche Länge haben (Balzer 1992).

Fundamentale Messung führt unter drei Voraussetzungen zum Erfolg. Erstens muss der Bereich der zu messenden Objekte so beschaffen sein, dass es möglich ist, bestimmte Objekte dieser Art – nämlich Einheiten – in hinreichend großer Zahl herzustellen. Insbesondere müssen die Einheiten in Bezug auf die jeweilige Größe – Abstand, Volumen, etc. – gleich sein. Zweitens muss es möglich sein, Einheiten in sinnvoller Weise zu konkatenieren. Bei der Abstandsmessung zum Beispiel müssen die Einheiten entlang einer Geraden konkateniert werden. Drittens muss es möglich sein, zwei Objekte der betrachteten Art hinsichtlich ihrer Größe miteinander zu vergleichen. Dies ist zum Beispiel bei Abständen nicht immer direkt möglich, etwa dann nicht, wenn der zu messende Abstand auf einem runden, festen Körper markiert ist, so dass ein gerader Maßstab nicht an beide Marken zugleich angelegt werden kann. Solche praktischen Schwierigkeiten lassen sich allerdings auch praktisch beheben. Diese drei Voraussetzungen sind in vielen Objektbereichen der Naturwissenschaft erfüllt, vor allem in der Physik, wo sie die Grundlage für Maßsysteme und die so genannte 'Dimensionstheorie' bilden. Bei den Anwendungen muss ein ziemlich großes Maß an Stabilität und Reproduzierbarkeit der Objekte vorhanden sein. In den Sozialwissenschaften dagegen sind die Objekte meist zu weich und veränderlich, um fundamentale Messung zu ermöglichen. Sie lassen sich nicht oder nur annähernd in normierter Weise herstellen und schwer konkatenieren. Auch die Gleichheit von 'sozialen Objekten', wie Personen oder Handlungen, ist oft problematisch bis hin zur Frage der Identität einer Person. Versuche, in Nachahmung der Naturwissenschaften fundamentale Messmethoden für soziale Theorien zu entwickeln, waren bisher – trotz ziemlicher Anstrengungen im Bereich der Psychologie (Krantz et al. 1971) – nicht sehr erfolgreich. Unsere Überlegungen zeigen, warum.

Aber auch in den Naturwissenschaften rückt die fundamentale Messung zunehmend in den Hintergrund. Hier wird sie von neueren Verfahren verdrängt, die auf Optik, Elektrodynamik und Quantenmechanik beruhen. Bei solchen Verfahren ist es oft schwer, die für ein Repräsentationstheorem der Form von Theorem 3 benötigten empirischen Relationen explizit zu machen. Diese Relationen 'verschwinden' in den bei der Messung benutzten und vorausgesetzten Theorien. An die Stelle empirischer Relationen treten Hypothesen von Theorien, weshalb wir diese Art von Messung als *theoriegeleitet* bezeichnen.

## 3.5 Theoriegeleitete Messung

Ein Messvorgang besteht aus der Entwicklung eines Systems, die zwischen zwei Zeitpunkten abläuft. Der Anfang der Messung und das Ende sind durch zwei Zeitpunkte markiert. Das System besteht aus dem Messapparat – der im zugelassenen Extremfall auch abwesend sein kann – und dem zu messenden Objekt, zusammen mit Teilen des Systems, in dem dieses vorkommt. Der Anfangszustand wird oft durch Handlungen hergestellt, indem zum Beispiel kontrollierbare Parameter auf gewisse Werte festgelegt werden. Im Endzustand ist die Wechselwirkung des Messapparats mit dem Objekt und seinem System abgeschlossen und die Funktion, die

## 3.5 Theoriegeleitete Messung

gemessen werden soll, hat ihren Wert angenommen. Die Ablesung kann dann am Messapparat vorgenommen werden.

Ein so beschriebener Messvorgang wird durch ein Messmodell dargestellt. In Verallgemeinerung von fundamentaler Messung treten bei *theoriegeleiteter* Messung an die Stelle der Hypothesen in 3.4 allgemeine empirische Hypothesen, die aus existierenden Theorien stammen. Ein Messmodell im allgemeinen ist daher in erster Linie ein Modell einer empirischen Theorie. Durch diese Theorie wird die Struktur und das Verhalten des Modells beschrieben. Erst in zweiter Linie tritt zu dieser allgemeinen Modelleigenschaft noch eine spezielle Bedingung hinzu, die aus dem Modell ein *Messmodell* macht: die zu messende Funktion muss im Messmodell durch die Hypothesen, die das Messmodell charakterisieren, eindeutig bestimmt sein.

Wir beschränken unsere Diskussion auf die Messung echter Funktionen; Relationen und Konstante können als Spezialfälle mit geringfügigen Änderungen behandelt werden. Insbesondere benutzen wir hier Funktionen und Relationen in der gleichen Notation, d.h. statt $f_i$ schreiben wir $R_i$.

Was bedeutet es, dass Funktion $R_i$ im Modell $x = \langle G_1, ..., A_m, R_1, ..., R_i, ..., R_n \rangle$ durch die Hypothesen, die das Modell charakterisieren, eindeutig bestimmt ist? Die einzig logisch korrekte Formulierung dieser Bedingung lautet wie folgt. Jeder Versuch, $R_i$ durch eine *andere*, von $R_i$ verschiedene Funktion $R_i^*$ zu ersetzen, bewirkt, dass die entstehende Struktur *kein* Modell der Hypothesen mehr ist. Oder, äquivalent: Wenn wir $R_i$ in $x$ durch eine andere Funktion $R_i^*$ ersetzen und wenn die Hypothesen auch die resultierende Struktur erfüllen, dann müssen $R_i$ und $R_i^*$ identisch sein. Wegen ihrer Wichtigkeit sei diese Bedingung noch weiter formalisiert.

Sei **B** die durch eine gegebene Menge von Hypothesen charakterisierte Klasse von Modellen in unserem Standardformat $\langle G_1, ..., A_m, R_1, ..., R_n \rangle$. Für ein Modell $x$ aus **B** und für $i \leq n$ bezeichne $x_i[R_i^*]$ das Resultat einer typengerechten Ersetzung von $R_i$ in $x$ durch die Funktion $R_i^*$. Dass $x$ aus **B** die charakterisierenden Hypothesen erfüllt, bedeutet: $x$ ist ein Modell und ein Element von **B**, also: $x \in$ **B**. In dieser Notation heißt eindeutige Bestimmtheit von $R_i$ in $x$ durch (die Hypothesen für) **B**:

Für alle $R_i, R_i^*$ gilt: wenn $x[R_i] \in$ **B** und $x_i[R_i^*] \in$ **B**, dann ist $R_i = R_i^*$. (3.5.1)

Der Quantor 'für alle' läuft dabei über solche Funktionen, für die das Resultat der Ersetzung immer noch eine Struktur des Typs von $x$ ist. Diese Bedingung legt die Funktion $R_i$ nicht nur durch die Hypothesen, die die Modellklasse **B** charakterisieren, sondern auch durch den 'Rest' des Messmodells fest, d.h. im wesentlichen durch die Relationen $R_1, ..., R_{i-1}, R_{i+1}, ..., R_n$. Bei Abänderung *dieser* Relationen kann die Eindeutigkeitseigenschaft im Sinne von (3.5.1) verloren gehen.[54]

---

[54] In der Prädikatenlogik erster Stufe lässt sich zeigen, dass aus dieser Art von Eindeutigkeit die Definierbarkeit der $i$-ten Funktion folgt. Wenn es gelänge, die Modellklasse einer Theorie in der ersten Stufe zu axiomatisieren und in disjunkte Messmethoden für die $i$-te Funktion zu zerlegen, so hätte man die $i$-te Funktion *stückweise definiert*, vergleiche (Tuomela 1973) für eine zusammenfassende Darstellung. Dieses schöne Bild passt leider nicht auf die existierenden Theorien

Ein *Messmodell für die i-te Funktion* ist nun ein Modell der Form $\langle G_1, ..., A_m, R_1, ..., R_n \rangle$, mit $i \leq n$, das zu einer Modellklasse **B** gehört und in dem die *i*-te Funktion $R_i$ im Sinne von (3.5.1) eindeutig durch **B** bestimmt ist. Die Funktion $R_i$ nennen wir *die gemessene* Funktion und jeder Funktionswert $R_i(a)$ dieser Funktion den *Messwert für a* oder den *gemessenen Wert*. Die Klasse aller Messmodelle, die durch eine Modellklasse **B** mit Eindeutigkeitsbedingung gegeben ist, bezeichnen wir als eine *Messmethode für die i-te Funktion*. Diese Bezeichnung ist etwas ungewöhnlich; sie lässt sich aber rechtfertigen. Eine Methode ist eine regelgeleitete Vorgehensweise zur Erreichung eines bestimmten Ziels. Das Ziel bei der Messung ist die Erzeugung von Messwerten. Eine Messmethode beinhaltet Regeln zur Herstellung oder Manipulation eines Systems, das einen Messvorgang realisiert. Ein solches System ist aber gerade ein Messmodell. Die Befolgung der Methode führt also zur Realisierung eines Messmodells. Die Hypothesen für **B**, die das Verhalten des Messmodells beschreiben, entsprechen daher den Regeln, die zur Realisierung eines Messvorgangs führen, in folgendem Sinn: genau alle Systeme, die die Hypothesen erfüllen, können durch erfolgreiche Regelanwendung erzeugt werden.

Durch Bezug auf eine Modellklasse geht in den Begriff der Messung auch der der Hypothese, und damit der der Regelhaftigkeit ein. Ein Messmodell unterliegt bestimmten Hypothesen. Dies impliziert zwar nicht logisch, aber doch praktisch, dass Messungen wiederholt werden können. Gemessene Werte, über die Einigkeit besteht, haben deshalb den Status von Fakten: Messung erzeugt Fakten.

Betrachten wir als Beispiel die Methode der Massenmessung mit Hilfe von elastischen Stößen. Einige Teilchen werden zum Zusammenstoß gebracht, ihre Geschwindigkeiten vor und nach dem Stoß werden ermittelt und aus diesen werden mit Hilfe des Impulserhaltungssatzes die Massenverhältnisse der Teilchen errechnet. Die Theorie, die die Messmodelle festlegt, ist hier die klassische Stoßmechanik, 2.8, mit ihrer zentralen Hypothese des Impulserhaltungssatzes. Wir können allerdings nicht mit der vollen Modellklasse arbeiten, da im allgemeinen der Impulserhaltungssatz die Massenverhältnisse der stoßenden Teilchen *nicht* eindeutig festlegt. Die einfachste Teilklasse von Modellen, die die Eindeutigkeitsbedingung erfüllt, erfasst Stöße von genau zwei Teilchen, die sich auf einer Geraden bewegen. In diesem Fall lassen sich die Geschwindigkeiten, die durch Vektoren dargestellt werden, in einer geraden Linie repräsentieren; die Geschwindigkeiten werden durch reelle Zahlen darstellt. Mit zwei Teilchen $p, p'$ und $m, v^v, v^n$ *für* die Masse und die Geschwindigkeiten von $p$ 'vorher' und 'nachher', sowie $m', v'^v, v'^n$ für die entsprechenden Werte für $p'$ lautet der Impulserhaltungssatz in diesem Spezialfall

$$m \cdot v^v + m' \cdot v'^v = m \cdot v^n + m' \cdot v'^n.$$

Hieraus errechnet sich, wenn $v^v - v'^n \neq 0$ ist, das Massenverhältnis zu $m/m' = (v'^n - v'^v)/(v^v - v^n)$. Wenn zusätzlich noch die Masse des einen Teilchens, etwa die

---

und Messmethoden, weil die meisten in erster Stufe axiomatisierten Theorien, die erwähnte Ableitung zerstören, und weil normalerweise die verschiedenen Messmethoden nicht disjunkt sind.

von *p*, als bekannt und als Einheit vorausgesetzt wird, so liefert die ganze Prozedur eine Messung der Masse des anderen Teilchens.

Die genaue Definition eines Messmodells, welches diesen Messvorgang beschreibt, lautet wie folgt.

*x* ist ein *Messmodell zur Massenmessung mittels Stoß und Einheit p* gdw es $P, v, m$ und $p'$ gibt, so dass gilt: $x = \langle P, \mathbb{R}, \mathbb{R}^3, v, m \rangle$ und

1) *x* ist ein Modell der klassischen Stoßmechanik (2.8)
2) $P = \{p, p'\}$ und es gibt Zeitpunkte *vor* und *nach*, so dass $T = \{vor, nach\}$
3) $v(p, vor) - v(p, nach) \neq 0$
4) alle Werte von *v* liegen auf einer Geraden
5) $m(p) = 1$.

Die speziellen Bedingungen 2) bis 5) schränken die Modelle so ein, dass sich in ihnen, wie gerade gezeigt, der Massenwert $m(p')$ eindeutig aus dem 'Rest', d.h. den Geschwindigkeiten vorher und nachher und der Masse des anderen Teilchens, der Einheit *p*, bestimmen lässt. In der oben eingeführten, metatheoretischen Notation bedeutet dies

*Theorem* 4  In den Messmodellen zur Massenmessung mittels Stoß und Einheit *p* ist die Massenfunktion *m* eindeutig bestimmt.

Ähnlich wie bei den fundamentalen Messmodellen ist auch hier die Wahl einer Einheit, die in der Annahme $m(p) = 1$ enthalten ist, willkürlich. Die Änderung des Massenwerts der Einheit um $\alpha > 0$ führt zu einem um $1/\alpha$ veränderten Wert für das andere Teilchen $p'$. Wenn wir die Bedingung '$m(p) = 1$' in der Definition weglassen, ist daher zwar nicht mehr die Masse von $p'$, aber immer noch das Massen*verhältnis* beider Teilchen eindeutig bestimmt. In Analogie zu Theorem 2 erhalten wir, wie sich leicht nachrechnen lässt

*Theorem* 5  Ist $x = \langle \{p, p'\}, \mathbb{R}, \mathbb{R}^3, v, m \rangle$ ein Messmodell zur Massenmessung mittels Stoß und Einheit *p* und *y* eine Struktur der Form $\langle \{p, p'\}, \mathbb{R}, \mathbb{R}^3, v, m' \rangle$, so erfüllt *y* genau dann Bedingungen 1) bis 4) der obigen Definition, wenn es eine Zahl $\alpha > 0$ gibt, so dass für alle $p^* \in \{p, p'\}$ gilt: $m'(p^*) = \alpha \cdot m(p^*)$.

Im Beispiel der Stoßmechanik ist es sogar möglich eine *vollständige* Übersicht und Klassifikation aller möglichen Sätze solcher spezieller Bedingungen zu geben: (Balzer und Mühlhölzer 1982).

Im allgemeinen kann die Festlegung von Einheiten etwas komplizierter werden als in den beiden analysierten Beispielen. Bei der Temperaturmessung etwa ist nicht nur die Temperatureinheit (Grad *Celsius*, *Kelvin* oder *Fahrenheit*) festzulegen, sondern auch ein Nullpunkt. Entsprechend ist die gemessene Funktion dann nicht eindeutig bis auf einen Faktor $\alpha > 0$ bestimmt, sondern bis auf eine *lineare* Transformation, d.h. eine Abbildung *f* der Form $f(x) = \alpha \cdot x + \beta$ mit reellen Zahlen $\alpha, \beta$, wobei $\alpha > 0$.

Die allgemeine Definition von Messmodellen lässt sich an solche Fälle durch Änderung der Eindeutigkeitsbedingung leicht angleichen. An die Stelle der Gleichheit der Funktionen $R_i$ und $R_i^*$ in (3.5.1) tritt die schwächere Aussage, dass $R_i$ durch eine vorgegebene Transformation in $R_i^*$ überführt werden kann. Notieren wir dies durch eine Transformationsfunktion $\Theta$, so nimmt die Eindeutigkeitsbedingung für $R_i$ in dem Messmodell $x$ durch **B** die allgemeinere Form an:

Für alle $R_i, R_i^*$ gilt: wenn $x[R_i] \in \mathbf{B}$ und $x_i[R_i^*] \in \mathbf{B}$, dann gilt $\Theta(R_i) = R_i^*$. (3.5.2)

Eine Transformation $\Theta$ wird auch als *Skalentransformation* bezeichnet und die abgeschwächte Eindeutigkeit als Eindeutigkeit bis auf Skaleninvarianz (der Art von $\Theta$). Es ist hierbei wesentlich, die Transformation $\Theta$ so zu wählen, dass sie einer Änderung der Einheiten entspricht. Je komplexere mathematische Transformationen wir zulassen, desto schwächer wird die Eindeutigkeitsforderung. Für die meisten Beispiele kommt man mit linearen Transformationen aus, deren Interpretation als Wechsel der Einheiten unproblematisch ist (Balzer 1996).

Das Stoßmechanik-Beispiel weist noch auf eine weitere Möglichkeit der Abschwächung der Messmodelle hin. In ihm wird volle Eindeutigkeit der Massenfunktion nur erzielt, wenn gewisse Massenwerte schon als bekannt vorausgesetzt werden.

Ein anderes, einfaches Beispiel dieser Art ist die Abstandsmessung mittels Triangulation, bei der ein Abstandswert unter Bezug auf zwei andere Abstandswerte mittels des Satzes von *Pythagoras* bestimmt wird (Balzer 1985: 91ff). Die obige Bedingung, dass die ganze Funktion $R_i$ im Messmodell eindeutig bestimmt ist, muss hier so abgeschwächt werden, dass nur *Teile* dieser Funktion eindeutig bestimmt sind, wobei der Rest der Funktion als bekannt in die Bestimmung eingeht. Im Grenzfall wird nur noch ein einziger Funktionswert eindeutig bestimmt. Im Grenzfall geht die Bedingung der eindeutigen Bestimmtheit über in die Eindeutigkeitsbedingung F2) für Funktionen in 2.4.

Eine letzte, spezielle Bedingung für Messmodelle lautet, dass die gemessene Funktion $R_i$ stetig mit den anderen Teilen des Messmodells variiert. Diese Bedingung setzt die Existenz geeigneter Topologien voraus, die sich in der Regel für eine gegebene Modellklasse in natürlicher Weise definieren lassen. Eine solche Topologie bildet einen Teil des Approximationsapparats **U** der entsprechenden Theorie.

Es ist leicht einzusehen, dass fundamentale Messung ein Spezialfall theoriegeleiteter Messung ist. Zum Beispiel ist die Klasse der fundamentalen Messmodelle eine Modellklasse im Sinne der Definition aus 2.9, weil unter den sie charakterisierenden Hypothesen Verknüpfungsgesetze vorkommen (Bedingungen 8) und 10) in 3.4). Nach Theorem 1 in 3.4 ist die zu messende Funktion in fundamentalen Messmodellen eindeutig bestimmt, so dass die beiden allgemeinen Bedingungen für theoriegeleitete Messung erfüllt sind. Der Begriff der theoriegeleiteten Messung ist allgemein, er deckt alle Fälle von Messung ab, sowohl die, die in der wissenschaftstheoretischen Literatur diskutiert werden, als auch die, die in der Praxis auftreten.

Die Rolle der Eindeutigkeitsbedingung wird unter dieser einheitlichen Perspektive deutlich sichtbar. Bei fundamentaler Messung ist die gemessene Funktion $\phi$

eindeutig bestimmt (bis auf vorher festgelegte Transformationen). Sie repräsentiert die empirischen Relationen in homomorpher und eindeutiger Weise. Bei den allgemeinen Messmodellen entfällt die Homomorphie, weil es kein Gegenstück zur Unterscheidung zwischen empirischen Relationen und deren mathematischen Repräsentanten gibt. Die Eindeutigkeitsbedingung bleibt jedoch erhalten. Sie drückt aus, dass die gemessene Funktion durch die 'restlichen' Funktionen des Modells in einem schwachen Sinn definiert werden kann. In den meisten Fällen kann man die gemessene Funktion sogar aus den restlichen Funktionen effektiv berechnen. Die Eindeutigkeitsbedingung enthält also einerseits den Aspekt des Regelns eines Messvorgangs, sie beinhaltet andererseits oft in konkreterer Form sogar ein Berechnungsverfahren für den Messwert.

Der Ablauf einer Messung lässt sich in unserer Terminologie wie folgt beschreiben. Um einen Wert der Funktion $R_i$ für gegebenes Objekt (Argument) $a$ zu messen, suchen wir nach einer geeigneten Messmethode, also nach einer Klasse von Messmodellen, in denen die $i$-te Funktion eindeutig bestimmt ist. Wir versuchen, ein solches Messmodell zu realisieren oder in der Realität zu finden, und zwar so, dass auch das Objekt $a$ im Modell vorkommt. Wir bestimmen oder erzeugen sodann die 'restlichen', d.h. die von $R_i$ verschiedenen Funktionen des Messmodells. Wenn dies gelingt, ist die Messung im wesentlichen durchgeführt. Der gesuchte Wert $R_i(a)$, der Messwert, ist entweder am System ablesbar (fundamentale Messung) oder lässt sich aus den realisierten Werten der 'restlichen' Funktionen berechnen (theoriegeleitete Messung). Die eigentliche Aktivität besteht in jedem Fall in der Realisierung des Messmodells. Die von $R_i$ verschiedenen Teile unter Berücksichtigung der für die Messmodelle charakteristischen Annahmen werden erzeugt. Wenn diese Realisierung gelingt, ergibt sich der Messwert 'automatisch', entweder durch Ablesung oder durch Berechnung aus Werten, die bei den vorhergehenden Handlungen bestimmt wurden. Diese Analyse rechtfertigt die Bezeichnung 'theoriegeleitet': es sind die vorhandenen Theorien, die die Suche nach geeigneten Messmodellen und Messmethoden leiten.

Die Bestimmung eines Messwerts mit Hilfe eines Messmodells führt zur Frage, wie wir beurteilen sollen, ob und wann die Messung 'korrekt' war. Die Antwort erfordert einen Standard für Korrektheit und dieser ist im Begriff des Messmodells angelegt. Jedes Messmodell gehört zu einer ganzen Klasse von Messmodellen, die durch Verknüpfungsgesetze definiert ist und die wir als Messmethode bezeichneten. Jedes Messmodell erfüllt also bestimmte Hypothesen. Es liegt nahe, eben diese Hypothesen als Standard für Korrektheit zu wählen. Ein gemessener Wert ist *korrekt*, wenn er in Einklang mit den Hypothesen steht, die das Messmodell beherrschen. Diese Forderung ist in der Theorie automatisch erfüllt, wenn das untersuchte System tatsächlich ein Messmodell ist. Praktisch führt die Frage, ob ein System ein Modell 'ist', allerdings auf die allgemeinen Schwierigkeiten der Anwendung einer Theorie und der Passung von Theorie und Fakten, die wir weiter unten, in 4.1 und 4.2 genauer erörtern. Grob gesprochen ist ein gemessener Wert korrekt, wenn das benutzte Messmodell den Messvorgang korrekt beschreibt, das heißt, dass die Fakten über das System des Messvorgangs approximativ bis auf eine vorgegebene

Ungenauigkeit mit einem Messmodell zusammenpassen. In gewisser Weise wird so die Korrektheit eines gemessenen Werts 'zurückgespielt' auf die Korrektheit der Beschreibung eines Systems durch eine Theorie, nämlich auf die Theorie, die den Messmodellen zugrundeliegt. Der Einwand, dass dadurch 'die Theorie vor die Messung gespannt wird', ist nur vordergründig stichhaltig. Theorien und Fakten stehen nicht in einem eingleisigen Kausalverhältnis zueinander, sondern bedingen sich gegenseitig. Die Theorien systematisieren einerseits die Fakten und werden durch diese getestet, andererseits aber wirken sie auch mit, Fakten im Kontext von Messung als korrekt und damit als sinnvolle Fakten auszuzeichnen.

In der Anwendung von Theorien führt dies zu einer dialektischen Spannung. Einerseits werden Hypothesen, die eine Messmethode charakterisieren, an Hand von gemessenen Fakten bestätigt, andererseits werden diese Hypothesen aber auch bei der Messung von Fakten als Regularitäten vorausgesetzt. Damit wird ein Zirkel in der Bestätigung der Theorie möglich, nämlich, wenn die Fakten, die die Theorie bestätigen, schon mit Hilfe und unter Voraussetzung *derselben* Theorie gemessen wurden. Ein solcher Zirkel droht, die Bestätigung zu entwerten, weil nicht zu sehen ist, wie bei Voraussetzung der Theorie in der Messung überhaupt Fakten produziert werden könnten, die der Theorie nicht entsprechen.[55] Abgesehen davon, dass die endgültige Beurteilung dieser Möglichkeit von einem bestimmten, bis jetzt noch nicht sichtbaren, allgemein anerkannten Bestätigungsbegriff abhängen wird, kann man feststellen, dass die bloße Möglichkeit von Zirkeln keine großen praktischen Probleme aufwirft. In der Regel lassen sich Zirkel der angegebenen Art bei der Bestätigung einer Theorie vermeiden, da es bei etwas Vorsicht möglich ist, Fakten, die mit Hilfe von Hypothese *H* gemessen wurden, so im Blick zu behalten, dass sie beim Test von *H* nicht eingesetzt werden (Schurz 2014).

In der zeitlichen Entwicklung von Theorien finden wir zwei Hauptmuster, nach denen Messmodelle eingesetzt werden. Erstens werden Messmodelle im Rahmen einer schon etablierten Theorie und unter Voraussetzung derselben eingesetzt, um *genauere* Werte für schon vorhandene Fakten zu erhalten. In diesem Fall geht es nicht primär um die Bestätigung der Theorie: sie *ist* schon bestätigt und anerkannt. Es geht um ihre Verbesserung. Wenn Fakten dabei in der Messung vorausgesetzt und benutzt werden, mag zwar ein gewisser Zirkel, der noch zu präzisieren wäre, vorliegen, es ist aber kein Bestätigungszirkel der oben betrachteten Art. Nach dem zweiten Muster kommen Messmodelle zum Einsatz, die die *eine* Theorie voraussetzen, um Fakten für den Test einer *anderen* Theorie zu ermitteln. Die gemessenen Fakten werden mittels Querverbindungen aus den Messmodellen zu den Fakten für die andere Theorie hinzugefügt. Dieser Einsatz von Messmodellen ist methodisch unbedenklich, wenn dabei keine 'großen' Zirkel zwischen den Theorien auftreten, so dass Theorie $T_1$ Fakten für $T_2$ liefert, $T_2$ Fakten für $T_3$ und $T_3$ wieder solche für $T_1$. Solche Zirkel sind zwar möglich, wurden bisher aber nicht nachgewiesen.

---

55 Dieses Problem wurde im Anschluss an *Sneed*s 'Problem der theoretischen Terme' viel diskutiert, siehe etwa (Stegmüller 1973).

## 3.6 Das Messproblem

Wenn wir Messung über den eigentlichen Messvorgang hinaus analysieren, muss oft noch ein anderes System miteinbezogen werden, das System, in dem sich das zu messende Objekt ursprünglich befindet. Am Beispiel der Messung des Gewichts ist dies schön zu sehen. In einem realen System soll für ein bestimmtes Objekt dessen Funktionswert, sein 'Gewicht', bestimmt werden. Normalerweise ist das betrachtete System selbst kein Messmodell für die fragliche Funktion. Man muss zu einem *anderen* System übergehen, das erstens ein Messmodell für die betrachtete Funktion ist, und in dem zweitens das untersuchte Objekt vorkommt. In diesem System wird, wie oben beschrieben, ein Messwert bestimmt, der anschließend in das ursprüngliche System zurückgebracht werden muss. Bei Gewichtsmessung wird der Messwert durch die Gravitationskraft bestimmt, die zwischen Objekt und Erdmittelpunkt wirkt. Das Objekt wird auf eine Federwaage gelegt und hat bei der Ablesung in Ruhestellung meist einen geringfügig anderen Abstand zum Erdmittelpunkt als in seinem ursprünglichen System, so dass das gemessene Gewicht geringfügig von dem im ursprünglichen System vorliegenden, aber unbekannten Gewicht verschieden ist.[56] Der Transfer vom gemessenen zum 'zu messenden' Wert ist im allgemeinen nicht genau definiert. Oft ist es aus theoretischen Gründen klar, dass beim Übergang von einem System zum anderen ein systematischer Fehler entsteht, der beim Transfer zu korrigieren ist. Oft ist aber einfach der Zusammenhang zwischen beiden Systemen derart vage, dass ein Begründungsproblem entsteht. Es ist zu begründen, warum der im Messmodell gemessene Wert bzw. sein zurückgebrachtes Gegenstück mit dem im ursprünglichen System *zu messenden* Wert identisch ist, oder warum ersterer als Wert für letzteren akzeptiert werden kann. Dieses Problem bezeichnen wir als ein *Messproblem*.

In formaler Notation bezeichne $x$ das zunächst betrachtete System, d.h. genauer ein Modell dieses Systems, $R^x$ eine in $x$ vorkommende Funktion und $a$ ein in $x$ vorkommendes Objekt aus dem Definitionsbereich der Funktion $R^x$. Der Wert $R^x(a)$ soll gemessen werden. Dazu betrachten wir ein geeignetes, anderes System, in welchem $a$ ebenfalls vorkommt, das durch ein Messmodell $y$ für die untersuchte Funktion korrekt beschrieben wird und dessen '$R$'-Funktion wir mit $R^y$ bezeichnen. Der in $y$ gemessene Wert ist $R^y(a)$ und das Messproblem besteht darin, einen Zusammenhang zwischen beiden Werten: $R^x(a)$ und $R^y(a)$, herzustellen. Falls die Identität beider Werte behauptet wird, ist diese zu begründen.

Eine befriedigende Begründung hat zwei Teile. Erstens muss der Transfer vom gemessenen Wert $R^y(a)$ zum zu messenden Wert in eine klare Form gebracht werden. Die einfachste Form ist die der Identität, bei komplexeren Formen wird der Zusammenhang über eine Formel geregelt, die ihrerseits theoretisch zu begründen ist. Zweitens muss geklärt werden, was *der zu messende Wert* überhaupt ist.

---

56 (Balzer 1985: 95ff) für weitere Details. Dort wurden in D87-5 die Quantoren in falscher Reihenfolge angeschrieben.

In Bezug auf den ersten Teil beschränken wir uns hier auf den Fall, in dem zwischen beiden Werten eine Identität besteht oder behauptet wird. Komplexere Fälle können z.B. über Querverbindungen modelliert werden.

Wichtiger ist uns hier der zweite Teil der Begründung: die Klärung und begriffliche Fixierung des zu messenden Wertes. Im Idealfall ist die zu messende Funktion – und damit auch der zu messende Wert – durch eine bestimmte Theorie charakterisiert. Die zu messende Funktion ist dann 'per Definition' eine Funktion, die in einem relevanten Modell dieser Theorie vorkommt. 'Relevant' bedeutet dabei, dass das Modell ein intendiertes System der Theorie einigermaßen korrekt beschreibt. In weniger idealen Fällen ist ein ganzes Netz von Theorien für die Auszeichnung der zu messenden Funktion zuständig.

Die Massenmessung durch Stoß ist auch hier ein gutes Beispiel. 'Die Masse des Teilchens $p$' ist in der Stoßmechanik der Wert, den die Massefunktion $m$ dem Teilchen $p$ in einem relevanten Modell der Stoßmechanik zuordnet. Allerdings bestehen Unklarheiten bezüglich des bestimmten Artikels in 'der Wert'.

Es gibt viele verschiedene Modelle der Stoßmechanik und auch solche, die sich in den Massewerten eines Teilchens unterscheiden. Der Zusatz 'relevant' soll hier Abhilfe schaffen und ausdrücken, dass das Modell ein reales System, in dem $p$ vorkommt, korrekt beschreibt. Aber auch dies sichert keine Eindeutigkeit; es gibt viele relevante Modelle, die sich in den Massewerten für $p$ unterscheiden können. Unter diesen kommen auch Messmodelle durch Stoß vor, in denen die Masse bis auf Skaleninvarianz eindeutig bestimmt ist. Es ist also möglich, wenn auch etwas kompliziert, den bestimmten Artikel beizubehalten, indem die Suche nach 'dem geeigneten' Modell intensiviert wird. Wir wollen diese Prozedur nicht weiter im Detail verfolgen (Balzer 1985: Kap. V - VI), sondern annehmen, dass sie erfolgreich ist und 'die Masse von $p$' durch Bezug auf die Stoßmechanik eindeutig festgelegt ist. Dann wird der oben genannte, erste Teil des Messproblems deutlich sichtbar, nämlich der Übergang vom gemessenen zum zu messenden Wert. Wieso sind beide gleich? Oder, wenn keine Gleichheit vorliegt, wieso ist der gemessene Wert akzeptabel? Im Beispiel folgt die Gleichheit beider Werte aus der Identitäts-Querverbindung für die Masse, die eine wesentliche und empirisch gut bestätigte Hypothese der Stoßmechanik darstellt: die Masse eines Teilchens ist nach dieser Hypothese in allen Systemen die gleiche und kann deshalb vom Messmodell in das ursprüngliche System, in dem das zu messende Teilchen vorkam, identisch zurück transportiert werden.

Im allgemeinen ist der zu messende Wert durch eine oder mehrere Theorien *nicht* eindeutig festgelegt. Die Theorie zeichnet für die Funktion $R$ nur einen Bereich, eine Menge $X_R$ von zulässigen Werten aus. Der gemessene Wert ist ein Wert $R^y(a)$, den $R$ in einem Messmodell $y$ für Argument $a$ annimmt. Die Frage ist, ob $R^y(a)$ zur Menge $X_R$ gehört. Wenn nicht, kann der gemessene Wert nicht akzeptiert werden. Die Zugehörigkeit von $R^y(a)$ zu $X_R$ muss also begründet werden. *Eine* häufig anzutreffene Form der Begründung lautet wie im Beispiel, dass die Theorie eine Identitäts-Querverbindung für die untersuchte Funktion enthält. Das heißt, die Hypothese, nach der Funktionswerte für $R$ bei gleichem Argument in verschiedenen Modellen gleich sind, ist empirisch bestätigt. Wenn das Messmodel ein Modell der Theorie ist, dann folgt aus der Querverbindung, dass der gemessene Wert in $X_R$ liegt. Im allgemeinen besteht aber kein solch einfacher Zusammenhang und das Messproblem ist systematisch nicht vollständig lösbar. In die Begründung gehen vielmehr pragmatische Überlegungen mit ein.

Eine alternative, allerdings normative Lösung des Messproblems bietet der konstruktivistische Ansatz von (Lorenzen 1987). Danach wird der zu messende Wert per Definition als derjenige Wert erklärt, der im Messmodell gemessen wurde. Im Vergleich zur obigen, allgemeinen Lösung ist dieser Ansatz bestechend einfach. Die zu messende Größe wird, ohne dass man sich in komplizierte Begründungen verstrickt, durch eine Messmethode operational definiert. Aufgrund dieser Definition entsteht gar kein Identitätsproblem zwischen gemessenem und zu messendem Wert. Der letztere ist per Definition mit ersterem identisch. Der konstruktivistische Ansatz gibt also auf beide obige Teilfragen eine einfache Antwort. Dieser Ansatz hat jedoch weitreichende Konsequenzen für den globalen Aufbau der Wissenschaft, insofern für jede Größe oder Funktion jeweils genau eine Messmethode auszuzeichnen ist, die die Größe *operational definiert*. Die anfängliche Einfachheit führt dadurch später zu größerer Komplexität. Es ist nämlich nicht möglich, verschiedene Messmethoden zur Messung der gleichen Funktion zu benutzen. Zum Beispiel könnte man sich darauf einigen, dass die 'klassische Masse' durch Messmodelle mittels Stoß, wie in 3.5 beschrieben, operational definiert wird. 'Die Masse von Teilchen $p$' bedeutet dann: 'Das Ergebnis einer korrekten Messung an $p$ mittels Stoß'. Wird die 'Masse' von $p$ mit einer anderen Methode gemessen, etwa durch Ermittlung der Beschleunigung in einem bekannten Kraftfeld, so müssen wir nach konstruktivistischer Vorschrift eine andere Bezeichnung verwenden, etwa '$Masse_1$'. Die Gleichheit der Werte $Masse(p)$ und $Masse_1(p)$ wird zu einer empirischen Hypothese über verschiedene Funktionen. Der konstruktivistische Ansatz beschreibt in dieser Hinsicht die wissenschaftliche Praxis nicht gut; Norm und Praxis klaffen auseinander.

Demgegenüber beschreibt die vorher skizzierte Lösung die tatsächlichen Verhältnisse, wo *eine* Funktion, etwa die klassische Masse, durch eine Theorie implizit definiert, aber durch *viele* verschiedene Messmethoden gemessen wird, weit besser. Bei ihr wird die Identität von Werten, die nach verschiedenen Methoden gemessen wurden, zu einer empirischen Hypothese über verschiedene Messmethoden.

Im wissenschaftlichen Alltag ist eine Tendenz zum 'lokalen' Konstruktivismus oder Operationalismus vorhanden, wenn der Forschungskontext experimentell geprägt ist. Wenn größere theoretische Zusammenhänge nicht wichtig oder gar nicht vorhanden sind, wird oft so getan, als ob eine Funktion operational definiert sei. Man akzeptiert im lokalen Kontext operationale Definitionen in dem Sinn, dass die mit gegebenen Messmethoden ermittelten Werte fraglos als Werte für die Größen angesehen werden, die man messen möchte. In mehr theoretischem Kontext will man aber von einer solch strengen Festlegung dann nichts mehr wissen. In der theoretischen Literatur wird sehr wohl die Problematik des einen oder anderen Begriffs, seiner Bedeutung, und seiner Messmethoden, erörtert.[57] Es war nicht zu erwarten, dass Fachwissenschaftler sich in solchen Diskussionen unserer metatheoretischen Terminologie bedienen würden, diese ist einfach zu 'jung'. Die zwei Teile der Lösung des Messproblems lassen sich aber bei konkreten Diskussionen deutlich ausmachen. Es wird versucht, zu klären, was unter der zu messenden Funktion, der Bedeutung des 'Begriffs', zu verstehen ist und man versucht zu begründen, wieso die gemessenen Werte dieser Bedeutung gerecht werden.

Wir erläutern die abstrakten Probleme durch ein sozialwissenschaftliches Beispiel. Als Theorie nehmen wir die schon oben erwähnte Rollenkonflikttheorie (Gross, Mason, McEachern 1958)[58] und beschreiben, wie Fakten für diese Theorie aus Umfragen gewonnen werden. In dieser Theorie haben die Autoren zwei zentrale Begriffe *Legitimationsgrad* und *Sanktionsgrad* eingeführt, die in der normalen Sprache ziemlich unklar sind. Die Autoren haben mehrere Fragebögen entwickelt, um diese Begriffe genauer zu bestimmen.

In diesen Fragebögen wird die Neigung oder der Grad einer Person untersucht, sich bei der Wahl ihrer sozialen Rollen nach der Meinung anderer Personen zu richten. In dieser Theorie geht es speziell um die zwei oben genannten Grade. In einem ersten Fragebogen soll der Legitimationsgrad gemessen werden. Ein Proband hat zwei oder mehr soziale Rollen, die er einnehmen kann, die aber in dem Probanden intern einen Konflikt auslösen können. Es wird für eine gegebene Rolle gefragt, ob diese nach Meinung verschiedener Gruppen legitim (oder richtig) sei oder nicht. D.h. es werden dem Probanden Meinungen verschiedener Gruppen durch verschiedene Fragen vorgelegt. Wenn der Proband in den meisten der ihm vorgelegten Fällen diese Meinungen legitim findet, scheint der Proband großen Wert auf Legitimation zu legen. Er hat einen großen *Legitimationsgrad* oder anders, er hat die Disposition, bestimmte Rollen gerecht zu finden. In einem anderen Fragebogen wird ähnlich gefragt, ob eine Rolle nach Meinung verschiedener Gruppen bestraft (sanktioniert) werden sollte. Wenn der Proband in den meisten ihm vorgelegten Fällen meint, die Rolle sollte sanktioniert werden, hat er eine große Neigung zu *Sanktionen* (Strafen).

Um den Legitimationsgrad zu bestimmen, werden an eine Person 18 Fragen gerichtet, die mit *ja* oder *nein* beantwortet werden sollen. Der Inhalt der Fragen betrifft verschiedene Meinungen über eine realistische Situation, in der sich die Person tatsächlich manchmal befindet. In diesem Beispiel wurden Untersuchungen an Direktoren amerikanischer High Schools durchgeführt. Der Rollenkonflikt betrifft das Verhalten eines Direktors bei Festsetzung der Lehrergehälter. In der Rolle als Leiter eines wirtschaftlichen Unternehmens versucht ein Direktor, die Gehälter möglichst niedrig festzusetzen. In der Rolle des für die Ausbildung Verantwortlichen tendiert

---

57 Ein 'klassisches' Beispiel ist die Jahrhunderte währende Diskussion über den Kraftbegriff in der Mechanik. Vergleiche (Balzer und Moulines 1981), (Kamlah 2002) und die dortigen Literaturangaben.
58 Wir stützen uns auf eine Rekonstruktion von (Kuokkanen 1989). Weitere rekonstruierte Beispiele psychologischer Theorien, bei denen zum Teil ähnliche Probleme auftreten, findet man in (Westmeyer 1989, 1992).

er dazu, die Gehälter hoch anzusetzen. Welche Rolle er tatsächlich wählt und spielt, wird durch die zentrale Hypothese der Theorie beschrieben.

Zur Ermittlung des Legitimationsgrades werden Fragen der Art formuliert: 'Ist der Veteranenklub im Recht, wenn er niedrige Lehrergehälter verlangt?'. 17 weitere Fragen sollen beantwortet werden. Diese unterscheiden sich nur durch das Wort 'Veteranenklub'. Statt diesem Wort werden 17 andere Worte für ähnlich relevante Gruppen eingesetzt. Der Legitimationsgrad eines Direktors wird nun durch die Anzahl der *ja*-Antworten festgelegt. In dieser Untersuchung wurde die Bestimmung des Legitimationsgrades durch die Anzahl der *ja*-Antworten so grob gewählt, dass der Legitimationsgrad nur zwei mögliche Ausprägungen, 'Grade' (0 und 1), haben kann. Die Autoren haben festgelegt, dass der Legitimationsgrad 1 ist gdw der Proband *mehr* als die Hälfte der Fragen mit *ja* beantwortet hat. Im anderen Fall ist der Legitimationsgrad 0. Im Prinzip hätten die Autoren auch mehrere Grade unterscheiden können. Zum Beispiel könnte man, relativ zu 18 Fragen, 6 Grade unterscheiden, indem die Anzahl $n$ der *ja*-Anworten zwischen $(i-1) \cdot 3 < n \leq i \cdot 3$ liegt. Wenn etwa der Proband bei 11 Fragen *ja*-Antworten gegeben hat, wäre sein Grad 4: $(4-1) \cdot 3 = 9 < 11 \leq 12 = 4 \cdot 3$. Inhaltlich würde man sagen, dass der Direktor mehr Fragen mit *ja* beantwortet, wenn er sich an der Meinung anderer über Recht und Unrecht orientiert: er ist legitimationsorientiert. Bei dem Fragebogen über den Sanktionsgrad wird genauso verfahren. Die Fragen haben ähnliche Form: 'Erwarten Sie, dass der Veteranenklub bei Festsetzung hoher Gehälter protestieren wird?', wieder mit variabler Einsetzung anstelle des Terms 'Veteranenklub'.

Das Ausfüllen eines Fragebogens durch eine bestimmte Person und die Festlegung des Legitimationsgrades beschreiben wir durch ein zugehöriges Messmodell.

$x$ ist ein *Messmodell für den Legitimationsgrad* gdw es $E, FR, ja, nein, \mathbb{R}, awf$ und $leg$ gibt, so dass $x$ die Form $\langle E, FR, \{ja, nein\}, \mathbb{R}, awf, leg \rangle$ hat und folgende Bedingungen gelten:

1) $E$ ist eine endliche Menge [Rollen]
2) $FR$ ist eine Menge von 18 Elementen [Fragen]
3) $\{ja, nein\}$ ist eine zwei-elementige Menge
4) $\mathbb{R}$ ist die Menge der reellen Zahlen
5) $awf$ ist eine Funktion von $E \times FR$ in die Menge $\{ja, nein\}$ [Auswertungsfunktion]
6) $leg$ ist eine Funktion von $E$ nach $\mathbb{R}$ [Legitimation]
7) Für alle $e \in E$ gilt:
$leg(e) = 1$, wenn die Anzahl der Fragen $fr \in FR$, für die $awf(e, fr) = ja$ gilt, größer als 9 ist, ansonsten gilt: $leg(e) = 0$.

Die Elemente von $E$ werden als Rollen interpretiert, die eine Person in einer bestimmten, implizit belassenen Situation einnehmen kann. $FR$ ist die Menge der Fragen auf dem Fragebogen, $\{ja, nein\}$ die Menge der zulässigen Antworten. Die *Auswertungsfunktion awf* ordnet jeder Rolle $e$ und jeder Frage diejenige Antwort zu, die

die Person tatsächlich gibt. $awf(e, fr) = ja$ bedeutet zum Beispiel, dass die Person auf die Frage $fr$, die die Rolle $e$ betrifft, mit 'ja' antwortet. $leg(e)$ ist der Legitimationsgrad einer Rolle $e$, der in Bedingung 7) durch die Anzahl der *ja*-Antworten definiert wird. Da in 7) diese Definition für alle Rollen $e$ im gegebenen System gilt, können wir sagen, dass die ganze Funktion *leg* gemessen wird:

*Theorem 6*  In Messmodellen für den Legitimationsgrad ist dieser für jede Rolle eindeutig bestimmt.

Da Bedingung 7) ein Verknüpfungsgesetz ist, liegt eine echte Messmethode vor. Ganz analog lässt sich eine Messmethode für den Sanktionsgrad definieren.

Das Messproblem besteht nun in der Frage, warum die in der beschriebenen Weise durch Fragebögen gemessenen Werte (0 oder 1), Werte der Funktionen 'Legitimationsgrad' und 'Sanktionsgrad' sind. Zur Beantwortung ist zuerst zu klären, was diese mit Anführungszeichen versehenen Begriffe bedeuten. Es handelt sich um theoretische Begriffe, die systematisch in dieser Theorie erstmals auftreten. Die Modelle der Theorie werden in einer von (Kuokkanen 1989) vorgeschlagenen Verallgemeinerung der ursprünglichen Theorie durch folgende zentrale Hypothese festgelegt. Die Person führt in einer gegebenen Situation, in der sie zwischen mehreren Rollen wählen kann, diejenige Handlung aus, die der Rolle mit maximalem Gesamtrechtfertigungsgrad entspricht. *Gesamtrechtfertigungsgrad* ist dabei definiert als eine gewichtete Summe von Legitimations- und Sanktionsgrad. Das Vorliegen einer Rollenkonfliktsituation wird in der Theorie nicht weiter thematisiert, sondern als Teil der Bestimmung der intendierten Systeme, auf die sie Anwendung findet, vorausgesetzt. Die Hypothese betrifft also im wesentlichen die Zuordnung von Handlungen zu Rollen, die durch Bezug auf den Gesamtrechtfertigungsgrad theoretisch festgelegt wird. Zur präzisen Formulierung der Hypothese definieren wir für gegebene Gewichte $g_1, g_2$ und für eine Menge $E$ von Rollen, sowie für die Funktionen *leg* der Legitimations- und *sak* der Sanktionsgrade, die Funktion $GR$, den *Gesamtrechtfertigungsgrad*, durch

$$GR(e) = g_1 \cdot leg(e) + g_2 \cdot sak(e).$$

Weiter kürzen wir die Menge der Rollen, die einen von Null verschiedenen, maximalen Gesamtrechtfertigungsgrad haben, so ab:

$max(E) = \{e \in E / GR(e) \neq 0$ *und es gibt kein* $e' \in E$, *so dass* $GR(e) < GR(e')\}$.

$x$ ist ein *Modell der Rollenkonflikttheorie* gdw es $E, A, \phi, leg, sak, \phi, g_1, g_2, rh, aus, kom$ gibt, so dass $x$ eine Struktur der Form $\langle E, A, \mathbb{R}, \phi, leg, sak, g_1, g_2, rh, aus, kom \rangle$ ist und $x$ folgende Bedingungen erfüllt:

1) $E$ und $A$ sind endliche, disjunkte, nichtleere Mengen

2) $\phi$ ist eine Funktion, die jeder Teilmenge von $E$ ein Element von $A$ zuordnet, und $\phi$ ist injektiv

3) *leg* und *sak* sind Funktionen von $E$ nach $\mathbb{R}$, die nur die Werte 0 und 1 annehmen

4)  $g_1, g_2$ sind reelle Zahlen mit $0 \leq g_1, g_2 \leq 1$ und $g_1 + g_2 = 1$
5)  *rh, aus, kom* sind Elemente aus $A$
6)  für alle $e \in E$ ist $kom \neq \phi(\{e\}) \neq aus$
7)  für *rh* gilt eine der folgenden drei Gleichungen:
7.1)  $rh = \phi(\{e\})$, falls es ein $e \in E$ gibt, so dass $max(E) = \{e\}$
7.2)  $rh = aus$, falls $max(E)$ mehr als ein Element enthält
7.3)  $rh = kom$, falls $max(E)$ leer ist.

$E$ ist die Menge der in einer Situation möglichen Rollen und $A$ enthält diejenigen Handlungen ('Aktionen'), die die Person in der Situation ausführen kann. $\phi$ ordnet jeder Rolle die zugehörige Handlung zu, d.h. die Handlung, die gemäß dieser Rolle auszuführen ist. Um Injektivität von $\phi$ zu erreichen, müssen ganze *Mengen* von Rollen als Argumente zugelassen werden. Alle Rollen einer solchen Menge führen zur gleichen Handlung. Drei spezielle Handlungen sind besonders hervorgehoben, *rh*: die tatsächlich ausgeführte ('realisierte') Handlung, *aus*: eine Ausweichhandlung und *kom*: eine Kompromisshandlung. $g_1, g_2$ sind Gewichte, die in der Definition des Gesamtrechtfertigungsgrades zusätzlichen Freiraum schaffen. Bedingung 6) schränkt den Gebrauch von *aus* und *kom* ein. 7) ist die Präzisierung der oben formulierten, informellen Hypothese, wobei 7.2) und 7.3) die speziellen Fälle regeln, in denen es mehrere Rollen (7.2) oder keine Rolle (7.3) gibt, die maximalen Gesamtrechtfertigungsgrad haben.

Legitimations- und Sanktionsgrade haben nach diesen Annahmen eine theoretische, handlungsleitende Funktion, die aber für die Bedeutung beider Begriffe einen erheblichen Spielraum lässt. Legitimations- und Sanktionsgrad sind Zahlen, die in einem relevanten Modell der Rollenkonflikttheorie vorkommen. In Abwesenheit anderer Maßstäbe müssen wir mit dieser etwas vagen Bedeutung vorlieb nehmen. Als zulässig für den Legitimationsgrad kommen alle Werte in Betracht, die in relevanten Modellen der Theorie auftreten können. Die zu messende Funktion ist damit, soweit dies eben möglich ist, festgelegt oder 'implizit definiert'.

Die zweite Frage ist, inwiefern die gemessenen Werte als Werte der Funktion *leg* (und analog für *sak*) akzeptiert werden können. Die Theorie enthält keine Identitäts-Querverbindungen für *leg* und *sak*, so dass diese Akzeptanzmöglichkeit ausscheidet. Wieso soll die Anzahl von positiven Antworten im Fragebogen den durch eine theoretische Funktion *leg* implizit definierten Legitimationsgrad angeben? Eine logische Beziehung zwischen beiden Seiten besteht nicht, so dass als einzige Art der Begründung die Bezugnahme auf den alltagssprachlichen Inhalt der Fragen übrigbleibt. Die Formulierung der Fragen enthält Wendungen 'ist im Recht', 'wird protestieren', die wir in der Umgangssprache mit Legitimität bzw. Sanktion assoziieren. Zusammen mit der impliziten Hypothese, dass die Antwort der Person auf verbale Fragen mit ihrem tatsächlichen Verhalten in den beschriebenen Situationen korreliert, ergibt sich eine vage Begründung für den Zusammenhang von Antworten und zu messendem Funktionswert.

In Fällen dieser Art ist der konstruktivistische Ansatz besonders anziehend. Die zu messende Funktion wird einfach per operationaler Definition als das Ergebnis im Messmodell festgelegt. Damit wird sowohl die Identitätsfrage als auch die Frage nach der Bedeutung der Begriffe per operationaler Definition gelöst. Allerdings wird die anfängliche Einfachheit, wie schon gesagt, mit späterer Komplikation erkauft. Wenn wir einen anderen Fragebogen mit ähnlichen Fragen benutzen, müssen wir nämlich sagen, dass damit in unsrem Beispiel ein anderer Begriff des Legitimationsgrades definiert wird und wir erzeugen eine Vielfalt von 'verschiedenen' Begriffen des Legitimationsgrades, die wissenschaftliches Leben nicht leichter macht.

## 3.7 Faktenstrukturen

Zwischen Fakten und Modellen empirischer Theorien besteht ein für die Wissenschaftstheorie zentrales Verhältnis, das wir als *Passung* bezeichnen. Das Verhältnis ist wechselseitig, ein Modell kann zu gegebenen Fakten passen, aber auch umgekehrt ein Faktum zu gegebenem Modell und zur Modellklasse. Bei der Modellierung des Passungsverhältnisses besteht zunächst eine Schwierigkeit darin, dass Fakten als Sätze eingeführt wurden, im Gegensatz zu Modellklassen. Wir müssen also erst eine Verbindung zwischen diesen beiden verschiedenartigen Entitäten herstellen. Bei Benutzung einer *ma*-Sprache als allgemeiner Wissenschaftssprache wird jeder Satz, jedes Faktum, in einen *entsprechenden* mengentheoretischen Satz verwandelt, falls er noch kein solcher ist. Die mengentheoretischen Sätze lassen sich dann leicht so umgruppieren und zusammenfassen, dass Strukturen entstehen. Dieses Vorgehen ist im Einklang mit unserer systemischen Sichtweise. Wir fassen Gruppen von Fakten, die aus einem System stammen, zu einer Struktur zusammen, die wir als Faktenstruktur bezeichnen. Da Modelle ebenfalls Strukturen sind, können wir dann die Passung von zwei gleichartigen Entitäten, einem Modell und einer Faktenstruktur, untersuchen. Eine Komplikation entsteht durch Fakten, die negierte Form haben. Wir werden diese auch als *negative Fakten* bezeichnen, im Gegensatz zu *positiven Fakten*, die durch unnegierte Atomsätze gegeben sind. Negative Fakten erfordern eine gesonderte Behandlung. Aus mehreren Möglichkeiten wählen wir den Weg, positive und negative Fakten jeweils zu einer eigenen Faktenstruktur zusammenzufassen, so dass aus den Fakten nicht eine, sondern zwei Faktenstrukturen entstehen.

Die Grundidee bei der Bildung von Faktenstrukturen besteht im Übergang von einem atomaren Satz zu einem 'entsprechenden' $n$-Tupel. Dazu erinnern wir uns an die Notation für Sätze in 2.3 und an den in 2.7 'eingeebneten' Unterschied von fett und kursiv gedruckten Sätzen. Genau genommen hat ein mit dem $n$-stelligen Relationssymbol **R** formulierter, atomarer Satz die Form $\mathbf{R}(\mathbf{a}_1, ..., \mathbf{a}_n)$, wobei $\mathbf{a}_1, ..., \mathbf{a}_n$ Namen für bestimmte Objekte $a_1, ..., a_n$ sind. Der Satz drückt aus, dass diese Objekte $a_1, ..., a_n$ in der durch **R** bezeichneten Relation $R$ stehen. Nun 'ist' aber eine $n$-stellige Relation, mengentheoretisch gesehen, eine Menge von $n$-Tupeln $\langle a_1, ..., a_n \rangle$, nämlich derjenigen Tupel von Objekten $a_1, ..., a_n$, die in der $R$-Relation 2.7 zueinander stehen; überspitzt – und gewöhnungsbedürftig – könnte man dies in einer *ma*-Sprache so abkürzen: $R = \{x / \exists x_1 ... x_n (x = \langle x_1, ..., x_n \rangle \wedge x \in R)\}$. Zum Beispiel besteht die Relation, die wir durch das Symbol 'ist kleiner als' bezeichnen, aus allen Paaren von Objekten $\langle a, b \rangle$, für die $a$ kleiner als $b$ ist.

Wir transformieren jeden atomaren Satz der Form $\mathbf{R}(\mathbf{a}_1, ..., \mathbf{a}_n)$ in einen entsprechenden mengentheoretischen Satz $\langle a_1, ..., a_n \rangle \in R$ und jeden 'funktionalen' Satz $\mathbf{f}(\mathbf{a}_1, ..., \mathbf{a}_n) = \mathbf{b}$ in $\langle a_1, ..., a_n, b \rangle \in f$, wobei wir auf beiden Seiten unterschiedliche Symbole nur verwenden, um den Unterschied zwischen 'normaler' und mengentheoretisch angereicherter Syntax 2.7 hervorzuheben. In einer *ma*-Sprache bezeichnen die kursiv geschriebenen Symbole dasselbe wie die fettgedruckten.

Nach der gleichen Methode werden auch negierte Atomsätze in entsprechende, mengentheoretische Sätze transformiert: wir verändern zuerst den unnegierten Satz in der gerade angegebenen Weise und fügen dann das Negationszeichen an. Aus $\neg \mathbf{R}(\mathbf{a}_1, ..., \mathbf{a}_n)$ wird so $\langle a_1, ..., a_n \rangle \notin R$. Der Satz 'Gruppe $\gamma$ hat höheren Status als Gruppe $\gamma^{*}$' (kurz: $\prec(\gamma, \gamma^*)$) wird so zu 'Die Gruppen $\gamma$ und $\gamma^*$ stehen in der Statusrelation' ($\langle \gamma, \gamma^* \rangle \in \prec$). 'Punkt $b$ liegt zwischen $a$ und $c$' (**zwischen**(**a**,**b**,**c**)) wird überführt in '$a, b, c$ stehen in der Zwischenrelation' ($\langle a, b, c \rangle \in$ *zwischen*). $\neg$**zwischen**(**a**,**b**,**c**) wird zu $\langle a, b, c \rangle \notin$ *zwischen*. Entsprechend für Funktionsausdrücke: 'der Ort von $p$ zur Zeit $t$ ist $\langle \alpha_1, \alpha_2, \alpha_3 \rangle$' (**s**(**p**,**t**) = $\langle \alpha_1, \alpha_2, \alpha_3 \rangle$) wird zu 'das Quintupel $\langle p, t, \alpha_1, \alpha_2, \alpha_3 \rangle$ gehört zur Ortsfunktion $s$' ($\langle p, t, \alpha_1, \alpha_2, \alpha_3 \rangle \in s$) oder 'der Preis von Warenart $g$ ist $\alpha$' (**p**(**g**) = $\alpha$) wird zu '$g$ und $\alpha$ stehen in der Preisrelation (-funktion)' ($\langle g, \alpha \rangle \in p$).

Ausgehend von einer Theorie und einem ihrer intendierten Systeme können wir alle über das System vorliegenden Fakten betrachten und diese in entsprechende mengentheoretische Ausdrücke transformieren. Durch geeignete Zusammenfassung dieser mengentheoretischen Ausdrücke erhalten wir zwei Strukturen, die wir als *Faktenstrukturen* bezeichnen. Faktenstrukturen erfassen stets die in einem intendierten System vorkommenden Fakten. Dabei wird aber nicht vorausgesetzt, dass *alle* im System bekannten Fakten in einem einzigen Faktensystem zu finden sind. Wir benutzen *zwei* Faktenstrukturen – je eine zur Zusammenfassung der positiven und eine zu negativen Fakten. Entsprechend bezeichnen wir diese als *positive* und als *negative* Faktenstrukturen.

Die Faktenstrukturen werden in drei Schritten konstruiert, die wir für den positiven Fall genauer beschreiben. Die Konstruktion der negativen Faktenstruktur verläuft in den ersten beiden Schritten genauso. Im ersten Schritt fassen wir die in mengentheoretische Form überführten, positiven Fakten, die jeweils eine einzige Relation oder Funktion betreffen, zusammen und erhalten so für jede empirische Relation $R_i$ eine Gruppe von Fakten. In der Gravitationstheorie mit den Begriffen '(koordinatisierter) Ort' ($s$) und 'Masse' ($m$) erhalten wir zum Beispiel zwei Gruppen der Form

Kapitel 3: Fakten

$$s(p_1,t_1) = \langle \alpha_1^1, a_2^1, a_3^1 \rangle \quad m(p_1) = \alpha_1$$
$$s(p_1,t_2) = \langle \alpha_1^2, a_2^2, a_3^2 \rangle \quad m(p_2) = \alpha_2$$
$$s(p_1,t_3) = \langle \alpha_1^3, a_2^3, a_3^3 \rangle$$
$$s(p_2,t_1) = \langle \alpha_1^4, a_2^4, a_3^4 \rangle$$
$$s(p_2,t_2) = \langle \alpha_1^5, a_2^5, a_3^5 \rangle$$
$$s(p_2,t_3) = \langle \alpha_1^6, a_2^6, a_3^6 \rangle$$

in mengentheoretischer Transformation:

$$\langle p_1, t_1, \alpha_1^1, a_2^1, a_3^1 \rangle \in s \quad \langle p_1, \alpha_1 \rangle \in m$$
$$\langle p_1, t_2, \alpha_1^2, a_2^2, a_3^2 \rangle \in s \quad \langle p_2, \alpha_2 \rangle \in m$$
$$\langle p_1, t_3, \alpha_1^3, a_2^3, a_3^3 \rangle \in s$$
$$\langle p_2, t_1, \alpha_1^4, a_2^4, a_3^4 \rangle \in s$$
$$\langle p_2, t_2, \alpha_1^5, a_2^5, a_3^5 \rangle \in s$$
$$\langle p_2, t_2, \alpha_1^6, a_2^6, a_3^6 \rangle \in s.$$

In der allgemeinen Notation erhalten wir Gruppen von Fakten der Form

$$\langle \alpha_1^1, ..., \alpha_{m_1}^1 \rangle \in R_1 \quad ... \quad \langle \alpha_1^{r+1}, ..., \alpha_{m_n}^{r+1} \rangle \in R_n$$
$$\langle \alpha_1^2, ..., \alpha_{m_1}^2 \rangle \in R_1 \quad ... \quad \langle \alpha_1^{r+2}, ..., \alpha_{m_n}^{r+2} \rangle \in R_n$$
$$...$$
$$\langle \alpha_1^r, ..., \alpha_{m_1}^r \rangle \in R_1 \quad ... \quad \langle \alpha_1^{r+s}, ..., \alpha_{m_n}^{r+s} \rangle \in R_n$$

beziehungsweise, für negative Fakten:

$$\langle \alpha_1^1, ..., \alpha_{w_1}^1 \rangle \notin R_1 \quad ... \quad \langle \alpha_1^{r+1}, ..., \alpha_{w_n}^{r+1} \rangle \notin R_n$$
$$\langle \alpha_1^2, ..., \alpha_{w_1}^2 \rangle \notin R_1 \quad ... \quad \langle \alpha_1^{r+2}, ..., \alpha_{w_n}^{r+2} \rangle \notin R_n$$
$$...$$
$$\langle \alpha_1^r, ..., \alpha_{w_1}^r \rangle \notin R_1 \quad ... \quad \langle \alpha_1^{r+s}, ..., \alpha_{w_n}^{r+s} \rangle \notin R_n.$$

Im zweiten Schritt definieren wir Relationen und Funktionen durch genau jene $n$-Tupel, die in den Listen vorkommen. Das heißt, wir definieren für jede empirische Relation $R_i$ eine 'Positivliste' $R_i^+$, die genau alle positiven Fakten enthält, die $R_i$ betreffen. Entsprechend können auch alle negativen Fakten, die $R_i$ betreffen, in eine Negativliste $R_i^-$ eingetragen werden. Bei den negierten Sätzen verschwinden dabei die Negationszeichen, der Unterschied zwischen negierten und unnegierten Sätzen kommt nur noch im oberen Index + bzw. − der Faktenstrukturen zum Ausdruck. Im obigen Beispiel wäre etwa

$$s^+ = \{\langle p_1, t_1, \alpha_1^1, a_2^1, a_3^1 \rangle, \langle p_1, t_2, \alpha_1^2, a_2^2, a_3^2 \rangle, \langle p_1, t_3, \alpha_1^3, a_2^3, a_3^3 \rangle$$
$$\langle p_2, t_1, \alpha_1^4, a_2^4, a_3^4 \rangle, \langle p_2, t_2, \alpha_1^4, a_2^4, a_3^4 \rangle, \langle p_2, t_3, \alpha_1^6, a_2^6, a_3^6 \rangle\},$$

d.h. diejenige Funktion $s^+$, die genau für die Argumentpaare

$$\langle p_1, t_1 \rangle, \langle p_1, t_2 \rangle, \langle p_1, t_3 \rangle, \langle p_2, t_1 \rangle, \langle p_2, t_2 \rangle, \langle p_2, t_3 \rangle$$

definiert ist und diesen die angegebenen Werte zuordnet.

Schließlich sammeln wir noch alle Objekte, die in den Tupeln der Faktenrelationen vorkommen, in die zugehörigen Objektmengen $G_i^+, G_i^-$ und in mathematische

## 3.7 Faktenstrukturen

Mengen $A_j^+, A_j^-$ und schreiben diese zusammen mit den Faktenrelationen in zwei Listen

$\langle G_1^+, ..., G_k^+, A_1^+, ..., A_m^+, R_1^+, ..., R_n^+ \rangle$ und
$\langle G_1^-, ..., G_k^-, A_1^-, ..., A_m^-, R_1^-, ..., R_n^- \rangle$.

Dies sind die gesuchten *Faktenstrukturen*. Je nach 'Vorzeichen' (+ oder −) geht es um eine *positive* bzw. *negative* Faktenstruktur. Wir konzentrieren uns im Folgenden auf die positiven Faktenstrukturen, die bei der Passung von Hypothesen und Fakten die Hauptrolle spielen.

In der Regel werden für Funktionen keine negativen Fakten gesammelt. Man interessiert sich weniger dafür, welche Werte die Funktion *nicht* annimmt, weil die Menge dieser Werte für ein gegebenes Argument meist ziemlich groß und wenig informativ ist. Die Komponenten von negativen Faktenstrukturen, die Funktionsbegriffe betreffen, sind meist leer.

Faktenstrukturen sind *endliche* Entitäten. Über ein System liegen immer nur endlich viele Fakten vor und die Faktenstruktur wird aus diesen konstruiert, ohne dass neue Elemente ins Spiel kommen. Auf dem Computer lässt sich eine Faktenstruktur als Liste speichern. Die Endlichkeit markiert einen deutlichen Gegensatz zu Modellen, die oft unendlich sind und in denen Schemata (Hypothesen) im Vordergrund stehen.

Zu einer Theorie gehören deren intendierte Systeme. Zu einem intendierten System $x$ kann eine Faktenstruktur, oder keine, oder mehrere Faktenstrukturen gehören. Die Menge *aller positiven* Faktenstrukturen bezeichnen wir mit **F**. Die so ausgezeichnete Menge **F** bildet die dritte, in 2.1 angegebene Komponente einer empirischen Theorie.

In einer Faktenstruktur lassen sich statistische Merkmale, wie Mittelwert und Standardabweichung definieren, die für eine Abschätzung der Güte der Passung, des Passungsgrades 4.2 zwischen Fakten und Modellen gebraucht werden. In der Grundsituation liegt eine *Messreihe* für eine Funktion $f$ der Theorie vor, d.h. eine Liste von Funktionswerten (reellen Zahlen) $\langle f(a,1), ..., f(a,n) \rangle$, die die Ergebnisse von $n$ wiederholten Messungen des Funktionswertes von $f$ für das Argument $a$ enthält. Dabei markieren die Indizes $1, ..., n$ die verschiedenen Wiederholungen. Für die meisten Messreihen gilt nun als Erfahrungssatz, dass die Werte in der Liste in etwa normalverteilt sind. Sie häufen sich um den Mittelwert $\mu$, der durch $\mu = 1/n \sum_{1 \leq n} f(a,i)$ definiert ist. Die Abweichung eines gemessenen Wertes $f(a,i)$ von $\mu$, ist ein grobes Maß für die Häufigkeit seines Vorkommens in der Messreihe, das sich quantitativ über ein Integral durch die Dichte für eine Normalverteilung 2.12 bestimmen lässt. Die Wendepunkte dieser Dichte markieren in Abb. 3.7.1 einen Bereich $]\mu - \sigma, \mu + \sigma[$, innerhalb dessen die 'meisten' Werte der Messreihe liegen. Der Abstand $\sigma$ seiner Grenzen zum Mittelwert $\mu$, wird als *Standardabweichung* (in der Messreihe) bezeichnet:

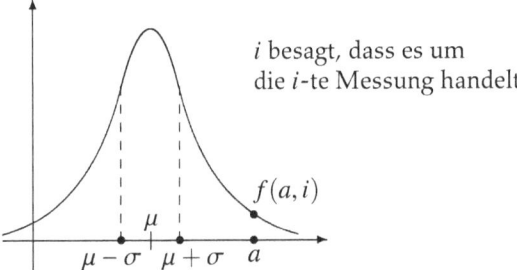

Abb. 3.7.1

Eine Faktenstruktur enthält für explizit zeitabhängige Funktionen $f$ Messreihen für alle Argumente $a$, denen $f$ in der Struktur einen Wert zuordnet. Die obigen Indizes $1, ..., n$ sind dann durch $n$ verschiedene Zeitpunkte gegeben, zu denen eine Messung vorgenommen wurde. Der Fall $n = 1$ kann natürlich auftreten. Bei zeitunabhängigen Funktionen ist es aus Typisierungsgründen zweckmäßig, die Messreihen außerhalb der Faktenstruktur anzusiedeln und die in der Faktenstruktur vorkommenden Fakten schon als Mittelwerte von Rohdaten aus Messreihen oder als sonstwie gewonnen aufzufassen.

## 3.8 Teilstrukturen

In 2.5 wurden Strukturen als Listen der Form

$$\langle G_1, ..., G_k, A_1, ..., A_m, R_1, ..., R_n \rangle$$

eingeführt, in denen $G_1, ..., G_k$ für Mengen von empirischen Objekten, $A_1, ..., A_m$ für Mengen von mathematischen Objekten und $R_1, ..., R_n$ für die empirischen Relationen stehen. Diese Objekte, Zahlen und Sachverhalte sind auch in den intendierten Systemen einer Theorie zu finden. Bei den Objektmengen einer solchen Struktur können wir Teilmengen und Obermengen bilden und wenn die Relationen wie in 2.7 als Mengen aufgefasst werden, können wir auch bei den Relationen Teil- und Obermengen bilden. Indem wir bei den Komponenten einer gegebenen Struktur der obigen Form beliebig zu Teilmengen übergehen, erhalten wir bei Beachtung technischer Vorsichtsmaßnahmen wieder eine Struktur, die als *Teilstruktur* der ursprünglichen Struktur bezeichnet wird. Diese Vorsichtmaßnahme besagt, dass die Objektmengen höchstens so weit eingeschränkt werden dürfen, dass alle in den Relationen vorkommenden Objekte noch in den eingeschränkten Objektmengen liegen. Bei realistischer Vorstellung einer Struktur, die ein reales System repräsentiert, besteht dieser Vorgang der Teilstrukturbildung darin, gewisse 'Teile' des Systems 'wegzulassen'. Auch beim Übergang zu Obermengen erhalten wir – wieder unter Beachtung technischer Details – eine Struktur, die als *Erweiterung* oder als *Ergänzung* bezeichnet wird. In realistischer Sprechweise entsteht eine Ergänzung durch 'Hinzufügung' von 'Teilen' zum ursprünglichen System. Im allgemeinen hat eine Struktur sehr viele Teilstrukturen, je nachdem, welche ihrer Teile weggelassen werden, und sie hat beliebig viele Ergänzungen, je nachdem, welche Teile wir hinzufügen. Mindestens begrifflich gibt es beim Hinzufügen keine erkennbare obere Schranke.

Wenn wir Relationen und Funktionen in mengentheoretischer Sichtweise als Mengen von $n$-Tupeln auffassen, wird der Begriff der Teilstruktur durch Inklusionen von Mengen präzise ausgedrückt. Eine (positive) Faktenstruktur $x' = \langle G'_1, ..., R'_n \rangle$ ist eine *Teilstruktur* von Struktur $x = \langle G_1, ..., R_n \rangle$, wenn 1) gilt: $G'_1 \subseteq G_1, ..., R'_n \subseteq R_n$, und 2) dass auch $x'$ eine Struktur des Typs von $x$ ist. Wir schreiben dann kurz: $x' \sqsubseteq x$. Es ist hier zugelassen, dass einige Komponenten der Teilstruktur leer sein dürfen. Zum Beispiel könnte $R'_n$ leer sein. Weiter gilt für jede Struktur $x$: $x \sqsubseteq x$.

Modelle wurden in 2.9 als Strukturen definiert, in denen vorgegebene Hypothesen gültig sind. Auch von einem Modell können wir zu Teilstrukturen und Ergänzungen übergehen. Allerdings verlieren dabei in der Regel die Hypothesen ihre Gültigkeit. Dies ist auf allgemeiner Ebene leicht einzusehen. Eine Hypothese kann zum Beispiel ausdrücken, dass eine bestimmte Grundmenge genau zwei Elemente hat – wie etwa in bestimmten Modellen der Stoßmechanik 2.8. Diese Hypothese verliert offenbar seine Gültigkeit, wenn die Grundmenge verkleinert oder vergrößert wird. Teilstrukturbildung und Ergänzung führen im allgemeinen von Modellen zu Nicht-Modellen.

*Eine* wissenschaftstheoretische Anwendung dieser Begriffe haben wir im letzten Abschnitt kennengelernt, wo wir die Fakten eines Systems zu einer Struktur, einer Faktenstruktur, zusammenfassten. Nach Konstruktion ist jede *positive* Faktenstruktur eine Teilstruktur einer Struktur für die betreffende Theorie. Einerseits wurden im letzten Konstruktionsschritt der Faktenstruktur alle Objekte, die in den Relationen vorkommen, in die Basismengen aufgenommen, so dass die Relationen sich typengerecht aus den Basismengen konstruieren lassen. Andererseits sind Faktenstrukturen *echte* Teilstrukturen, wenn die ursprünglichen Strukturen unendliche, mathematische Basismengen, wie die Menge $\mathbb{R}$ enthalten. Eine weitere Anwendung von Teilstrukturen wird unten bei der Explikation von 'Passung' erfolgen. Wegen seiner Wichtigkeit wollen wir den Begriff inhaltlich an mehreren Beispielen erläutern.

In der Struktur, die sich nach der Gravitationstheorie (vergleiche 2.13 und 2.14) aus unserem Sonnensystem ergibt, kommt u.a. eine Menge von Teilchen vor. Diese Menge enthält genau die Sonne und einige Planeten. Diese Menge hat sich in der Geschichte der Gravitationstheorie verändert: neue Planeten wurden entdeckt, die Menge und damit die ganze Struktur wurde ergänzt. Umgekehrt kann es für bestimmte Fragen vorteilhaft sein, nur einige wenige Planeten zu betrachten. So war es in den Anfängen der Mechanik wichtig, die *Kepler*schen Gesetze aus dem Gravitationsgesetz 'abzuleiten'. Nach dem ersten *Kepler*schen Gesetz beschreibt jeder Planet eine Ellipse um die Sonne. Bei der 'Ableitung' dieser Aussage aus dem Gravitationsgesetz wurden am Anfang jeweils die übrigen Planeten ignoriert. Dieses Gesetz bezieht sich nur auf eine Teilstruktur, deren Partikelmenge aus der Sonne und *einem einzigen* Planeten besteht.

Praktisch noch wichtiger ist die Teilmengenbildung bei der Menge der Zeitpunkte. Die Menge der Zeitpunkte muss theoretisch, um Differentiation der Ortsfunktion zu ermöglichen, strukturgleich mit einem offenen, reellen Zahlenintervall sein, insbesondere ist sie dann überabzählbar. Offensichtlich können aber die Orte der Teilchen nur zu endlich vielen Zeitpunkten bestimmt (gemessen) werden. Es gibt nur endlich viele Fakten über Orte. Die Zeiten, für die Fakten vorliegen, induzieren also eine 'sehr kleine' Teilstruktur.

Die gleiche Situation liegt auch bei der Menge der Raumpunkte vor. Auch der Raum wird theoretisch durch eine Menge repräsentiert, die strukturgleich mit dem vollen *euklid*ischen Raum 'hoch drei' ist. Die endlich vielen Fakten über Orte machen stets nur einen winzigen Bruchteil der Menge aller Raumpunkte aus. Für eine sinnvolle Repräsentation sollte der 'theoretische Raum', die Menge aller theoretisch möglichen Raumpunkte, so gewählt sein, dass er die empirischen Orte als Teilmenge enthält. Liegt keine solche Inklusion vor, so gibt es gemessene Orte, für die im theoretischen Modell überhaupt kein Platz vorgesehen ist. Das Modell lässt dann keinerlei Aussagen über diese Orte zu, auch keine Aussagen über 'Nicht-Passung', wie zum Beispiel, dass die gemessenen Orte nicht zu einer theoretischen Ortsfunktion passen.

Der Übergang von 'vollen', theoretischen Grundmengen zu endlichen, durch Messung bestimmten Mengen führt aus der Modellklasse heraus. In den Modellen ist durch Hypothesen die Überabzählbarkeit für die Basismengen von Raum- und Zeitpunkten *gefordert*. Beim Übergang zu endlichen Teilmengen – im Zuge des Übergangs zu endlichen Teilstrukturen – kommen wir daher von Modellen zu Nicht-Modellen.

Die Ortsfunktion $s$ dient in einer Gravitationsstruktur zur Beschreibung einer Teilchenbahn, und zwar durch viele Sätze der Art '$s(p,t) = \langle \alpha_1, \alpha_2, \alpha_3 \rangle$' ('$\langle \alpha_1, \alpha_2, \alpha_3 \rangle$ stellt den Ort von Teilchen $p$ zur Zeit $t$ dar'). Als Funktion, die theoretisch für alle Teilchen und *alle* Zeitpunkte definiert ist, umfasst sie *alle* Sätze der obigen Form, also überabzählbar viele. Empirisch sind aber Orte immer nur zu endlich vielen Zeiten bestimmt, so dass eine 'empirische' Ortsfunktion nur endlich viele Sätze der obigen Form beinhalten kann. Der Übergang zu einer Teilstruktur ist bei Anbindung an Fakten zwingend geboten.

Die gleiche Diskussion können wir für Masse- und Kraftfunktion wiederholen, nur dass in diesen Fällen die gemessenen Werte (Massen und Kräfte) einen 'theoretischeren' Status als Orte haben. In ihre Bestimmung gehen mehr theoretische Annahmen ein. Es gibt aber im Lichte unseres weitgefassten Faktenbegriffs keinen Grund, Fakten über diese Funktionen auszuschließen. Wenn solche Fakten vorkommen, entsteht wieder die Notwendigkeit, zu Teilstrukturen überzugehen.

Aus dem Sonnensystem erhalten wir so einerseits die schon beschriebene volle Struktur für die Gravitationstheorie, die auch 'theoretische' Elemente einschließt. Andererseits erhalten wir, indem wir nur die tatsächlich untersuchten Teilchen und Zeitpunkte berücksichtigen, eine endliche Struktur, die im Idealfall eine Teilstruktur der ersteren ist: die untersuchten Teilchen und Zeitpunkte sind in den Objektmengen der vollen Struktur enthalten, und die in der Teilstruktur repräsentierten, gemessenen Orte, Massen und Kräfte sind in der Wertemenge der vollen Orts-, Massen- und Kraftfunktion enthalten.

Für ein zweites Beispiel gehen wir aus von den in 2.9 definierten Modellen für soziale Institutionen. Dort kommen als eine Sorte von Objekten konkrete Handlungen und die entsprechende Hauptbasismenge $A$ vor. Zugleich spielen auch Handlungstypen, d.h. Mengen von einander ähnlichen Handlungen, eine Rolle. Aus dem Schemacharakter der Handlungstypen ergibt sich ein Problem für die Interpretation der konkreten Handlungen. Soll die Menge $A$ in einem Modell nur genau die endlich vielen, realen Handlungen enthalten, die in einem zugehörigen System vorkommen, oder sollen auch mögliche Handlungen als Elemente von $A$ zugelassen sein? Im ersten Fall, muss die Bildung von Teilstrukturen verallgemeinert werden.

Die Situation ist hier ganz analog zu der von Raum und Zeit in der Gravitationstheorie. Im intendierten System $x$ werden nur endlich viele reale Handlungen bestimmt, so dass die Grundmenge $A$ in einer Struktur, die das System $x$ repräsentiert, einen 'theoretischen Überschuss' enthält. Die endliche Menge $A_{real}$ der realen Handlungen bildet nur eine kleine Teilmenge von $A$. Die Einschränkung eines Modells auf die Menge $A_{real}$ führt bei Teilmengenbildung in all den Komponenten, die sich auf $A$ beziehen, zu einer Teilstruktur. Zum Beispiel können wir die *real*-Relation, die Personen $j$ mit Handlungen $a$ aus $A$ in Beziehung setzt, so einschränken, dass nur noch Handlungen aus $A_{real}$ berücksichtigt werden. Die Hypothesen der Theorie bleiben bei solcher Einschränkung im allgemeinen nicht gültig.

Die Klasse aller endlichen Teilstrukturen definiert einen Möglichkeitsraum für Fakten. Genau solche Fakten sind im Rahmen einer Theorie *möglich*, die in einer endlichen Teilstruktur der Theorie auftreten können. In dieser Begrifflichkeit lassen sich zeitliche Veränderungen der Fakten mit Hilfe der Teilstruktur-Beziehung beschreiben. Durch Erhebung neuer Fakten an einem intendierten System wird die Faktenstruktur, in der die Fakten des Systems zusammengefasst sind, erweitert: die anfangs vorhandene Faktenstruktur wird zu einer Teilstruktur der durch Messung neu Entstehenden. Das sukzessive Anwachsen der Fakten führt so zu einer 'aufsteigenden' Folge: jedes vorhergehende Folgenglied ist Teilstruktur des Nächstfolgenden.

Bei einer Theorie, in der ein Modell 'nur' abzählbar viele Elemente enthält, kann ein solches Modell im strengen Sinn der Limes einer aufsteigenden Folge von Faktenstrukturen sein. Der Limes wird einfach durch (komponentenweise) Vereinigung der Teilstrukturen in der Folge definiert. In diesem Fall kann man sagen, die Folge der positiven Faktenstrukturen *schöpfe* das gegebene Modell *aus*, denn jeder Atomsatz, der im Modell gültig ist, ist auch in einer Faktenstruktur der Folge als Faktum vorhanden. In dieser Darstellung 'entspricht' ein abzählbares Modell einer unendlichen Menge 'möglicher' Fakten, obwohl es selbst aus Anzahlgründen keine Faktenstruktur sein kann. Oft sind die Modelle empirischer Theorien allerdings überabzählbar; dies kommt von den überabzählbaren Hilfsbasismengen, unter denen meist reelle Zahlenintervalle vorkommen.

## 3.9 Datennetze

Datennetze bilden sich in der Wissenschaft, wenn viele Fakten erhoben oder erzeugt werden. In einem Netz werden Fakten nicht nur zwischen Forschern und Projekten ausgetauscht und benutzt, sondern teilweise auch homogenisiert (Endres und Augustin 2016). Wenn ein Faktum in zwei Projekten durch verschiedene Terme ausgedrückt wird, ändert das erste Projekt die Bezeichnung des Fakts und übernimmt die Bezeichnung, die in dem zweiten Projekt verwendet wird. Dadurch können Fakten ohne zusätzliche Mühe an alle beteiligten Forscher weitergegeben werden. Dies geschieht heute meistens per Internet.

Wie schon ausgeführt, werden in der Informatik sowohl Fakten als auch Hypothesen als 'Daten' angesehen. Datennetze enthalten also auch Ausdrücke über Hypothesen. Da es in diesem Kapitel nur um Fakten geht, verwenden wir im folgenden daher nicht das Wort 'Datennetz' sondern 'Faktennetz' – auch wenn diese Wort (bis jetzt?) nicht gebräuchlich ist.

Theoriennetze haben wir in 2.13 kennengelernt. Die Knoten in einem Theoriennetz 'sind' Theorien. Damit sind implizit auch Netze von Strukuren (oder Modellen) und Netze von Fakten vorhanden. In einem Netz von Modellen besteht ein Knoten jeweils aus einem Modell (oder in anderen Anwendungen auch aus einer Modellklasse). Jedes Modell aus einem solchen Netz gehört – in der Regel eindeutig – zu einer Theorie. Die Knoten eines Faktennetzes 'sind' Fakten (oder auch Listen von Fakten) und die Linien sind Verbindungen zwischen Fakten.

Die Zuordnung eines Faktums zu einer Theorie und einem intendierten System ist nicht eindeutig. Ein Faktum kann in mehreren verschiedenen Faktensystemen vorhanden sein. Es kann zu verschiedenen intendierten Systemen gehören und es kann auch in verschiedenen Theorien verwendet werden. Wenn zum Beispiel der Druck eines Gases bestimmt wird, ist die Temperatur, das Volumen und die Art des Gases bekannt. Damit ist aber nicht klar, zu welchem Zweck dieser Druck ermittelt wird. Soll dadurch eine Theorie gestützt werden? Oder soll der bestimmte Wert in einer anderen Theorie in einer Definition angewendet werden? Anders gesagt, sind Faktennetze weit weniger streng strukturiert als die Theoriennetze.

Fakten gehören, mit noch anderen Worten, nicht nur zu Theorien, sondern auch zu natürlichen Sprachen. Ein Faktum hat in verschiedenen Gruppen ein anderes, soziales Gewicht. Wenn ein Faktum in einer Wissenschaftlergruppe wichtig und bestätigt ist, aber in einer anderen Gruppe nicht zur Kenntnis genommen wird – aus welchen Gründen auch immer –, entsteht ein Problem. Kann ein Sachverhalt in dieser Situation als ein Faktum für eine Theorie bezeichnet werden?

Ein wirkliches Ereignis 'entwickelt' sich zu einem Faktum in ähnlicher Weise, wie dies bei Theorien beschrieben wurde. Ein Ereignis muss von einer Forscherin beobachtet sein, und mit anderen Forschern diskutiert und positiv bewertet werden. Solche Prozesse sind großenteils sozial gesteuert. Zur Entwicklung einer Theorie gehört auch der Prozess, in dem ein Ereignis zum Status eines Fakts erhoben wird.

Auf der Ebene der Fakten kommen neue menschliche Schwäche hinzu, die wir bei Theorien – bis heute – seltener finden. Eine Person kann ein Ereignis vortäuschen, das gar nicht stattgefunden hat. Sie kann es aber trotzdem als Faktum 'verkaufen'. Bei der Entstehung eines Faktums kann es zu Plagiaten kommen. Ein Fakt wird als selbst erhoben oder selbst produziert dargestellt, obwohl eine andere Person diesen Fakt vorher schon veröffentlicht hatte. Eine Person kann absichtlich einen Messwert falsch notieren, um einen Ausreißer aus einer Messreihe herauszuhalten. Sie macht absichtliche Fehler (Kurzawe 2023), (Smith 2006).

Dieser Punkt hat sich durch das Internet wesentlich verstärkt. Beim Wettbewerb zwischen Projekten, Personen und Disziplinen spielt die Zeit inzwischen eine immer wichtigere Rolle. Zwei Projekte forschen am selben Objekt, aber nur dasjenige Projekt bekommt die Lorbeeren, das das richtig Resultat *zuerst* veröffentlichen konnte. Auch in den sozialen, nicht wissenschaftlichen Bereichen, spielen solche Diskussionen und Beeinflussungen ein große Rolle.

Faktennetze lassen sich einteilen in interne und externe Faktennetze. Die Fakten in einem internen Faktenenetz stammen alle aus derselben Theorie, dagegen gibt es in einem externen Faktenetz Fakten aus verschiedenen Theorien.

Ein Faktennetz ist *homogen*, wenn alle Fakten im Netz mit demselben Relationsbegriff formuliert werden. Das heißt, alle Linien – in diesem Fall: Beziehungen zwischen Fakten – sind von derselben Art. Wenn ein Faktennetz inhomogen ist, gibt es mindestens zwei Beziehungen, die auch bedeutungsmäßig durch andere Terme ausgedrückt werden. In solchen Netzen werden Beziehungen zwischen Fakten oft wahrscheinlichkeitstheoretisch hergestellt.

Zum Beispiel wird in einem Netz, in dem nur der Nutzen von Personen aus einer kleinen Gruppe untersucht wird, nur ein einziger Grundbegriff (Nutzen) verwendet. Das Netz ist homogen und es ist auch intern: alle Fakten stammen aus demselben intendierten System. Wenn in der Theorie neben dem Nutzen auch die Wahrscheinlichkeit eine Rolle spielt (Jeffrey 1965), kann ein Faktennetz Beziehungen zwischen Nutzen und Wahrscheinlichkeiten enthalten. Ein solches Faktennetz ist inhomogen; es gehört zu zwei Theorien, nämlich sowohl zur Entscheidungstheorie als auch zur Wahrscheinlichkeitstheorie. Ob das Netz intern oder extern ist, hängt in diesem Fall von der Anwendung ab. Werden die Fakten aus diesem Netz nur für die Entscheidungstheorie verwendet oder zum Beispiel auch für eine medizinische Theorie?

Faktennetze haben mehrere Aufgaben. Eine erste Aufgabe besteht darin, dass Objekte, die in verschiedenen Faktensystemen durch Namen vertreten sind, eindeutig identifiziert werden. Es kommt oft vor, dass in zwei verschiedenen Faktensystemen Fakten über das gleiche Objekt vorliegen, und nicht immer wird dabei der gleiche Name zur Bezeichnung dieses Objekts benutzt. Wenn das Objekt relativ unbedeutend ist, bekommt es bei jeder Faktenerhebung oder Produktion *ad hoc* einen Namen. Eine Faktenverbindung behauptet in solchen Fällen die Identität des durch verschiedene Namen bezeichneten Objekts. Zum Beispiel kann in einer soziometrischen Langzeitstudie die gleiche Person bei zwei Erhebungen mit verschiedenen Namen auftreten, weil sie in der Zwischenzeit (in Deutschland) geheiratet hat. Oder in zwei chemischen Reaktionen kann die gleiche Menge der gleichen Substanz benutzt werden.

## Kapitel 3: Fakten

Ein Objekt oder ein Ereignis kann in verschiedenen Theorien verwendet werden. Zum Beispiel kann eine ganz bestimmte Person sowohl als Grundobjekt in einer ökonomischen Theorie als auch in einer soziologischen Theorie benutzt werden. Wenn in einem Faktennetz Fakten zu finden sind, die diese Person betreffen, und wenn es Fakten dieser Art gibt, die in beiden (ökonomischen und soziologischen) Theorien verwendet werden, handelt es sich um ein externes Faktennetz.

In all diesen Fällen kann ein Namensproblem entstehen. Zur Lösung werden oft verschiedene Namen vereinheitlicht. Alle Wissenschaftler, die diese Objekte verwenden, bezeichnen ein bestimmtes Objekt durch dasselbe Wort – unabhängig davon, zu welchem intendierten System es in einer Anwendung gerade gehört. Dabei werden oft bewusst oder unbewusst Klassen gebildet. Die verschiedenen Wörter oder Terme für ein Objekt werden in eine Klasse zusammengefasst, und für diese wird konventionell eines der Wörter auch als Bezeichnung für die Klasse selbst verwendet. Zum Beispiel werden alle Massenwerte ('Objekte'), die für dasselbe Teilchen bestimmt wurden, zusammengefasst und als 'die Masse des Teilchens' bezeichnet.

Eine zweite Aufgabe besteht darin, eine bestimmte Beziehung zwischen Objekten, die durch zwei Fakten in verschiedenen Faktensystemen beschrieben wird, stabil zu halten. Seien zwei Fakten $R_i(a_1, ..., a_n)$ und $R'_i(a'_1, ..., a'_n)$ gegebenen, wobei die Relationen $R_i$ und $R'_i$ zum selben Grundbegriff und zu den Strukturen $x$ und $x'$ derselben Theorie gehören. Weiter seien $a_1, ..., a_n$ Namen für Objekte aus $x$ und $a'_1, ..., a'_n$ Namen für Objekte aus $x'$. Wenn diese Objekte $a_1, ..., a_n$ mit $a'_1, ..., a'_n$ identisch sind, und beide Fakten zutreffen, lassen sich die Fakten verbinden. Beide Fakten sind gleichwertig, kurz: $R(a_1, ..., a_n) \leftrightarrow R'(a'_1, ..., a'_n)$. Inhaltlich könnte man das zweite Faktum durch das erste ersetzen, so dass zum Beispiel, der Sachverhalt in beiden Faktensystemen durch $R(a_1, ..., a_n)$ notiert werden kann.

In der Institutionentheorie 2.9 wird eine solche Querverbindung gebraucht, um die Gleichwertigkeit zweier Sachverhalte: ($i$ realisiert $a$) und ($i'$ realisiert' $a'$) festzustellen. Dabei sind $i$ und $i'$ Namen für dieselbe Person, und $a$ und $a'$ Namen für dieselbe Handlung, aber das Faktum ($i$ realisiert $a$) liegt in einer Faktenstruktur $x$ und das Faktum ($i'$ realisiert' $a'$) in einer anderen Faktenstruktur $y$.

Beziehungen dieser Art können auch theorieübergreifend sein. Zum Beispiel wird die Massefunktion in verschiedenen naturwissenschaflichen Disziplinen verwendet, wobei nicht immer dasselbe Wort verwendet wird. Oft wird unterschieden, ob es um eine Ruhemasse handelt oder um eine 'klassische' Masse, bei der die Relativitätstheorie keine Rolle spielt. In diesem Fall wäre das Netz, in dem solche Funktionen vorkommen, extern.

Auch in diesen Fällen kann das Notationsproblem durch Vereinheitlichung gelöst werden. Wenn verschiedene Ausdrücke für dieselbe Relation verwendet werden, kann einer dieser Ausdrücke, etwa: $\Sigma$, konventionell herausgehoben werden. Andere Relations- oder Funktionsausdrücke $\sigma$, die für diesen Sachverhalt verwendet werden, lassen sich unter den Term $\Sigma$ subsumieren.

Wenn die Beziehungen zwischen Fakten in einem Netz nicht durch intertheoretische Relationen dargestellt werden, sondern durch Verben oder Phrasen, die in der jeweils verwendeten Sprache zu finden sind, kommen wir in einen relativ neuen

Bereich. Die verschiedenen Fakten, die es in einem Faktennetz gibt, werden in verschiedene Dimensionen eingeteilt. Dabei ist die Einteilung in Dimensionen durch die Sprache in großem Maße vorgegeben. Möchte man ein Faktum zum Beispiel als ein raum-zeitliches Ereignis oder als stabiles Objekt oder als eine Flüssigkeit oder als einen Prozess oder als ein Symbol oder als eine Person betrachten?

Eine dritte Aufgabe für Faktennetze besteht darin, Fakten aus einem Netz als Grundbausteine für komplexe Terme zu verwenden, die in verschiedenen Anwendungen eingesetzt werden können – wie wir in 4.5 und 5.6 sehen werden.

Durch das Internet wurden die Fakten im Vergleich zu Hypothesen aufgewertet. Inzwischen gibt es sogar Stimmen, die sagen, dass Hypothesen nicht mehr gebraucht würden. Auf jeden Fall ist richtig, dass die heutigen Computer viele Berechnungen viel schneller ausführen können, und dass sie die unglaubliche Anzahl von Fakten, die heute im Internet vorhanden sind, effektiv durchforsten können – was der Mensch allein nicht schafft.

Dies führte in der Computerwelt zu einem eigenen Bereich, der mit dem Term *Big Data* bezeichnet wird. Viele menschliche Handlungen lassen sich mit Big Data verändern. Stichworte, wie: Gespräche führen, überwachen, Rechte übertreten und umsetzen, Einfluss ausüben (*'influencer'*), Auto fahren, Haushalt verwalten oder Behördengänge erledigen, werden ausführlich diskutiert (Dedic und Stanier 2017). Für uns sind hier aber nur wissenschaftliche Veränderungen interessant.

In der Forschung wird die Bestätigung von Hypothesen und die Voraussagen von neuen Fakten und Hypothesen verbessert, indem eine größere Menge von Fakten gesammelt und durch viele maschinelle Verfahren gefiltert und ausgewählt werden kann. Dasselbe gilt für wissenschaftliche Simulationen. Durch die große Menge von Fakten und durch die immer größeren Computerprogramme, passen die Resultate von Simulationen besser zu wirklichen Systemen.

Big Data hat vor allem für das Wissenschaftshandeln in 1.3 größere Veränderungen hervorgebracht. Im naturwissenschaftlichen Bereich werden etwa raumzeitliche Beobachtung durch Satelliten, die Beobachtung der Erderwärmung oder von Springfluten genauer. In der Linguistik sind die Roboter nahe an die natürliche Sprache herangerückt. Oft wird eine Mensch mit einem Roboter diskutieren, obwohl der Mensch dies gar nicht weiß.

In der wissenschaftlichen Lehre lässt sich das Schreiben von Texten, Seminararbeiten und anderen Arbeiten durch den Computer, Big Data und die *Large Language Models* nicht mehr rückgängig machen. In den Lebenswissenschaften sind Voraussagen und Diagnosen besser geworden und in der Rechtsprechung kommen in der Fallanalyse und bei den Ermittlungen zunehmend Computer zum Einsatz. Auch in der Politik greifen die Experten immer mehr auf Big Data und *Large Language Models* zurück. Ob diese vielen Veränderungen für die Menschheit insgesamt etwas Gutes bringen werden, möchten wir hier nicht beurteilen.

Schließlich möchten wir zwei Punkte wenigstens erwähnen, die mehr Raum bekommen sollten. In den meisten Disziplinen sind große Datennetze und auch Faktennetze entstanden. Zum Beispiel wurden in Europa Netzwerke in der Linguistik oder für Kulturwissenschaften errichtet. Diese Netze sind teilweise nicht öffentlich.

Welche politischen und/oder ökonomischen Überwachungsinstitute trotzdem auf solche Inhalten zugreifen oder zugreifen können, wissen wir nicht.

Zweitens werden im Internet auch eine große Menge von falschen Aussagen in die Welt gesetzt – aus welchen Gründen auch immer. Dadurch werden viele falsche Fakten (*fakes*) generiert, was die Bestätigung von wissenschaftlichen Ansprüchen nicht einfacher macht.

# Kapitel 4: Passung

## 4.1 Passung von Modellen und Fakten

Dies ist eines der strukturellen Hauptmerkmale der Wissenschaft. Passung ist eine wechselseitige Beziehung. Wir können einerseits Modelle daraufhin überprüfen, ob sie mit gegebenen Fakten zusammenpassen. In dieser 'Richtung' bilden die Fakten eine Basis für Test und Auswahl von Modellen und Hypothesen. Wir können aber auch in umgekehrter Richtung Fakten danach beurteilen, wie sie mit gegebenen Modellen zusammenpassen. In dieser Richtung bilden die Modelle eine Basis für den Sinn und die Anerkennung von Fakten.

In 2.1 wurde eine Theorie durch vier Komponenten charakterisiert: eine Modellklasse **M**, eine Menge **I** intendierter Systeme, eine Menge **F** von Faktenstrukturen und einen Approximationsapparat **U**. Eine Theorie besteht demnach unter anderem aus 'ihren' Faktenstrukturen, so dass es etwas verwirrend ist, zu sagen, die 'Theorie passe mit ihren Fakten zusammen'. Dieser Wendung liegt die alte Vorstellung zugrunde, nach der eine Theorie mit gegebenen Hypothesen identifiziert wird. Unter Verwendung unseres genaueren Theoriebegriffs müssen wir Passung nicht zwischen Theorie und Fakten, sondern zwischen Modellen und Faktenstrukturen ansetzen. Die Wendung 'Passung von Theorie und Fakten' ist als Abkürzung von 'Passung zwischen den Modellen und Faktenstrukturen einer Theorie' zu verstehen. In 2.1 wurde der Passungsbegriff schon in den Theoriebegriff mit einbezogen. Wir reden nur dann von einer empirischen Theorie, wenn eine Passungsbedingung erfüllt ist.

Passung ist eng verwandt mit Einigung. Wenn $X$ zu $Y$ passt und Einigung über $X$ besteht, dann sollte man sich auch über $Y$ einig werden können. Dies gilt auch für die Wissenschaft. Wenn sich die wissenschaftliche Gemeinschaft über eine Faktenstruktur einigt, und ein dazu passendes Modell gefunden ist, dann folgt auch Einigung über das Modell. Von dieser Regel wird höchstens abgewichen, wenn zwei verschiedene Modelle gleich gut zu den Fakten passen. Umgekehrt führt die Passung eines neuen Basissatzes zu einer bereits vorhandenen Theorie in der Regel dazu, dass der Satz unter die Fakten für diese Theorie aufgenommen wird. Ausnahme bildet wieder der Fall, dass zwei Basissätze neu gefunden werden, von denen jeweils nur einer zur Theorie passt, aber jeder für sich gleich gut.

Die Anerkennung von Passung läuft in der Forschergemeinschaft auf eine Einigung hinaus und Einigungsprozesse über Theorien rekurrieren meist auf gegebene Fakten. Sie setzen damit voraus, dass es funktionierende Einigungsprozesse über Fakten gibt. Es gibt aber auch Prozesse, mit denen Einigkeit über Basissätze erzielt wird, die *keine* vorherige Einigung über Theorien voraussetzen. Dies gilt auf jeden Fall für Basissätze, die in der Alltagssprache formuliert sind, wie zum Beispiel 'Dieses Blatt ist grün', und bei denen zur Bestimmung ihrer Objekte und Prädikate

Kapitel 4: Passung

('Blatt', 'grün') keine wissenschaftliche Theorie benutzt werden muss. Dies deutet darauf hin, dass bei Passung im Rahmen einer Theorie die Passung von Modellen zu *gegebenen* Fakten primär ist. Wir werden im folgenden die Passungsbedingung in dieser Richtung lesen. Die Fakten sind gegeben und Passungsprobleme fallen, sofern sie auftreten, meistens zu Lasten der Hypothesen. Die Passungsbedingung ist erfüllt, wenn die Hypothesen der Theorie zu den gegebenen Fakten passen.

Nach diesen pragmatischen Vorklärungen wenden wir uns dem formalen Verhältnis zwischen der Modellklasse **M** und der Menge **F** von positiven Faktenstrukturen zu und fragen, unter welchen Bedingungen **M** und **F** zusammenpassen. Wir konzentrieren uns im Folgenden auf die positiven Faktenstrukturen. Über die negativen Faktenstrukturen wurde bis jetzt kaum diskutiert. Wir lassen daher den Zusatz 'positiv' im Folgenden einfach weg. Das formale Verhältnis wird interessant, wenn **M** und **F** zur gleichen Theorie gehören, d.h. Komponenten *einer* Theorie sind.

Modelle sind, genau wie Faktenstrukturen, Strukturen, so dass auch nach der Passung zweier *Mengen* von Strukturen, von Modellmengen und von Mengen von Faktenstrukturen, gefragt wird. Hier bilden die unterschiedlichen Anzahlen beider Mengen ein Problem. Die Menge aller Faktenstrukturen einer Theorie ist endlich, weil die Menge aller intendierten Systeme der Theorie endlich ist und man aus jedem intendierten System wegen der begrenzten menschlichen Möglichkeiten nur endlich viele Faktenstrukturen gewinnen kann. Die Klasse aller Modelle einer Theorie ist dagegen immer unendlich.[59] Die Passung beider Strukturmengen kann also nicht durch eine bijektive Funktion auf die Passung je eines Modells mit einer 'entsprechenden' Faktenstruktur zurückgeführt werden. Vielmehr muss auf der Seite der Modelle eine Auswahl getroffen werden, nämlich durch Auszeichnung *eines* 'zugehörigen' Modells, oder einer Klasse gleichwertiger, 'zugehöriger' Modelle für jede Faktenstruktur. Diese Auszeichnung ist ein bisher kaum untersuchter Teil des Wissenschaftsprozesses. Im vorliegenden Abschnitt wollen wir uns auf die Passung zwischen je *einem* gegebenen Modell und je *einer* gegebenen Faktenstruktur konzentrieren. Nach welchen Kriterien das Modell ausgewählt wurde, bleibt offen. Erst nachdem dieser Passungsbegriff zwischen je einem Modell und einer Faktenstruktur geklärt ist, lassen sich sowohl die Probleme, die sich aus der Passung ganzer Klassen von Strukturen ergeben, als auch die Rolle der Passung in der wissenschaftlichen Entwicklung erörtern.

Wir betrachten also eine Faktenstruktur $z$ einer Theorie und ein Modell $x$ derselben Theorie und fragen, ob *$x$ und $z$ zusammenpassen*?

Zum besseren Verständnis, aber ohne Einfluss auf die systematische Definition, nehmen wir an, dass die Fakten aus einem intendierten System der Theorie gewonnen wurden und dass das Modell als theoretisches Modell eben für dieses intendierte System vorgeschlagen wurde. Die Frage, ob Faktenstruktur und Modell zusammen-

---

59 Zur Begründung dieser Behauptung müssten wir über einen mengentheoretisch fundierten Begriff der Möglichkeit nachdenken. Stattdessen verweisen wir auf die herrschende Meinung in der Modelltheorie, siehe etwa (Monk 1976). Auch die Frage nach der Kardinalität solcher Klassen führt zu sehr in die Logik und kann hier nicht erörtert werden.

## 4.1 Passung von Modellen und Fakten

passen, läuft inhaltlich auf die Frage hinaus, ob das Modell das zugrundeliegende intendierte System zufriedenstellend beschreibt.

Zunächst ist festzustellen, dass Passung fast nie in idealer Weise vorliegt, sondern stets in graduell abgestufter Form. Die Frage ist praktisch nie, ob Faktenstruktur und Modell einfach passen, sondern stets, *wie gut* sie passen. Die Güte der Passung wird in der Regel durch Zahlen zwischen 0 und 1 oder durch Prozentzahlen ausgedrückt. Formal wird Passung damit zu einem dreistelligen Begriff, der in Formulierungen wie 'Die Güte der Passung von Faktenstruktur $z$ und Modell $x$ is $\varepsilon$', wobei $\varepsilon$ eine reelle Zahl aus dem Bereich zwischen 0 und 1 ist, kurz: $0 \leq \varepsilon \leq 1$. Vorbereitend sei jedoch zunächst der ideale, nicht graduell abgestufte Begriff erläutert. Wir fragen also zunächst nach idealer Passung zwischen $z$ und $x$, was beim abgestuften Begriff einer hundertprozentigen Passung entspricht.

Der begriffliche Apparat zur Definition von Passung ist bereits eingeführt. Wir definieren: eine Faktenstruktur $z$ *passt zu* Modell $x$ gdw $z$ eine Teilstruktur von $x$ ist. Genauer beinhaltet diese Definition zwei Bedingungen. Es müssen 1) beide Strukturen (das Modell und die Faktenstruktur) vom Typ der Form $\langle G_1,...,G_k, A_1,...,A_m, R_1,...,R_n \rangle$ sein, 2) muss jede Komponente der Faktenstruktur Teilmenge der entsprechenden Komponente des Modells sein ($z \sqsubseteq x$).

Wenn wir von der Faktenstruktur zur ursprünglichen Satzmenge der Fakten zurückgehen und das Modell mit seinen Hypothesen identifizieren, bedeutet Passung syntaktisch, dass die Fakten als Sätze mit den allgemeinen Hypothesen des Modells konsistent sind.

Dieser Passungsbegriff lässt sich auf ganze Mengen von Faktenstrukturen und Modellen ausdehnen. Wir sagen, dass eine Menge **X** von Faktenstrukturen zur Modellklasse **M** passt, wenn es zu jeder Faktenstruktur $z \in$ **X** ein Modell $x$ gibt, so dass $z$ im obigen Sinn zu $x$ passt. Eine schärfere Form der Definition ergibt sich, wenn wir aus der Modellklasse **M** eine zu **X** gleichmächtige Teilmenge **Y** auswählen, so dass jede Faktenstruktur aus **X** zu einem Modell aus **Y** passt. **Y** kann als ein 'passendes Bild' von **X** bezeichnet werden. Die Passungsbedingung für eine Theorie besagt nun:

*Passungsbedingung*:
   Zu jeder Faktenstruktur $z \in$ **F** *gibt es* ein Modell $x \in$ **M**, so dass $z$ zu $x$ passt.

Für eine gegebene Faktenstruktur $z$ ist dies eine Existenzbehauptung: 'Es gibt ein Modell, so dass ... '. Die Passungsbedingung stellt in dieser Form eine Verallgemeinerung der strukturellen *empirischen Behauptung einer Theorie* (beschränkt auf die hier untersuchten, 'lokalen' Theorieformen) dar. (Sneed 1971), (Balzer, Moulines, Sneed 1987: Chap. 2).

Als eines der einfachsten Beispiele betrachten wir die Theorie 'des' ungedämpften, harmonischen Oszillators, die eine wichtige Spezialisierung der klassischen Mechanik 2.13 bildet. Da es uns hier nicht auf den Zusammenhang mit der *Newton*schen Theorie ankommt, geben wir die Theorie nicht wie in 2.13 durch das entsprechende Kraftgesetz, das *Hooke*'sche Gesetz, an, sondern direkt durch die Form der Bahn, die ein harmonisch oszillierendes Teilchen durchläuft und die sich aus dem *Hooke*'schen Gesetz berechnen lässt. Wir nehmen an, dass alle Orte der Bahn auf einer Geraden

Kapitel 4: Passung

liegen, so dass die Bahn durch Angabe einer Zahl für jeden Zeitpunkt $t$ beschrieben werden kann. Die Zahl gibt den Abstand des Teilchens zu $t$ von der Ruhelage an. Wir können in diesem Fall den Raum durch die Menge der reellen Zahlen repräsentieren.

*$x$ ist ein Modell des ungedämpften harmonischen Oszillators gdw es $P, T, s, \alpha, \beta$ und $p$ gibt, so dass $x$ eine Struktur der Form $\langle P, T, \mathbb{R}, s, \alpha, \beta \rangle$ ist und folgende Bedingungen erfüllt:*

1) $P$ ist eine ein-elementige Menge, $P = \{p\}$
2) $\mathbb{R}$ ist die Menge der reellen Zahlen
3) $T$ ist ein offenes Intervall reeller Zahlen
4) $s$ ist eine Funktion von $P \times T$ nach $\mathbb{R}$
5) $\alpha, \beta \in \mathbb{R}, \alpha, \beta > 0$
6) für alle $t \in T$ gilt: $s(p, t) = \alpha \cdot sin(\beta \cdot t)$.

Die Bahn des Teilchens $p$ ist durch eine Sinusfunktion mit zwei Parametern: der Amplitude $\alpha$ und der Phase $\beta$ gegeben (Gähde 1983).

Eine Faktenstruktur für ein harmonisch oszillierendes Teilchen entspricht einer Liste von Ortsangaben zu verschiedenen Zeitpunkten, wobei die Orte als Zahlen entlang der Schwingungsachse notiert werden. Die Messung zur Zeit $t$ ergibt einen Wert der Form $s(p, t) = \gamma$. Nehmen wir an, es seien zu den Zeiten 0, 1, 2, 3,..., 15 folgende Werte gemessen worden:

$s(p, 0) = 0 \quad s(p, 4) = 0 \quad s(p, 8) = 0 \quad s(p, 12) = 0$
$s(p, 1) = 1 \quad s(p, 5) = 1 \quad s(p, 9) = 1 \quad s(p, 13) = 1$
$s(p, 2) = 0 \quad s(p, 6) = 0 \quad s(p, 10) = 0 \quad s(p, 14) = 0$
$s(p, 3) = -1 \quad s(p, 7) = -1 \quad s(p, 11) = -1 \quad s(p, 15) = -1$

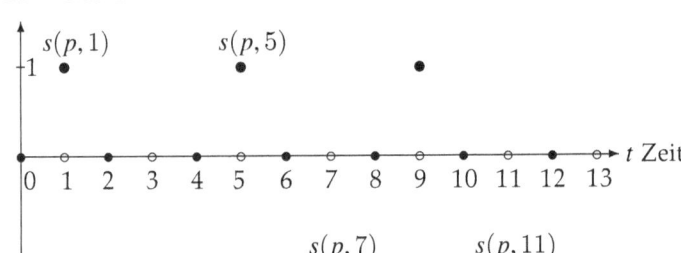

Abb. 4.1.1

Natürlich sind diese Werte zu schön um wahr zu sein, aber wir wollen ja zunächst den Fall der idealen Passung exemplifizieren, für den auch ideal gute Werte vorhanden sein müssen. In Abb. 4.1.1 sind die gemessenen Werte (mit Zeiten auf der $t$-Achse) als Punkte eingetragen. Diese Punkte gehören alle zum Graphen der durch die Gleichung $s^*(p, t) = 1 \cdot sin(1 \cdot t)$ definierten Funktion, d.h. anschaulich: sie liegen auf der durch diese Funktion gegebenen Kurve.

4.1 Passung von Modellen und Fakten

Die Fakten passen in idealer Weise zu einem Modell, das durch die beiden Parameter $\alpha = \beta = 1$ gegeben ist. Dies ist ein Fall idealer Passung. Zu den vorliegenden Fakten 'gibt es' ein passendes Modell. Die gemessenen Fakten (die schwarzen Punkte) liegen genau auf der Kurve; die durch Abb. 4.1.2 veranschaulichte Faktenstruktur ist eine Teilstruktur, ein Teilsystem, des 'vollen' Modells.

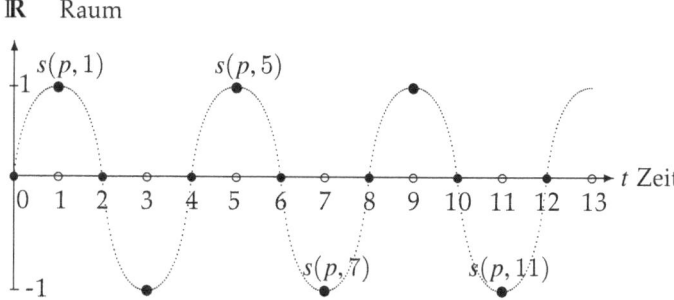

Abb. 4.1.2

Passung hat nur sehr bedingt etwas mit Zahlen zu tun. Der Begriff der Passung findet auch bei rein qualitativen Theorien Anwendung. Als Beispiel einer qualitativen Theorie betrachten wir die Institutionentheorie 2.9, deren Modelle die Form $\langle J, A, \Gamma, \Theta, \chi, <, real, int, einfl \rangle$ mit einer *transitiven* Statusrelation $<$ haben. Nehmen wir an, dass über ein intendiertes System, das die drei Gruppen $\gamma_1, \gamma_2, \gamma_3$ enthält, genau die beiden folgenden Fakten vorliegen: $\gamma_1 < \gamma_2$ und $\gamma_2 < \gamma_3$, und dass ein Modell $x$ als Beschreibung dieses Systems vorgeschlagen wurde, in dem ebenfalls diese drei Gruppen, sowie die beiden angegeben Statusverhältnisse, vorkommen. Passt die aus den Fakten gewonnene Faktenstruktur zum Modell? Die Faktenstruktur besteht aus der Menge $\Gamma^+$ der drei Gruppen, und der Statusrelation $<^+ = \{\langle \gamma_1 \gamma_2 \rangle, \langle \gamma_2, \gamma_3 \rangle\}$, die anderen Komponenten spielen keine Rolle, d.h. sind leere Mengen. Nach den Angaben über das Modell ist die Menge $\Gamma^+$ von Gruppen eine Teilmenge der Menge von Gruppen $\Gamma$ des Modells und dasselbe gilt für die Statusrelation $<^+ \subseteq <$. Die Faktenstruktur ist also eine Teilstruktur des Modells, und damit die allgemeine Bedingung für Passung trivial erfüllt. Es liegt Passung vor.

Anders sieht es aus, wenn auch negative Fakten vorliegen. Nehmen wir an, im Beispiel sei Übereinstimmung erzielt worden, dass auch *nicht*($\gamma_1 < \gamma_3$) gilt, d.h. Gruppe $\gamma_3$ hat keinen höheren Status als $\gamma_1$. Wegen des Transitivitätsaxioms sollte $\gamma_1 < \gamma_3$ aber zum vorgeschlagenen Modell $x$ gehören. Damit passt die Faktenstruktur, die auch dieses Faktum enthält, *nicht* zum Modell. Sie passt auch zu keinem anderen Modell der Theorie, da in unsere Überlegung keinerlei weitere Eigenschaften des Modells eingingen. *Es gibt kein* Modell der Theorie, das zu dieser Faktenstruktur passt: die Passungsbedingung ist verletzt. Die Fakten sind in diesem Fall mit der Theorie unverträglich. Wir sehen, dass selbst bei äußerst einfachen, qualitativen Theorien und sehr wenigen Fakten Passungsprobleme auftreten können. Dieses Beispiel ist auch aus inhaltlichen Gründen interessant. Kann eine Person $i$ von einer Person $j$ beeinflusst sein, ohne dies bewußt angeben zu können?

171

Kapitel 4: Passung

Diese beiden Beispiele sind aus der Sicht der Passung von ausgesucht einfachster Art. Oft nimmt die Untersuchung, ob ein Modell zu gegebenen Fakten passt, eine Vielfalt von zum Teil höchst komplexen Formen an, die stark von der jeweiligen Form der Modelle der Theorie abhängen. Viele mathematische Methoden – etwa zur Lösung von linearen Gleichungen oder Differentialgleichungen – können in diesem Zusammenhang als Hilfsmittel zur Lösung von Passungsproblemen für verschiedene empirische Theorien angesehen werden.

Wir wollen dies am Beispiel der Stoßmechanik 2.8 erläutern. Für jedes Teilchen $p$ bilden wir die Differenz der Geschwindigkeiten vor und nach dem Stoß: $v(p) = v(p, t^v) - v(p, t^n)$. Der Impulserhaltungssatz lässt sich dann wie folgt umformulieren: $\Sigma_{p \in P} \, v(p) \cdot m(p) = 0$. Sammeln wir für feste Nummerierung der Teilchen, etwa durch $p_1, ..., p_n$ die Vektoren $v(p_i)$ zu einer Matrix $\mathbf{v} = (v(p_1), ..., v(p_n))$ und die Massenwerte $m(p_1), ..., m(p_n)$ zu einem (Spalten-) Vektor $\mathbf{m} = (m(p_1), ..., m(p_n))^T$, so nimmt obige Summe die Form eines linearen Gleichungssystems $\mathbf{v} \cdot \mathbf{m} = \mathbf{0}$ an. Über die Lösung solcher Gleichungssysteme gibt die lineare Algebra erschöpfende Auskunft. Insbesondere hängt die Lösbarkeit nach $m$ vom Rang der Matrix $\mathbf{v}$ ab und zusammen mit der Bedingung der Positivität dieser Werte ergeben sich einige wenige systematisch erschöpfende Fälle, in denen die Gleichungen lösbar sind (Balzer und Mühlhölzer 1982).

Aus diesen und ähnlichen mathematischen Überlegungen lassen sich für die Frage der Passung mehrere Arten von Situationen unterscheiden. Eine erste Art von Situation liegt vor, wenn die Geschwindigkeitswerte aller Teilchen vor und nach dem Stoß als Fakten gegeben sind. In diesem Fall reduziert sich die Frage nach Passung auf die Frage, ob es positive Massenwerte gibt, die die Gleichung löst, und diese Frage auf die erwähnten mathematischen Bedingungen an die Form der Matrix $\mathbf{v}$. Je nach der speziellen Form der Matrix gibt es ein zu den Fakten passendes Modell oder nicht. Dieser Fall ist im Hinblick auf die Messmöglichkeiten realistisch. Es werden alle Geschwindigkeiten gemessen und dann wird geprüft, ob den Teilchen im Einklang mit dem Impulserhaltungssatz Massenwerte zugeordnet werden können. In einem zweiten Fall sind nur die Geschwindigkeiten *vor* dem Stoß als Fakten gegeben.

In diesem Fall finden wir ohne weiteres ein Modell, das zu den Fakten passt. Zur Begründung genügt die Bemerkung, dass wir für *beliebig* gegebene Massenwerte die Geschwindigkeiten nach dem Stoß so 'wählen' können, dass der Impulserhaltungssatz erfüllt ist. In einer dritten Situation sind einige der Geschwindigkeiten vor und nachher bekannt, aber so, dass die beiden vorherigen Fälle nicht vorliegen. Hier ergeben sich weitere Spezialfälle je nachdem, wieviele Teilchen am Stoß beteiligt sind und genau welche Werte als Fakten bekannt sind. Die vierte Situation besteht, wenn *alle* Werte, d.h. sowohl alle Geschwindigkeiten als auch alle Massen als Fakten gegeben sind. Hier ist die Frage der Passung äquivalent mit der Frage, ob die Werte den Impulserhaltungssatz erfüllen. Eine fünfte Art von Situation liegt schließlich vor, wenn zwar die Massen, aber nicht alle Geschwindigkeiten bekannt sind, oder wenn nur einige Massen und einige Geschwindigkeiten bekannt sind, aber so, dass keiner der vorherigen Fälle vorliegt. Auch hier muss weiter nach Teilchenzahl und nach den speziellen Werten differenziert werden.

Selbst bei dieser knappen Skizze dürfte klar geworden sein, dass die Frage, ob bei dieser Theorie Passung vorliegt, zu Methoden und Theoreme der linearen Algebra führt, und zwar zu verschiedene Methoden für verschiedene Typen von Situationen. In dieser Hinsicht ist das Beispiel typisch für Passungsfragen.

Zwei Arten von Situationen, die auch im Beispiel auftreten, verdienen besondere Aufmerksamkeit, nämlich die Situationen, in denen aus der bloßen *Form* der Fakten – im Gegensatz zu deren speziellen Werten – und der *Form* der Modelle schon logisch erschlossen werden kann, ob es passende Modelle gibt oder nicht. Für eine gegebene Modellklasse gibt es oft allgemeine Beschreibungen von Faktenmengen, aus deren Form sich beweisen lässt, dass es immer oder nie ein Modell gibt, zu dem sie passen. In der Stoßmechanik liegt ein solcher Fall etwa vor, wenn die Fakten genau alle Geschwindigkeiten vor dem Stoß umfassen. Unabhängig von den speziellen Werten dieser Geschwindigkeiten folgt bereits logisch, dass es ein zu den Fakten passendes Modell gibt. Um den Gegensatz klarer zu sehen, sei dieser mit einem anderen Fall kontrastiert, in dem etwa alle (vor und nach dem Stoß) Geschwindigkeiten bekannt sind. Hier hängt die Passung davon ab, ob die erwähnten mathematischen Bedingungen an die Matrix **v** erfüllt sind oder nicht, und dies hängt von den speziellen Geschwindigkeitswerten ab, die in der Matrix zusammengestellt sind.

Abschließend bemerken wir, dass Passungsprobleme auch auf der Ebene der Objekte auftreten können, wenn nämlich die Theorie 'hypothetische Objekte' postuliert, wie dies bei den üblichen Theorien der Zeit, des Raumes, aber auch, wie wir schon sahen, in der Institutionentheorie der Fall ist.

## 4.2 Approximative Passung

Der Passungsbegriff in 4.1 beschreibt den Idealfall, der in Wirklichkeit sehr selten vorkommt. Normalerweise weichen die Fakten insgesamt etwas von den hypothetischen Relationen und Funktionen ab, hauptsächlich, weil die Hypothesen im Vergleich mit der Realität zu grob oder zu fein ausfallen. Bei komplexen Phänomenen, wie etwa in der Soziologie, sind die Modelle gröber als die realen Phänomene, bei einfachen Phänomenen, wie in der Geometrie, sind sie feiner. Nach der weit verbreiteten, naiv realistischen Vorstellung werden die Hypothesen im Lauf der Wissenschaftsentwicklung immer besser in dem Sinn, dass sich der Passungsgrad zwischen ihnen und 'dem' jeweils modellierten System verkleinert. Gegen diese Vorstellung ist einzuwenden, dass 'das' modellierte, reale System in Wirklichkeit eine hochgradig hypothetische Entität ist, die von ihren theoretischen, immer besseren Modellen mitkonstituiert wird (Balzer, Lauth, Zoubek 1989), (Balzer 1997). Solche Fragen sind Gegenstand der Bedeutungs- oder Referenztheorie. Dagegen geht es hier einfach darum, die Abweichung der Fakten von den theoretischen Funktionen, die als wissenschaftstheoretische Tatsache hinzunehmen ist, in geeigneter Weise zu

Kapitel 4: Passung

modellieren. Erst dann könnten die angeschnittenen Fragen der Bedeutungstheorie in präziser Weise angegangen werden.

Der Begriff der nicht-idealen, d.h. approximativen Passung wird mit Hilfe der Topologie auf den der idealen Passung zurückgespielt. In der Topologie stehen hierfür mehrere, miteinander verwandte Begriffe zur Verfügung: Umgebungen, Abstände, uniforme Umgebungen. Auch der qualitative Begriff der Ähnlichkeit kann benutzt werden. In (Balzer, Moulines, Sneed 1987: Chap. 7) wird mit uniformen Umgebungen gearbeitet. (Niiniluoto 1987) benutzt Abstände, (Tversky 1977) analysiert den Ähnlichkeitsbegriff. Wir entscheiden uns hier aus verschiedenen Gründen (Balzer und Zoubek 1994), (Bartelborth 1988) für den Abstandsbegriff in der schwachen Form von Quasi-Metriken.

Der Begriff der *approximativen Passung* ist dreistellig. Für gegebenes Modell $x$, gegebene Faktenstruktur $z$ und eine gegebene, positive, reelle Zahl $\varepsilon$ soll definiert werden, dass $z$ und $x$ im Grad $\varepsilon$, oder bis auf $\varepsilon$, zueinander passen. $\varepsilon$ bezeichnen wir als *Passungsgrad*. Die Zurückführung auf ideale Passung erfolgt durch Bezug auf eine dritte, neu einzuführende 'Hilfsstruktur' $y$, die entweder zum Modell $x$ oder zur Faktenstruktur $z$ einen Abstand nicht größer als $\varepsilon$ hat. Je nach Wahl von $y$ erhalten wir verschiedene Begriffe der approximativen Passung, die wir, da die Diskussion über deren relative Vorzüge noch nicht abgeschlossen ist, beide darstellen. Bei der ersten Möglichkeit wird die Hilfsstruktur zur Faktenstruktur $z$ ähnlich gewählt; sie ist also auf der Faktenebene angesiedelt. Eine Faktenstruktur $z$ passt nach dieser ersten Möglichkeit per Definition *bis auf $\varepsilon$ zum* Modell $x$, wenn *es eine Hilfsstruktur $y$ gibt*, die zu $z$ einen Abstand nicht größer als $\varepsilon$ hat und die ideal zu $x$ passt (siehe Abb. 4.2.1a unten). Schreiben wir '$y$ passt zu $x$' für ideale Passung und '$d(z,y) \le \varepsilon$', um auszudrücken, dass der Abstand zwischen zwei Strukturen $z, y$ kleiner oder gleich $\varepsilon$ ist, so erhalten wir folgenden Passungsbegriff, der auf der empirischen Ebene angesiedelt ist.

$pass_{emp}(z, x, \varepsilon)$ gdw es ein $y$ gibt, so dass gilt: $y$ passt zu $x$ und $d(y, z) \le \varepsilon$.

Bei der zweiten Definitionsmöglichkeit ist die Hilfsstruktur dem Modell ähnlich. Dass heisst, die Ähnlichkeit findet auf der theoretischen Ebene statt. In diesem Fall lautet die Definition: *$z$ passt bis auf $\varepsilon$ zu $x$*, wenn es ein *$y$ gibt*, so dass $y$ von $x$ einen Abstand nicht größer als $\varepsilon$ hat und $z$ ideal zu $y$ passt:

$pass_{theo}(z, x, \varepsilon)$ gdw es ein $y$ gibt, so dass gilt: $z$ passt zu $y$ und $d(x, y) \le \varepsilon$.

In Abb. 4.2.1 sind beide Fälle dargestellt.

In Teil a) ist als Kreis um die Faktenstruktur $z$ eine Umgebung aller 'potentiellen Faktenstrukturen', d.h. die Menge aller Teilstrukturen, eingezeichnet, die einen Abstand kleiner oder gleich $\varepsilon$ von $z$ haben. In dieser Menge muss es ein $y$ geben, zu dem das Modell $x$ ideal passt, was durch den Pfeil von $y$ nach $x$ angedeutet ist. In b) ist die Umgebung als Kreis auf der Modellebene dargestellt. Unter allen Strukturen, deren Abstand von $x$ kleiner gleich $\varepsilon$ ist, muss es ein potentielles Modell $y$ geben, das ideal zu $z$ passt. Das potentielle Modell $y$ braucht selbst kein echtes Modell zu sein; es muss nur die richtige Form haben, d.h. eine volle Struktur für die betrachtete Theorie sein.

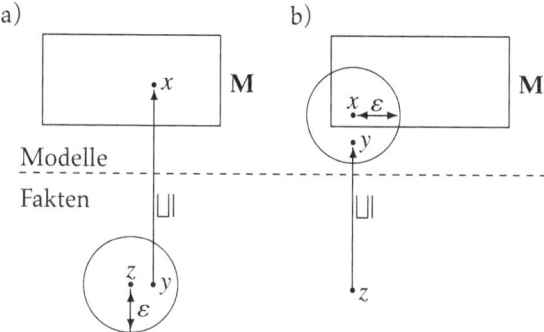

Abb. 4.2.1

Diese Definitionen sind, wie in 4.1, in der Richtung von Fakten zu Modellen zu lesen. Die Passungsbedingung für eine Theorie läuft auf die Behauptung der Existenz eines zur jeweiligen Faktenstruktur bis auf $\varepsilon$ passenden Modells hinaus. Sie enthält also eine doppelte Existenzbehauptung, die wir in obiger Version a) genau hinschreiben wollen:

*Approximative $\varepsilon$-Passung*
  Zu jeder Faktenstruktur $z \in \mathbf{F}$ *gibt es* ein Modell $x$ und *gibt es* eine Hilfsstruktur $y$, so dass gilt: $y$ passt zu $x$ und $d(y,z) \leq \varepsilon$).

Zur Abrundung der Definition approximativer Passung muss noch der Abstandsbegriff genauer festgelegt werden. Dazu können wir uns formal auf den ersten Fall beschränken, in dem Abstände auf der Ebene von Teilstrukturen eingeführt werden. Der in 3.8 definierte Begriff der Teilstruktur ist reflexiv: jede Struktur ist eine Teilstruktur von sich selbst. Definieren wir bei festem Typ eine Teilstruktur (schlechthin) als etwas, das Teilstruktur einer beliebigen Struktur dieses Typs ist, so umfasst die Klasse aller Teilstrukturen (eines Typs) die Klasse aller Strukturen dieses Typs und damit erst recht jede Modellklasse, die in der Strukturklasse enthalten ist. Modelle sind also auch Teilstrukturen; jeder für beliebige Teilstrukturen definierte Abstandsbegriff legt daher auch Abstände für Modelle fest. Dies ist nebenbei bemerkt ein metatheoretisches – wenn auch kein zwingendes – Argument zugunsten von Version a) in Abb. 4.2.1. *Gegen* diese Version spricht zum Beispiel, dass die Supremumsmetrik (siehe unten) nur für Funktionen mit gleichem Definitionsbereich endliche Werte liefert.

Die Festlegung des Abstandsbegriffs umfasst zwei Teile. Erstens werden allgemeine Bedingungen aus der Topologie formuliert, die für *jede* Abstandsfunktion zu gelten haben. Diese Bedingungen sind jedoch sehr schwach, sie lassen sehr viele verschiedene Abstandsfunktionen zu und sind deshalb zweitens zu ergänzen durch Hinweise darauf, wie im konkreten Fall, d.h. bei fest vorgegebenen Strukturen, konkrete Abstände definiert werden können.

Für den ersten, allgemeinen Schritt legen wir uns auf den Begriff der Quasi-Metrik und des quasi-metrischen Raumes fest. Alternativ werden zum Beispiel in (Balzer, Moulines, Sneed 1987: Chap. 7), uniforme Strukturen benutzt. Auch topologische Räume sind in der wissenschaftstheoretischen Anwendung oft gut zu verwenden, vor allem, wenn sie über Umgebungssysteme definiert werden, vergleiche z. B. (Schubert 1964: 13ff). Eine Quasi-Metrik legt 'Quasi-Abstände' fest, die wir im Folgenden auch einfach als 'Abstände' bezeichnen werden. Eine Quasi-Metrik ist allgemeiner als eine *echte* Metrik, insofern sie auch den Abstandswert 'Unendlich' zulässt und zwei *verschiedenen* Objekten den Abstand Null zuweisen kann. Wir schreiben $\mathbb{R}^*$ für die um das Element $\infty$ erweiterte Menge der reellen Zahlen, wobei folgende Setzungen hinzukommen: für jedes reelle $\alpha$ gilt: $\alpha < \infty, \alpha + \infty = \infty$ und $\infty + \infty = \infty$.

$x$ ist ein *quasi-metrischer Raum* gdw es $G$ und $d$ gibt, so dass gilt $x = \langle G, \mathbb{R}^*, d \rangle$ und folgende Bedingungen für alle $a, b, c \in G$ erfüllt sind

1) $d$ ist eine Funktion, die Paare von Elementen aus $G$ in $\mathbb{R}^*$ abbildet, $d : G \times G \to \mathbb{R}^*$
2) $d(a,b) \geq 0$; 3) $d(a,a) = 0$
4) $d(a,b) = d(b,a)$; 5) $d(a,b) \leq d(a,c) + d(c,b)$.

Da jeder metrische Raum (Schubert 1964: Kap. I.1), (Bauer 1974) die angegebenen Axiome erfüllt, sind insbesondere alle in der mathematischen Literatur definierten Metriken auch Quasi-Metriken.

Für jede konkrete Theorie ist in einem zweiten Schritt eine Quasi-Metrik zwischen den jeweils zugehörigen Teilstrukturen zu definieren. Zwar sind allgemeine Konstruktionen möglich, die *nicht* auf die speziellen Typen und Hypothesen der Modelle eingehen (Balzer und Zoubek 1994), aber in der wissenschaftlichen Praxis werden Abstände und Ähnlichkeiten meist in enger Anlehung an die spezielle Form der Strukturen und Hypothesen festgelegt. Wir werden uns aus diesem Grund auf die Angabe einiger Quasi-Metriken beschränken, die sich für einzelne Komponenten von Strukturen (Basismengen, Relationen, Funktionen) definieren lassen und nur kurz auf die Frage eingehen, wie sich aus diesen eine Quasi-Metrik für 'ganze' Strukturen konstruieren lässt.

Zunächst führen wir den mengentheoretischen Begriff der *symmetrischen Differenz* $\Delta(X, Y)$ von zwei Mengen $X$ und $Y$ ein. Die symmetrische Differenz wird als Vereinigung von $X$ und $Y$ abzüglich des Durchschnitts von $X$ und $Y$ definiert:

$$\Delta(X, Y) = (X \cup Y) \setminus (X \cap Y).$$

## 4.2 Approximative Passung

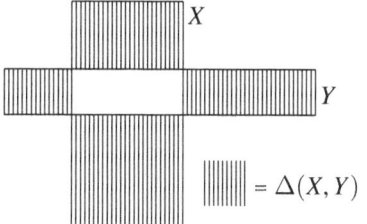

Abb. 4.2.2

Eine erste, sehr einfache Quasi-Metrik lässt sich definieren, wenn beide Mengen $X$ und $Y$ endlich sind. In diesem Fall kann man die symmetrische Differenz $\Delta(X,Y)$ von $X$ und $Y$ bilden, und die Anzahl $\|\Delta(X,Y)\|$ der Elemente aus der so gebildeten Menge $\Delta(X,Y)$ direkt zählen:

$d_1(X,Y) = \|\Delta(X,Y)\|.$

Dieser Abstand ist auf theoretischer Ebene für Basismengen von Theorien geeignet, deren Endlichkeit explizit gefordert ist. Dieser Begriff ist für Faktenstrukturen gut anwendbar.

Wenn $X$ oder $Y$ unendliche Mengen sind, muss ein abstraktes Maß an die Stelle der Anzahlen $\|\Delta(X,Y)\|$ treten. Wenn für Mengen $Z$ aus einer $\sigma$-Algebra $\mathcal{A}$ (siehe 2.12) ein Maß $\mu(Z)$ definiert ist,[60] lässt sich eine Quasi-Metrik auf $\mathcal{A}$ definieren.

$d_2(X,Y) = \mu(\Delta(X,Y)).$

Wenn zum Beispiel $X$ und $Y$ zwei geometrische Punktmengen sind, die in einer Ebene liegen (wie in Abb. 4.2.2) lassen sich diese Mengen in der Maßtheorie mit Standarddefinitionen ausdrücken.

Die Abstände von Mengen lassen sich natürlich auch auf Relationen und Funktionen anwenden, denn Relationen (und Funktionen) sind mengentheoretisch immer auch Mengen (von $n$-Tupeln).

Als Anwendungsbeispiel nehmen wir die Institutionentheorie aus 2.9 und hier genauer die 2-stellige *real*-Relation. Diese fragt, welche Personen $i$ welche Handlungen $a$ tatsächlich ausführen. Mengentheoretisch besteht die Relation aus Paaren $\langle i,a \rangle$, für die gilt: $i$ führt Handlung $a$ aus. In den Modellen der Theorie ist diese Relation nur unscharf bestimmt. Nach Bedingung 7) der Definition in 2.9 müssen realisierte Handlungen für die Gruppe(n) der Person charakteristisch sein.

In Abb. 4.2.3-a ist eine theoretische *real*-Relation dargestellt. Auf der $i$-Achse sind die verschiedenen Personen als Punkte aufgetragen und zu Gruppen $\gamma_1, \gamma_2, \gamma_3$ zusammengefasst. Die Ordnung der Personen entlang der $i$-Achse hat keine Bedeutung, die der Gruppen teilweise, insofern wir Gruppen mit höherem Status links von solchen mit niedrigerem Status eingezeichnet haben. Auf der $a$-Achse sind die in dem Modell vorhandenen Handlungen als Punkte aufgetragen, die wir nach Hand-

---

60 Ein *Maß* entsteht aus einer Wahrscheinlichkeitsfunktion, wenn man die Normierungsbedingung ($\mathbf{p}(\Omega) = 1$) weglässt, siehe z. B. (Bauer 1974).

lungstypen $\tau_1, ..., \tau_4$ gruppiert haben. Auch auf dieser Achse hat die Ordnung der Handlungen keine Bedeutung. Jeder in der Ebene markierte Punkt $\langle i, a \rangle$ bedeutet, dass die Person $i$ die Handlung $a$ ausführt. Die Menge dieser Punkte stellt eine *real*-Relation dar.

In diesem sehr einfachen Modell hat die Gruppe $\gamma_1$ genau den charakteristischen Handlungstyp $\tau_1$ und $\gamma_3$ den Typ $\tau_4$. Die Gruppe $\gamma_2$ hat zwei charakteristische Handlungstypen: $\tau_2$ und $\tau_3$. Man erkennt die Zuordnung von Handlungstypen zu Gruppen, die abstrakt durch die charakteristische Funktion $\chi$ beschrieben wird. Weiter sieht man, dass die Mitglieder einer Gruppe nur Handlungen realisieren, die zu den jeweils charakteristischen Handlungstypen der Gruppe gehören. Die Hypothese 7) aus 2.9 ist hier mit einem Blick erfüllt. In Abb. 4.2.3-b ist eine Faktenstruktur *real**  dargestellt, in der zwei Personen an zwei Stellen andere Handlungen ausgeführt haben, als in a). Zwei neue Handlungen sind mit Kreisen markiert und die zwei Handlungen, die wegfallen, werden mit Sternen markiert. In a) hat eine Person aus der Gruppe $\gamma_1$ eine Handlung des Typs $\tau_1$ ausgeführt, während in b) diese Person eine Handlung des Typs $\tau_4$ durchführt, und eine Handlung aus $\tau_2$ wird in a) durch eine Person der Gruppe $\gamma_2$ ausgeführt, während in b) eine andere Person aus der Gruppe $\gamma_3$ diese Handlung realisiert. In b) wird nur eine Faktenstruktur dargestellt, in a) dagegen ein Modell. Nach den obigen Erörterungen ist klar, dass die Faktenstruktur b) *nicht* zu dem Modell passt. Denn nach Hypothese 7) ist in a) der Handlungstyp $\tau_4$ nicht für die Gruppe $\gamma_1$ charakteristisch. In b) führt aber eine Person aus dieser Gruppe eine Handlung dieses Typs aus. Ebenso ist in a) der Handlungstyp $\tau_2$ nicht für die Gruppe $\gamma_3$ charakteristisch.

Andererseits gibt es in den Fakten in b) nur die beiden 'Ausreißer', die diese Hypothese ungültig machen. Die meisten Fakten stimmen mit der Hypothese überein. Solange es nicht viele solche Ausreißer gibt, wird diese Hypothese nicht als widerlegt angesehen. Vielmehr untersuchen die Wissenschaftler zunächst, wie weit diese Faktenstruktur von dem gegebenen Modell entfernt ist. Dies führt zu den oben im Allgemeinen diskutierten zwei Möglichkeiten der approximativen Passung (siehe Abb. 4.2.1).

In dem Beispiel können wir als erste Möglichkeit ein anderes Modell wählen, das geringfügig von dem in a) eingezeichneten Modell abweicht. In diesem Fall müssen wir allerdings nicht nur zwei Beziehungen zwischen Handlungen und Personen ändern, sondern es müssen auch zwei neue Beziehungen zwischen Gruppen und Handlungstypen benutzt werden. Ein so modifziertes Modell enthält eine andere Funktion $\chi'$, die auch die Sachverhalte $\chi'(\gamma_1) = \tau_4$ und $\chi'(\gamma_3) = \tau_2$ beinhaltet. Die unveränderten Fakten passen dann relativ zur Hypothese 7) zu dem neuen Modell. Die zweite, hier einfachere Möglichkeit wäre, die Faktenstruktur so weit zu verändern, dass sie zu dem gegebenen Modell passt. In diesem Beispiel liegt es nahe, die zweite Möglichkeit zu wählen, und die beiden 'kritischen' Fakten einfach aus der Faktenstruktur zu entfernen. In diesem Fall werden einfach die beiden eingekreisten Realisierungen gestrichen. Man sieht sofort, dass der Rest der Faktenstruktur zu dem Modell in a) ideal passt.

## 4.2 Approximative Passung

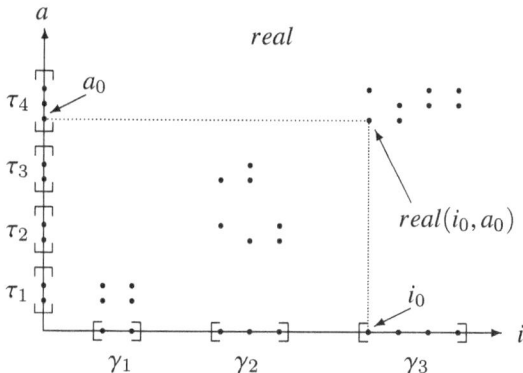

Abb. 4.2.3-a

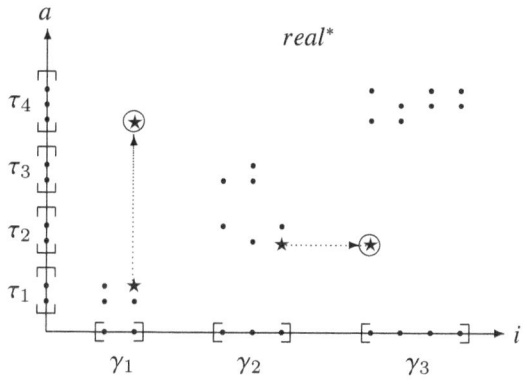

Abb. 4.2.3-b

Die anschließende Frage ist, wie groß der dabei gemachte Fehler ist? Wie weit haben wir das Modell oder die Faktenstruktur verändert? Wenn wir uns auf die obige, zweite Möglichkeit konzentrieren, fragen wir: Welchen Abstand hat die in Abb. 4.2.3-b dargestellte Relation $real^*$ von der, in der die beiden Ausreißer wegfallen, und die wir mit $real^0$ bezeichnen? Zur Beantwortung müssen wir uns auf einen bestimmten Abstandsbegriff festlegen. Da die zu vergleichenden Mengen endlich sind, kann der oben definierte Abstand $d_1$ benutzt werden. Zur Berechnung ist die symmetrische Differenz beider Mengen zu bilden (mit und ohne Ausreißer): $d_1(real^*, real^0)$. Die Anzahl der Elemente in der symmetrischen Differenz beträgt 2. Wir haben damit zu $real^*$ eine Relation $real^0$ gefunden, so dass $d_1(real^*, real^0) \leq 2$. Damit passt die Faktenstruktur in b) im Grad 2 zu einem Modell, nämlich zu dem Modell in a).

Dieses Beispiel zeigt, dass absolute Anzahlen nicht besonders aussagekräftig sind. Die Zahl 2 kann eine große oder kleine Abweichung der beiden Relationen voneinander bedeuten, je nachdem, wieviele Elemente in den Relationen insgesamt zu finden sind. Bei den 20 Elementen, die in beiden Relationen im Beispiel vor-

Kapitel 4: Passung

kommen, bedeutet eine Änderung bei zwei Elementen eine Abweichung von 10 Prozent, also eine statistisch relativ große Abweichung. Dieselbe Änderung wäre bei Relationen, die $10^5$ Fakten umfassen, marginal.

In der Anwendung auf mathematische Funktionen werden Abstände meist durch Vergleich der Funktionswerte definiert. Für eine Menge von Funktionen $f$, die alle von einem gemeinsamen Definitionsbereich $G$ in die reellen Zahlen gehen, wird der Abstand $d_3$ definiert durch

$$d_3(f, g) = \sup_{a \in G} | f(a) - g(a) |.$$

Dieser Abstandsbegriff ist mit dem über symmetrische Differenz definierten nicht kompatibel. Die Voraussetzung bei $d_3$, dass die zu vergleichenden Funktionen den gleichen Definitionsbereich haben, ist wesentlich für die Gültigkeit der Dreiecksungleichung. In der Anwendung kann man sich jedoch häufig auf den Vergleich eben solcher Funktionen beschränken.

Als Beispiel betrachten wir wieder den ungedämpften harmonischen Oszillator 4.1 und die ein-dimensionale Bahn $s$ eines entsprechend oszillierenden Teilchens. Für die durch Zahlen beschriebenen Orte mögen bei den Zeiten 0, 1, 2, 3,…,15 folgende Werte gemessen vorliegen:

| | | |
|---|---|---|
| $s(p, 0) = 0.001$ | $s(p, 4) = -0.002$ | $s(p, 8) = -0.005$ |
| $s(p, 12) = 0.003$ | $s(p, 1) = 1.003$ | $s(p, 5) = 0.99$ |
| $s(p, 9) = 1.002$ | $s(p, 13) = 0.999$ | $s(p, 2) = -0.0003$ |
| $s(p, 6) = 0.002$ | $s(p, 10) = 0.001$ | $s(p, 14) = 0.002$ |
| $s(p, 3) = -1.002$ | $s(p, 7) = -0.998$ | $s(p, 11) = -1.005$ |
| $s(p, 15) = -1.001$ | . | . |

Tab. 4.2.1

Diese Fakten zusammen mit den Zeitpunkten (und dem Teilchen und den beiden Konstanten) bilden eine Faktenstruktur. Die obige Faktenliste lässt sich in eine Menge umwandeln, und diese Menge hat die spezielle Eigenschaft, eine Funktion zu sein. Nennen wir diese Funktion $s_d$. Sie hat nur 16 Argumente und noch weniger (verschiedene) Werte. Auf der anderen Seite betrachten wir ein Modell der Theorie des harmonischen Oszillators, das hauptsächlich aus einer Sinusfunktion der Form $s^*$ ($s^* = \alpha \cdot \sin + \beta$) besteht. Diese Funktion ist mindestens im Intervall [0,15] definiert, sie hat also überabzählbar unendlich viele Argumente. Die Abstandsfunktion $d_3$ lässt sich auf die beiden Funktion $s_d$ und $s^*$ nicht direkt anwenden. Wir können entweder die Funktion $s_d$ 'aufblähen', so dass sie den gleichen Argumentbereich wie $s^*$ hat, oder wir schränken die Funktion $s^*$ auf die 16 Argumente 0,…,15 ein. Wenn wir im zweiten Fall die resultierende Funktion mit $s^b$ bezeichnen, haben $s_d$ und $s^b$ den gleichen Typ und die gleichen Argumentbereiche.

Nun lässt sich die Abstandsfunktion $d_3$ anwenden. Es werden für alle Argumente ($i = 0,…,15$) die Werte $s_d(p, i)$ und $s^b(p, i)$ verglichen, d.h. $| s_d(p, i) - s^b(p, i) |$ werden berechnet und als Resultat die größte dieser Zahlen genommen. Wir nehmen an, dass die Konstanten der Sinusfunktion so gewählt wurden, dass die Werte von

$s^b(p,i)$ die Zahlen 0,1,0,1,0,1,0,1,... sind. In Abb. 4.2.4 haben wir einerseits die volle, gepunktete Sinusfunktion und andererseits die mit dicken Punkten markierten, beobachteten Werte von $s_d$ eingezeichnet. Es lässt sich erkennen, dass die theoretischen Werte auf der gepunkteten Bahn, in den Punkten von 0,...,15 nicht identisch sind mit den Werten $s_d(p,0), ..., s_d(p,15)$.

Die Funktion $s_d$ liegt nicht mehr genau auf dem Graphen der gepunkteten, theoretischen Bahn $s^b$, sondern 'dicht' daneben. Im Argument 0 beträgt z.B. der Abstand 0.001 von $s_d(p,0)$ und $s^b(p,0)$ (hier kaum zu erkennen); im Argument 11 (und auch im Argument 8) beträgt der Abstand 0.005 ($| s_d(p,11) - s^b(p,11) |$ = | 1.005 − −1 | = 0.005). Der Abstand 0.005 ist hier maximal und damit auch der Gesamtabstand beider Funktionen.

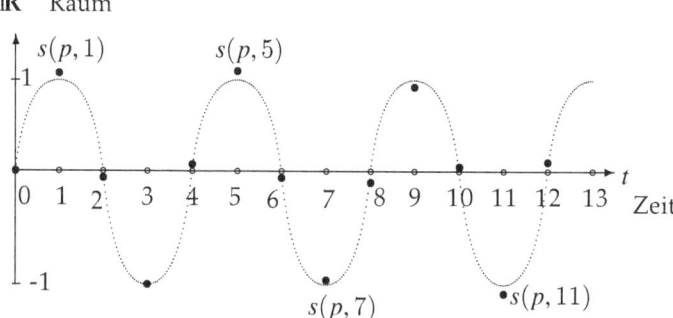

Abb. 4.2.4

In diesem Beispiel, wie auch schon in Abb. 4.2.3, wird die Approximation auf der Faktenebene durchgeführt. Es wird eine der Faktenstruktur nahegelegene endliche Teilstruktur $s^b$ ins Spiel gebracht, die ideal zu einem – als gegeben gedachten – Modell passt.

Bei der zweiten Alternative, bei der die Approximation auf der Modellebene stattfindet, ist eine Umgebung der theoretischen Funktion durch einen Schlauch der 'Dicke' $2\varepsilon$ um deren Graphen herum vorzustellen. Alle differenzierbaren Funktionen, deren Graph innerhalb dieses Schlauches verläuft, haben mit der Supremums-Metrik einen Abstand kleiner oder gleich $\varepsilon$ zur theoretischen Funktion. Zur Passung muss es in diesem Schlauch eine Funktion geben, die genau durch die gemessenen Werte hindurchläuft.

Auf die vielen anderen Arten mathematischer Metriken können wir hier nicht eingehen. Stattdessen bemerken wir, dass sich zwei quasi-metrische Räume mühelos 'zusammenkleben' lassen. Wenn $\langle G, d \rangle$ und $\langle G', d' \rangle$ quasi-metrische Räume sind, wird für 'gemischte' Paare aus $G \times G'$ ein Abstand $d^*$ wie folgt definiert

$$d^*(\langle a, \alpha \rangle, \langle b, \beta \rangle) = d(a,b) + d'(\alpha, \beta).$$

Ebenso lässt sich eine Quasi-Metrik von einer Menge $G$ auf die Potenzmenge von $G$ 'liften'. Hier ist die Definition (Balzer und Zoubek 1994) der gelifteten Quasi-Metrik $d^*$ auf der Potenzmenge $\mathbf{Po}(G)$:

Kapitel 4: Passung

$$d^*(X,Y) = max(sup_{x \in X} inf_{y \in Y} d(x,y), sup_{y \in Y} inf_{x \in X} d(x,y)).$$

Mit Hilfe dieser beiden Konstruktionsmöglichkeiten lassen sich Quasi-Metriken, die für die Komponenten von Strukturen definiert sind, Schritt für Schritt zu einer 'Gesamt-Quasi-Metrik' für ganze Strukturen zusammenfügen.

In 2.1 wurde zu einer Theorie auch ein Approximationsapparat **U** gerechnet, über den wir nun mehr sagen können. Der Approximationsapparat besteht erstens aus einer Quasi-Metrik $d$, die auf der Menge aller Teilstrukturen, oder auf einer geeigneten Teilmenge von dieser, definiert ist. Der genaue Definitionsbereich spielt keine besondere Rolle, er sollte nur hinreichend viele Strukturen enthalten, die als 'Möglichkeiten' bei der Passungsbedingung gebraucht werden. Wir können auch darauf bestehen, dass $d$ für alle Teilstrukturen definiert ist: in unliebsamen Fällen wird einfach der Abstand auf $\infty$ gesetzt. Der zweite Teil des Approximationsapparates besteht aus der Angabe eines *zulässigen* Passungsgrades, nämlich aus der Zahl $\varepsilon$, die wir oben im Begriff '$z$ passt bis auf $\varepsilon$ zu $x$' benutzt und vorausgesetzt haben. Es genügt nicht, die Existenz eines solchen $\varepsilon$ zu fordern, denn wenn $\varepsilon$ nur groß genug gewählt wird (im Grenzfall: $\infty$), passt jedes $z$ bis auf $\varepsilon$ zu jedem $x$. Vielmehr muss für jede Faktenstruktur ein geeignetes, *zulässiges* $\varepsilon$ angegeben werden. Eine Passung muss 'bis auf $\varepsilon$' vorliegen. Nur dann kann von einer befriedigenden, approximativen Passung geredet werden. Wenn ein zulässiger Passungsgrad $\varepsilon_0$ vorliegt und $z$ nur bis auf ein $\varepsilon > \varepsilon_0$ zu $x$ passt, dann ist die approximative Passung von $z$ und $x$ unbefriedigend. Man wird dann sagen können, dass $x$ im Lichte der Fakten kein geeignetes Modell ist, und, wenn diese unbefriedigende Situation für alle Modelle der Theorie eintritt, dass die Faktenstruktur $z$ ein Problem oder eine Anomalie für die Theorie darstellt.

Zur Bestimmung des zulässigen Passungsgrades $\varepsilon$ lässt sich zweierlei sagen. Erstens gehen in seine Wahl meist praktische Überlegungen ein. Oft gibt es keine saubere, statistische Anbindung von $\varepsilon$ an Standardabweichungen, wie sie durch Messreihen erzeugt werden oder andere, ähnlich konstruktive, mit Fakten beginnende Verfahren. Aus diesem Grund hat der zu jeder Faktenstruktur gehörige zulässige Passungsgrad $\varepsilon$ oft einen gewissen metatheoretischen Status.

Im Einzelfall ist es allerdings durchaus möglich, für ein bestimmtes Argument $a$ einer Funktion $f$ oder auch für einen ganzen Argumentbereich von $f$ ein zulässiges $\varepsilon$ zu definieren, nämlich dann, wenn eine Messreihe für $f(a)$, wie am Ende von 3.7 definiert, vorliegt. Wenn eine solche Messreihe mit Mittelwert $\mu$ und Standardabweichung $\sigma$ erstellt wurde, so kann man nach dem Wert $f(a)$, dem 'wahren' Wert, fragen. Selbst wenn der wahre Wert begrifflich durch eine Theorie festgelegt wird: er ist unbekannt. Die Statistik liefert gute Gründe, auf die wir hier nicht näher eingehen können, den Mittelwert als Kandidaten für den wahren Wert ins Auge zu fassen. Bei dieser Wahl liegen im Beispiel der Exponentialverteilung 'die meisten' (nämlich entsprechend der Proportion der in Abb. 3.7.1 schraffierten Fläche zur gesamten Fläche unter der Dichte) Werte einer Messreihe im Bereich $]\mu - \sigma, \mu + \sigma[$. Messwerte in diesem Bereich sind wegen ihres durch $\sigma$ beschränkten Abstands vom 'wahren Wert $f(a)$', tolerabler als jene, die außerhalb des Bereichs $]\mu - \sigma, \mu + \sigma[$ liegen und relativ selten sind. In Ermangelung anderer Kriterien wird oft die Standardabweichung $\sigma$ als Maß der tolerablen Abweichung eines tatsächlich gemessenen Wertes vom wahren Wert gewählt. Wenn der wahre Wert durch eine Theorie festgelegt ist, dann wird die Passung von Fakten zum theoretisch ausgezeichneten Wert $f(a)$ in einem Modell bis auf den Wert $\sigma$ als akzeptabel angesehen. Eine befriedigende Passung von gemessenem Wert $f^m(a)$ und theoretischem Wert $f(a)$ liegt mit anderen Worten dann vor, wenn eine Messreihe für $f(a)$ die Standardabweichung $\sigma$ ergeben hat und wenn $|f^m(a) - f(a)| < \sigma$ ist. Wenn für $f(a)$ im Modell kein bestimmter Wert festgelegt ist, kann statt $f(a)$ auch der Mittelwert der Messreihe genommen werden.

Eine Standardabweichung für Argument $a$ von $f$ kann per Analogie auf andere Argumente $b$ von $f$ übertragen werden, solange die Funktionswerte $f(b)$ mit dem gleichen Messapparat wie $f(a)$ gemessen werden. Man nimmt an, dass eine Messreihe für $f(b)$ die gleiche Verteilung – und damit die gleiche Standardabweichung – hätte, wie die für $f(a)$. Diese Annahme ist allerdings hypothetisch und kann sich im konkreten Fall schnell als falsch erweisen. Solange aber keine entgegenstehenden, theoretischen Gründe existieren, wird diese Übertragung gemacht und führt zu einem zulässigen Passungsgrad $\varepsilon$ für einen ganzen Argumentbereich von $f$, der durch einen Messapparat abgedeckt werden kann. Damit sind wir allerdings noch weit von einem zulässigen Passungsgrad für eine ganze Faktenstruktur entfernt. Um einen solchen zu definieren, müssen erstens alle Argumentbereiche je *einer* Funktion, die durch je einen Messapparat gemessen werden können, zusammengefügt, und zweitens die so für jede einzelne Funktion erhaltenen Passungsgrade nochmals für alle Funktionen zusammengefügt werden. Die dabei entstehenden Probleme sind bisher in the Wissenschaftstheorie kaum systematisch untersucht worden. In Fällen, in denen die zulässigen Passungsgrade *nicht* in der geschilderten Art vorliegen – das ist die Regel – lässt sich bei ihrer Auswahl, die für praktische Zwecke oft unumgänglich ist, eine gewisse Willkür nicht vermeiden.

Ingesamt hat der Approximationsapparat **U** einer Theorie damit die Form **U** = $\langle d, \zeta \rangle$, wobei $\zeta$ eine Funktion ist, die jeder Faktenstruktur $z$ einen zulässigen Passungsgrad $\zeta(z)$ ($\zeta(z) = \varepsilon$) zuordnet, also formal $\zeta: \mathbf{F} \to \mathbb{R}$ mit $\zeta(z) > 0$.

## 4.3 Test statistischer Hypothesen

Die Passung von Fakten und statistischen Hypothesen, d.h. genauer: Modellen, die eine statistische Hypothese erfüllen, ist Gegenstand eines weitläufigen Spezialgebiets in der Statistik. Es hat aus unserer Sicht wenig Sinn, einen großen, aber oberflächlichen Überblick über die große Vielfalt an Verfahren zu geben. Beispiele anwendungsbezogener Literatur wären etwa (Rüger 1988) und (Bortz 1985), ein mathematisch-statistisches Werk wäre etwa (Witting 1974). Wir stellen stattdessen einen wichtigen und paradigmatischen Spezialfall einer reinen statistischen Theorie

Kapitel 4: Passung

im Sinne von 2.12 dar. Die Modelle dieser Theorie enthalten definitionsgemäß ein statistisches Element und eine einzige statistische Hypothese.

Betrachten wir die Verteilung einer Zufallsvariablen $\xi$ in einer Grundmenge $\Omega$, wobei der zugrundeliegende Wahrscheinlichkeitsraum – wie üblich – gar nicht erst angegeben, sondern stattdessen direkt mit einer Dichte für die Verteilung gearbeitet wird. Die Zufallsvariable sei normalverteilt, d.h. ihre Verteilung werde durch eine Dichte der Form

$$g(x) = \frac{1}{\sqrt{2\pi\sigma^2}} exp^{-\frac{(x-\mu)^2}{2\sigma^2}} \qquad (4.3.1)$$

bestimmt. Die durch ein Intervall $I$ auf der $x$-Achse unter der Glockenkurve bestimmte Fläche (siehe Abb. 4.3.1 und auch 2.12) gibt die Wahrscheinlichkeit dafür an, dass die Zufallsvariable $\xi$ Werte in diesem Intervall annimmt.

Konkreter: die Fläche gibt die Wahrscheinlichkeit dafür an, dass Individuen eine Merkmalsausprägung (oder Kombination von solchen) haben, die durch Werte der Funktion $\xi$ im Intervall $I$ kodiert sind. Im Beispiel der Körpergröße in einer menschlichen Population gibt die eingezeichnete Fläche die Wahrscheinlichkeit an, dass die Größe eines Menschen im Bereich von $I$ liegt. Wenn etwa $I$ das Intervall [170, 175] und die Zufallsvariable $\xi$ jeder Person ihre Größe (in Zentimeter gemessen) zuordnet ist, gibt die Fläche die relative Häufigkeit von Personen mit Größe zwischen 170 und 175 cm in der Population an.

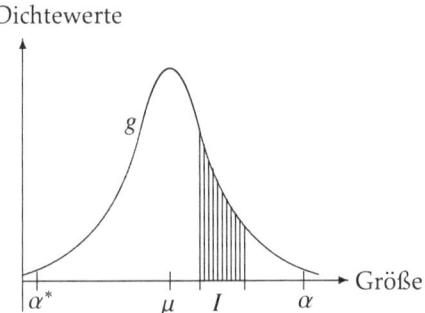

Abb. 4.3.1

Eine statistische Hypothese diese Art beinhaltet zwei Elemente, erstens die allgemeine Form der Dichte, wie sie durch die mathematische Gleichung in (4.3.1) gegeben ist, zweitens aber darüberhinaus auch die numerischen Werte der beiden noch nicht festgelegten Parameter $\mu$ und $\sigma$. Eine *genaue* Hypothese legt auch diese fest und behauptet zum Beispiel, dass die Dichte der betrachteten Verteilung die obige Form mit Parametern $\mu = 165$ und und einer festgelegten Zahl $\sigma$ hat.

Die Fakten für diese Hypothese der Theorie bestehen in endlich vielen erhobenen Werten der Zufallsvariable $\xi$, die wir gemäß der Notation von 3.7 mit $\xi^*(a_1), ..., \xi^*(a_n)$ bezeichnen. Die Funktion $\xi^*$ bildet zusammen mit den zugehörigen Individuen $a_1, ..., a_n$, die wir in einer Menge $\Omega^*$ versammeln, eine Faktenstruktur

$\langle \Omega^*, \mathbb{R}^*, \emptyset, \emptyset, \xi^* \rangle$. $\mathbb{R}^*$ ist die Menge der von $\xi^*$ angenommenen Funktionswerte und die beiden leeren Mengen markieren die Plätze der – abwesenden – $\sigma$-Algebra $\mathcal{A}$ und der W-funktion **p**. Jeder Wert $\xi^*(a_i)$ ist durch die zufällige Auswahl des Individuums $a_i$ aus der Population und durch dessen Untersuchung in Bezug auf das studierte Merkmal (durch Messung oder Befragung) bestimmt worden. Die Menge dieser Individuen wird als *eine Stichprobe* bezeichnet.

In Abb. 4.3.2 ist die Gesamtpopulation $\Omega$ als Menge dargestellt. Einige Individuen aus $\Omega$ sind durch Kreise hervorgehoben. Die Menge dieser Kreise bildet hier die Stichprobe. Auf der horizontalen, reellen Achse sind einige Striche markiert, die bestimmte Ausprägungen als Zahlen darstellen. Eine dieser Ausprägungen ist die Körpergröße 165cm, die hier durch die Zahl 165 ausgedrückt wird. Über einem solchen Strich liegen einige vertikal 'aufgehäufte' Punkte, oder Säulen. Von *jedem* Kreis aus $\Omega$ zeigt ein Pfeil zu einem Punkt. Wir haben der Übersichtlichkeit halber nur einige Pfeile eingezeichnet. Ein solcher Pfeil drückt aus, dass das Individuum genau *die* Ausprägung hat, die unterhalb des Punktes als Strich auf der Achse zu sehen ist. Die vertikal geordneten Punkte, die über einem bestimmten Strich zu sehen sind, bilden sozusagen eine 'Strichliste'. Je größer die Strichliste, desto mehr Individuen haben die Ausprägung, die unter dieser Säule steht. Anders gesagt, wird eine Ausprägung umso häufiger auftreten, je mehr Individuen die Ausprägung haben.

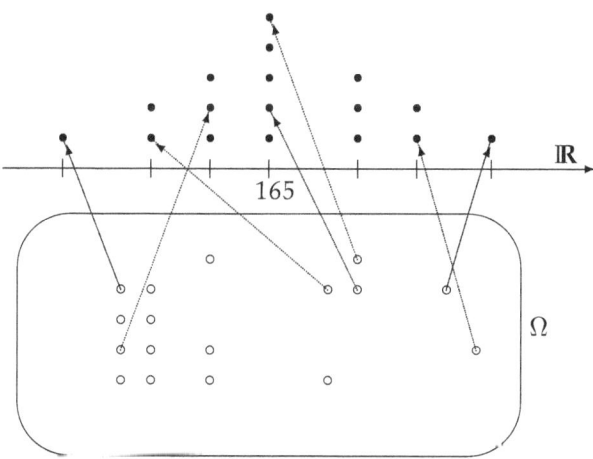

*Abb.* 4.3.2

Die statistische Hypothese behauptet, dass das zur Diskussion stehende Merkmal in der *Gesamtpopulation* $\Omega$ gemäß der Dichte (4.3.1) z.B. mit $\mu = 165$ und gegebenem $\sigma$ in präziser Weise verteilt ist. Das heißt, unter Auflösung des mathematischen Formalismus aus 2.12, dass für *jede Borel*menge – insbesondere für ein Intervall $I$ – die Wahrscheinlichkeit, in der Population Ausprägungen zu finden, die (vermittels $\xi$) in $I$ liegen, durch die über $I$ liegende Fläche unter der Dichte gegeben ist. Diese hochgradig theoretische Aussage gilt für *alle* und damit für überabzählbar viele

*Borel*mengen. Sie betrifft die 'volle' Zufallsvariable $\xi$, deren Werte für die gesamte Population jedoch nicht bekannt sind. Als Fakten liegen nur einige dieser Werte vor, nämlich die, die in $\xi^*$ zusammengestellt sind.

Versuchen wir zu klären, was es in dieser Situation bedeutet, dass eine Faktenstruktur zu einem Modell passt. Nach 2.12 ist ein Modell $x = \langle \Omega, \mathbb{R}, \mathcal{A}, \mathbf{p}, \xi \rangle$ der rein statistischen Theorie zu finden und mit der obigen Faktenstruktur $z = \langle \Omega^*, \mathbb{R}^*, \emptyset, \emptyset, \xi^* \rangle$ gleichen Typs zur Passung zu bringen. Die Faktenstruktur enthält Fakten über die in der Stichprobe gefundenen Ausprägungen; und diese sind zu einer Funktion $\xi^*$ zusammengefasst. Die $\sigma$-Algebra $\mathcal{A}$ und die Wahrscheinlichkeit $\mathbf{p}$ sind durch Fakten nicht vertreten, so dass die Faktenstruktur an deren Stellen die leere Menge enthält. Für diese beiden Strukturen reduziert sich aber nach 4.1 die Passung von $z$ in $x$ ($z \sqsubseteq x$) auf die Inklusion von $\xi^*$ in $\xi$. Passung bedeutet also, dass $\xi^* \subseteq \xi$ gilt, d.h. dass jeder Wert, den $\xi^*$ für ein Element $a_i$ der Stichprobe annimmt, mit dem Wert der 'vollen' Zufallsvariablen $\xi$ für dieses Element $a_i$ *streng identisch* ist.

Eine solche Passungsaussage ist schwierig zu überprüfen, weil die 'volle' Zufallsvariable $\xi$ nicht bekannt ist. Wir kennen nur ihre Verteilung, die in der Tat durch (4.3.1) und die Annahmen über die Parameter $\mu$ und $\sigma$ völlig festgelegt ist. Um Passung zu überprüfen, müssen wir eine Zufallsvariable $\xi$ finden, die genau diese Verteilung hat und die $\xi^*$ als Teilstruktur enthält: $\xi^* \subseteq \xi$. Hier stehen wir bei statistischen Theorien vor einer Situation, die vom 'Normalfall' anderer Theorien abweicht. In anderen Theorien legt – in ähnlichen Fällen – die Hypothese (eventuell zusammen mit weiteren *ad hoc* gemachten Annahmen) die mathematische Form der 'theoretischen' Funktion $\xi$ vollständig fest und das Passungsproblem besteht nur darin, zu sehen, ob die gemessenen Werte zu dieser festgelegten Funktion $\xi$ gehören. In statistischen Theorien ist die Zufallsvariable dagegen keineswegs völlig festgelegt. Fest liegt nur ihre Dichte $g$ und damit ihre Verteilung: $\mathbf{p}(\{x/\xi(x) \in X\}) = \int_X g d\lambda$. Diese Gleichung wird mit $\xi$ auch von vielen anderen Funktionen erfüllt. Um Passung im Sinne von 4.1 zu prüfen, müssen wir daher bei statistischen Theorien einen weiteren Schritt machen und *eine* der theoretisch zulässigen Zufallsvariablen auswählen, konstruieren, oder sonstwie beschaffen. Erst danach kann geprüft werden, ob $\xi^* \subset \xi$ gilt. Die Konstruktion eines solchen $\xi$ ist jedoch mühsam und wird in der Statistik normalerweise nicht unternommen.

Beim Übergang zu *approximativer Passung* wird die Situation nicht einfacher. Approximative Passung (auf der Faktenebene) liegt vor, wenn die Einbettung über eine 'hypothetische' Funktion $\xi^0$ vermittelt ist, die einen Abstand kleiner oder gleich $\varepsilon$ von $\xi^*$ hat. Der damit vorliegende Passungsbegriff ist begrifflich präzise, aber schwer zu überprüfen, weil wiederum die 'volle', theoretische Zufallsvariable, die die statistische Hypothese erfüllt, weder bekannt ist, noch aus der Hypothese eindeutig ermittelt werden kann.

Aus diesen Gründen hat sich für rein statistische Theorien eine andere, indirekte Methode entwickelt, die Passung von Fakten und Hypothese zu prüfen. Die Methode ist in den formalen Details nur unter großem Aufwand zu beschreiben, weshalb wir zunächst nur einen, für die Praxis wenig relevanten Spezialfall angeben, an dem jedoch die Grundidee deutlich wird und dann die allgemeine Methode nur kurz andeuten.

Zunächst wird das Problem der Hypothesenprüfung dadurch 'reduziert', dass der zu prüfende Aspekt der Hypothese genauer eingegrenzt wird. Die Hypothese umfasst ja mehrere Komponenten: die Annahme der allgemeinen Form (4.3.1), sowie endlich viele weitere Annahmen über die Werte der Parameter. Die Prüfung wird nun durch Konzentration auf genau eine dieser Komponenten vereinfacht, indem man *annimmt*, dass die 'restlichen' Komponenten stimmen. Es wird als – hypothetisch bzw. als schon in anderer Weise bestätigt – angenommen, dass erstens die Verteilung eine bestimmte *Form*, im Beispiel die der Normalverteilung, hat. Zweitens setzt man voraus, dass alle Parameter bis auf einen unproblematisch sind; ihre Werte werden bei der folgenden Prozedur konstant gehalten. Unter diesen Annahmen wird dann der Wert des einen, problematisierten Parameters getestet.

Für die folgende Überlegung brauchen wir den Begriff des 'unwahrscheinlichen Falles'. Für ein Individuum aus der Population ist seine 'Merkmalsklasse', d.h. die Menge der anderen Individuen, die ein Merkmal in der gleichen Ausprägung aufweisen, unterschiedlich groß, je nach der speziellen Ausprägung. Die Merkmalsklasse eines 225 cm großen Menschen ist ziemlich klein, die eines 175 cm Großen dagegen sehr groß. Ein Individuum mit sehr kleiner Merkmalsklasse ist ein unwahrscheinlicher Fall. Bei einer normalverteilten Zufallsvariablen liegen diese Fälle, vom Mittelwert aus gesehen, an den Rändern. Für sehr kleine und große Werte der Zufallsvariablen, wie etwa $\alpha$ in Abb. 4.3.1, ist der Wert der Dichte, der der Größe der Merkmalsklasse von Individuen mit Ausprägung $\alpha$ entspricht, sehr klein. Wenn also für ein zufällig aus der Population ausgewähltes Individuum $a$ der Wert der normalverteilten Zufallsvariablen (relativ zum Mittelwert) von $a$ sehr klein oder sehr groß ist, liegt ein unwahrscheinlicher Fall vor.

Wichtig für die Statistik ist nun die Tatsache, dass diese qualitative Überlegung numerisch präzisiert werden kann, nämlich mit Hilfe der Hypothese (2.12.2) und der Form (4.3.1) der Dichte. Wenn wir als *Borel*menge $X$ das Intervall $]\infty, \alpha]$ wählen, so gilt: $\xi(x) \in X$ gdw $\xi(x) \leq \alpha$. Damit folgt $\mathbf{p}(\{x/\xi(x) \in X\}) = \mathbf{p}(\{x/\xi(x) \leq \alpha\})$ und aus (2.12.2) ergibt sich, wenn wir das Integral in der Notation mit unterer und oberer Grenze schreiben:

$$\mathbf{p}(\{x \in \Omega / \xi(x) \leq \alpha\}) = \int_{-\infty}^{\alpha} g \, d\lambda. \tag{4.3.2}$$

Der Wert des Integrals auf der rechten Seite lässt sich aber für konkrete Verteilungen ausrechnen. In vielen Lehrbüchern sind die wichtigsten Werte in Form von Tabellen zusammengestellt, etwa in (Bortz 1985). Dadurch kann mit Gleichung (4.3.2) ein exakter Zusammenhang zwischen dem speziellen Wert $\alpha$ und der Wahrscheinlichkeit, Ausprägungen kleiner-gleich $a$ anzutreffen, hergestellt werden. Mittels elementarer Theoreme der Integralrechnung lässt sich dieser Zusammenhang auch auf den 'linken Rand' der Glockenkurve übertragen ($\alpha^*$ in Abb. 4.3.1), so dass man insgesamt die unwahrscheinlichen Fälle (deren Ausprägungen sehr weit links oder rechts vom Mittelwert liegen) durch ihre Wahrscheinlichkeit präzise charakterisieren kann.

Mit diesen Voraussetzungen stellen wir nun folgende Überlegung an. Angenommen, der zu prüfende Wert – im Beispiel etwa der Mittelwert $\mu = 165$ – sei zutreffend, d.h. die Zufallsvariable $\xi$ habe die genaue Form, die durch die mathematische Gleichung (4.3.1) und die numerischen Werte aller Parameter festgelegt ist. Wenn nun ein Element $a_i$ zufällig aus der Population ausgewählt wird und sich als unwahrscheinlicher Fall herausstellt, dann hat sich, da das Individuum *zufällig* gezogen wurde, etwas Unwahrscheinliches ereignet. Anders gesagt: Wäre der Parameter korrekt, dann würde das Ergebnis der ein-elementigen Mini-Stichprobe einen unwahrscheinlichen Fall darstellen. Dieser unwahrscheinliche Fall ist eingetreten. Also kann die Annahme, dass der untersuchte Parameter den speziellen Wert hat, problematisiert werden: sie führt zu unwahrscheinlichen Fällen.

Der letzte Schritt in dieser Gedankenkette ist keine logische Folgerung, er enthält aber den Kern der Begründung für die Verwerfung einer statistischen Hypothese. Die Begründung lautet: Wenn die Hypothese richtig wäre und die Stichprobe einen unwahrscheinlichen Fall ergibt, dann hätte sich etwas Unwahrscheinliches ereignet. Also ist die Hypothese 'wahrscheinlich' nicht richtig.

In der Praxis wird diese Grundfigur in vielfältiger Weise variiert. Bei 'echten' Stichproben, bei denen 'viele' Objekte zufällig herausgegriffen und untersucht werden, ist dieser Gedankengang nicht mehr direkt anwendbar. Hier können 'gemischte' Fälle auftreten, zum Beispiel *ein* unwahrscheinlicher Fall zusammen mit 20 wahrscheinlichen Fällen. Bei mehr-elementigen Stichproben sind eben auch die Stichprobenwerte selbst irgendwie verteilt. Ihre Verteilung ist durch die Werte von $\xi^+$ und die Wahrscheinlichkeitfunktion **p** nach der allgemeinen Definition: $\psi(I) = \mathbf{p}(\{x \in \Omega^+ / \xi^+(x) \in I\})$ gegeben. Nach dem *zentralen Grenzwertsatz* (Rüger 1988: 4.2) konvergieren die standardisierten Summen einer Folge von Verteilungen immer umfangreicherer Stichproben unter ziemlich plausiblen Bedingungen gegen die Standard-Normalverteilung. Dieser theoretische Zusammenhang, auf den wir hier nicht genauer eingehen können, ermöglicht es, 'Stichprobenkennwerte', 'Schätzfunktionen' oder einfach 'Schätzer' zu definieren, die sich aus der Stichprobe berechnen lassen. Ein wichtiger Zweig der Statistik untersucht die Eigenschaften von solchen Kennwerten 'im Limes', etwa für Folgen von immer umfangreicheren Stichproben, oder für die Verteilung von Kennwerten in 'Populationen' von Stichproben. Ein Stichprobenkennwert übernimmt nun im obigen Argument die Rolle des dort für ein einziges Individuum beobachteten Werts der Zufallsvariablen. Es wird berechnet, ob der tatsächlich aus der Stichprobe erhaltene Kennwert einen unwahrscheinlichen Fall darstellt oder nicht. Im negativen Fall wird mit der oben dargestellten Begründung die Hypothese, genauer: die jeweils untersuchte Komponente der Hypothese, verworfen.

Auf weitere, für praktische Anwendung relevante Details, die hier zu berücksichtigen sind, vor allem die Unterscheidung zwischen Fehlern erster und zweiter Art, können wir nicht näher eingehen.

## 4.4 Die Anwendung formaler Theorien

Formale Theorien in Mathematik, Logik und teilweise auch in Informatik und Statistik haben zwar gegenüber den bisher untersuchten empirischen Theorien eine deutliche Sonderstellung, sie sind aber doch Theorien in unserem Sinn. Wir möchten formale Theorien in unser metatheoretisches Gesamtbild einordnen. Dazu sind zwei Punkte zu klären, nämlich erstens der Bezug formaler Theorien zur Wirklichkeit und zweitens die damit zusammenhängenden wissenschaftstheoretischen Besonderheiten, in denen sich formale Theorien von empirischen im engeren, bisher betrachteten Sinn unterscheiden.

Der Wirklichkeitsbezug formaler Theorien lässt sich am besten verstehen, indem wir ihre Rolle in empirischen Theorien studieren. In vielen empirischen Theorien besteht zwischen den empirischen *und* den mathematischen Teilen der Theorie unbestritten eine Bezug zur Wirklichkeit. *Einer* Ansicht nach über die Rolle der Mathematik in empirischen Theorien (die wir nicht teilen) sind mathematische Modelle 'reine' Bilder, Gedankenkonstrukte und Hilfsmittel, die sich als nützlich zur Darstellung empirischer Sachverhalte und Beziehungen erweisen. Diese Vorstellung ist z.B. implizit im Ansatz von (Ludwig 1991) enthalten. Der mathematische Formalismus soll eine reine Hilfsfunktion haben und nicht empirisch interpretiert werden. Er ist ein Werkzeug zur Darstellung und zur formalen Manipulation 'im Bild'.

Bei dieser Sichtweise mathematischer Theorien ist es allerdings schwierig zu erklären, warum sie als Werkzeuge so gut funktionieren. Bei 'normalen' Werkzeugen sind derartige Erklärungen leicht zu finden. Das Problem wird noch akzentuiert durch die Erfolge von Computerprogrammen in jüngster Zeit, denen man die gleiche Nützlichkeit in der empirischen Anwendung zusprechen kann, die aber 'als Werkzeuge' (neudeutsch: 'tools') doch ganz verschieden von mathematischen Modellen sind. Warum werden oder wurden in empirischen Theorien gerade mathematische Modelle als reine Hilfsmittel benutzt?

Unsere Antwort lautet kurz: mathematische Modelle sind keine 'reinen', uninterpretierten Hilfsmittel. Sie haben in der Regel einfache und anwendungsrelevante, empirische Interpretationen und können *in gewissem Sinn* als empirisch angesehen werden. Die empirischen Interpretationen, die oft raum-zeitliche Verhältnisse in der Wirklichkeit betreffen, erklären den Erfolg und die Nützlichkeit mathematischer Theorien als Teile empirischer Theorien. Dies führt auch zu einer gewissen empirischen Rechtfertigung für die apriorische Auszeichnung von Raum und Zeit durch (Kant 1959). Zur Stützung dieser Ansicht können wir drei Argumentationsstränge verfolgen.

Erstens finden wir in der historischen Entwicklung der meisten mathematischen Theorien empirische Wurzeln, insbesondere für die ältesten Teile der Mathematik, die den Umgang mit Zahlen und geometrischen Verhältnissen betreffen (Heath 1981), (Schmand-Besserat 1984). Die ersten Zahlen dienten vermutlich dazu, den Überblick über größere Vorräte und Außenstände zu behalten, oder die für einen Feldzug erforderliche Ausrüstung und Verpflegung zu bestimmen. Das Zählen dient im Kern dazu, einen Bestand, z.B. einer Schafherde, zu überprüfen (Balzer 1979).

Kapitel 4: Passung

Die zu zählenden Objekte werden in eine lineare Ordnung gebracht und mit einem anderen, schon vorhandenen Repräsentanten des Bestandes – einer Zahl oder dem sonstwie fixierten Ergebnis einer früheren Zählung der gleichen Objekte – in eineindeutige Beziehung gebracht. Wenn dies gelingt, ist der Bestand (seine Anzahl) gleich geblieben. Damit haben wir zwei Arten von Operationen identifiziert, die zur Interpretation der Grundrelationen: der linearen Ordnung und der Bijektion, in der Theorie der natürlichen Zahlen dienen. Erste geometrische Konstruktionen standen im Zusammenhang mit Bauwerken und Landzuteilung.

Zweitens ist es nicht schwer, die meisten – und jedenfalls die wichtigen – mathematischen Theorien empirisch zu interpretieren. In der empirischen Interpretation und der damit verbundenen Beschränkung der intendierten Systeme sehen solche Theorien wie 'normale' empirische Theorien aus. Betrachten wir einige Beispiele.

Ein Modell der reellen Zahlen $\langle G, <, +, \cdot, 0, 1 \rangle$ besteht aus einer Grundmenge $G$ und aus drei Relationen und Funktionen $<, +, \cdot$ und zwei Konstanten $0, 1$, die sich mühelos typisieren und durch Axiome charakterisieren lassen (Tarski 1937). Ein solches Modell lässt sich wie folgt in natürlicher Weise empirisch interpretieren. Die Elemente von $G$ sind Strecken oder Abstände, die zwischen Marken auf festen Körpern angebracht oder hergestellt werden können – etwa durch Zeichnung. $<$ und $+$ werden wie bei der fundamentalen Messung interpretiert. Die $<$-Relation wird durch Längenvergleich zweier Strecken realisiert, die Addition durch deren Konkatenation entlang einer Geraden.[61] Auch die Multiplikation lässt sich empirisch interpretieren. '$a \cdot b = c$' bedeutet, dass $c$ eine Strecke ist, die die Fläche des aus $a$ und $b$ gebildeten Rechtecks darstellt. Es ist unschwer nachzuprüfen, dass die üblichen Axiome unter dieser Interpretation erfüllt sind. Die Konstante $0$ kann als eine Art von Anker ('Ursprung') und die Konstante $1$ als eine Einheit angesehen werden.

Das Modell eines Vektorraums $\mathbf{V}$ über dem Körper $\mathbf{K}$ hat die Form $\mathbf{V} = \langle V, \mathbf{K}, +, \cdot \rangle$, wobei wir der Einfachheit halber $\mathbf{K}$ als den Körper der reellen Zahlen betrachten, der, wie bereits gezeigt, eine empirische Interpretation hat. Bei der Standardinterpretation eines Modells des Vektorraumes sind die Objekte der Basismenge $V$ Pfeile, die in einem Koordinatensystem vom Ursprung aus in jede Richtung und von jeder Länge (auch mehrfach) hergestellt werden können – etwa durch Zeichnung. Diese Objekte sind zwar Artefakte, sie lassen sich aber in der Anwendung durch operationale Vorschriften klar materialisieren. Die Konstruktion eines Pfeils kann zum Beispiel über kartesische Koordinaten erfolgen, indem man entlang der Koordinatenachsen vom Ursprung aus drei Strecken abträgt und an deren Enden Strecken im rechten Winkel anbringt, die sich irgendwo treffen: der Treffpunkt markiert gerade die Spitze des zu konstruierenden Pfeils. Auch andere Arten von Koordinaten sind erlaubt, etwa ein Abstand und zwei Winkel. Addition von Vektoren erfolgt über die Konstruktion eines Parallelogramms und skalare Multiplikation eines Vektors mit einer reellen Zahl besteht darin, die Länge des Pfeils so zu variieren, dass sie genau der

---

61 Dies ist übrigens der tiefere Grund, weshalb im Bereich der fundamentalen Messung gerade die Struktur $\langle \mathbb{R}, <, + \rangle$ als Repräsentant für die empirischen Relationen gewählt wird. Vergleiche 3.4. Die genaue, operationale Ausführung kann variieren und ist hier nicht von Bedeutung.

## 4.4 Die Anwendung formaler Theorien

durch die Zahl gegebene Strecke entspricht (wobei wir die obige Interpretation von Zahlen durch Strecken voraussetzen). Vektorräume dienen in dieser Interpretation dem Umgang mit Objekten (Pfeilen), die sich durch Koordinaten festlegen lassen. Die Fähigkeit zur realen Konstruktion von Koordinatensystemen dürfen wir dabei voraussetzen. Der Nullvektor wird als der Koordinatenursprung interpretiert. Der Begriff der Vollständigkeit besagt, dass – informell gesprochen – alle Konstruktionen und Interpretationen endlos 'überall', und an allen 'Stellen' möglich sind.

Durch Hinzunahme eines Skalarprodukts kommt man von einem Vektorraum zu einem *Hilbert*raum. Auch das Skalarprodukt $\langle\,,\,\rangle$ hat eine natürliche, empirische Interpretation, die jedem Physikstudenten geläufig ist.

In diesen Beispielen lassen sich die mathematischen Theorien direkt als empirische Theorien deuten, deren intendierte Systeme raum-zeitliche Strukturen sind.

Unser drittes Argument betrifft all jene Fälle empirischer Theorien, in denen mathematische Theorien als 'Teile' von empirischen Modellen vorkommen. Diese Teile sind in den Hilfsbasismengen der Modelle zu finden. Die reellen Zahlen und Vektorräume sind Bestandteil fast aller physikalischer Theorien. Dies gilt in aller Strenge auch für die Differentialgeometrie, wo der aus den Tangentenvektoren eines Punktes konstruierte Vektorraum definitorisch in jedem Modell enthalten ist. Auch in vielen anderen nicht naturwissenschaftlichen Theorien kommen Zahlen vor. Diese mathematischen 'Teilmodelle' empirischer Modelle können oft auch wieder direkt empirisch, meist raum-zeitlich interpretiert werden. Interessant sind die anderen Fälle, in denen der mathematische Teil eines empirischen Modells keine raum-zeitliche oder andere natürliche Interpretation zulässt, denn gerade sie könnten der Auffassung vom reinen Hilfscharakter der Mathematik den Boden bereiten. Es zeigt sich aber, dass in diesen Fällen die empirischen Phänomene teilweise in raum-zeitliche Analoga transformiert werden, um sie anschaulich zu machen. Die mathematischen 'Teilmodelle' bilden den, nun doch wieder raum-zeitlich interpretierten Rahmen, in dem diese anschaulichen Analoga der empirischen Verhältnisse dargestellt, vorgestellt und manipuliert werden.

In der klassischen Stoßmechanik 2.8 wird etwa der drei-dimensionale, reelle Vektorraum als Arena benutzt, in der sich Geschwindigkeiten durch Vektoren repräsentieren lassen. Dies ist zulässig, weil die Ableitung der vektorwertigen Ortsfunktion wieder zu Vektoren führt und weil Geschwindigkeit als Ableitung der Ortsfunktion nach der Zeit definiert ist. In Modellen, die einen Phasenraum benutzen, dient dieser viel-dimensionale Vektorraum als Arena, in der sich gesetzesartige Zusammenhänge, die sonst unanschaulich durch Formeln ausgedrückt werden, in Form von niedriger-dimensionalen Mannigfaltigkeiten (mehr oder weniger) anschaulich vorstellen lassen. Das ideale Gasgesetz $T(z) = k \cdot P(z) \cdot V(z)$ als einfaches Beispiel kann bei fester Konstante $k$ im 'Raum' $\mathbb{R}^3$ durch die Menge aller Tripel $\langle P(z), V(z), T(z)\rangle$ von Werten der drei involvierten Funktionen durch eine zwei-dimensionale Mannigfaltigkeit anschaulich dargestellt werden. Ähnliches gilt für den viel-dimensionalen Vektorraum, der in der Thermodynamik (Balzer, Moulines, Sneed 1987: Chap. 3) als Raum der Argumente und Funktionswerte der Entropiefunktion dient.

Bei den sozialwissenschaftlichen Beispielen haben wir in diesem Buch den Schwerpunkt mit Bedacht auf qualitativ formulierte Theorien gelegt. Es gibt aber auch in den Sozialwissenschaften viele Theorien, die die reellen Zahlen benutzen. Ein Beispiel sind die in 3.6 behandelten Modelle von *Gross*, *Mason* und *McEachern*, in denen einige wenige reelle Zahlen auftreten in Form von Werten für Legitimation und Sanktion. Auch hier stellen die Zahlen 'Grössen' dar; sie werden *quasi* wie Strecken geometrisch interpretiert. Sie werden addiert und multipliziert und werden als 'Ausprägungsgrade' der Legitimations- und Sanktionsorientierung interpretiert. In diesem Beispiel ist schön zu sehen, wie in dieser Weise überschüssiger mathematischer Gehalt ins Spiel kommt. Für die Ausprägungsgrade der Legitimations- und Sanktionsorientierung sind keine natürlichen Verkettungsoperationen in Sicht, die der Addition der sie repräsentierenden Zahlen entsprechen könnten.

Damit haben wir unsere 'nicht-formalistische' Auffassung von der Rolle mathematischer Theorien als direkt relevante empirische Teile von empirischen Theorien, so gut es in der gebotenen Kürze geht, begründet.

Dies besagt jedoch noch kaum etwas über den Status formaler Theorien als eigenständige Theorien, als Theorien, die 'für sich' stehen und nicht auf den Kontext empirischer Theorien angewiesen sind. Formale Theorien lassen sich unter unseren Theoriebegriff subsumieren, sie bilden jedoch einen klar von empirischen Theorien im engeren Sinn abgegrenzten Spezialfall. Um dies besser zu sehen, konzentrieren wir uns auf die Objekte und die intendierten Systeme für formale Theorien.

Im Vergleich mit den Objekten empirischer Theorien (das heißt, den Elementen der Basismengen in Modellen) fällt auf, dass die Objekte formaler Theorien stets Artefakte in einem weiten Sinn sind. Auch gedankliche Konstrukte sind Objekte und Artefakte. Dies gilt schon für die elementarsten mathematischen Theorien wie Geometrie und Arithmetik und erst recht für 'höhere' Theorien. Geometrische Objekte: Punkte, Geraden, Ebenen, kommen in der Natur direkt nicht vor; Zahlen als Äquivalenzklassen linearer Ordnungen sind zu allererst Mengen und damit gedankliche Konstrukte. Mengen kommen in der 'menschenfreien' Natur nicht vor, sondern sie sind, wie *Cantor* sagte, die 'Zusammenfassung von bestimmten, wohlunterschiedenen Objekten unserer Anschauung oder unseres Denkens zu einem Ganzen'. Gleiches gilt für Vektoren, Punkte einer Mannigfaltigkeit, Morphismen, und so weiter. Wir wollen all diese Artefakte als *Konstrukte* bezeichnen.

Der Begriff des Konstrukts ist keineswegs klar und wir wollen hier nur einen Aspekt desselben beleuchten. Der Begriff nimmt nämlich eine ganze Skala von verschiedenen Ausprägungen an. Am einen Ende der Skala finden wir die 'direkten', 'primitiven' Konstrukte: materielle Gegenstände, die nach bestimmten, handwerklichen Regeln hergestellt sind. Darunter fallen bestimmte geometrische Objekte, aber auch die linearen Ordnungen, die in Zahlen auftreten. Beispiel zur Herstellung einer solchen Ordnung in einer Schafherde ist der Hammelsprung. Zu den materiellen Gegenständen gehören selbstverständlich auch Zeichen: Strichlisten für Zahlen, gezeichnete Figuren, etc. Von den *de facto* hergestellten Konstrukten führt der nächste Schritt in den Bereich des Möglichen. Als Konstrukt zählt auch, was hergestellt werden *kann*, dann allerdings nur, wenn eine bestimmte Regel oder Methode spe-

## 4.4 Die Anwendung formaler Theorien

zifiziert wird, nach der die Herstellung zu erfolgen hat. Hier eröffnen sich weitere Möglichkeiten je nach dem, was als Regel zugelassen wird. Eine Regel kann praktisch gelernt werden und die Herstellung eines materiellen Gegenstandes 'regeln'; sie kann aber auch durch Symbole vermittelt werden. Am anderen Ende der Skala gelangen wir, wenn wir auch formale Definition im Sinne von 2.4 als Regel zur 'Herstellung' eines Konstrukts zulassen. Dabei ist allerdings darauf zu achten, dass die definierenden Terme ihrerseits schon Konstrukte bezeichnen und nicht etwa durch reine Existenzforderungen in die Welt gesetzt sind. Auf der Symbolebene ist gegen Definition zur Konstrukterzeugung nichts einzuwenden. Zeichen sind Konstrukte und eine Definition ist eine Regel zur Einführung – und damit in gewissem Sinn zur Herstellung – eines neuen Zeichens.

Indem wir den Begriff des Konstruktes in seinem weitesten Sinn verstehen, nach dem auch Zeichen und Definitionen zur Herstellung von Konstrukten eingesetzt werden dürfen, können wir sagen, dass die Objekte in Modellen formaler Theorien Konstrukte im weiten Sinn sind. Diese Feststellung hat Konsequenzen für die intendierten Systeme formaler Theorien. Im Gegensatz zu empirischen Theorien, wo die Objekte in den Modellen doch weitgehend unabhängig vom Benutzer sind, bestehen bei formalen Theorien die intendierten Systeme aus Konstrukten, die nach bestimmten Regeln realisiert werden können. Es ist deshalb nicht nötig, sie durch Ähnlichkeitsstandards an vorhandene Paradigmen anzubinden. Sie können, bei Bedarf, immer hergestellt werden. Damit tritt an die Stelle der in 2.1 beschriebenen paradigmatischen Methode zur Festlegung der intendierten Systeme eine weitaus stärkere Methode, die man als *konstruktive Methode* bezeichnen könnte, wenn der Terminus nicht schon anderweitig belegt wäre. Intendierte Systeme für eine formale Theorie sind all jene, die sich aus Konstrukten der je einschlägigen Art bilden lassen.

Damit wird die Menge der intendierten Systeme für eine formale Theorie sehr umfangreich. Da auch formale Modelle, jedenfalls dann, wenn sie definierbar sind, als Konstrukte zählen, wird ein großer Teil der Modelle der Theorie zu intendierten Systemen. Der 'Rest', d.h. die Klasse der Modelle, die keinen Konstruktcharakter haben, kann unter dem Aspekt der empirischen Anwendung als 'unwesentlich' bezeichnet werden. Maßtheoretisch kann dieser Rest allerdings ziemlich groß ist. 'Im wesentlichen' stammen daher alle Modelle $x \in \mathbf{M}$ von intendierten Systemen $z \in \mathbf{I}$ ab. D.h. jedes 'konstruierte' Modell einer formalen Theorie lässt sich als Grenzwert einer Reihe von Faktenstrukturen darstellen, die jeweils von einem einzigen intendierten System *stammen*, siehe Hypothese 1 in 2.1. Dies Verhältnis wird durch Betrachtung von Beispielen durchaus bestätigt. Ein Mathematiker interessiert sich im Prinzip für jedes Modell einer mathematischen Theorie, das ausreichend spezifiziert werden kann.

Zusammen mit unserer allgemeinen Passungsbedingung (2.1, Hypothese 2), nach der jede Faktenstruktur zu einem Modell passt, erhält man für formale Theorie 'im wesentlichen', dass jedes intendierte System zu einem Modell passt. Und damit fallen – informell gesprochen – Modelle und intendierte Systeme der Theorie 'im wesentlichen' zusammen. Damit haben wir das Hauptabgrenzungskriterium für formale Theorien in der Klasse aller (empirischen) Theorien bestimmt. Formale

Theorien sind (empirische) Theorien, deren intendierte Systeme ('im wesentlichen') mit ihren Modellen übereinstimmen. Da diese Auszeichnung der intendierten Systeme keinen Bezug auf den jeweiligen Inhalt der Theorie nimmt, kann sie formal genannt werden, was der Bezeichnung 'formaler Theorien' neben dem schon bekannten einen weiteren Grund hinzufügt. Bleibt schließlich noch zu fragen, welche Rolle die beiden anderen Komponenten: die Faktenstrukturen und der Approximationsapparat, bei formalen Theorien spielen.

Aufgrund des Konstruktcharakters der Objekte ist auch das Verhältnis zwischen atomaren Sätzen, oder Sachverhalten einerseits und allgemeinen Sätzen und Hypothesen andererseits viel enger als bei empirischen Theorien. Dort sind die Fakten, auch relativ zu einer Messmethode, kontingent: man weiß vor der Messung noch nicht, welcher Wert realisiert wird. Man muss zuerst Fakten sammeln, bevor man zu diesen passende Hypothesen suchen kann. In formalen Theorien ist die Gültigkeit von Atomsätzen Sache der Konstruktion. Durch die Konstruktion eines Objekts wird sichergestellt, dass dieses die erwünschten Eigenschaften hat und damit die erwünschten Atomsätze erfüllt. Man braucht daher die Konstruktion nicht immer *de facto* durchzuführen, um erst von den fertigen Konstrukten auf deren gesetzesartige Zusammenhänge zu kommen, sondern kann diese Zusammenhänge oft schon aus der Kenntnis der Konstruktionsmethoden (mehr oder weniger streng) erschließen. Aus dieser Sicht sind die Faktenstrukturen, die es auch bei formalen Theorien fraglos gibt, dort nicht so wichtig. Fakten, d.h. Sachverhalte zwischen wirklich hergestellten Objekten, sind zwar für das Auffinden allgemeiner Zusammenhänge oft hilfreich, ihre bestätigende Rolle solcher Zusammenhänge wird aber dann systematisch durch den Nachweis heruntergespielt, dass die Zusammenhänge schon aus den Konstruktionsvorschriften 'folgen'.

Analoges gilt für den Approximationsapparat. Im Umgang mit wirklich hergestellten Konstrukten, wie Zeichnungen oder Symbolketten, spielt Approximation zweifellos eine Rolle: Zeichnungen sind ungenau, Symbolketten sind nicht genau zu identifizieren oder enthalten (Schreib-) Fehler. Diese Approximationen spielen aber für die Bestätigung allgemeiner Zusammenhänge keine große Rolle, weil hier, wie bei den Fakten, beweisartige Überlegungen die Bestätigungsfunktion übernehmen.

## 4.5 Bayes Netze

Ein *Bayes Netz* (oder *B-Netz*) besteht aus einer endlichen Menge $K$ von Knoten, einer Menge $L$ von Linien und von Paaren von Wahrscheinlichkeiten. Die Anzahl der Knoten spielt in einem $B$-Netz eine zentrale Rolle. Sie wird stets explizit gemacht: $n$. Wir schreiben: $K = \{k_1, ..., k_n\}$. Zu jedem Knoten $k_i$ eines $B$-Netzes wird genau ein Paar $\langle \alpha_a, \alpha_v \rangle$ von Wahrscheinlichkeiten zugeordnet. Die Zahl $\alpha_a$ nennen wir die *anfängliche Wahrscheinlichkeit* (oder den anfänglichen W-wert), die (der) zu $k_i$ gehört. $\alpha_v$ nennen wir die *veränderbare Wahrscheinlichkeit* (oder den veränderbaren W-wert) von $k_i$.

## 4.5 Bayes Netze

Eine Linie $l$ lässt sich als ein Paar von Knoten darstellen. In einem $B$-Netz drückt die Linie eine Art von Beeinflussung aus. Ein erster Knoten 'verursacht' in einem anderen Knoten eine Wirkung. In einem $B$-Netz darf die Beeinflussung nur in einer Richtung wirken. Für zwei Knoten $k_i$, $k_j$ wird die Richtung zwischen Knoten durch ein Paar $\langle k_i, k_j \rangle$ explizit gemacht: der Knoten $k_j$ beeinflusst den Knoten $k_i$, aber $k_i$ beeinflusst $k_j$ nicht. Diese Beeinflussungen werden in den Formeln bei einer Beschreibung eines $B$-Netzes so notiert, dass die Wirkung rechts von der Ursache steht. Der Fluss von Ursache zur Wirkung ist in einer Formel von rechts nach links beschrieben, während wir bei dem Lesen eines Paares von links nach rechts lesen. Zwei Knoten werden als *unabhängig* bezeichnet, wenn es zwischen ihnen im $B$-Netz keine Linie gibt. Wenn $k_i$ und $k_j$ durch eine Linie verbunden sind, sind sie *abhängig*.

In einem $B$-Netz können viele verschiedene Beeinflussungen stattfinden. Eine erste Beeinflussung kann eine Zweite auslösen, die Zweite eine Dritte, und so weiter. In dieser Weise können in einem Netz *Pfade* definiert werden. Ein Knoten $k_i$ wird als *Eingangsknoten* bezeichnet, wenn es keinen anderen Knoten $k_j$ im Netz gibt, der $k_i$ beinflusst; im Netz gibt es keine Linie $\langle k_i, k_j \rangle$. Ausgehend von einem Eingangsknoten können alle Pfade verfolgt werden, die im Netz möglich sind. Ein $B$-Netz sollte auch *Endknoten* haben. $k_j$ ist ein Endknoten, wenn es keinen Knoten $k_i$ gibt, der von $k_j$ beeinflusst werden kann. Das heißt, es gibt keine Linie $\langle k_i, k_j \rangle$. Alle anderen Knoten werden als *innere Knoten* bezeichnet. Mit diesen Festlegungen werden alle Pfade durchlaufen, die von den Eingangsknoten über (oft viele) innere Knoten zu Endknoten führen.

Wenn ein Knoten $k_i$ ein Eingangsknoten ist, kann der Wert $\alpha_a^i$ im Netz durch Nichts beeinflußt werden. Der veränderbare Wert $\alpha_v^i$ wird in diesem Fall mit $\alpha_a^i$ identifiziert: $\alpha_v^i = \alpha_a^i$. Auch im Fall des Endknotens wird $\alpha_v^i$ mit $\alpha_a^i$ identifiziert, da sich diese Wahrscheinlichkeiten im $B$-Netz nicht ändern können.

In den restlichen Fällen gibt es im $B$-Netz eine Linie $\langle k_i, k_j \rangle$, bei der der veränderbare W-wert $\alpha_v^i$ durch einen der Werte $\alpha_v^j$ oder $\alpha_a^j$ beeinflusst wird. In einem solchen Fall wird die Wahrscheinlichkeit $\alpha_v^i$ 'upgedatet'. Metaphorisch kann man sagen, dass eine Information, die im Knoten $k_j$ vorhanden ist, zum Knoten $k_i$ weitergeleitet wird und dann auch zu allen anderen, erreichbaren Knoten. Die Information aus einem Eingangsknoten 'fließt' zu den Endknoten.

Ein $B$-Netz kann viele verschiedene Formen haben; diese werden wir hier nicht weiter diskutieren. Jeder kennt sie. Viele Formen sind durch Hypothesen ausgeschlossen. Zum Beispiel darf es nicht sein, dass jeder Knoten jeden anderen Knoten beinflusst. $B$-Netze werden durch drei spezielle Hypothesen, siehe 2.12, festgelegt. Ein $B$-Netz ist transitiv, reflexiv und zirkelfrei. Das heißt:

Für alle Knoten $k, k_1, ..., k_n$ aus $K$ gilt:

1) Wenn $\langle k_1, k_2 \rangle$ und $\langle k_2, k_3 \rangle$ Linien sind, dann ist auch $\langle k_1, k_3 \rangle$ eine Linie
2) $\langle k, k \rangle$ ist keine Linie
3) Wenn $\langle k_1, k_2 \rangle, \langle k_2, k_3 \rangle, ..., \langle k_{n-1}, k_n \rangle$ Linien sind, dann ist $\langle k_n, k_1 \rangle$ keine Linie.

Kapitel 4: Passung

Zu jedem Knoten $k_i$ eines $B$-Netzes gehört immer ein 'lokaler' W-Raum $W_i$, eine 'lokale' Zufallsvariable $\xi_i$ und eine 'lokale' Verteilungsfunktion $\mathbf{v}_i$, 2.12. In der Beschreibung eines $B$-Netzes werden die W-Räume fast immer 'ausgelagert'. Sie werden vorausgesetzt und nicht weiter beschrieben. Stattdessen werden die Zufallsvariablen $\xi_1, ..., \xi_n$ in den Vordergrund gerückt und aus den lokalen Zufallsvariablen werden lokale Verteilungsfunktionen $\mathbf{v}_1, ..., \mathbf{v}_n$ definiert.

Mit Hilfe dieser Begriffe werden die W-werte, die zu den Knoten gehören, genauer geordnet. Dieses macht Sinn, weil es in den heutigen Anwendungen meist um sehr große Zahl von Werten geht. Wahrscheinlichkeiten 'sind' Zahlen. Sie liegen zwischen 0 und 1, so dass es um überabzählbar viele Wahrscheinlichkeiten geht, die in einem $B$-Netz verarbeitet werden.

Wir erinnern uns kurz daran, dass Wahrscheinlichkeiten $\alpha$ in einem W-Raum liegen und, dass sie Werte einer W-Funktion $\mathbf{p}$ sind. Ein Wahrscheinlichkeitswert $\alpha$ 'kommt' von einem Zufallsereignis $E$: $\alpha = \mathbf{p}(E)$. Die Elemente $\omega$ aus $E$ sind Elementarereignisse. Die Menge der Elementarereignisse werden in einem $B$-Netz in drei Schritten weiter geordnet.

Erstens bekommt jedes Elementarereignis einen 'Namen', eine Bezeichnung. In diesem Schritt werden Elementarereignisse zu Klassen zusammengefaßt. Diese Klassen werden Zufallsereignisse genannt. Damit muss nicht mehr über die vielen Elementarereignisse geredet werden. Es reicht, von Klassen – und damit von Zufallsereignissen – zu sprechen. In diesem ersten Schritt lässt sich oft eine Komplexitätsreduktion erreichen. Oft wird es erst so möglich, die vielen Wahrscheinlichkeiten aus einem Netz überhaupt überblicken zu können.

Diese Klassifizierung erfolgt in allen lokalen W-Räumen. Für jeden Knoten $k_i$ lassen sich die Funktionswerte von $\xi_i$ je nach Anwendung in einer bestimmten Weise zu Mengen zusammenfassen. Diese Mengen bekommen 'Namen' $v^i_j$; sie werden als *Werte* bezeichnet. Diese Werte bilden eine Menge $V_i = \{v^i_1, ..., v^i_{r_i}\}$. Damit haben wir $n$ Mengen $V_i$ zur Verfügung: $V_i = \{v^i_1, ..., v^i_{r_i}\}$. Die W-werte einer W-Funktion $\mathbf{p}_i$, 2.12, haben damit eine Bedeutung bekommen:

$\mathbf{p}_i(\{\omega \in \Omega_i / \xi_i(\omega) = v^i_j\})$.

$\mathbf{p}_i(\{\omega \in \Omega_i / \xi_i(\omega) = v^i_j\})$ ist die Wahrscheinlichkeit des Zufallsereignisses $\{\xi_i(e^i_1), ..., \xi(e^i_{r_i})\}$, das durch $\xi_i$ charakterisiert wurde, so dass allen $e^i_1, ..., e^i_{r_i}$ dieselbe Zahl zugewiesen wird.

In einem zweiten Schritt werden diese Werten $v^i_j$ weiter geordnet. Zu jedem Knoten $k_i$ wird eine Verteilungsfunktion $\mathbf{v}_i$ eingeführt, die diese Werte $v^i_1, ..., v^i_{r_i}$ – wie das Wort schon sagt – *verteilt*. Die Idee ist, diese Werte als Zahlen der Größe nach zu ordnen. Damit sind diejenigen Zufallsereignisse, die für den Knoten $k_i$ relevant sind, linear geordnet. Die Verteilungsfunktion $\mathbf{v}_i$ hat die Form $\mathbf{v}_i : V_i \to [0, 1]$ und durch sie wird jedem Wert $v$ aus $V_i$ die Wahrscheinlichkeit $\mathbf{p}_i(\{\omega \in \Omega_i / \xi_i(\omega) = v\})$ zu geordnet:

$\mathbf{v}_i(v) = \mathbf{p}_i(\{\omega \in \Omega_i / \xi_i(\omega) = v\})$.

## 4.5 Bayes Netze

In einem dritten Schritt werden die Wahrscheinlichkeiten $\mathbf{v}_i(v^j)$, die im $B$-Netz gerade vorhanden sind, durch die Netzstruktur weiter verbunden. Jede Wahrscheinlichkeit, die in einem Knoten $k_i$ durch eine Linie $\langle k_i, k_j \rangle$ veränderbar ist, kann verändert werden – und wird verändert. Für das Gesamtnetz entsteht so ein komplexer Prozess. Die Wahrscheinlichkeiten aus den Eingangsknoten führen durch Veränderungen in den inneren Knoten durch alle möglichen Pfade zu Wahrscheinlichkeiten der Endknoten. Alle Wahrscheinlichkeiten werden upgedatet.

Um diesen Prozess in den Griff zu bekommen, werden aus den $n$ verschiedenen, lokalen W-Räumen $W_1, ..., W_n$ ein $n$-dimensionaler W-Raum $W^{\otimes n}$ konstruiert, siehe 2.12. In diesem wird eine $n$-dimensionale Zufallsvariable $\xi^{\otimes n}$ und eine $n$-dimensionale Verteilungsfunktion $\mathbf{v}^{\otimes n}$ definiert. Die Elementarereignisse $\omega$ aus der $n$-dimensionalen Grundmenge $\Omega^{\otimes n}$ haben die Form von Listen $\langle \omega_1, ..., \omega_n \rangle$. Ein $n$-dimensionales Elementarereignis besteht also aus $n$ 'lokalen' Elementarereignissen, die in verschiedenen Dimensionen liegen.

Eine $n$-dimensionale Verteilungsfunktion $\mathbf{v}^{\otimes n}$ verteilt – formal gesehen – die Wahrscheinlichkeiten der $n$-dimensionalen Zufallsereignisse. Den $n$-dimensionalen Elementarereignissen werden je nach Anwendung Werte zugeführt und mit der Menge $V^n$ (= $V_1 \times ... \times V_n$) dieser Werte können die Zufallsvariable $\xi^{\otimes n}$ und die Verteilungsfunktion $\mathbf{v}^{\otimes n}$ in konzentrierter Weise formuliert werden. $\xi^{\otimes n} : \Omega^{\otimes n} \to \mathbb{R}$ und $\mathbf{v}^{\otimes n} : V^n \to [0, 1]$.

Die Definition von $\mathbf{v}^{\otimes n}$ ist allerdings nicht einfach zu verstehen (Balzer und Manhart 2023). Kurz gesagt, wird ein Wert $\xi^{\otimes n}(\langle \omega_1, ..., \omega_n \rangle)$ aufgelöst in $n$ Komponenten

$$\xi^{\otimes n}(\langle \omega_1, ..., \omega_n \rangle) = \langle \xi_1(\omega_1), ..., \xi_n(\omega_n) \rangle = \langle v_1^1, ..., v_n^n \rangle \in V^n.$$

Die Liste $\langle v_1^1, ..., v_n^n \rangle$ wird dann als Argument von $\mathbf{v}^{\otimes n}$ in eine Zahl – eine Wahrscheinlichkeit – transformiert: $\mathbf{v}^{\otimes n}(v_1^1, ..., v_n^n) \in [0, 1]$. Diese Prozedur lässt sich im allgemeinen nicht in Kürze beschreiben, so dass wir uns auf den einfachsten, 2-dimensionalen Fall beschränken, der sich noch einigermaßen durchschauen lässt.

Zur Definition der $n$-dimensionalen Verteilungsfunktion führen wir zunächst den Begriff des Zustandes eines $B$-Netzes ein. Wir definieren den *unverbundenen Zustand* des $B$-Netzes wie folgt. Ein Knoten $k_i$ enthält, wie oben erörtert, auch eine anfängliche Wahrscheinlichkeit $\alpha_a$ und eine veränderbare Wahrscheinlichkeit $\alpha_v$. Die anfängliche Wahrscheinlichkeit nennen wir auch *den unverbundenen, lokalen Zustand $z_i$ des Knotens $k_i$* oder kurz: den *uv-Zustand*. Aus diesen lokalen *uv*-Zuständen bilden wir die Liste $\langle z_1, ..., z_n \rangle$ und nennen diese *den unverbundenen Zustand des Netzes*: $z = \langle z_1, ..., z_n \rangle$. In einem unverbundenen Zustand werden Einflüsse ignoriert.

Wenn wir die durch die Linien dargestellten Einflüsse hinzunehmen, entstehen aus den unverbundenen, lokalen Zuständen $z_1, ..., z_n$ neue, lokale Zustände. Diese neuen, lokalen Zustände werden nicht auf einen Schlag gebildet, sondern Schritt für Schritt. Wenn wir einen lokalen Zustand $z_i$ und alle Linien, die zu diesem Zustand führen, betrachten, wird in dem $B$-Netz ein neuer, lokaler Zustand $z_i^*$ berechnet.

Dieser Updateprozess lässt sich am besten dynamisch, Schritt für Schritt genauer beschreiben. In einem erstens Schritt sind alle unverbundenen, lokalen Zustände $z_i$

Kapitel 4: Passung

aller Knoten $k_i$ bekannt. Dies gilt insbesondere auch für die Eingangsknoten. Diese können sich – jedenfalls statisch betrachtet – nicht ändern, da es im Netz keine Knoten gibt, die sie beeinflussen können. Von einem Eingangsknoten $k_b$ kommen wir über Linien $l_s$ zu weiteren Knoten $k_r$: $l_s = \langle k_r, k_b \rangle$. Der Zustand $z_r$ und die zugehörige, veränderbare Wahrscheinlichkeit $\alpha_v^r$ wird nun geändert. Aus $\alpha_v^r$ und aus der Wahrscheinlichkeit $\alpha_v^b$ wird eine neue Wahrscheinlichkeit $(\alpha^*)_v^r$. Bevor wir zur genauen Berechnung dieses neuen Zustandes kommen, verfolgen wir zunächst weiter den Gesamtprozess.

Ist ein innerer Knoten $k_r$ upgedatet, wird im nächsten Schritt ein 'nächster' Knoten $k_s$ gesucht, der von $k_r$ beeinflusst wird: $\langle k_s, k_r \rangle$. Der gerade beschriebene Prozess wird nun von $k_s$ aus durchgeführt. Und so weiter, bis schließlich alle Pfade durchlaufen wurden. Die veränderbare Wahrscheinlichkeit $\alpha_v^e$ eines Endknotens ist berechnet, und schließlich sind alle Knoten upgedatet. Im Endzustand des Netzes führen wir all diese neuen, lokalen Zustände $z_i^*$ in eine Liste $\langle z_1^*, ..., z_n^* \rangle = z^*$ zusammen, die wir als den *Endzustand* des *B*-Netzes bezeichnen. Der Endzustand $z^*$ des *B*-Netzes ist nun bekannt.

In dieser Weise folgen wir all den möglichen Pfade. Bei *B*-Netzen ist es interessant, dass ein Knoten $k_i$ durch mehrere Knoten $k_1^i, ..., k_{j_i}^i$ beeinflusst werden kann – siehe Abb. 4.5.1.

Graphisch betrachtet gibt es in diesem Fall mehrere Linien $l_1^i, ..., l_{j_i}^i$, die zum selben 'Zielknoten' führen. Der Doppelindex $j_i$ wird nötig, weil die Anzahl von Linien, die zu einem Zielknoten führen, vom Zielknoten selbst abhängt. Zum Beispiel wird $k_i$ durch vier Knoten $k_1^i, ..., k_4^i$ beeinflusst, dagegen ist der Knoten $k^r$ nur durch einen Knoten $k_1^r$ beeinflusst. Dadurch wird der Fluss im Netz undurchsichtig, insbesondere wenn es heute um Millionen von Knoten in einem Netz geht.

In Abb. 4.5.1 sind in einem *B*-Netz ein Zielknoten $k_i$ und diejenigen Knoten $k_1^i, ..., k_4^i$ eingezeichnet, die $k_i$ direkt beeinflussen. Ein weiterer Knoten $k_j$ ist eingezeichnet, der von $k_i$ unabhängig ist. Man sieht direkt, dass es keinen Pfeil von $k_i$ zu $k_j$ gibt und auch keinen Pfeil von $k_j$ zu $k_i$. Die weißen Kreise repräsentieren Eingangsknoten und die weißen Rauten Endknoten. Man sieht, dass sich das Netz weiter nach oben ausbreitet, was aber nicht mehr zu sehen ist.

Vier Knoten $k_1^i, ..., k_4^i$ beeinflussen $k_i$. Eine der vier 'Beeinflusser' – ein weißer Kreis – ist selbst nicht beeinflusst. Man sieht, dass drei Knoten $k_1^i, k_3^i, k_4^i$ (und ihre Wahrscheinlichkeiten) in früheren Schritten schon verändert wurden.

In einem *B*-Netz fließen die Veränderungen der Wahrscheinlichkeiten, die an den Knoten hängen, in einer bestimmten Richtung – in unseren Zeichnungen: von unten nach oben. In jedem Schritt wird ein einziger Knoten $k$ upgedatet. Wie gerade erörtert kann ein Knoten in *einem einzigen* Schritt durch mehrere Knoten beeinflussen werden. Auch der andere Fall, den wir nicht eingezeichnet haben, kommt vor. Ein Knoten kann mehrere Knoten beeinflussen.

In Abb. 4.5.2 haben wir in einem Netz einen einzigen Pfad fünf ($r = 1,...,5$) Schritte lange verfolgt. In jedem Schritt wird dargestellt, wie die veränderbare Wahrscheinlichkeit $\alpha_v^r$ neu berechnet wird. Aus $\alpha_v^r$ wird $\alpha_*^r$.

## 4.5 Bayes Netze

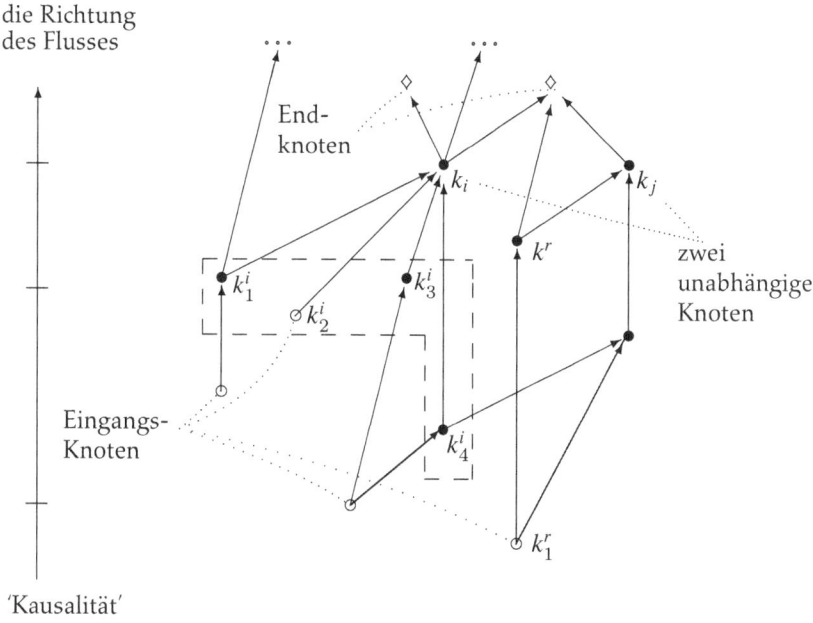

*Abb.* 4.5.1

Die gepunkten Pfeile von $\alpha_*^r$ über $\alpha_v^{r+1}$ zu $\alpha_*^{r+1}$ ($r = 1, ..., 5$) besagen, dass dort die Wahrscheinlichkeit $\alpha_v^{r+1}$ durch Berechnung zu $\alpha_*^{r+1}$ verändert wurde. Der Knoten $k_3$ hat nur einen einzigen Beeinflusser, nämlich $k_2$. Bei den anderen Knoten kommen mehrere Einflüsse ins Spiel. Die Wahrscheinlichkeit kann je nach Fall größer ($\alpha_v^{r+1} < \alpha_*^{r+1}$) oder kleiner ($\alpha_v^{r+1} > \alpha_*^{r+1}$) werden oder auch gleich bleiben. Bei einem Lernalgorithmus wird der (oder einer der) Endknoten dem Wert 1 nahe kommen – das *B*-Netz hat etwas gelernt.

Die vielen verschiedenen Einflüsse werden in einem *B*-Netz so strukturiert, dass sie zu verschiedenen Dimensionen gehören. Damit gelingt es, diese Einflüsse in eine Ordnung zu bringen, so dass Berechnungen neuer Wahrscheinlichkeiten möglich werden. Wir müssen uns daher genauer mit den Dimensionen eines *B*-Netzes beschäftigen.

Anstatt den allgemeinen Begriff der Dimension (Menger 1943) formal zu beschreiben, erläutern wir ihn durch zwei Beispiele. In den Naturwissenschaften hat der Raum drei Dimensionen. In dem Raum werden drei Koordinatenachsen (Dimensionen) eingezogen, von denen aus ein Raumpunkt betrachtet werden kann. Ein Raumpunkt $o$ wird so in drei Komponenten aufgeteilt: $o = \langle a_1, a_2, a_3 \rangle$ und er wird mathematisch durch drei Zahlen (Koordinatenwerte) dargestellt. In der normalen Sprache sagt man, dass der Raumpunkt aus drei Richtungen (Dimensionen) betrachtet werden kann – der Raum hat drei Dimensionen. Die Zeit dagegen hat nur eine einzige Dimension. In der Physik werden weitere Dimensionen für ver-

Kapitel 4: Passung

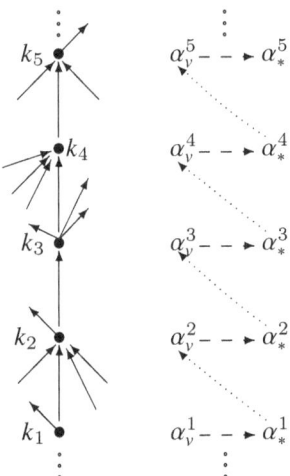

$\alpha_v^1, ..., \alpha_v^5$ sind veränderbare Wahrscheinlichkeiten
$\alpha_*^1, ..., \alpha_*^5$ ist upgedatete Wahrscheinlichkeiten

Abb. 4.5.2

schiedene Zwecke eingeführt. Zum Beispiel hat ein *Hilbert*-Raum unendlich viele Dimensionen.

In der Soziologie hat eine Person verschiedene Eigenschaften, die zu verschiedenen Dimensionen zugeordnet werden. Eine Person ist intelligent, sie hat eine Körpergröße, sie hat einen sozialen Status, ein Alter, einen Geburtstag etc. Eine Person $p$ wird unter anderem durch Ausprägungen der verschiedenen Eigenschaften beschrieben. Auch hier können die Ausprägungen bei einer Person $p$ durch Zahlen dargestellt werden, etwa durch $\beta_1, ..., \beta_i, ...$. Die Person 'besteht' dann auch einer Liste $p = \langle \beta_1, \beta_2, \beta_3, ...\rangle$, wobei $\beta_1$ die Intelligenz von $p$ genauer beschreibt, $\beta_2$ ihre Größe, etc. Auch hier kann eine Person aus verschiedenen 'Blickwinkeln' – Dimensionen – betrachtet werden.

In dieser Weise kann ein Objekt in einem intendierten System einer Dimensionsanalyse unterzogen werden. Wenn sich das Objekt mit der Zeit ändert, lässt sich dieser Prozess durch ein *B*-Netz modellieren. Jede Dimension eines Objekts wird durch genau einen Knoten beschrieben. Im Raum-Beispiel geht es etwa um Veränderung in einer bestimmten Richtung, was in einem Knoten dargestellt wird. Im Sozial-Beispiel wird in einem ersten Knoten die Intelligenz der Person behandelt, in dem zweiten Knoten seine Größe und so weiter.

Kann die Ausprägung einer Eigenschaft der ersten Dimension die Ausprägung einer Eigenschaft der zweiten Dimension beeinflussen? Dies hängt davon ab, wie wir diese Eigenschaften sprachlich genauer ausdrücken. Wenn wir im Raum-Beispiel die

Entfernung zum Nullpunkt des Koordinatensystems als Eigenschaft in einer ersten Richtung nehmen, ist diese Eigenschaft von einer zweiten Eigenschaft – der zweiten Richtung – unabhängig. Im Sozial-Beispiel kann dagegen der Status einer Person durch seine Intelligenz beeinflusst werden.

In einem $B$-Netz werden nun diese Dimensionen ins Zentrum gerückt. Ein $B$-Netz enthält genau so viele Knoten, wie das betrachtete System Dimensionen hat. Das System und das $B$-Netz haben dieselbe Anzahl $n$ von Dimensionen. Diese Dimensionen spielen in den darunterliegenden W-Räumen eine wichtige Rolle. Aus den $n$ verschiedenen 1-dimensionalen W-Räumen wird ein $n$-dimensionaler W-Raum konstruiert, siehe 2.12.

Der $n$-dimensionale W-Raum $\langle \Omega^{\otimes n}, [0,1], \mathcal{A}^{\otimes n}, \mathbf{p}^{\otimes n} \rangle$ ist für das Gesamtnetz zuständig. Die Elementarereignisse $\omega$ aus $\Omega^{\otimes n}$ bestehen aus $n$ voneinander abgegrenzten Teilereignissen $\omega_1, ..., \omega_n$ und die Zufallsereignisse aus Mengen von $n$-Tupeln aus solchen Elementarereignisse. Dieser Begriffsrahmen, den (Kolmogorov 1959) formulierte, hat sich in der Wissenschaft für Rechnungen als besonders einfach und effektiv erwiesen. Er wird bis heute auch in der Informatik verwendet.

Neben diesem mathematischen Modell für W-Räume hat sich ein zweites Modell für W-Räume entwickelt, in dem Ereignisse durch Sätze ersetzt werden. Den zugehörigen Raum nennen wir den SW-Raum. Ein Ereignis wird durch einen natürlich sprachlichen Satz beschrieben. Einige dieser Sätze werden normiert und in eine formal strukturierte Menge eingebracht. In diesem Ansatz ist ein SW-Raum auch von der jeweils benutzten natürlichen Sprache abhängig. Einige Sätze einer Sprache lassen sich allerdings in normierter Weise schwer in eine andere Sprache übersetzen. Zum Beispiel gibt es in der finnischen Sprache mehr deklarative Formen als im Deutschen oder im Englischen. Daher werden oft Sätze durch Propositionen ersetzt, was allerdings bei Anwendungen nicht immer zielführend ist.

Ein SW-Raum $W$ besteht auch in dieser Variant aus einer Menge $\Omega$ von atomaren Sätzen, einer Menge $\mathcal{A}$ und einer W-Funktion $\mathbf{p}: W = \langle \Omega, [0,1], \mathcal{A}, \mathbf{p} \rangle$. Die Menge der atomaren Sätze können auch aus einer natürlichen Sprache kommen. Die größere Menge $\mathcal{A}$ von Sätzen wird durch zwei Hypothesen charakterisiert.

1) Jeder atomare Satz ist ein Satz, d.h. $\Omega \subset \mathcal{A}$
2) Die Menge $\mathcal{A}$ bildet eine *Aussagenalgebra* (Novikov 1973).

Eine Aussagenalgebra erfüllt verschiedene ziemlich einfach zu verstehende Axiome. Zum Beispiel soll die Konjunktion von zwei Sätzen $A$ und $B$ nicht von der Reihenfolge abhängen, in der sie formuliert wird: $A \wedge B = B \wedge A$. Atomare Sätze müssen die Form *präd(name$_1$, ..., name$_m$)* haben, wobei *präd* ein Prädikat und *name$_1$, ..., name$_m$* Namen oder Bezeichnungen für 'Dinge' sind.

Bei den SW-Räumen ist die Konstruktion von $n$-dimensionalen Räumen länglich und wird bei den $B$-Netzen einfach vorausgesetzt. In den Anwendungen, in denen SW-Räume wirklich verwendet werden, handelt es sich meist um sehr einfache Systeme, bei denen nur die atomaren Sätze zur Sprache kommen.

Ein einfaches Beispiel stammt aus dem sozialen Bereich. Eine Person namens 'Peter' ist hoch intelligent, er hat aber in einer bestimmten Gruppe keinen sozialen

Status. Diese Person hat zwei Eigenschaften. Es lässt sich fragen, ob und wie diese Eigenschaften verbunden sind. Diese Verbindung kann durch ein 2-dimensionales $B$-Netz dargestellt werden. Es enthält zwei Knoten und zwei dazugehörige SW-Räume. Die atomaren Sätze haben die Formen: *p ist intelligent im Grad* $g_j^{int}$ und *p hat den Status* $g_r^{st}$. Die Variable $p$ wird in einer gegebenen Gruppe durch Personen interpretiert und $g_j^{int}$ und $g_r^{st}$ durch Ausprägungsgrade von Intelligenz und Status. Wir nehmen an, dass es genau 4 Ausprägungsgrade von Intelligenz gibt: *niedrig, mittelmäßig, intelligent* und *hoch* (kurz: $n, m, i, h$) und zwei Ausprägungsgrade von Status: *wenig* und *viel* (kurz: $w, v$). Damit lassen sich alle atomaren Sätze, zwei SW-Räume, die zugehörigen W-Funktionen $\mathbf{p}_{int}$ und $\mathbf{p}_{st}$ und den 2-dimensionalen SW-Raum konstruieren.

Auf der Ebene der Atomsätze lassen sich die Werte der W-Funktionen $\mathbf{p}_{int}$ und $\mathbf{p}_{st}$ beispielsweise so schreiben: $\mathbf{p}_{int}$(*Peter ist hoch intelligent*) und $\mathbf{p}_{st}$(*Peter hat wenig Status*). $\mathbf{p}_{int}$(*Peter ist hoch intelligent*) besagt, dass Peter wahrscheinlich hoch intelligent ist, und $\mathbf{p}_{st}$(*Peter hat wenig Status*) drückt aus, dass Peter in der Gruppe wenig Status hat ('er hat in der Gruppe wenig zu sagen').

Aus den atomaren Sätzen können Konjunktionen, wie etwa $\mathbf{p}^{\otimes 2}$(*Peter hat wenig Status und Peter ist hoch intelligent*) und andere, auch komplexere Sätze, gebildet werden. Damit lassen sich schon einfache, bedingte Wahrscheinlichkeiten (2.12.1) formulieren:

$\mathbf{p}^{b2}$(*Peter hat wenig Status | Peter ist hoch intelligent*). (1)

Dieser Term soll besagen, dass die Wahrscheinlichkeit, dass Peter keinen ('wenig') Status hat, durch die Intelligenz von Peter bedingt wird. In dieser Form ist diese Aussage noch einigermaßen lesbar. Wenn in diesem Beispiel die Anzahl der Personen in der Gruppe bekannt ist, lassen sich Wahrscheinlichkeiten direkt beschreiben und sogar bestimmen.

Wie in der 'klassischen' Variante der W-Räume lässt sich auch in der Satzvariante die bedingte Wahrscheinlichkeit definieren.

$\mathbf{p}^{b2}$(*Peter hat wenig Status | Peter is hoch intelligent*) = (2)
$\mathbf{p}^{\otimes 2}$(*Peter hat wenig Status und Peter ist hoch intelligent*) / (3)
  $\mathbf{p}^{\otimes 2}$(*Peter ist hoch intelligent*).

In dieser Gleichung werden zwei verschiedene Funktionssymbole verwendet; 'oben' die 2-stellige Wahrscheinlichkeitsfunktion $\mathbf{p}^{b2}$ und 'unten' die 1-stellige, aber 2-dimensionale Wahrscheinlichkeitsfunktion $\mathbf{p}^{\otimes 2}$.

Wenn die Wahrscheinlichkeiten der beiden Sätze unabhängig voneinander wären, könnte die Konjunktion *Peter hat wenig Status und Peter ist hoch intelligent* aufgelöst werden, in die zwei 1-dimensionalen Ausdrücke.

$\mathbf{p}^{\otimes 2}$(*Peter hat wenig Status und Peter ist hoch intelligent*) =
  $\mathbf{p}_{st}$(*Peter hat wenig Status*) · $\mathbf{p}_{int}$(*Peter is hoch intelligent*).

Dieses Beispiel verwenden wir nun, um die 2-dimensionale Verteilungsfunktion $\mathbf{v}^{\otimes 2}$ in allgemeiner Weise zu definieren. Ein 2-dimensionales $B$-Netz enthält zwei Kno-

## 4.5 Bayes Netze

ten und eine Linie vom Knoten $k_2$ zum Knoten $k_1$. Die Zufallsvariablen $\xi_1$ und $\xi_2$ sind theoretisch so weit bekannt, dass die Werte $v_1^1, ..., v_{r_1}^1$ von $\xi_1$ und die Werte $v_1^2, ..., v_{r_2}^2$ von $\xi_2$ verwendet werden können. Durch den Formalismus der $B$-Netze werden die *inversen Bilder* der Werte $v_i^1$ ($i = 1, ..., r_1$) von $\xi_1$ definiert. Das inverse Bild $\xi_1^{-1}(v_i^1)$ ist die Menge $\{\omega \in \Omega^{\otimes 2}/\xi_1(\omega) = v_i^1\}$ der 2-dimensionalen Elementarereignisse $\omega$, die durch $\xi_1$ dem Wert $v_i^1$ zugeordnet werden. Durch die W-Theorie wird festgelegt, dass das inverse Bild immer auch ein Zufallsereignis ist. Genauso werden die inversen Bilder der Werte von $\xi_2$ definiert. Die inversen Bilder $\xi_1^{-1}(v_i^1)$ und $\xi_2^{-1}(v_j^2)$ repräsentieren zum Beispiel die Sätze *Peter hat wenig Status* und *Peter ist hoch intelligent*.

Damit können wir die Verteilungsfunktion $\mathbf{v}^{\otimes 2}$ so formulieren, dass in (4) unten der Term $\mathbf{p}^{b2}(\xi_1^{-1}(v_i^1) \mid \xi_2^{-1}(v_j^2))$ dem Term $\mathbf{p}^{b2}$(*Peter hat wenig Status* | *Peter ist hoch intelligent*) in (1) entspricht. Der Term $\mathbf{p}^{\otimes 2}((\xi_1^{-1}(v_i^1) \cap \xi_2^{-1}(v_j^2))/\mathbf{p}^{\otimes 2}((\xi_2^{-1}(v_j^2))$ in (5) entspricht dem Term $\mathbf{p}^{\otimes 2}$(*Peter hat wenig Status und Peter ist hoch intelligent*) / $\mathbf{p}^{\otimes 2}$(*Peter ist hoch intelligent*) in (3). Und die Gleichung (4) = (5) entspricht der Gleichung (2) = (3).

$$\mathbf{v}(v_i^1, v_j^2) = \mathbf{p}^{b2}(\xi_1^{-1}(v_i^1) \mid \xi_2^{-1}(v_j^2)) \cdot \mathbf{p}^{\otimes 2}(\xi_2^{-1}(v_j^2)) = \tag{4}$$
$$(\mathbf{p}^{\otimes 2}(\xi_1^{-1}(v_i^1) \cap \xi_2^{-1}(v_j^2))/\mathbf{p}^{\otimes 2}(\xi_2^{-1}(v_j^2)) \cdot \mathbf{p}^{\otimes 2}(\xi_2^{-1}(v_j^2)). \tag{5}$$

In der Literatur werden andere Notationen benutzt. Zum Beispiel werden die inversen Bilder weiter abgekürzt, etwa zu $E_i^1, E_j^2$, oder zu $E$ und $E'$, und komplexe inverse Bilder durch $H$, wie $\mathbf{p}(H \mid E)$. Dabei drückt $H$ zum Beispiel eine Hypothese aus: Hypothese $H$ bedingt den 'Fakt' $E$ mit einer bestimmte Wahrscheinlichkeit. Zufallsvariable $\xi_i$ werden meist so geschrieben $X_i$. Durch diese und weitere Abkürzungen lassen sich viele statistische Sachverhalte kurz ausdrücken. Andererseits müssen diese abkürzenden Notationen gelernt werden, was sich Leser oft nicht antun wollen.

In vielen Anwendungen sind die hier benutzten Wahrscheinlichkeiten nicht bekannt. Trotzdem lassen sich durch das Modell viele interessante Schlüsse ziehen. In der *Bayes*-Theorie spielt das verallgemeinerte *Bayes*-Theorem (Bernardo und Smith 2000) die Schlüsselrolle.

In den Anwendungen von $B$-Netzen geht es oft um Millionen von Knoten, so dass sich viele Spezialbereiche entwickelt haben. Zum Beispiel werden zwei Pfaden untersucht, die die gleichen Eingabe- und Endknoten haben. Es wird gefragt, welcher der Pfade kürzer als der andere ist. Wenn $B$-Netze mit 'Zeit' verbunden werden, entstehen dynamische Netze. Ein solches Netz besteht aus eine Folge von $B$-Netze, die zeitlich nacheinander existieren und deren Änderungen genau studiert werden.

Wir können ein *n-dimensionales B-Netz* wie folgt zusammenfassen, wobei wird die Menge $\{\xi_1, ..., \xi_n\}$ der Zufallsvariablen durch $\Xi$ abkürzen.

$x$ ist ein *Modell der Bayes-Theorie* gdw es Folgen $(\Omega_i, \mathcal{A}_i, \mathbf{p}_i)_{i \leq n}$ von 1-dimensionalen W-Räumen, Folgen $(V_i)_{i \leq n}$ (von 'Werten'), Folgen $(\xi_i)_{i \leq n}$ von Zufallsvariablen, einen $n$-dimensionalen W-Raum $\langle \Pi_{i \leq n} \Omega_i, \otimes_{i \leq n} \mathcal{A}_i, \otimes_{i \leq n} \mathbf{p}_i \rangle$ 2.12, eine 2-stellige Relation $\mathbf{b}$ und eine Verteilungsfunktion $\mathbf{V}$ gibt, so dass gilt:

Kapitel 4: Passung

1) $x = \langle (\Omega_i, \mathcal{A}_i, \mathbf{p}_i)_{i \leq n}, (V_i)_{i \leq n}, \mathbb{N}, [0,1], (\xi_i)_{1 \leq n}, \mathbf{b}, \mathbf{v} \rangle$
2) $\mathbb{N}$ ist die Menge der natürlichen Zahlen, $n \in \mathbb{N}$ und $2 \leq n$
3) für alle $i \leq n$ ist $V_i$ eine nicht-leere Menge (von Werten) und $\xi_i : \Pi_{i \leq n} \Omega_i \to V_i$
4) $\mathbf{b} \subset \Xi \times \Xi$ (eine Menge von Linien)
5) $\mathbf{v} : V_1 \times \ldots V_n \to [0,1]$ (eine Verteilungsfunktion)
6) es gibt $\xi, \xi^* \in \Xi$, so dass $\xi \neq \xi^*$ and $\xi \mathbf{b} \xi^*$
7) für alle $\xi \in \Xi$ gilt nicht: $(\xi \mathbf{b} \xi)$
8) für alle $\xi_1, \xi_2, \xi_3 \in \Xi$ gilt: wenn $\xi_1 \mathbf{b} \xi_2$ und $\xi_2 \mathbf{b} \xi_3$, dann $\xi_1 \mathbf{b} \xi_3$
9) für alle $k \leq n$ und für alle $\xi_{i_1}, \ldots, \xi_{i_k} \in \Xi$: wenn $\xi_{i_1} \mathbf{b} \xi_{i_2}$ und $\xi_{i_2} \mathbf{b} \xi_{i_3}$ und ... und $\xi_{i_{k-1}} \mathbf{b} \xi_{i_k}$, dann gilt nicht: $\xi_{i_k} \mathbf{b} \xi_{i_1}$
10) es gibt Eingangs- und Endpunkten
11) für alle $v_1 \in V_1$ ... für alle $v_n \in V_n$: $\mathbf{v}(v_1, \ldots, v_n) = \Pi_{1 \leq i \leq n} \mathbf{LV}_i(v_1, \ldots, v_n)$.

Die zentrale Hyothese 11) haben wir nicht genauer beschrieben; dies würde mehrere Seiten brauchen, siehe etwa (Balzer und Manhart 2023). Neben der Verteilungsfunktion **v** wird aus technischen Gründen auch eine *lokale* Verteilungsfunktion **LV** eingeführt. Die Grundidee ist, dass es zu jedem Knoten $k_i$ ein lokales Netz gibt, der zum Knoten $k_i$ führt. Alle Knoten aus dem lokalen Netz führen direkt zum lokalen 'Endknoten', wie in Abb. 4.5.1 dargestellt wurde.

Die Wahrscheinlichkeiten, die zu den Eingangs- und Endknoten gehören, nennen wir hier *die Fakten eines B-Netzes*. Damit lässt sich Passung für *B*-Netze ähnlich wie für andere Theorien formulieren. Ein *B*-Netz *x* (ein Modell) passt zu den Fakten des *B*-Netzes, wenn die Fakten des Netzes *x* typengerecht zu einer Faktenstruktur zusammengebaut werden können.

## 4.6 Suchen und Lernen

Suchen ist das zentrale Element der Forschung und Lernen ist ein wichtiger Bestandteil des Wissenschaftshandelns, 1.3. Lernen wird in der Psychologie auch als ein eigenes Objekt untersucht. Heute suchen und lernen nicht nur Menschen und Gruppen, sondern auch Computer, Netze und Roboter (inzwischen auch Bots genannt). Wir nennen all diese Akteure *Personen*.

Sowohl Suchen als auch Lernen hat etwas mit Passung zu tun. Entitäten, die gesucht oder gelernt werden, können durch Sätze – oder allgemeiner: durch Terme – beschrieben werden. Neben den Menschen und den juristischen Personen, haben inzwischen auch Bots und Netzwerke schreiben gelernt.

Jede Person hat zu einem gegebenen Zeitpunkt verschiedene Überzeugungen, Einstellungen, Wünschen und Gefühlen. Diese inneren Zustände einer Person können als Ereignisse angesehen, und durch Sätze repräsentiert werden. Eine Menge von solchen Sätzen nennt man eine *Basis*. Die Basis wird weiter in Arten von inneren Zuständen eingeteilt. Für uns sind hier die *Überzeugungsbasen* besonders wichtig.

## 4.6 Suchen und Lernen

Suchen und Lernen lassen sich als Prozesse begreifen. Diese Prozesse bestehen aus Ereignissen: aus Such- und Lernereignissen. Ein Suchereignis hat einen Anfangs- und einen Endzustand. Der Anfangszustand wird geändert und wird nach einiger Zeit zu einem Endzustand. Dasselbe gilt für Lernereignisse. Ob solche Prozesse Erfolg haben, ist dabei nicht gesagt. Eine Suche oder ein Prozess des Lernens kann mißlingen.

Bei einem Suchereignis ist das gesuchte Ereignis nicht nur für die suchende Person, sondern meist auch für die Gruppe, in der sie lebt, unbekannt und neu. Warum die Person ein solches Ereignis finden möchte, hat viele Gründe, die wir in Kapitel 1 kurz andeuteten. Da ein gesuchtes Ereignis auch sprachlich noch nicht gut beschrieben werden kann, finden wir bei einer Suche immer auch einen kreativen Aspekt der sprachlichen Darstellung.

In den Wissenschaften werden Fakten, Hypothesen aber auch ganz neue Theorie gesucht. Eine solche Suche hängt von der Art der gesuchten Entität und von intendierten Systemen ab. Die Suche nach einem Grundobjekt wird anders ablaufen als die Messung eines unbekannten Funktionswertes. Im ersten Fall fehlt zum Beispiel ein Faktum, um eine Hypothese und eine Faktenstruktur zur Passung zu bringen. Der zweite Fall wurde in Kapitel 3 ausführlich erörtert.

Eine Hypothese wird gesucht, wenn Fakten für eine Theorie schon bekannt sind, aber die Theorie nicht gut zu den Fakten passt. Es gibt viele verschiedene Methoden, um eine Hypothese zu finden. Im letzten Kapitel werden wir einige davon erörtern.

Die Suche nach einer Theorie entwickelt sich aus Problemen anderer Theorien oder aus Neugier. Ein neues Phänomen tritt auf. Es wird beobachtet und wird für andere Personen interessant.

Neben den schon bekannten Methoden der Suche und des Lernens durch Menschen und juristische Personen, entwickeln sich rasant neue Methoden, die durch Computer, Computernetze und Bots angewendet werden können..

In 2.14 haben wir auf allgemeiner Ebene Computerprogramme mit Modellklassen oder Hypothesen verglichen. In den ersten Computerprogrammen ging es hauptsächlich um Berechnungsmethoden: eine Funktion wird durch einen Computer berechnet. Ein heutiges Computersystem kann nicht nur berechnen, es kann einen ganzen Wissensvorrat über einen bestimmten Phänomenbereich verwalten, benutzen und verbessern. Inzwischen werden die verschiedenen Wissensbereiche durch das Internet zusammengebracht, so dass ein Computersystem Vieles bewerkstelligen kann, was ein einzelner Mensch oder eine Gruppe für unmöglich erachten würde.

Die Berechnungsmethode für eine Funktion kann in vielen, empirisch völlig verschiedenen, praktischen Anwendungen benutzt werden, ohne dass dies etwas an der Methode ihrer Berechnung ändert. Heute gibt es sowohl Programme, die spezifisch für einen vorgegebenen Phänomen- und Anwendungsbereich geschrieben sind, als auch solche, die unspezifisch benutzt werden können.

Spezifische Computerprogramme werden in den sogenannten *wissensbasierten Systeme* verwendet. Es sind Programme, in deren Regeln zum großen Teil Wissen über einen bestimmten Objektbereich kodiert ist. Es gibt Gendatenbanken, graphisch-dynamische Programme für Riesenmokelüle, dynamische Raumzeitdarstellungen, medizinische Diagnoseprogramme, Programme für neuronale Netze, Lernprogramme und viele andere. Diese Computerprogramme benutzen große Faktenmengen. Sie rücken in dieser Weise näher an 'normale' Theorien heran.

Nach einer ersten Phase der *künstlichen Intelligenz* (*KI*) in den achtziger Jahren des letzten Jahrhunderts war dieser Bereich aus dem Blick geraten. In dieser Phase konnten die hochgesteckten Ziel nicht erreicht werden. 40 Jahre später ist dies möglich. Es gibt es nun Programme, die intelligentes Verhalten simulieren und in den Robotern zum Einsatz kommen. Teilweise gehen die wissenbasierten Systeme noch weiter. Nicht nur einzelne Menschen sollen durch Computer simuliert und erforscht werden, sondern auch Gruppen von Menschen: *künstliche Gesellschaften* (Balzer, Brendel, Hofmann 2009), (Balzer, Kurzawe, Manhart 2014).

Eine der ersten wissensbasierten Systeme waren die *Expertensysteme*. Ein Expertensystem repräsentiert das Wissen von Experten über einen bestimmten Bereich. Es geht um sehr praktische Dinge, wie z.B. um das Wissen eines Installateurs oder eines Architekten, der 20 000 Büroräume möbliert. Es kann sich um die Heilkunst der Nieren handeln, oder um das Ausfüllen eines Bestellformulars im Großhandel. Solches Wissen lässt sich oft nur partiell in einer Sprache beschreiben. Ein Experte kann Arbeiten erledigen, die für andere nützlich sind.

Wenn ein wissensbasiertes System in einer Theorie angewendet wird, sollte es Programmteile, Regeln, enthalten, die Fakten, Hypothesen und Definitionen betreffen. Neben Regeln, mit denen Hypothesen bearbeitet und Definitionen angewendet werden, sind auch Regeln wichtig, die Fakten in diese Prozesse einbeziehen.

Bei Theorien erfolgt die Festlegung des Anwendungsbereichs durch die Angabe einer Menge intendierter Systeme und einer zugehörigen Menge von Faktenstrukturen. Genauso wird auch in wissensbasierten Systemen der Bezug zum spezifischen Anwendungsbereich hergestellt: man führt Fakten als Teil des Systems ein. Dies führt oft zu Faktensammlungen, die relativ zu einem intendierten System gespeichert werden. Oft werden Fakten auch explizit dem Labor zugeordnet, in dem die Fakten entstanden (Gläser 2006).

Diese lokalen, wissensbasierten Systeme bestehen aus zwei Teilen: einer Menge von echten *Regeln* oder Prozeduren, mit denen in 2.14 Zustände in Nachfolgezustände überführt werden und einer Menge von Fakten, die in einer *Datenbasis* gelagert wird. Die Datenbasis enthält einerseits den Input, der für die Abläufe eines Programms nötig ist. Andererseits kann aber auch der Output der Abläufe des Programms in der Datenbasis gespeichert werden. Die Entsprechung zu Theorien liegt auf der Hand. Die Menge von Regeln entspricht der Modellklasse bzw. den Hypothesen, die diese charakterisieren und die Menge von Faktenstrukturen entspricht einem Teil der Datenbasis. Inhaltlich kann eine Faktenstruktur als Repräsentant eines realen, intendierten Systems angesehen werden, während die Regeln das über dieses System vorliegende, 'prozedurale' Wissen erfassen. Neben den 'wissensbasierten' Regeln gibt es natürlich noch andere bereichsunabhängige, 'logische' Regeln, die einen konsistenten und vernünftigen Programmablauf erzeugen, die uns hier aber weniger interessieren. Sie sind oft fest in die jeweilige Programmiersprache und das Programm eingebaut und spielen dort eine ähnliche Rolle, wie logische Regeln 2.3 in 'normalen' Theorien.

Die Beobachtung, dass wissensbasierte Systeme den Theorien ähneln, bestärkt einerseits unseren Theoriebegriff, insofern er mit geringen Abänderungen in vielen Computerbereichen nachweisbar ist. Andererseits können verschiedene wissensbasierte Systeme an die in der normalen Wissenschaft etablierte Begrifflichkeit angeschlossen werden.

Im Programmablauf spielen auch die Fakten streng genommen die Rolle von Regeln. Das Vorhandensein oder die Abwesenheit eines bestimmten Faktensatzes bewirkt in einem gegebenen Zustand des Programmablaufs einen unterschiedlichen Nachfolgezustand. Der Unterschied von Fakten und Regeln liegt in der Form, in der diese jeweils angegeben sind. Fakten werden als atomare Sätze oder Negationen formuliert, Regeln dagegen meist in verschiedenen Varianten der 'wenn-dann' Form.

Ein Satz von Regeln kann mit verschiedenen Fakten arbeiten, genau wie ein System von Hypothesen auf verschiedene Faktenstrukturen passen kann. Jede konkret eingegebene Menge von Fakten entspricht einem anderen Wissensstand, und das resultierende Programm ist streng genommen verschieden. Umgekehrt kann natürlich auch die Regelmenge bei fester Faktenmenge variiert werden. Der erste Fall entspricht dem einer festen, durch Hypothesen gegebenen Modellklasse, und der zweite Fall der Veränderung einer Modellklasse im Lichte anderer Fakten. Es ist bemerkenswert, dass in Computersystemen beide Arten der Veränderung fast gleichwertig behandelt werden, während die Wissenschaftstheorie bisher fast nur auf theoretische Änderungen schaut. Intelligentere Systeme führen im Programmablauf neue, selbsterzeugte Fakten *und* Regeln ein und fügen sie zur Datenbasis und zur Regelmenge hinzu; auch die Streichung vorhandener Fakten und Regeln ist anzutreffen.

Da die Programmiersprachen relativ rasch durch neue ersetzt werden, möchten wir keine gerade viel benutzte Sprache skizzieren, die in den nächsten Jahren wieder durch eine neue abgelöst wird. Im Jahr 2009 war etwa die Sprache *Java* fast unangefochten. *Java* ist ein Nachkömmling von $C$ und $C^{++}$, arbeitet effektiv und schnell, und benutzt auch nebenläufige Methoden (Brendel 2008). Im Moment werden in der Wissenschaft häufig die Programme *Python* und *Large Language Models* (z.B. ChatGPT) benutzt.

Wir merken an, dass strategisch die Sprache PROLOG, die in unserer Gruppe verwendet wurde – und teilweise noch verwendet wird – noch nicht ganz tot ist (Warren et al. 2023). Sie hat zwar den nicht behebbaren Nachteil, dass sie in zeitkritischen Anwendungen langsamer ist als andere. In vielen Anwendungen – besonders in der Sozialwissenschaft – spielt dies aber keine große Rolle. PROLOG hat auch mehrere positive Eigenschaften, die den anderen Computersprachen (siehe 2.7) fehlen. Erstens arbeitet PROLOG typenfrei, d.h. PROLOG verwendet Regeln, die einer *ma*-Sprache ähnlich sind. Zweitens verwendet PROLOG ein Resolutionsverfahren (Robinson 1965), mit dem komplexe Sätze und Formeln durch atomare Sätze ('Fakten') gültig gemacht werden. Drittens beruht PROLOG, ähnlich wie die meisten der Sprachen der Logik, auf der Syntax indogermanischer Sprachen. Dieser Punkt ist allerdings nur für die indogermanischen – insbesondere natürlich für deutsche – Leser interessant.

Nach den Expertensystemen wurde die maschinelle Entdeckung (*machine discovery*) erfunden, mit denen neue Hypothesen und Theorien entdeckt – d.h. hier: neu erzeugt – werden. In einer ersten Phase der Entwicklung entstanden hauptsächlich wissenschaftliche Entdeckungsprogrammen. In dem epochemachenden und gut lesbaren Werk von (Langley, Simon, Bradshaw, Zytkow 1987) finden wir viele im Detail beschriebene Beispiele. Heute verlagern sich allerdings die Entdeckungsprogramme in die ökonomische Welt, so dass sie immer weniger öffentlich und weniger wissenschaftlich werden. Dies gilt (leider) auch, wenn eine Programmvariante öffentlich zugänglich ist. Die wichtigen Zusätze, die eine private Variante enthält, bleiben geheim.

Ein Entdeckungsprogramm startet mit eingegebenen Fakten, die in einem festen Vokabular formuliert sind und einer ebenfalls eingegebenen kleinen Zahl $\varepsilon$ (dem Passungsgrad), und sucht zu diesen Fakten eine passende Hypothese in eben diesem Vokabular. Einige Programme sind fähig, das Vokabular zu erweitern und neue, 'theoretische' Terme zur Formulierung der Hypothese einzuführen. Die Leistungen solcher Programme waren schon in der ersten Generation erstaunlich. In Befolgung ziemlich einfacher und plausibler Regeln durchsucht der Rechner einen Raum von Kandidaten für eine Hypothese. Der Rechner prüft für jeden Kandidaten die Passung mit den gegebenen Fakten aus geschichtlichen Entdeckungsepisoden und kommt so durch schiere Rechenkraft und Ausdauer in kurzer Zeit zu Hypothesen. Beispiele sind: *Kepler*s drittes Gesetz, das *Ohm*sche Gesetz, das *Coulomb*sche Gesetz, das *Boyle*sche Gesetz.

In einem Entdeckungsprogramm ist eine Faktenstruktur $z$, sowie ein $\varepsilon > 0$ gegeben. Das Programm sucht nach diesen Eingaben eine Hypothese, d.h. eine Modellklasse **M**, so dass die Faktenstruktur $z$ im Grad $\varepsilon$ zu einem Modell $x$ aus **M** passt. Wenn das Programm fündig geworden ist, wird es beendet. In diesem Fall kann aber auch eine weitere Programmschleife formuliert werden, in der diese Zahl etwas heruntergesetzt wird und mit einem kleineren $\varepsilon'$ wieder gestartet wird. Diese *programmierte* Suche nach Modellen wurde von Einigen als unmöglich erachtet (Popper 1966). Inzwischen ist dieses Unmögliche wirklich geworden. Wie kann ein Computer *nur* nach festen Regeln solche Lösungen finden?

Bei einem Entdeckungsprogramm lässt sich das Verfahren der Hypothesenfindung in zwei Teile zerlegen. Einmal muss ein *Suchraum* festgelegt werden, ein Raum möglicher Hypothesen, die von der Form her überhaupt in Frage kommen. Diese Festlegung hängt von der Form der Fakten ab. Sind die Fakten rein numerisch, kann der Suchraum aus numerischen Funktionen bestehen, so dass für jede Funktion $f$ aus dem Raum die Gleichung der Form $f(...) = 0$ ein Kandidat für die gesuchte Hypothese ist. Bei rein qualitativen Fakten besteht der Suchraum aus Symbolketten, wie etwa '$H_2 + Cl_2 \Rightarrow 2HCl$'. Die Festlegung dieser Formen erfolgt durch die Programmierer. Das Programm hängt entscheidend von der jeweils gewählten Form möglicher Hypothesen ab, die bis jetzt (so weit wir wissen) noch *nicht* Gegenstand der Entdeckung ist.

Zum Zweiten sind dann Regeln zu finden, nach denen der Suchraum 'abgearbeitet' wird. Da die Suchräume meist sehr groß (unendlich oder überabzählbar) sind, tritt hier das Problem der Rechenleistung und der Komplexität der Suche in voller Schärfe auf. Es gibt zwei Alternativen: man kann entweder den Suchraum *vollständig* abarbeiten oder sich mit einer nur partiellen Suche zufriedengeben. Diese Alternative charakterisiert recht gut die Trennung zwischen Logik und *KI*. Während man in der Logik auf Vollständigkeit von Lösungen und möglichst noch dem Beweis dieser Vollständigkeit besteht (was bedeutet, dass im Suchraum *Nichts* übersehen wird), gibt die *KI* genau diesen Anspruch auf und betont, dass Programme, bei denen der Anwendungserfolg im Vordergrund steht, anders vorgehen sollen. Statt den Suchraum nach einer beweisbar vollständigen Regel durchzugehen, werden in der *KI Heuristiken* benutzt, d.h. Regeln, nach denen verschiedene Elemente im Suchraum nacheinander herausgepickt und untersucht werden, jedoch ohne Anspruch auf Vollständigkeit. Die Heuristiken müssen plausibel sein, also im Lichte des jeweils zu lösenden Problems inhaltlich einleuchtende Regeln darstellen, und sie müssen erfolgreich sein, d.h. in einem relativ großen Prozentsatz von Programmabläufen zu einem positiven Resultat führen. Die Wahl der Erfolgsschranke ist dabei von praktischen Erfordernissen abhängig. In der 'reinen' Wissenschaft kann man mit niedrigen Werten arbeiten, in anderen Bereichen muss eine Kosten-Nutzen Abwägung erfolgen, in der die Kosten hauptsächlich durch die Rechenzeit entstehen.

Die Entdeckungsprogramme der *KI* arbeiten daher grundsätzlich mit Heuristiken. Ein *KI* Programm enthält verschiedene Regeln, nach denen aus dem Suchraum Kandidaten für die Hypothese ausgewählt und auf Passung hin überprüft werden. Diese Beschreibung ist allerdings noch etwas irreführend, weil Auswahl und Überprüfung auf Passung in der Regel nicht sauber getrennt sind: Passungsaspekte gehen bereits in die Auswahlregeln ein. Die Heuristiken sind dem jeweiligen Anwendungsbereich angepasst. Es gibt bis jetzt keine brauchbaren, *allgemeinen* Heuristiken, die in allen Anwendungsbereichen eingesetzt werden könnten. Frühe Anätze, wie *Simon's General Problem Solver*, wurden vom Altvater selbst als unrealistisch erkannt (Newell und Simon 1972), (Langley, Simon, Bradshaw, Zyktow 1987).

Die bisherigen Programme funktionieren im wesentlichen bei Faktenstrukturen, die entweder nur numerische Fakten für mehrere Funktionen enthalten, oder nur qualitative Fakten. Je nach Faktenart sind die Heuristiken, die Regeln, nach denen das Programm Hypothesen entdeckt, ganz verschieden. Die existierenden Programme entdecken 'einfache' Hypothesen, die keine Beziehung zu anderen, schon existierenden Theorien erfordern und sie arbeiten mit relativ einfachen, mathematischen Formalismen. Ob eine Erweiterung des Ansatzes in Richtung auf Differentialgleichungen und Differentialgeometrie schon gelungen ist, wissen wir nicht. Zur Illustration schildern wir kurz die Heuristiken des Programms BACON.1 von (Langley et al. 1987: Chap. 3). Wir halten diese Programme für einen der wichtigsten, wissenschaftstheoretischen Beiträge des zwanzigsten Jahrhunderts.

Das Programm sucht nach Gleichungen zwischen numerischen Werten zweier oder mehrerer Funktionen, die in Abhängigkeit von 'Dingen', wie Partikeln, Drähten, Zeitpunkten variieren. Für alle Funktionen werden deren Werte bei gegebenen

Kapitel 4: Passung

Argumenten $a_1,...,a_n$ als 'Fakten' eingelesen. Das Programm sucht dann nach einer Gleichung, die die gegebenen Funktionswerte näherungsweise löst; also abstrakt nach einem Modell, das zu den Fakten passt.

Als Beispiel betrachten wir eine Hypothese aus der Theorie von *Kepler*. Dort werden die beiden Funktionen: $u(p_j), r(p_j)$ (Umlaufzeit $u$ und Radius $r$ der großen Halbachse in Abhängigkeit von den Planeten $p_j$) untersucht.

Das Programm hat Kenntnisse über einige mathematische Räume. Der Programmierer wählt zuerst einen Möglichkeitraum aus, in dem eine Gleichung über Werte der Funktionen formulierbar ist. Die vorhandenen Funktionswerte werden dann eingelesen und das Programm beginnt, den Raum möglicher Gleichungen zu durchsuchen. Das Programm prüft für jede auf dieser Suche gefundene Gleichung, ob die Fakten diese Gleichung erfüllen. Bei der ersten passenden Gleichung, die gefunden wird, hält das Programm an. Der Raum *aller* Gleichungen ist für ein systematisches Absuchen zu groß, BACON.1 geht stattdessen nach vier einfachen, heuristischen Regeln vor, deren iterierte Anwendung zur Konstruktion immer neuer Gleichungen führt. In der Iteration werden dabei zusätzlich zu den ursprünglichen Funktionen weitere Funktionen aus jeweils 'vorher' entstandenen Funktionen eingeführt. Dadurch kann die wachsende Komplexität der Gleichungen in einer entsprechend wachsenden Komplexität der involvierten Funktionen aufgefangen werden. Nur zwei, sehr einfache Gleichungsformen müssen betrachtet werden, nämlich erstens die Form $f(a) = konstant$ und zweitens die Form des linearen Zusammenhangs $f(a) = c \cdot g(a) + b$ zwischen zwei Funktionswerten $f(a)$ und $g(a)$, die für alle Argumente $a$ gelten sollen. Bei iterierter Anwendung können diese Funktionen ziemlich komplexe Form annehmen.

Die vier heuristischen Regeln werden auf eine bzw. zwei im Ablauf jeweils konstruierte oder vorliegende Funktionen $f$ und $g$ angewandt. $f$ und $g$ sind also Variable, die im Programmablauf zunächst durch recht einfache, später durch neu konstruierte, komplexere Funktionen instantiiert werden.

Regel 1: Wenn die Werte von $f$ (annähernd) konstant sind, d.h. $f(a_j) = c$ für alle $a_j$, dann 'schließt' das Programm, dass $f$ eine konstante Funktion ist, d.h. die mathematische Form $f(a) = c$ hat.

Regel 2: Wenn die Werte von $g$ (näherungsweise) linear von den entsprechenden Werten von $f$ abhängen, d.h. für alle $a_j$ ist $g(a_j) = c \cdot f(a_j) + b$, dann berechnet das Programm die beiden Koeffizienten: Steigung $c$ und Verschiebung $b$ der Geraden und 'schließt', dass $g$ die mathematische Form $g(a) = c \cdot g(a) + b$ hat.

Regel 3: Wenn die absoluten Werte von $g$ mit denen von $f$ wachsen, ohne dass (näherungsweise) ein linearer Zusammenhang besteht, dann führt das Programm den Quotienten $h = g/f$ als neue Funktion ein, berechnet die Werte $h(a_j)$ und speichert sie.

Regel 4: Wenn die absoluten Werte von $g$ wachsen, und die von $f$ kleiner werden, ohne dass (näherungsweise) ein linearer Zusammenhang besteht, dann führt das

Programm das Produkt $h = f \cdot g$ als neue Funktion ein, berechnet die Werte $h(a_j)$ und speichert diese.

Die näherungsweise Bestimmung, ob eine konstante oder lineare Funktion vorliegt, erfolgt bei BACON.1 mit der Methode der kleinsten Quadrate (Mosteller und Tukey 1977), die sich leicht programmieren lässt.

Der Programmablauf lässt sich am Beispiel gut verfolgen. Wir reproduzieren eine in (Langley et al. 1987: 85) beschriebene Anwendung auf historische Fakten von *Giovanni Borelli* im Bereich des dritten *Kepler*schen Gesetzes, in der die Umlaufzeiten $u(w)$ und die Radien der großen Halbachsen $r(w)$ für vier Jupitermonde $w = a, b, c, d$ gegeben sind. Die historischen Fakten wurden zur besseren Übersicht in leicht lesbare Zahlen und Einheiten umgerechnet und in Tab. 4.6.1-a notiert.

BACON.1 stellt fest, dass die Funktionen nicht konstant sind und nicht in linearem Zusammenhang stehen. Er kommt daher zu Regel 3, findet, dass die absoluten Werte von $r$ mit denen von $u$ wachsen und bildet den Quotienten $r/u$. Die Werte sind in Tab. 4.5.1-b zusammengestellt. Auch die Werte von $r/u$ sind nicht konstant und nicht linear abhängig von denen von $r$ oder $u$. Beim Vergleich der Änderung der Werte von $r$ und $r/u$ zeigt sich, dass die absoluten Werte von $r$ mit wachsenden Werten von $r/u$ abnehmen. BACON.1 wendet daher Regel 4 an und führt die neue Funktion $r \cdot (r/u)$, also $r^2/u$, ein. Auch diese Funktion ist nicht konstant und es liegt keine lineare Abhängigkeit zu anderen schon produzierten Funktionen vor. Wieder untersucht BACON.1 die Änderungen der Werte und findet, dass die Werte von $r/u$ kleiner werden, wenn die von $r^2/u$ wachsen. Nach Regel 4 bildet BACON.1 die neue Funktion $(r/u) \cdot (r^2/u)$, d.h. $r^3/u^2$, deren Werte nach der letzten Spalte der Tabelle b) annähernd konstant sind. Damit ist eine Gleichung gefunden, nämlich: $r^3(a)/u^2(a) = c$, die bis auf ein vorgegebenes $\varepsilon$ im Bereich der damaligen Messfehler zu den Fakten passt.

| a) | | | b) | | |
|---|---|---|---|---|---|
| Mond | Radius $r$ | Umlaufzeit $u$ | $r/u$ | $r^2/u$ | $r^3/u^2$ |
| a | 24.67 | 1.769 | 3.203 | 18.153 | 58.15 |
| b | 14.00 | 3.571 | 2.427 | 21.036 | 51.06 |
| c | 8.67 | 7.155 | 1.957 | 27.395 | 53.61 |
| d | 5.67 | 16.689 | 1.478 | 36.459 | 53.89 |

*Tab.* 4.6.1

Die vier Regeln sind, wie man sofort sieht, *nicht* erschöpfend: es gibt Fälle, in denen keine von ihnen anwendbar ist. Die Regeln 3 und 4 versagen bei 'gemischten' Fällen, bei denen die Werte von $g$ zum Beispiel erst mit den Werten von $f$ wachsen, dann aber kleiner werden. Dies markiert genau den Punkt, an dem sich die *KI* von mathematischen Methoden absetzt nach dem Motto: lieber in vielen echten Fällen gute und schnelle Ergebnisse, als garantierte, aber wegen Kapazitätsbeschränkung nicht realisierbare Lösungen. Wir verzichten auf weitere abstrakte Argumente; der Erfolg von BACON in der Entdeckung echter Gesetze spricht für sich.

Dieser Sachverhalt führt mathematisch betrachtet in eine andere Richtung, nämlich vom Suchen zum Lernen. Man ist nicht zufrieden damit, dass eine bestimmte Entität gefunden und entdeckt wurde, sondern man möchte eine Methode haben, mit der eine solche Entität in einer Klassen von Situationen gefunden werden kann. Mathematisch wird das Konvergenzverhalten von Funktionen untersucht. Diese Funktionen werden als *Lernfunktionen* bezeichnet und man spricht von *maschinellem Lernen* (Osherson, Stob, Weinstein 1986), (Lauth 1994). Unendliche Folgen von Faktensätzen und Hypothesen sind gegeben und es wird gefragt, ob die Grenzwerte dieser Folgen identisch sind.

Wir stellen uns eine Lernfunktion am besten im zeitlichen Ablauf vor. Sie modelliert einen in der Zeit ständig wachsenden Strom von Fakten und zu jedem Zeitpunkt die Auswahl einer zu den gerade vorliegenden Fakten passenden Hypothese. Das Interesse der Untersuchungen liegt dabei weniger auf der Passung zu je einem Zeitpunkt. Vielmehr wird nach Regeln (Algorithmen) gesucht, nach denen zu jedem Zeitpunkt die Hypothese den neuen Fakten *angepasst* wird, bzw. nach denen zu jedem Zeitpunkt eine zu den vorliegenden Fakten gehörige Hypothese produziert wird. Solche Regeln sollen 'Lernfähigkeit' erfassen. Die Lernfunktion soll lernen, dass sich Theorien an neue Fakten anpassen und dass aus den ständig mehr werdenden Fakten immer bessere Theorien gewonnen werden.

Formal nimmt eine Lernfunktion endliche Faktenlisten als Argumente, die wir als Faktenstrukturen ansetzen können. Die Lernfunktion produziert für jede solche Faktenliste einen zugehörigen Funktionswert, der eine Hypothese oder, äquivalent, eine Modellklasse repräsentiert. Die Untersuchung von Lernfunktionen mündet in der Regel in Existenz- und Unmöglichkeitstheoreme. Eine Folge von Argumenten (also eine Folge von Faktenstrukturen) und zu gehörigen Funktionswerten (also Hypothesen) werden betrachtet und es werden hinreichende, manchmal auch notwendige Bedingungen angegeben, unter denen die Folge der Hypothesen konvergiert oder nicht konvergieren kann (Lauth 1993). Inzwischen gibt es viele Theorien und Theoreme über dieses Thema. Mehrere Disziplinen untersuchen diesen Bereich sowohl theoretisch als auch praktisch.

Ein einfacher Fall lässt sich in unserer Terminologie wie folgt darstellen. Wir gehen aus von einer Folge $z_1, z_2, \ldots$ von Faktenstrukturen für eine Theorie, deren Glieder Strukturen enthalten, sowie einem nicht bekannten Modell $x$ dieser Theorie. Jede Faktenstruktur stellt selbst wieder eine endliche Liste von Fakten dar. Das Modell $x$ repräsentiere ein reales System, aus dem alle Fakten der Folge $z_1, z_2, \ldots$ stammen. Das heißt, alle Fakten sind als atomare Sätze in $x$ gültig. Dabei nehmen wir an, dass die Faktenstrukturen immer größer werden, d.h. jede Struktur in $z_{i+1}$ enthält ihren Vorgänger in $z_i$ als Teilstruktur. Wenn die unbekannte Struktur $x$ als abzählbar angenommen wird, kann man fordern, dass die Faktenstrukturen im Limes die Struktur ausschöpfen, d.h. jeder in der Struktur mögliche, wahre Atomsatz tritt irgendwann in einer Faktenstruktur der Folge (und damit in allen 'späteren') auf.

## 4.6 Suchen und Lernen

Eine Lernfunktion $f$ ist nun eine Funktion, die jeder Faktenstruktur eine Hypothese zuordnet, d.h. aus der Folge der Faktenstrukturen $z_1, z_2, z_3, ...$, eine Folge von Hypothesen $H_1, H_2, H_3, ...$ produziert. Die Fakten stammen aus einem System, sie sind gültig in dessen repräsentierender Struktur. Entsprechend sollen auch die Hypothesen immer 'besser' werden, immer mehr mit der 'wahren' Theorie über das System übereinstimmen. Als *wahre Theorie* über das System wird hierbei die Satzklasse bezeichnet, die genau alle, im System gültigen Sätze enthält. Die Grundfigur des Ansatzes besteht darin, dass bei Ausschöpfung eines Systems durch eine Folge von Faktenstrukturen die Lernfunktion eine Folge von Hypothesen produziert, welche gegen die 'wahre' Theorie über das System konvergiert.

Eine Folge von Hypothesen heißt *konvergent*, wenn sie ab einem bestimmten Index $i_0$ konstant wird, d.h. wenn für alle $i \geq i_0$ gilt: $H_i = H_{i_0}$. Eine Lernfunktion $f$ *konvergiert* per Definition auf einer Folge $z_1, z_2, z_3, ...$ von Faktenstrukturen gegen die Hypothese $H$, wenn es ein $i_0$ gibt, so dass für alle $i \geq i_0$ gilt: $f(z_i) = H$. In dynamischer Abfolge werden also die immer umfangreicheren Faktenstrukturen nacheinander als Argumente für $f$ eingegeben und $f$ produziert aus jeder Faktenstruktur eine Hypothese $H_i$. Nach endlich vielen Schritten wird dabei ein Index $i_0$ erreicht, ab dem sich die jeweils produzierte Hypothese nicht mehr ändert. Die Lernfunktion nimmt für alle 'späteren' Faktenstrukturen den konstanten Wert $H_{i_0}$ an. Die Grundidee der Identifikation ist, dass die Grenzhypothese, gegen die die Lernfunktion auf einer Folge von Faktenstrukturen konvergiert, die wahre Theorie über das System sein soll, aus dem die Fakten stammen. Ist dies der Fall, so kann man zu Recht sagen, die Lernfunktion produziere – identifiziere – im Limes an Hand des eingegebenen Faktenstroms schließlich *die* richtige Theorie.

Die Identifikation im Limes bietet eine neue Perspektive. Es mag sein, dass eine aus den Fakten gewonnene Hypothese im Lichte weiterer Fakten weiter verändert werden muss: jede Vorhersage, die mit Hilfe einer solchen Hypothese gemacht wird, enthält einen Unsicherheitsfaktor. Interessant ist aber, dass, sozusagen eine Stufe höher, die benutzte Lernfunktion völlig 'sicher' ist in dem Sinn, dass sie beweisbar konvergiert. Damit bekommt eine Vorhersage eine zweite Dimension. Eine konkrete Vorhersage bleibt unsicher, aber wir sind sicher, dass wir nach einer 'sicheren' Methode lernen, nach der Hypothesen angepasst werden, so dass 'im Limes' die richtige Hypothese gefunden wird. Im Limes sind dann auch die Voraussagen sicher.

Wir wollen uns nicht in die vielen Aspekte vertiefen, die in der Literatur diskutiert werden. Wir geben statt dessen ein generisches Beispiel an, das sich leicht auch in anderen Systemen, – wie in Bots oder im Internet – verwenden lässt.

Eine Person, zum Beispiel: Peter, wird in viele – hier 25 – ähnliche Situationen gebracht, in denen er an einer Straße steht und schaut, ob ein Auto kommt. Die Person hat zwei 'Eigenschaften', die sich durch zwei Verben ausdrücken lassen. Die Person kann eine Straße *überqueren* und kann sehen, dass Autos *näherkommen*. Beide Eigenschaften haben zwei Ausprägungen, hängen von den 25 Zeitpunkten ab und gehören zu zwei Dimensionen.

Wir bilden atomare Formeln: *Peter überquert zu t* und *Peter sieht zu t Autos* (die näher kommen), und die Negationen: *Peter überquert nicht zu t* und *Peter sieht zu t*

Kapitel 4: Passung

*keine Autos*. Mit den Formeln der ersten Dimension bilden wir eine Menge $\Omega_1$ von Elementarereignissen und einen dazugehörigen SW-Raum. Die Menge $\Omega_1$ ändert sich mit der Zeit. Zum ersten Zeitpunkt enthält $\Omega_1$ nur eine einzige atomare Formel, im zweiten Zeitpunkt zwei atomare Formeln, und so weiter. Anders gesagt modellieren wir den Prozess des Lernens mit 25 SW-Räumen, die mit der Zeit immer größer werden. Genauso konstruieren wir mit den Formeln aus der zweiten Dimension die Grundmenge $\Omega_2$ und den zugehörigen SW-Raum. Aus den zwei 1-dimensionalen SW-Räumen bilden wir jeweils zu jedem Zeitpunkt $t$ einen 2-dimensionalen SW-Raum.

Wir führen ein 2-dimensionales $B$-Netz ein, welches aus zwei Knoten $k_1, k_2$ und einer Linie $\langle k_1, k_2\rangle$ besteht. Dieses Netz ändert sich mit der Zeit. Jeder Knoten ruht zum Zeitpunkt $t$ auf zwei 1-dimensionalen SW-Räumen und einem 2-dimensionalen SW-Raum. $k_2$ ist jeweils der Eingangs- und $k_1$ der Endknoten. Damit lassen sich auch zwei Zufallsvariable $\xi_1 : \Omega_1 \to V_1$ und $\xi_2 : \Omega_2 \to V_2$ einführen. Beide Zufallsvariablen haben nur zwei Werte; sie sind *binär*. Die Elemente aus der Wertemenge $V_1$ bezeichnen wir durch 'j' and 'n'. j besagt, dass Peter zu $t$ tatsächlich die Straße überquert, und n, dass Peter die Straße zu $t$ nicht überquert. Ähnlich führen wir die Wertemenge $V_2$ für die zweite Dimension ein. $V_2$ enthält zwei Werte '+' und '−'. + besagt, dass Peter zu $t$ keine Autos sieht und −, dass Peter zu $t$ Autos sieht. Damit kann für jeden Zeitpunkt auch eine Verteilungsfunktion $\mathbf{v}: V_1 \times V_2 \to [0,1]$ konstruiert werden.

Betrachten wir die beiden atomaren Formeln und die dazugehörigen Wahrscheinlichkeiten: $\mathbf{p}$(*Peter überquert zu t*) = $w_1$ und $\mathbf{p}$(*Peter sieht zu t keine Autos*) = $w_2$. Wenn Peter tatsächlich keine Autos sieht und dann Peter unschlüssig ist, die Straße zu überqueren, werden wir sagen, dass die Wahrscheinlichkeit $w_2$ die Zahl 1 ist. In einer solchen Situation bleibt offen, ob Peter die Straße überquert. Peter soll lernen, dass er sich in dieser Situation und in ähnlichen Situationen regelgerecht verhält. Solange die Wahrscheinlichkeit $w_1$ unbekannt ist, wird sie auf 0.5 gesetzt. Die bedingte Wahrscheinlichkeit: $\mathbf{p}^b$(*Peter überquert zu t | Peter sieht zu t keine Autos*) besagt folgendes. Das Ereignis, dass Peter zu $t$ keine Autos sieht, beeinflusst Peters Entschluss, die Straße zu überqueren. Wir 'rechnen': $\mathbf{p}^b$(*Peter überquert zu t | Peter sieht zu t keine Autos*) = $\mathbf{p}$(*Peter überquert zu t und Peter sieht zu t keine Autos*) / $\mathbf{p}$(*Peter sieht zu t keine Autos*), siehe 2.12.

Um den Fall anschaulich zu machen, gehen wir davon aus, dass Peter genau 25 Mal in eine solche Situationen gebracht wird. Eine Situation wird durch ein $B$-Netz zu einem Zeitpunkt $t$ repräsentiert. Dieses $B$-Netz enthält jeweils auch die Informationen aus den früheren Situationen.

In Abb. 4.6.1 haben wir zu zwei Zeitpunkten, nämlich zum Zeitpunkt $t = 12$ und zum Zeitpunkt $t = 22$, zwei Situationen durch große Rechtecke dargestellt. Ein großes Rechteck stellt informell gesagt den Zustand des $B$-Netzes zum zugehörigen Zeitpunkt da. In einem großen Rechteck sehen wir kleine Rechtecke. Sie sind in zwei Hälften geteilt; was durch den senkrechten kurzen, nicht durchgezogenen Strich ausgedrückt wird. In der linke Hälfte sehen wir eine der beiden Werte 'j' oder 'n' und auf der rechten Hälfte eine der Werte '+' oder '−', oder gar nichts. Ein kleines

Rechteck interpretiert ein Ereignis, in dem Peter eine Handlung zu einem Zeitpunkt ausgeführt hat – zum Beispiel *Peter überquert zu t* und *Peter sieht zu t keine Autos*: kurz 'j|+'. Die Situationen, in denen ein Auto kommt, beschreiben wir nicht weiter; in dem kleinen Rechteck gibt es in diesem Fall keinen Eintrag.

In Abb. 4.6.1 ist links die Zeitachse eingezeichnet. Zum Zeitpunkt 1 wird Peter zum ersten Mal in eine Lernsituation gebracht, zum Zeitpunkt 2 in die zweite, und so weiter. Zum Zeitpunkt 10 enthält das große Rechteck 10 kleine Rechtecke. Zum Zeitpunkt 10 hat Peter 10 Lernsituationen erlebt. In jeder Situation wurde ein neues kleines Rechteck mit Werten $v, v'$ (oder mit Nichts) hinzugefügt, $v \in \{j, n\}$, $v' \in \{+, -\}$). Zum ersten Zeitpunkt gab es nur ein einziges, kleines Rechteck mit Werten; alle anderen waren leer.

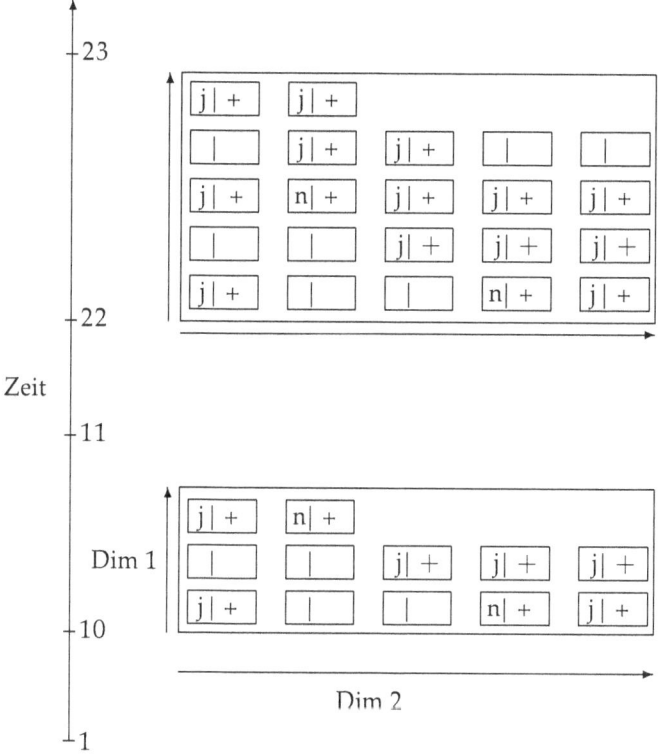

Abb. 4.6.1

Durch die Zufallsvariablen $\xi_1, \xi_2$ sind in 2.12 unter anderem zwei Zufallsereignisse $A = \xi_1^{-1}(j)$ und $B = \xi_2^{-1}(+)$ festgelegt, die uns hier besonders interessieren. $\xi_i^{-1}(s)$ bezeichnet das Urbild von $s$ unter $\xi$, siehe 2.12. Durch Zählen können wir – *quasi experimentell* – zu einem Zeitpunkt ermitteln, dass die beiden Zufallsvariable $\xi_1, \xi_2$ abhängig voneinander sind. Zum Beispiel gibt es um Zeitpunkt 10 acht (8) Situationen, in denen kein Auto zu sehen war und in denen Peter die Strasse überquerte und vier (4) Situationen, in denen ein Auto kam und Peter die Strasse nicht überquerte. Diese vier Situationen haben wir nicht genauer eingetragen.

Durch Zählen ergibt sich $\mathbf{p}(\xi_1^{-1}(j) \cap \xi_2^{-1}(+)) = 6/10 \neq (6/10) \cdot (8/10) = \mathbf{p}(\xi_1^{-1}(j)) \cdot \mathbf{p}(\xi_2^{-1}(+))$. Damit beträgt die bedingte Wahrscheinlichkeit $\mathbf{p}^b(A \mid B) = \mathbf{p}(A \cap B)/\mathbf{p}(B) = (6/10)/(8/10) = 6/8 = 3/4$. Mit demselben Verfahren erhalten wir zum Zeitpunkt 22 die bedingte Wahrscheinlichkeit $\mathbf{p}^b(A \mid B) = 143/165$. Man sieht, dass sich diese bedingte Wahrscheinlichkeit erhöht hat. Sie gibt die Wahrscheinlichkeit an, mit der vor dem Überqueren die Straße frei ist. Anders gesagt, verstärkt sich die Wahrscheinlichkeit, an dieser Regel festzuhalten und sie zu benutzen. Durch zusätzliche Beobachtung lässt sich dieser Wert weiter erhöhen. Ob dies geschieht, hängt natürlich vor allem von den positiven, beschriebenen Situationen ab.

In einer Darstellung eines $B$-Netzes wird oft jedem Knoten eine Art von Tafel zugeordnet, auf denen Sätze stehen. In unserem Beispiel würde zum Zeitpunkt 12 auf der Tafel des Knotens $k_1$ stehen: *Peter überquert zum Zeitpunkt 1, Peter überquert zum Zeitpunkt 4, Peter überquert zum Zeitpunkt 5,...,Peter überquert zum Zeitpunkt 11*, und auf der Tafel des Knotens $k_2$: *Peter sieht zu 1 keine Autos, Peter sieht zu 4 keine Autos,...,Peter sieht zu 12 keine Autos*. In diesem Format wird der Einfluss mehr betont, während wir im dem Beispiel auch den wahrscheinlichkeitstheoretischen Hintergrund beleuchten möchten.

Lernprozesse der beschriebenen Art werden heute im Internet und in Bots ständig nachgebildet und benutzt. Durch $B$-Netze wurden Computerprogramme aus *Large Language Models* mit den Internetdaten verbunden, so dass Computer in vielen Spezialbereichen schneller lernen als Menschen. Dies führte zu Computerprogrammen, die die Wissenschaft nachhaltig verändern werden.

ChatGPT, zum Beispiel, lässt sich im Wissenschaftsbereich wie eine Theorie betrachten. ChatGPT besteht *quasi* aus Hypothesen und Fakten, und eine Anwendung von ChatGPT 'ist' ein Modell dieser 'Theorie'. Im Vergleich zu wissenschaftlichen Theorien sind aber mehrere zentrale Unterschiede zu nennen.

1) Die 'Fakten', die in einer Anwendung benutzt werden, stammen im Wesentlichen aus dem Internet. Es ist nicht klar, ob solche Daten auch wissenschaftlich bestimmt wurden. Wir müssen Daten und Fakten klar auseinanderhalten. Wir haben zwei Kapitel verwendet, um Fakten und ihre Bestimmung genauer zu erklären. Die Daten, die in einer Anwendungen von ChatGPT benutzt werden, sind dem Internet 'entnommen'. Sie werden in irgendeiner Website heruntergeladen und weiter verarbeitet. Ein solches Datum kann auch ein *Fake* sein. Es kann sein, dass dieses Datum durch Menschen absichtlich in das Internet gebracht wurde. Solche Menschen haben keine wissenschaftlichen, sondern andere Interessen. Es gibt auch, so weit wir wissen, keine Methoden, mit denen ein Datum *nur* durch das Herunterladen aus dem Internet zu einem Faktum werden könnte.

2) Die Konstrukteure, Programmierer und Eigentümer von *Large Language Models* haben kein Interesse, das Programm und die benutzten Hypothesen mit anderen Wissenschaftlern zu teilen. Es gibt – jedenfalls soziologisch – keine Gemeinschaft,

die alle Menschen umfasst und 'unsere Welt' wissenschaftlich untersuchen möchte. Dies ist schon deshalb nicht möglich, weil die Eigentümer von *Large Language Models* keine globale Gemeinschaft wollen und zu lassen. Ob in Programmen der *Large Language Models* Methoden benutzt werden, mit denen die Daten aus den Miriaden von Texten aus dem Internet gesichtet, geordnet und gefiltert werden, entzieht sich unserer Kenntnis. Wir wissen auch nicht, welche Programme sie gegebenenfalls benutzen.

3) Die Hypothesen, die in diesem Programm verwendet werden, sind teilweise geheim und teilweise wissenschaftlich nicht überprüfbar. Dies liegt einerseits daran, dass diese Hypothesen Eigentum der Konstrukteur sind. Andererseits werden die Prozesse in den großen $B$-Netzen im Moment nicht klar durchschaut. Dies liegt sicher auch daran, dass die Analyse eines Prozesses sehr aufwendig ist.

Natürlich sind viele Daten aus dem Internet auch Fakten. Wenn ein Datum aus einer wissenschaftlichen Theorie stammt und im Internet zu finden ist, kann das Datum als Faktum verwendet werden. Viele Wissenschaftler benutzen diese Methode, um Fakten zu 'erzeugen'. Eine Wissenschaftlerin muss sich aber selbst darum kümmern, ob das Datum tatsächlich auch ein Faktum ist. Anders gesagt, müssen Daten, die durch das Internet gesucht und gefunden werden, auch für richtig befunden werden. In den sozialen, religiösen und/oder politischen Bereichen müssen solche Daten genauer geprüft werden. Diese Arbeit muss jeder selbst ausführen.

Trotzdem werden heute in der Wissenschaft viele Fakten durch *Large Language Models* erhoben. In dieser Weise lassen sie viele Daten sehr schnell ermitteln. Früher mussten die Forscherinnen in ihrer Disziplin die entsprechende Literatur finden. Zeitschriftenartikel, Bücher und Arbeiten, die in ihrer Gruppe zirkulieren, mussten gesichtete und gefiltert werden. All dies wird oft nicht mehr gemacht.

Viele Daten stellen sich als richtig heraus. Dies gilt spezielle für Wissenschaften, die harte Fakten verwenden. Diese Daten werden 'durch das Internet' gesucht, gefunden und für richtig befunden. Bei weicheren Fakten führt dies aber wieder zu den alt bekannten Problemen.

# Kapitel 5: Methoden

## 5.1 Grundmuster wissenschaftlicher Übergänge

In Kapitel 2 und 3 standen statische Verhältnisse im Vordergrund, aber schon in Kapitel 1 war deutlich geworden, dass Wissenschaft ein wesentlich dynamisches Unternehmen ist, das sich letztlich nur in seiner historischen Entwicklung adäquat fassen lässt. Wir wenden uns nun, mit präziser struktureller Begrifflichkeit ausgerüstet, wieder dem prozessualen Aspekt, den Vorgehensweisen und Methoden, zu. Die Tatsache, dass wir diese auch wieder als Strukturen darstellen, widerlegt ein verbreitetes Missverständnis, nach dem das Denken in Strukturen wesentlich statisch sei und deshalb den 'wahren', dynamischen oder gar dialektischen Charakter der Wissenschaft nicht erfassen könne. Teilweise berechtigt ist lediglich der bisher mögliche Einwand, der statische Theoriebegriff aus 2.1 *allein* erfasse nicht die zentralen, dynamischen Aspekte. Die in 2.13 skizzierten Definitionen dynamischer Formen zeigen, dass dieser Einwand nur teilweise richtig sein kann.

Der reale Wissenschaftsprozess lässt sich auf der Ebene von Theorien am besten durch zeitliche Übergänge zwischen Zuständen der Theorien darstellen und durch verschiedene Typen von Entwicklungen. Wir verwenden im folgenden als Oberbegriff für alle solch komplexeren Formen den Term *wissenschaftliche Entwicklung* oder einfach *Entwicklung*. All diese Formen bestehen in einem Wechselspiel, einer Dialektik von Änderungen in den verschiedenen Komponenten von Theorien. Neue Fakten führen zu Widersprüchen bei der Passung und geben so Anlass zur Veränderung der Modelle. Neue Modelle stellen Fakten in Frage. Neue Messmethoden verkleinern die für Passung zulässigen Abstände. Dies führt zu 'Widersprüchen' bei der Passung, was wieder die Suche nach neuen Modellen anstößt. Und so weiter.

In diesem Abschnitt stellen wir für die Modellierung größerer Entwicklungen die einfachsten Grundmuster zusammen, die sich unmittelbar aus unserem Theoriebegriff ergeben. Aus den *Grund*mustern lassen sich *komplexere* Muster zusammensetzen, wie Moleküle aus Atomen. Die Grundmuster betreffen jeweils nur einen zeitlichen Übergang, während komplexe Muster mehrere solche Übergänge umfassen.

In 2.1 wurde eine Theorie **T** durch vier Komponenten beschrieben: **T** = ⟨**M,I,F,U**⟩. Aus Einfachheitsgründen lassen wir im folgenden die Menge **I** der intendierten Systeme weg, da Änderungen dieser Komponente auch durch die Faktenstrukturen **F** dargestellt werden können.

Zur Zusammenfügung von Grundmustern zu größeren Entwicklungen brauchen wir noch einen zusätzlichen Bezugspunkt: den Passungsgrad. Änderungen in einzelnen Komponenten verändern in der Regel den Passungsgrad und dies induziert wieder neue Anpassungen. Da Passungsgrade bisher in der Wissenschaftstheorie kaum numerisch untersucht sind, beschränken wir uns auf einen rein qualitativen

Ansatz. Wir benutzen drei qualitative Passungsformen: + für *befriedigende* Passung, − für *unbefriedigende* Passung und ∘ für *Passung ist unbekannt*, d.h. wurde noch nicht untersucht.

Die Elemente, deren Übergänge wir klassifizieren, und die wir als *Zustände* bezeichnen, haben dann die Form

$$\langle \mathbf{M}, \mathbf{F}, \mathbf{U}, \mathbf{P} \rangle$$

wobei **M,F,U** wie angegeben interpretiert werden und **P** eine Variable ist, die die drei möglichen Werten: +, −, ∘ annehmen kann. Zu einem gegebenen Zeitpunkt $t$ beinhaltet ein solcher Zustand die Information, dass eine Modellklasse **M**, eine Menge **F** von Faktenstrukturen und ein Approximationsapparat **U** vorliegen, und dass die Passung von **M** und **F** zur Zeit $t$ befriedigend (+), unbefriedigend (−), oder unbekannt (∘) ist. Ein *Übergang* ist per Definition ein Paar aus zwei Zuständen, dem *Vorgängerzustand* und dem *Nachfolgezustand*.

Übergänge, bei denen sich jeweils eine der ersten drei Komponenten ändert, nennen wir *Grundmuster* und solche bei denen eine oder mehrere Komponenten im Vorgängerzustand noch nicht vorhanden sind *Anfangsmuster*. Eine Liste der Übergänge ist in Tabelle 5.1.1 zusammengestellt. Dabei deuten die Symbole $x$ und $y$ an, dass die jeweilige Komponente nicht vorhanden ist. Jedes Vorkommnis der Variablen **P** in (B), (C) und (D) fasst drei Unterfälle zusammen, je nach dem Wert, den **P** in den Fällen annehmen kann. Da im Nachfolgezustand **P** stets den Wert 'unbekannt' hat, ist eine gesonderte Formulierung nicht nötig.

Inhaltlich können die einzelnen Übergänge wie folgt beschrieben werden. (A1) und (A2) betreffen die Passung. Sie ist 'vorher' unbekannt und wird überprüft. Das Resultat ist im Fall (A1) positiv und im Fall (A2) negativ. Diese Übergänge dynamisieren die in Kapitel 4 behandelten Passungsformen. Übergang (B) stellt die Ersetzung einer Modellklasse durch eine neue dar. Ausgangspunkt ist meistens der Unterfall schlechter Passung (**P** = − ), der die Suche nach einem besser passenden Modell anstößt.

(A1) $\langle \mathbf{M}, \mathbf{F}, \mathbf{U}, \circ \rangle \longrightarrow \langle \mathbf{M}, \mathbf{F}, \mathbf{U}, + \rangle$
(A2) $\langle \mathbf{M}, \mathbf{F}, \mathbf{U}, \circ \rangle \longrightarrow \langle \mathbf{M}, \mathbf{F}, \mathbf{U}, - \rangle$
(B) $\langle \mathbf{M}, \mathbf{F}, \mathbf{U}, \mathbf{P} \rangle \longrightarrow \langle \mathbf{M}', \mathbf{F}, \mathbf{U}, \circ \rangle$
(C) $\langle \mathbf{M}, \mathbf{F}, \mathbf{U}, \mathbf{P} \rangle \longrightarrow \langle \mathbf{M}, \mathbf{F}', \mathbf{U}, \circ \rangle$
(D) $\langle \mathbf{M}, \mathbf{F}, \mathbf{U}, \mathbf{P} \rangle \longrightarrow \langle \mathbf{M}, \mathbf{F}, \mathbf{U}', \circ \rangle$
(E) $\langle x, \mathbf{F}, y, \circ \rangle \longrightarrow \langle \mathbf{M}, \mathbf{F}, y, \circ \rangle$
(F) $\langle \mathbf{M}, x, y, \circ \rangle \longrightarrow \langle \mathbf{M}, \mathbf{F}, y, \circ \rangle$
(G) $\langle \mathbf{M}, \mathbf{F}, x, \circ \rangle \longrightarrow \langle \mathbf{M}, \mathbf{F}, \mathbf{U}, \circ \rangle$

Tab. 5.1.1

Ein typisches Beispiel ist der Übergang vom *Stephan-Boltzmann*schen zum *Wien*'schen Gesetz für die Hohlraumstrahlung (Kangro 1970). Für den Unterfall

**P** = + haben wir im vorliegenden Rahmen kein Beispiel. Warum sollte eine Hypothese abgeändert werden, wenn sie mit den Fakten gut passt?

Er wird aber in einem weiter gefassten Rahmen wichtig, der auch Einflüsse von anderen Theorien einschließt. Beispiel ist etwa die Suche nach einer *Lorentz*-invarianten Nachfolgetheorie für die klassische Mechanik. Die Mechanik hatte einen guten Passungsgrad, war aber nicht *Lorentz*-invariant, wie die Elektrodynamik. Bei (C) kommen neue Fakten hinzu, oder vorhandene Fakten werden eliminert. Der erste Unterfall mit **P** = + ist typisch für die 'normale Wissenschaft' in (Kuhn 1970). Bei guter Passung wird die Theorie auf neue Systeme angewandt, wodurch neue Fakten entstehen. Der Wegfall von Fakten ist mit dem Unterfall **P** = − verbunden. Wegen Passungsproblemen werden Fakten weggelassen. In der Statistik beispielsweise werden 'Ausreißer', d.h. Werte der Zufallsvariablen, die völlig außerhalb des Bereichs der anderen, beobachteten Werte liegen, aus der Stichprobe entfernt. Im Fall (D) wird der Approximationsapparat verfeinert, meist durch Entwicklung neuer Messmethoden, die genauere Messwerte ermöglichen. Im Normalfall liegt 'vorher' gute Passung vor; man will es aber – typisch für normale Wissenschaft – noch genauer wissen. Bei schlechter Passung macht es wenig Sinn, den Approximationsapparat zu verfeinern; die Passung wird dadurch nicht besser.

Die Übergänge (E), (F), (G) treten in der Entstehungsphase einer Theorie auf. In Fall (E) sind 'vorher' nur Fakten, aber keine Modelle (Hypothesen) vorhanden. Dann gibt es natürlich auch keinen Approximationsapparat, daher das *y* in der dritten Komponente. Es werden also für vorhandene Fakten erste Modelle eingeführt. Obwohl manche Autoren darauf bestehen, dass es völlig theoriefreie Beobachtung nicht geben könne, lassen sich viele historische Episoden zwanglos unter diesen Fall subsumieren. In der Entstehungsphase der Elektrizitätslehre fasste zum Beispiel *Ohm* die vorhandenen Fakten in seiner als *Ohm*sches Gesetz bekannten Hypothese zusammen.[62] Im Fall (F) sind Modelle, aber keine Fakten vorhanden. Ein Modell 'sucht sich' Fakten. Beispiele lassen sich dort finden, wo ein bereits vorhandenes Modell auf ein noch nicht untersuchtes, intendiertes System angewandt wird, über das fast noch keine Fakten vorliegen. Im letzten Fall wird für vorhandene Modelle und Fakten ein geeigneter Approximationsapparat entwickelt. Beispiel ist die Entwicklung der Fehlerrechnung durch *Gauss* (Lelgemann 2011), die zur Untersuchung von Passung im Rahmen der klassischen Mechanik entstand.

Einige andere Arten der Änderung, die *nicht* unter dieses Schema fallen, seien wenigstens erwähnt. Da ist erstens die Methode der Überzeugungsänderung (*belief revision*), bei der zur Elimination von Widersprüchen nach einer *minimalen* Abänderung der benutzten Theorie gesucht wird (Gärdenfors 1988), (Rott 1992). Zweitens sind Methoden zur Vereinheitlichung und Erhöhung der Einheitlichkeit (der Kohärenz) einer Theorie zu nennen. Drittens erfolgen Änderungen oder Neuerungen durch Analogiebildung zu anderen, schon vorhandenen Modellen. Viertens

---

[62] Wir vernachlässigen andere, zeitlich vorher entstandene 'Modelle' nicht aus historischer Bosheit, sondern wegen ihres geringen Bekanntheitsgrades und vagen Charakters. Vergleiche (Heidelberger 1979) für ausführliche Studien.

kann Änderung im Sinne von *Konkretisierung* als Rückgängigmachung vorheriger *Idealisierung* erfolgen (Nowak 1980), (Brzezinski et al. 1989), (Hamminga 1989). Schließlich lassen sich die bekannten, intertheoretischen Relationen, wie Spezialisierung, Theoretisierung, (approximative) Reduktion, in aktiver Weise als Änderungstypen auffassen. Reduktion zum Beispiel entspricht einer Verallgemeinerung der Theorie, aber eben so, dass die 'alte' Version auf die 'neue', allgemeinere Version reduziert werden kann (Balzer, Moulines, Sneed 1987).

Während die ersten beiden genannten Arten vom Formalismus her in der wissenschaftstheoretischen Anwendung bis jetzt stark eingeschränkt sind, kann für Arten Nummer vier und folgende, auf die umfangreiche Literatur verwiesen werden. Analogiebildung wurde bisher jedoch noch nicht in befriedigender Weise behandelt.

## 5.2 Dialektische' Entwicklungsmuster

Durch Hintereinanderschaltung von reinen Grundmustern aus dem letzten Abschnitt erhalten wir zeitlich geordnete Folgen zur Darstellung wissenschaftlicher Entwicklungen, zum Beispiel

$$\langle \mathbf{M},\mathbf{F},\mathbf{U},-\rangle \longrightarrow (B) \longrightarrow \langle \mathbf{M}',\mathbf{F},\mathbf{U},\circ\rangle \longrightarrow (A1) \longrightarrow \langle \mathbf{M}',\mathbf{F},\mathbf{U},+\rangle \quad (5.2.1)$$
$$\longrightarrow (C) \longrightarrow \langle \mathbf{M}',\mathbf{F}',\mathbf{U},\circ\rangle \longrightarrow (A2) \longrightarrow \langle \mathbf{M}',\mathbf{F}',\mathbf{U},-\rangle$$

Verbal: schlechte Passung induziert neue Modelle mit guter Passung, diese führen zur Gewinnung neuer Fakten, welche nun wieder schlecht passen. Solch umfassendere Muster umweht ein Hauch von Dialektik. Es besteht ein 'Widerspruch' zwischen der 'These', der akzeptierten Modelle und der 'Antithese', den Fakten, in Form schlechter Passung. Dieser wird 'aufgehoben' in der 'Synthese' eines neuen Zustandes, in dem der Widerspruch beseitigt ist, weil Passung besteht. Auch die Idee, dass die wertvollen Teile der Vorgängerzustände im Nachfolgezustand 'aufgehoben' sind (im erhaltenden Sinn), ist in solchen Mustern verwirklicht, nämlich dadurch, dass die Nachfolgetheorien – in der Regel – in einem Sinn 'besser' als die Vorgängertheorien sind: sie enthalten alle positiven Errungenschaften der letzteren. Schließlich sieht man an dem kleinen, obigen Beispiel ein Entwicklungsmuster. Nach einigen Schritten tritt der Prozess wieder in einen Zustand ein, der die gleiche Form wie der Ausgangszustand hat, so dass wir von einer spiralförmigen Bewegung reden können, in der qualitative Verbesserung stattfindet.

Etwas weniger blumig, dafür präziser, lassen sich diese Muster durch Flussdiagramme beschreiben. Ein Flussdiagramm besteht aus *Knoten* und verschiedenen Arten von *Pfeilen* zwischen diesen, sowie aus einer Menge möglicher Zustände (Manna 1974: Chap. 3). An jedem Knoten kann variabel ein Zustand notiert werden und für jeden von diesem Knoten ausgehenden Pfeil ist dann im 'Zielknoten' des Pfeils ein Nachfolgezustand festgelegt, der durch den Vorgängerzustand, d.h. den Zustand, von dem der Pfeil ausgeht, und die Art des Pfeils bestimmt wird.

## 5.2 Dialektische Entwicklungsmuster

Offenbar können unsere Übergänge aus 5.1 zu Flussdiagrammen und damit zu Netzen zusammengebaut werden. Jeder Übergangstyp entspricht einer Art von Pfeil. Wenn in einem Knoten ein Vorgängerzustand eingeschrieben wird, und von diesem ein Pfeil bestimmter Art einem gegebenen Übergangstyp entsprechend ausgeht, liegt der Zustand im Zielknoten an der Spitze des Pfeils fest: es ist der Nachfolgezustand, der sich aus dem Vorgängerzustand bei Übergängen dieses Typs ergibt.

Der Vorzug von Flussdiagrammen liegt in der Variabilität der Eintragungen an den Knoten, die wir uns am besten in zeitlichem Ablauf, also dynamisch, vorstellen. Jeder Eintrag ist nur für einen bestimmten Zeitpunkt gültig und Übergänge führen von einem Zeitpunkt zum nächsten. Wenn der Eintrag bei einem Knoten zur Zeit $t$ gilt, dann gilt der durch einen Pfeil induzierte Eintrag im 'Folgeknoten' für den nächsten Zeitpunkt. Wenn die Pfeile zyklisch angeordnet sind, trifft irgendwann eine Pfeilspitze auf einen Knoten, in dem bereits ein Eintrag 'von früher' steht. Dieser wird dann gelöscht und der neue, 'gegenwärtige' Zustand eingetragen. So lassen sich zeitlich über viele Zeitpunkte ausgedehnte Abläufe in kompakter Weise darstellen. Man geht im zeitlichen Ablauf von Knoten zu Knoten, löscht den von 'früher' dort vorhandenen Eintrag und schreibt den gegenwärtigen Zustand hinein. Selbst bei kleinem Vorrat an verschiedenen Pfeilformen kann man so durch zyklische Anordnung der Pfeile beliebig lange Folgen von Übergängen erzeugen.

Im Flussdiagramm von Abb. 5.2.1 sind die wichtigsten Grundmuster zusammengefügt. An den Knoten sind Zustände der Form ⟨**M**,**F**,**U**,**P**⟩ eingetragen. Die verschiedenen Pfeiltypen sind durch die jeweils an den Pfeil angeheftete 'Nummern': (A1),...,(G) unterschieden. Die 'Rückkopplungspfeile', d.h. Pfeile ohne Nummer, dienen dazu, die lineare, zeitliche Ordnung zwecks übersichtlicher Darstellung zyklisch 'umzubiegen'. Sie ermöglichen einen zusammenhängenden *Ablauf*, ein Durchgehen durch das Diagramm für beliebig viele, aufeinander folgende Zeitpunkte.

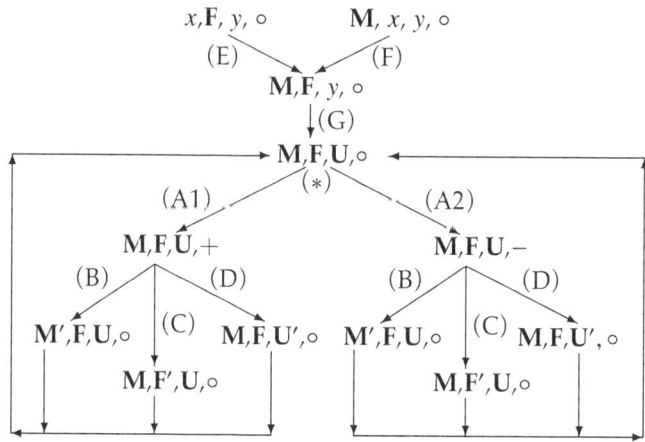

Abb. 5.2.1

Der zentrale, durch einen Stern gekennzeichnete Zustand ist $\langle M,F,U,\circ\rangle$. In ihm sind Modelle, Fakten und Approximationsapparat vorhanden, aber Passung ist noch nicht überprüft. Bei den 'vorher', im Bild weiter oben stehenden Zuständen liegen nicht alle Theoriekomponenten vor. Diese Zustände sind nur in der Entstehungsphase einer Theorie anzutreffen. Die Überprüfung der Passung in $\langle M,F,U,\circ\rangle$ hat zwei mögliche Resultate; folglich führen zwei Pfeile aus dem Kasten heraus. Wenn gute Passung festgestellt wird, kommen wir in den linken Ast zu $\langle M,F,U,+\rangle$. Von hier aus sind drei mögliche Änderungen vorgesehen, bei den Modellen (B), bei den Fakten (C) oder beim Approximationsapparat (D). In jedem Fall kommen wir zu einem neuen Zustand, der wieder die Form $\langle M^*,F^*,U^*,\circ\rangle$ hat, also die gleiche Form wie der zentrale Ausgangszustand $\langle M,F,U,\circ\rangle$. Daher führen Rückkopplungspfeile von diesen drei Zuständen nach oben. Beim Durchlauf durch den Rückkopplungspfeil ist der Inhalt des zentralen Kastens, also $\langle M,F,U,\circ\rangle$, zu löschen und durch den Inhalt des Kastens zu ersetzen, von dem der Rückkopplungspfeil losging. Die Rückkopplungspfeile entsprechen also keiner Anwendung eines Übergangstyps, sie sind inhaltlich neutral und haben reine Hilfsfunktion. Wenn wir zum Beispiel im ersten Durchlauf unten bei $\langle M,F',U,\circ\rangle$ ankommen und über die Schleife nach oben gehen, wird in den zentralen Kasten bei (∗) eben dieser Inhalt $\langle M,F',U,\circ\rangle$ eingetragen.

Ganz analog verfährt man, wenn die Überprüfung der Passung in (∗) negativ ausgeht und man in den rechten Ast kommt. Auch hier sind drei weitere Änderungsmöglichkeiten, bei $M$, $F$ und $U$ vorgesehen. Sie alle finden sich nach einer Schleife in einem Zustand der Form $\langle M^*,F^*,U^*,\circ\rangle$. Durch Rückkopplung kommen wir wieder zu (∗). Diese Zyklen können beliebig oft und an den Verzweigungspunkten mit wechselnden Ausgängen durchlaufen werden.

Das Flussdiagramm legt einen allgemeinen Rahmen fest, indem viele verschiedene, konkrete Abläufe möglich sind. Ein Ablaufschema, das durch die Anzahl der Schritte und eine Festlegung an jedem Verzweigungspunkt gegeben ist, bezeichnen wir als ein *Muster*. Wir werden im folgenden einige einfache, aber wichtige Muster genauer betrachten, und wir behaupten, dass sich diese gut zur Modellierung wissenschaftlicher Methoden eignen, wie sie in der Literatur diskutiert werden.

Die traditionelle Diskussion von Methoden umspannt zum Teil sehr ausufernde Ansprüche und weitgefächerte Umfelder, so dass wir natürlich nicht behaupten können, den Sinn einer Methode in einem Ablaufmuster vollständig zu erfassen. Der hier entwickelte Rahmen ist zwar vom Potential her ziemlich reichhaltig, aber doch auch schon auf der Beschreibungsebene von Theorien deutlich eingeschränkt, nicht zu reden davon, dass er Dinge wie 'die Totalität' und 'den gesellschaftlichen Endzustand', die Bestandteile der hermeneutisch-dialektischen Methode bilden, nicht enthält. In unserem etwas eingeschränkten Rahmen fehlen die Bezüge zu anderen Theorien, die über Querverbindungen dargestellt werden könnten. Wandel bei einer Theorie kann über Querverbindungen zu Passungsproblemen in anderen Theorien führen. Diese Möglichkeiten haben wir bewusst vernachlässigt, sie lassen sich jedoch in einer natürlichen Erweiterung unseres Rahmens behandeln (Balzer, Moulines, Sneed 1987: Kap. 8).

Wenn eingewendet wird, dass wir 'die wissenschaftliche(n) Methode(n)' in unserem Rahmen nicht *vollständig* erfassen können, so sind wir geneigt, zuzustimmen. Uns scheint aber der Gewinn an Klarheit und Übersicht, der sich in unserem etwas beschränkten Rahmen für die Methodendiskussion ergibt, bei weitem das aufzuwiegen, was durch die Einschränkung an Sinn verloren geht. Die bisherigen Methodendiskussionen über Induktion, Operationalismus, oder Hermeneutik waren geprägt von allgemeinen, philosophischen Vorstellungen davon, was Erkenntnis ist oder sein könnte und was Wissenschaft sein könnte und/oder sollte. Unser Ansatz ist dagegen entschieden mehr an der Realität orientiert, an dem, was in der Wissenschaft tatsächlich vorgeht. Wir versuchen zunächst, *dies* auf den Begriff und in ein System oder Modell zu bringen. Umfassendere Methodendiskussionen können, so meinen wir, von unseren Modellen nur lernen.

## 5.3 Induktive Methode

Die Grundidee der induktiven Methode liegt in einer Ableitung von Hypothesen aus vorgegebenen Fakten. Aus der Untersuchung eines Systems wurden Fakten gewonnen. Induktion bedeutet nun, aus diesen Fakten auf die 'richtige' Hypothese über das System zu schließen. Eine zentrale Voraussetzung hierfür ist, dass hinreichend viele Fakten vorhanden sind.

Die induktive Methode lässt sich am besten in drei Aspekte aufschlüsseln. Wir stellen uns ein wirkliches System vor, das durch eine Wissenschaftlergruppe untersucht wird. Diese Gruppe produziert mit verschiedenen Methoden eine Faktenmenge, die aus diesem System stammt. Diese Menge von Fakten haben wir in 3.7 strukturell in eine Faktenstruktur umgewandelt. Wir haben dann als Basis für eine Induktion sowohl eine Faktenstruktur als auch eine Faktenmenge zur Verfügung. Weiter benutzen die Wissenschaftlerinnen ein bestimmtes Vokabular, mit dem sie das reale System beschreiben. In diesem Vokabular können sie neue, komplexe Sätze als Hypothesen formulieren. Am Anfang gibt es also eine mengentheoretische Struktur und einen Rahmen, aus dem viele Hypothesen ausgewählt werden können.

In einem ersten Schritt findet man eine Hypothese, die zu den Fakten direkt passt. Das heißt, die Hypothese wird formuliert und ein Approximationsapparat 4.2 ausgewählt. Dann wird untersucht, ob die Modellklasse, durch die die Hypothese definiert ist, approximativ zu der Faktenstruktur passt. Im positiven Fall ist der induktive Prozess schon beendet. Wenn die Hypothese nicht zu den Fakten passt, gibt es zwei Möglichkeiten. Wir können die nicht passende Hypothese 'aussondern' und eine andere Hypothese auswählen.

Dies führt wieder zu dem ersten, gerade beschriebenen Schritt. Wir können aber auch einen zweiten Schritt machen und einen anderen Teilprozess starten. In diesem neuen Teilprozess halten wir an der Hypothese fest und produzieren ein neues Faktum, das aus dem intendierten System stammt. Wir nehmen dieses neue Faktum hinzu, so dass eine neue Faktenstruktur entsteht. Dies führt zu einer neuen Anfangssituation. Es wird wieder geprüft, ob die gerade benutzte Hypothese approximativ zur neuen Faktenstruktur passt. Wenn dies der Fall ist, können wir den Induktionsprozess beenden. Andernfalls kommen wir in eine dritte Phase, in der die gerade erörterten Teilprozesse iteriert werden. In diesem dritten Schritt, versuchen wir die verschiedenen Schleifen so lange zu durchlaufen, bis eine Passung zustande kommt.

In dem ersten Schritt wird gefragt, ob es eine 'interessante' Hypothese gibt, die in der Faktenstruktur approximativ gültig wäre. Den Begriff der Gültigkeit diskutierten wir in 2.6. Eine Hypothese ist in einer Struktur gültig, wenn es mit logischen Regeln möglich ist, die komplexe Hypothese in eine gleichwertige Menge von Atomsätzen umzuwandeln. Anders gesagt ist die Hypothese in der Struktur gültig gdw all diese Atomsätze gültig sind. Real gesehen, wird überprüft, ob all diese Atomsätze in dem zugrundeliegenden System wirklich richtig sind. Anders gesagt sind all diese Atomsätze in der Struktur gültig, wenn sie als Sätze in der Struktur *richtig* interpretiert wurden, 2.6. In 4.2 wurde der Gültigkeitsbegriff für empirische Theorien durch den allgemeineren Begriff der *approximativen Passung* ersetzt.

Hypothesen, die ziemlich einfach gebaut sind (z.B. eine 'reine' Konjunktion aus mehreren Basissätzen, oder ein 'reiner' Allsatz), werden normalerweise nicht weiter erwogen. Die 'interessanten' Hypothesen, die in der Suche betrachtet werden, sind diejenigen, die gemischte Quantoren enthalten. Diese Hypothesen sind, genau genommen, in einer Faktenstruktur meist nicht gültig. Solche Hypothesen können nur in seltenen Fällen rein logisch aus Fakten abgeleitet werden. In einem idealen Ableitungsprozess fehlt z.B. oft ein Objekt, das durch die Hypothese gefordert wird, aber in der Faktenmenge nicht zu finden ist. Wir hatten in 2.6 zwei 'einfache' Beispiele von Hypothesen dargestellt, die gemischte Quantoren enthalten. Bei diesen Sätzen müssten wir für *jedes* Objekt untersuchen, ob ein weiteres, geeignetes Objekt in dem System *existiert*, welches direkt oder implizit in den Fakten vorhanden ist. Solche Fälle, die an Existenzquantoren 'scheitern', sind besonders leicht zu erkennen. In der Informatik gibt es eine ganze Teildisziplin, in der die Komplexität einer Hypothese in einem Computerprogramm theoretisch untersucht wird. Dieser Ansatz ist aber für empirische Theorien in Anwendungen sehr komplex. Wenn der Gültigkeitsbegriff in einer Anwendung zu komplex wird, ist es bis heute ratsam, den 'einfacheren' Weg zu gehen und den Approximationsapparat zu verwenden. Dadurch erhöht sich allerdings auch die Anzahl der möglichen Passungen.

Unter den vielen Möglichkeiten, bei denen eine Hypothese, die gerade erwogen wurde, nicht zur Faktenstruktur passt, möchten wir hier nur einen wichtigen, allgemeinen Fall anführen. Es geht um Hypothesen, die nur in unendlichen Strukturen erfüllbar sind. Da die Faktenstrukturen aus prinzipiellen Gründen immer endlich sind, stößt der Gültigkeitsbegriff in der Praxis schnell an seine Grenzen.

Im zweiten Schritt der induktiven Methode wird die Anzahl der Fakten verändert. Es geht darum, mit Fakten flexibler umzugehen. Die gegebene Faktenstruktur und die Faktenmenge wird erweitert oder ergänzt. Die Erweiterung kann in zwei Weisen erfolgen. Wir können einerseits neue Fakten produzieren, die in dem gegebenen System bis jetzt noch nicht – aus welchen Gründen auch immer – zur Hand waren. Wir können aber auch einfach hypothetische Ergänzungen betrachten. In beiden Verfahren eröffnen sich neue Möglichkeiten, die sich auch iterieren lassen.

Beim dritten Schritt werden die beiden gerade beschriebenen Teilprozesse wiederholt. Wir können diesen dritten Aspekt durch zwei Hauptschleifen beschreiben. In der ersten Schleife wird versucht, ein Modell zu finden, das zu der Faktenstruktur passt; in der zweiten Schleife wird die Faktenstruktur erweitert. In welcher Reihenfolge diese beiden Schleifen abgearbeitet werden, wird hier nicht festgelegt.

Interessanterweise ist es bei der induktiven Methode nicht nötig, des Ziel anzugeben, das relativ zu dem gegebenen, intendierten System erreicht werden soll. Es ist nicht nötig, das Ziel am Anfang genauer zu spezifizieren. Wir brauchen keine bestimmte Form der Hypothese festzulegen, wir brauchen keine Abschätzung über Zeit und Mittel zu machen. Wir brauchen uns nicht zu überlegen, ob die Anzahl der gegebenen Fakten zu klein oder unüberschaubar ist. All diese Fragen können im Prozess selbst Schritt für Schritt geklärt werden. In jedem Prozessschritt schlagen wir einen neuen Weg ein, der mehr oder weniger schnell zu einem Resultat führt. Es ist bei dieser Methode auch nicht nötig, einen speziellen Rahmen für die möglichen Strukturen einzuführen, aus dem die Ergänzungen stammen müssen. Der allgemeine, in Kapitel 3 beschriebene, mengentheoretische Rahmen, ist hier ausreichend.

Dieser Punkt lässt sich auch aus dem Blickwinkel anderer Methoden ansehen. Wenn wir eine bestimmte Hypothese als gegeben betrachten, können wir einen sehr speziellen Rahmen für mengentheoretische Strukturen konstruieren. Wir können dann das Ziel ansteuern, möglichst effizient eine Struktur zu finden, in der die Hypothese gültig wird. Es ist klar, dass dieser Rahmen, und damit auch dieses Ziel, nur relativ zu einer gerade gegebenen Hypothese Sinn macht. Wenn wir eine andere Hypothese nehmen, könnte es sein, dass wir einen anderen Rahmen bekommen würden, in dem wir völlig andere Methoden anwenden müssten. Anders gesagt, hält die induktive Methode die 'Zielstruktur' weitgehend offen.

Wir unterscheiden zwei Arten von induktiven Prozessen. Prozesse der ersten Art betreffen jeweils nur ein einziges, intendiertes System. Das heisst, die Fakten für eine Hypothese stammen aus einem einzigen System. Die meisten induktiven Prozesse haben diese Struktur. Die zweite Art von Prozessen betrifft Fälle, in denen die Fakten aus *verschiedenen* Systemen stammen. Zum Beispiel ist die Messung eines ersten Faktums auf ein lokales System (ein Messmodell) beschränkt, ein zweites Faktum wird in einem raumzeitlich anderen System gemessen. Wir können in einem solchen Fall entweder die verschiedenen, lokalen Systeme begrifflich in einer *ma*-Sprache zu einem 'neuen', abstrakten System zusammenfassen und das Gesamtsystem, das viele Fakten enthält, als das wirkliche System ansehen. Oder, wir benutzen eine Querverbindung 2.13, durch die alle Fakten an dasselbe Modell geschickt werden. Die Prozesse der zweiten Art lassen sich bei unserem mengentheoretischen Ansatz auf den 'normalen' Induktionsbegriff der ersten Art zurückführen, bei dem nur ein einziges, reales System benutzt wird.

Eine weitere Unterscheidung betrifft die statischen und die dynamischen Systeme. Statische Systeme sind solche, die keine zeitliche Entwicklung durchmachen und deren axiomatische Erfassung deshalb keinen Bezug auf den Zeitbegriff enthält. Bei-

Kapitel 5: Methoden

spiele sind klassifikatorische Systeme, wie in der Botanik, oder das ideale Gasgesetz, nach dem die Temperatur eines idealen Gases proportional zu dessen Druck und Volumen ist. Auf der anderen Seite finden wir dynamische Systeme, deren theoretische Beschreibung die Zeit benutzt. Solche Systeme sind oft zum Zeitpunkt der Untersuchung noch existent. Das heißt, sie erstrecken sich in die Zukunft. Natürlich gibt es auch dynamische Systeme, die zur Zeit der Untersuchung nicht mehr existieren, wie etwa untergegangene Sonnensysteme, menschliche Zivilisationen oder ausgestorbene Gattungen.

In statischen Systemen lassen sich immer mehr und genauere Fakten über das gleiche System sammeln. Bei dynamischen Systemen, die in die Zukunft reichen, ist dies dagegen prinzipiell unmöglich; dazu müssten ja Fakten über die Zukunft bekannt sein. Dies führt zum Induktionsproblem, das in der Philosophie immer diskutiert wird, nämlich dem Problem, dass es prinzipiell kein absolut sicheres Wissen über die Zukunft gibt. Wie vollständig auch die aus Vergangenheit und Gegenwart vorliegenden Fakten sein mögen: eine aus ihnen gewonnene Hypothese stützt sich nur auf einen Teil des Systems und ist daher nicht streng aus den Fakten ableitbar. Andere Hypothesen, die sich von einer gegebenen, schlimmstenfalls nur in Aussagen über die Zukunft unterscheiden, könnten mit gleichem Recht aus den Fakten abgeleitet werden.[63] Es folgt, dass Vorhersagen, die mit Hilfe der Hypothese gemacht werden, nicht absolut sicher sind. Allerdings kompliziert sich die Lage auch bei den statischen Systemen dadurch, dass im Normalfall viele intendierte Systeme vorliegen. Manche davon sind schon vorhanden und die Fakten können unter günstigen Bedingungen vollständig bestimmt werden. Andere aber sind vielleicht noch gar nicht existent, ihre Entstehung oder Konstruktion wird erst in der Zukunft erwartet – natürlich mit guten Gründen, weil es sonst keine intendierten Systeme sein könnten. Auch in diesem Fall taucht das Induktionsproblem, wenn auch etwas versteckt, wieder auf. Der einzige unproblematische Fall liegt in der Beschränkung auf ein einziges statisches, reales System, das schon existiert.

Schließlich erwähnen wir einen interessanten Grenzfall, im dem die Menge der Fakten, die von dem realen System stammen, *vollständig* ist. Das heißt, *alle* Fakten aus dem System, die möglicherweise produziert werden könnten, *sind* auch erhoben worden. Mit anderen Worten sind alle atomaren Sachverhalte, die in dem System existieren, auch bestimmt worden. Dieser Grenzfall kann nur auftreten, wenn in dem System nur endlich viele, atomare Sachverhalte existieren. Diese Endlichkeit hat normalerweise auch mit dem Vokabular zu tun, mit dem das System beschrieben wird. Das System sollte so beschaffen sein, dass die Beschreibung des Systems die gleiche Grobkörnigkeit hat, wie die der benutzten Bestimmungsmethoden. Die Einbeziehung der Approximation kompliziert diese Situation weiter.

---

63 Vergleiche z.B. (Stegmüller 1975). Fiktive Beispiele für 'unnatürliche' Hypothesen hat sich z.B. (Goodman 1975) ausgedacht. Der Drang nach absoluter Sicherheit, der von einigen Philosophen als ein Problem gesehen wird, ist vermutlich eng mit religiösem Verhalten verbunden und heute vielleicht nicht mehr so groß wie in den Anfangszeiten des Rationalismus, in denen die Philosophie als Ersatz für religiöse Gewissheit und Geborgenheit erwartet wurde.

## 5.3 Induktive Methode

Wenn das System zum Beispiel Zeitpunkte enthält, die im Vokabular durch reelle Zahlen beschrieben werden, gibt es bei der Messung eines Zeitpunktes Probleme, die sich nur durch den Approximationsapparat lösen lassen.

Nach diesen Überlegungen verallgemeinern wir den in 3.1 beschriebenen Begriff des Faktums *für eine* Theorie auf Fälle, bei denen noch keine Theorie vorhanden ist. Wir gehen bei der induktiven Methode davon aus, dass ein Vokabular, ein wirkliches System, eine Wissenschaftlergruppe und eine Bestimmungsmethode (oder mehrere) gegeben ist (oder sind). Die Fakten lassen sich in dieser Situation wie folgt beschreiben. Ein Faktum $d$ hat vier Eigenschaften: 1) $d$ ist ein Basissatz im gegebenen Vokabular, 2) $d$ stammt von einem wirklichen System, 3) die Bestimmung von $d$ ist wiederholbar und 4) die Mitglieder der Gruppe sind sich über das Faktum einig. Mit diesem, allgemeinen Begriff lassen sich Fakten aus einem realen System bestimmen und zu einer Faktenstruktur zusammenfassen. Wir beschränken uns bis zum Ende dieses Abschnitts auf den einfachsten Fall, in dem die Klasse von Modellen durch eine einzige Hypothese definiert wird.

Indem wir uns so auf die Idee der 'Ableitung' einer Hypothese aus Fakten eines einzigen Systems konzentrieren, erhalten wir folgendes Grundmodell der Induktion. Gegeben ist ein intendiertes System $s$, sowie eine Faktenstruktur $z$, die Fakten über $s$ zusammenfasst. Die Methode dient nun dazu, eine Hypothese zu finden, die zu den Fakten passt. Mit anderen Worten ist eine Hypothese für eine Modellklasse gesucht, so dass die Faktenstruktur zu einem Modell dieser Klasse passt. Wenn wir gleich den realistischen Fall der approximativen Passung ins Auge fassen, so sind eine Klasse **M** und ein Approximationsapparat **U** zu finden, derart, dass für einen extern vorzugebenden, oder aus der Faktenstruktur begründeten, zulässigen Passungsgrad $\varepsilon$, die folgende Bedingung erfüllt ist: Es gibt ein Modell $x$ aus **M**, das bis auf $\varepsilon$ zur Faktenstruktur $z$ passt. Die anfängliche Beliebigkeit der Vorgabe des Passungsgrades $\varepsilon$ kann durch Iteration eliminiert werden. Wenn für ein $\varepsilon$ Modelle gefunden wurden, die bis auf $\varepsilon$ zu $z$ passen, kann $\varepsilon$ zu einem neuen $\varepsilon_1$ verkleinert und die Passung erneut überprüft werden. Wenn für $\varepsilon_1$ keine Passung mehr gegeben ist, kann die induktive Methode mit der Suche nach neuen Modellen, nunmehr mit neu gegebenem $\varepsilon_1$, fortgesetzt werden. An diesem Punkt können wir aber auch versuchen, neue Fakten aus dem gegebenen System zu gewinnen und die Faktenstruktur zu ergänzen und zwar so, dass die gerade erwogene Hypothese weiter benutzt wird.

Bei ständiger Wiederholung wird diese Methode immer besser passende Modelle liefern und im idealen Grenzfall (ohne Approximation), wenn die Faktenmenge vollständig ist, ein Modell produzieren, das mit einer Faktenstruktur identisch ist. Durch das Modell werden einfach die Fakten übersichtlich gemacht. Im Normalfall, wenn die Faktenmenge unvollständig ist, können alternative Modelle existieren, die das reale System im Hinblick auf dessen noch unbekannte Teile 'besser' beschreiben würden. Bei Einschränkung auf die vorliegenden Fakten stimmen diese aber mit dem gefundenen Modell überein. Wenn in dem intendierten System alle Fakten erhoben wurden, und wenn keine weiteren, 'theoretischen' Terme in der Formulierung der Hypothese zugelassen werden, sind die gefundenen Modelle relativ zum Vokabular endgültig.

Kapitel 5: Methoden

Das Muster der induktiven Methode ist in Abb. 5.3.1 dargestellt. Für gegebene Faktenstrukturen aus **F** wird im ersten Schritt ein Approximationsapparat **U**, einschließlich Passungsgrad, eingeführt und sodann eine erste Modellklasse **M** konstruiert. Wenn **M** nicht zu **F** passt, landen wir bei **M,F,U,−**. Von dort aus wird nach neuen Modellen gesucht. Eine neue Modellklasse **M′** wird gewählt, oder konstruiert, und wir gelangen nach **M′,F,U,∘**. Falls auch diese Modelle nicht zu den Fakten passen, kommen wir nach rechts unten zu **M′,F,U,−**. Dieser Eintrag wird durch Rückkopplung nach rechts oben an die Stelle von **M,F,U,−** eingesetzt. Solange wir den Prozess bei der Verzweigung 2) nach rechts laufen lassen, wird diese innere Schleife erst beendet, wenn ein passendes Modell gefunden ist. Wir kommen dann zu **M′,F,U,+**, wobei **M′** eventuell mit einer neuen Modellklasse besetzt wurde. Von hier aus gelangen wir über Rückkopplung nach links oben zu **M,F,U,+**.

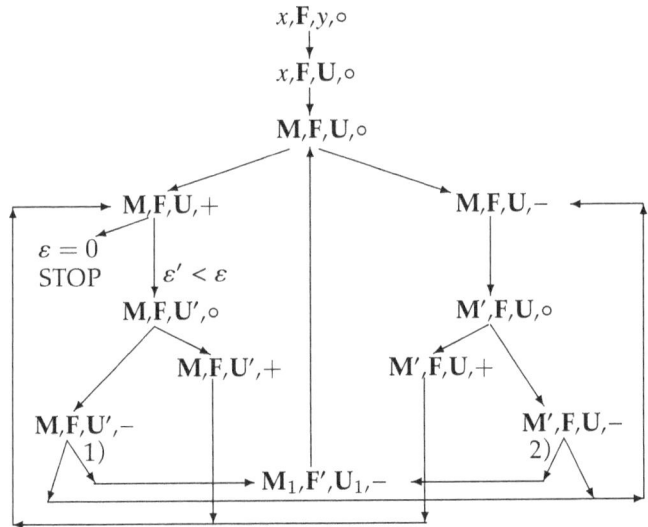

Abb. 5.3.1

Hier beginnt eine zweite Rückkopplungsschleife. Der Passungsgrad wird verkleinert, was durch $\varepsilon' < \varepsilon$ angedeutet ist, und Passung wird mit dem neuen **U′** geprüft. Wir lassen hier offen, ob auch die Quasi-Metrik 4.2 verändert wird. Solange Passung herrscht, kommen wir nach **M,F,U′,+** und per Rückkopplung nach **M,F,U,+**. Diese Schleife wird iteriert, bis im Kasten **M,F,U′,∘** keine Passung mehr besteht. Von dort kommen wir dann über **M,F,U′,−** und Rückkopplung nach rechts oben zu **M,F,U,−**, von wo aus der beschriebene Doppelzyklus neu beginnt. Es werden passende Modelle gesucht, aber nun mit kleinerem Passungsgrad als in der ersten 'Runde', und wenn diese gefunden sind, wird der Passungsgrad solange verkleinert, bis keine Passung mehr vorliegt. Das Verfahren kann abbrechen, wenn bei Passung im Kasten **M,F,U,+** links oben der Passungsgrad befriedigend klein ist, oder kein empirisch sinnvoller,

## 5.3 Induktive Methode

kleinerer Grad existiert. In diesem Fall kann als Ausgang der STOP-Pfeil gewählt werden.

An den mit 1) und 2) markierten Stellen kann der Prozess auch in andere Schleifen kommen. In beiden Fällen, 1) oder 2), gab es keine Passung. Wir haben beide Fälle zusammengelegt, d.h. $M_1$ kann $M$ oder $M'$ und $U_1$ kann $U$ oder $U'$ sein. In diesen Fällen wird ein neues Faktum produziert. Dies ist im Kasten $M_1, F', U_1, -$ (unten mitte) dargestellt. Von dort kommt man mit Rückkopplung in den Kasten $M, F, U, \circ$, wo eine nächste Runde beginnt.

Als erstes Beispiel nehmen wir einen Fall, den wir schon in 4.6 kennengelernt haben: das dritte *Kepler*sche Gesetz. Alle Fakten stammen aus einem einzigen System, aus unserem Sonnensystem. Diese Hypothese besagt, dass sich die Quadrate der Umlaufzeiten $u(p_i)$ der Planeten $p_1, ..., p_n$ um die Sonne so zueinander verhalten, wie die Kuben der Radien $r(p_i)$ der großen Halbachsen der Ellipsenbahnen:

$$u(p_i)^2 / u(p_j)^2 = r(p_i)^3 / r(p_j)^3.$$

Mit anderen Worten ist der Term $\gamma = u(p_i)^2 / r(p_i)^3$ in Abhängigkeit von $p_i$ konstant, oder, anders gesagt, dass für alle $p_i$ gilt: $u(p_i)^2 = \gamma \cdot r(p_i)^3$. Die Werte für die beiden Größen $u$ und $r$ sind für die verschiedenen Planeten in einer Faktenstruktur zusammengefasst und das Problem besteht darin, den angegebenen funktionalen Zusammenhang zu finden. Indem man vom Ansatz $u(p_i) = c \cdot r(p_i)$ ausgeht und sukzessive 'links' und 'rechts' die Potenz erhöht, wird nach wenigen Schritten ein linearer Zusammenhang sichtbar, aus dem sich der Wert der Konstanten $c$ näherungsweise ergibt.

Als statisches Beispiel, in dem viele Systeme benutzt werden, sei das *Ohm*sche Gesetz genannt, dessen Entdeckung sich in systematischer Rekonstruktion, allerdings nicht in Übereinstimmung mit der historischen Entwicklung (Heidelberger 1979) durch Anwendung der induktiven Methode nachvollziehen lässt. Intendierte Systeme für diese Hypothese sind einfache Stromkreise, in denen ein Draht $a$ an die beiden Pole einer Batterie $B$ angeschlossen ist. Die Hypothese systematisiert den Zusammenhang zwischen vier Größen: der Stromstärke $i(a, B)$ des im Draht fließenden Stroms, die durch ein *Ampère*meter gemessen wird, der Urspannung $u(B)$ der Batterie, sowie dem inneren Widerstand $b(B)$ der Batterie und dem Widerstand $r(a)$ des Drahtes. Die Größe der Batterie ist durch die Anzahl der Einheiten gegeben, aus denen die Batterie zusammengesetzt wurde. Zur Vereinfachung betrachten wir den eingeschränkten Fall, in dem alle intendierten Systeme nur Drähte aus einem bestimmten Material enthalten. Der Widerstand eines Drahtes ist dann proportional zu seiner Länge und umgekehrt proportional zu seinem Querschnitt, so dass auch für diese Größe eine Messmethode zur Verfügung steht.

Ein System, das durch experimentelle Untersuchung gegeben ist, bestehe aus einer Batterie und einer Serie von verschiedenen Drähten $a_j$, $j \leq n$, die jeweils an die Batterie angeschlossen werden. Für jeden Draht $a_j$ liegen dann zwei Fakten vor: sein Widerstand $r(a_j)$ und die Stromstärke $i(a_j, B)$, die durch den Ausschlag des *Ampère*meters gemessen ist. Die zusammengefasste Faktenstruktur besteht also aus einer Liste

$u(B), i(a_1, B), r(a_1, B), ..., i(a_n, B), r(a_n, B).$

Eine Hypothese wird gesucht, die diese Fakten als Funktion der Variablen $a_j$ in einer Gleichung zusammenfasst, also die abstrakte Form $F(u(B), i(a_j, B), r(a_j, B)) = 0$ hat, oder einfach: $F_{B,u}(i(a_j), r(a_j)) = 0$ mit variablem $a_j$. Bei Aufzeichnung gemessener Werte für Stromstärke und Widerstand in einem zwei-dimensionalen Diagramm wird sofort deutlich, dass die Stromstärke umgekehrt proportional zum Widerstand ist.

Man wird also ein erstes Modell in der Form $i(a, B) = 1/r(a)$ ansetzen und mit einem vorgegebenen $c$ auf Passung prüfen. Wenn $\varepsilon$ grob genug war, kann Passung eintreten, so dass ein feineres $\varepsilon'$ gewählt werden kann, bis eben keine Passung mehr vorliegt. Durch genauere Untersuchung stellt sich heraus, dass ein additives Glied im Nenner zu besserer Passung führt: $i(a, B) = 1/(a + r(a))$. Damit sind wir bei fester Batterie schon beim historischen Gesetz, das nun durch Ausweitung des intendierten Bereichs auf andere Batterien und Drähte anderen Materials, die obige Form findet. Das Beispiel ist insofern nicht 'rein' statisch, als das *Ohm*sche Gesetz auch für zukünftig hergestellte Stromkreise Geltung beansprucht.

## 5.4 Deduktion und Abduktion

Bei der deduktiven Methode wird eine Theorie getestet. Aus den Hypothesen und vorliegenden Fakten werden neue, atomare Sätze *deduziert* ('abgeleitet') und es wird geprüft, ob diese zutreffen oder nicht. Im häufigsten Anwendungsfall, der *Vorhersage*, sagen abgeleitete Sätze etwas über zukünftige Ereignisse. Wenn diese Ereignisse wie vorhergesagt eintreten, ist der Test positiv ausgefallen. Andernfalls wird untersucht, wo der Fehler lag.

Zur genaueren Beschreibung in unserem Vokabular ist eine Theorie $\mathbf{T} = \langle \mathbf{M}, \mathbf{I}, \mathbf{F}, \mathbf{U} \rangle$ gegeben. In der Ausgangssituation liegt Passung vor: Faktenstrukturen und Modelle passen approximativ zueinander. Für ein intendiertes System $s$ sei $z$ eine zugehörige Faktenstruktur. Die Fakten aus $z$ seien zu einer Konjunktion von Basissätzen zusammengefügt. Aus den Hypothesen, die die Modelle charakterisieren und aus der Konjunktion der Fakten wird ein 'neuer' Basissatz abgeleitet. Er ist neu, insofern er in der Faktenstruktur $z$ nicht zu finden ist. Durch Beobachtung, Experiment oder Messung wird nun untersucht, ob der neue Satz richtig ist. Ist er richtig, hat sich die Theorie bewährt.

Falls der neue, abgeleitete Satz *nicht* zutrifft, schreibt die deduktive Methode vor, die Hypothesen zu verwerfen und neue, bessere zu suchen, die mit den 'alten' Fakten und dem neuen Satz besser verträglich sind. Das heißt, es wird eine neue Modellklasse $\mathbf{M}'$ und zugehörige neue Hypothesen gesucht, die zur Konjunktion aus 'alten' Fakten und dem neuen Satz (approximativ) passen.

In beiden Fällen führt das Verfahren wieder zu einer Situation der Passung. Im ersten Fall, wenn der neue Satz zutrifft, liegt Passung automatisch vor. Der neue Satz wurde ja logisch *abgeleitet*. Dies garantiert, dass er in *jedem* Modell gültig ist,

## 5.4 Deduktion und Abduktion

in dem die Hypothesen und die 'alten' Fakten gelten. Wenn die alten Fakten zu einem Modell passen, sind sie in diesem Modell (approximativ) gültig. Dann ist in diesem Modell auch der neue Satz (approximativ) gültig. Also passt (approximativ) auch die Konjunktion aus Fakten und neuem Satz. Im approximativen Fall ist dies *kein* logisches Argument, weil dann von Passung nicht auf Gültigkeit geschlossen werden kann.

Das deduktive Muster ist in Abb. 5.4.1 dargestellt. Bei der Ausgangstheorie liegt ganz oben zwischen Modellklasse **M** und Faktenstrukturen **F** ein bezüglich **U** befriedigender Passungsgrad vor. Die Theorie wird nun einem Test unterzogen.

Ein neuer, atomarer Satz wird abgeleitet und zu den vorhandenen Fakten aus einer Faktenstruktur $z \in \mathbf{F}$ hinzugefügt. Diese 'neue' Faktenstruktur $z'$ und alle anderen Faktenstrukturen aus **F** bilden die neue Menge **F'**. Nun wird geprüft, ob die neue Faktenstruktur $z'$ zu **M** passt. Bei positivem Ausgang der Überprüfung kommen wir nach links unten in eine Rückkoppelungsschleife, die so lange durchlaufen wird, bis ein abgeleiteter, neuer Satz zu schlechter Passung führt. In diesem Fall gelangen wir von **M,F',U,∘** nach rechts unten zu **M,F',U,–**. Es wird nun eine neue Hypothese gesucht und in Form von **M'** gefunden. **M'** wird bei **M',F',U,∘** an den alten plus 'neuen' Fakten auf Passung überprüft. Bei positivem Ausgang gelangen wir in einen Zustand der Passung, der durch die Rückkopplungsschleife von unten links als neuer Ausgangszustand bei **M,F,U,+** oben eingesetzt wird. Das Verfahren beginnt von vorne. Bei negativer Passung in **M',F',U,–** gelangt man in die rechte, untere Schleife, die so lange durchlaufen wird, bis eine zu **F'** passende neue Hypothese gefunden ist. Da die 'Voraussage' streng logisch abgeleitet sein soll, besteht keine Möglichkeit, den Approximationsapparat **U** ins Spiel zu bringen. Er bleibt im ganzen Ablauf konstant, was eine ziemliche Idealisierung und Einschränkung der Methode bedeutet.

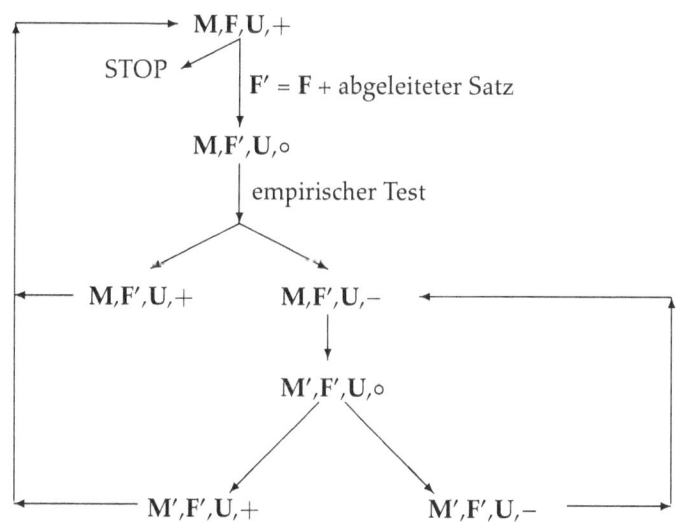

*Abb.* 5.4.1

Offenbar ist die deduktive Empfehlung, bei Falschheit des neuen Satzes die Hypothese zu verwerfen, nur die Erste von vier Möglichkeiten. Genauso kann, bei einer zweiten Möglichkeit, der Satz *richtig* sein, aber bei der Überprüfung der Ableitung kann ein Fehler gemacht worden sein. Drittens können Fakten, die in der Ableitung benutzt wurden, falsch sein. Viertens kann im Fall approximativer Passung der neue Satz zu einer nur geringfügigen Verschlechterung der bisherigen Passung führen. Dies mag in Fällen, wo der neue Satz relativ periphere, zum Beispiel raumzeitlich weit entfernte Ereignisse betrifft, sogar plausibel sein. Bevor die Hypothese verworfen wird, muss also geprüft werden, ob die drei anderen Fehlerquellen ausgeschlossen werden können. Wenn wir berücksichtigen, dass oft bei der Gewinnung der Fakten und der Überprüfung des neuen Satzes noch andere Theorien benutzt werden, dann tut sich eine fünfte Möglichkeit auf, nämlich dass der Fehler unter diesen benutzten 'Hintergrunds-' oder 'Hilfshypothesen' zu suchen ist. Aus dieser Möglichkeit, die zuerst von (Duhem 1954) betont wurde, nährt sich eine ganze philosophische Richtung, der Holismus, nach dem, überspitzt gesagt, Alles mit Allem mindestens bedeutungsmäßig zusammenhängt.

Weiter ist allgemein zu bemerken, dass von der Theorie her das zeitliche Verhältnis zwischen vorhandener Hypothese und vorhandenen Fakten einerseits und abgeleitetem Satz andererseits offen bleibt. Vorhersage ist nur *ein* Spezialfall, in dem der abgeleitete Satz etwas über ein zukünftiges Ereignis sagt. Das deduktive Schema passt auch auf die *Retrodiktion*, in der mit Hilfe von Modell und Fakten in die Vergangenheit zurückgeschlossen wird. Der abgeleitete Satz beschreibt ein schon vergangenes Ereignis, das dann im Nachhinein bestätigt werden kann. Mit der Gravitationstheorie etwa lässt sich auf Sonnenfinsternisse in der Antike zurückrechnen, die durch historische Berichte bestätigt werden. In den historischen Wissenschaften sind solche Schlüsse an der Tagesordnung. Deduktion kann aber auch ganz ohne zeitliche Struktur angewandt werden. Der wesentliche Punkt ist nur, dass der abgeleitete Satz neu ist. Er darf unter den vorhandenen Fakten nicht vorkommen.

Ein Beispiel für die Anwendung der deduktiven Methode ist die 'Falsifikation' der *Newton*schen Gravitationstheorie durch Entdeckung des *Merkur*perihels. Nach der Theorie wurden die Planetenbahnen aus bekannten Anfangsbedingungen berechnet. Die so deduzierte Bahn des *Merkur* enthielt Angaben über Orte und Zeiten, die mit den durch Beobachtung ermittelten Werten nicht übereinstimmen. Langfristig wurde die Theorie tatsächlich abgeändert, nämlich durch die allgemeine Relativitätstheorie ersetzt. Die Behauptung, dass diese Abänderung nur wegen der Entdeckung des *Merkur*perihels erfolgt wäre, lässt sich allerdings wissenschaftshistorisch kaum verteidigen.

Die deduktive Methode wird häufig mit einem normativem Modell wissenschaftlichen Vorgehens identifiziert. (Popper 1966) behauptet, dass Deduktion die *einzige*, begründbare und in der Tat durch ihn begründete, wissenschaftliche Methode sei. Er stellt drei einschränkende Anforderungen auf.

Ein Test soll *streng* sein. Das heißt, der Sachverhalt, den der abgeleitete Satz beinhaltet, soll im Licht des Hintergrundwissens allein möglichst unwahrscheinlich sein. Die Forderung klingt zwar plausibel: je unwahrscheinlicher eine Vorhersage ist, desto wahrscheinlicher ist sie falsch. Und desto schneller wird die benutzte Hypothese verworfen. Allerdings bleibt offen, was hier mit 'wahrscheinlich' gemeint ist. Der Begriff der Wahrscheinlichkeit in Anwendung auf beliebige Hypothesen harrt noch der Präzisierung. Zweitens soll die neue Hypothese, die eine zuerst falsche Vorhersage zur Passung bringt, nicht aus der 'alten' Hypothese durch Hinzufügung einer 'Hilfshypothese' *ad hoc* verbessert sein, sie soll nicht nur in einer gerade auf diesen einen widerborstigen Fall zugeschnittenen, minimalen Abänderung der alten Hypothese bestehen, sondern 'kühn' sein. Dies äußert sich darin, dass jede zulässige, neue Hypothese, die nicht *ad hoc* ist, die Ableitung neuer Testimplikationen erlaubt, die aus der 'alten' Hypothese nicht folgen und sich bei Überprüfung als richtig herausstellen. In einer anderen Variante muss jede zulässige, neue Hypothese den empirischen Gehalt der 'alten' Hypothese vergrößern. Abgesehen von dem Problem, den Begriff des empirischen Gehalts in adäquater Weise (Grünbaum 1976) zu definieren, betonen andere Autoren gerade den konservativen Charakter theoretischer Änderungen (Quine und Ullian 1978). Auch die rechnerunterstützte Suche nach Hypothesen erfolgt in konservativer Weise. In deskriptiver Hinsicht sind vermutlich konservative, geringfügige Abänderungen in der Überzahl. Drittens wird eine allgemeine Forderung an Fakten gestellt, die in der Realität kaum erfüllt ist. Danach soll die Einigung über Fakten in der Gruppe nach *vorher festgelegten* Regeln erfolgen. Wissenschaftler, die selbst mit experimentellen Methoden gearbeitet haben, wissen, wieviel Fingerspitzengefühl oft nötig ist, um über die Einbeziehung oder Verwerfung eines neuen atomaren Satzes zu entscheiden. Ist der experimentelle Aufbau oder die Durchführung eines Experiments 'richtig' oder macht ein Nebeneffekt oder Apparatefehler das Ergebnis unbrauchbar? Von einer vorher festgelegten Regel kann in solchen Fällen nicht die Rede sein, selbst anerkannte Fachleute könnten oft auf ihrem Gebiet eine solche Regel auch im Nachhinein nicht angeben.

Weiter ist anzumerken, dass *Popper*, vermutlich im Anschluss an *Bacon* und *Mill* annimmt, es seien jeweils nur *endlich viele* Alternativhypothesen gegeben, unter denen für die Abänderung eine Auswahl zu treffen ist. Im Lichte der Computer-Entdeckungsprogramme 4.6 für Hypothesen wird deutlich, dass diese Annahme gar nicht nötig ist. Sie bringt, im Gegenteil, nur überflüssige Probleme ins Spiel, etwa das Problem, angeben zu müssen, welche Alternativhypothesen es sind, deren Wahrscheinlichkeiten verglichen werden sollen.

Schließlich darf der Hinweis auf das Approximationsverhalten der deduktiven Methode nicht unterbleiben, insbesondere weil man ihn dies nicht unmittelbar ansieht. Wenn man voraussetzt, dass die 'wahre' Theorie durch Richtigkeit von atomaren Sätze festgelegt wird, lässt sich zeigen, dass die wiederholte Anwendung der deduktiven Methode zu einer Annäherung an diese 'wahre' Theorie führt. Die Vernunft hat es allerdings listigerweise so eingerichtet, dass eine Wahrheitsannäherung per deduktiver Methode nicht der effizienteste Weg ist.[64]

---

64 Dieser Punkt wird in mehreren Aufsätzen von *Kuipers* herausgearbeitet, zum Beispiel (Kuipers 1996).

Das Verfahren der *Abduktion* ist *quasi* eine Deduktion, die in die andere Richtung läuft. Eine Deduktion beginnt mit einer Hypothese $H$ (und mindestens einem Faktum) und führt uns zu einem Faktum $F$. Eine Abduktion beginnt mit einem Faktum $F$ und führt zu einer Hypothese $H$. In beiden Fällen geht es im Allgemeinen um zwei Sätze $H$ und $F$. Eine Deduktion leitet $F$ aus dem Satz $H$ ab: $H \to F$. Eine Abduktion 'leitet $H$ aus $F$ ab'. In der Wissenschaftstheorie ist einer der Sätze eine Hypothese und der zweite – meistens – ein Faktum.

Deduktion : $H \to F$ versus Abduktion: $F \to H$.

In beiden Verfahren ist der erste Satz vorgegeben, der zweite wird erschlossen. Die Deduktion führt vom Allgemeinen zum Besonderen, während die Abduktion vom Besonderen zum Allgemeinen.

Bei eine Deduktion besteht normalerweise der vorgegebene Satz $H$ aus einer Hypothese $H'$ *und* einem Faktum $F'$: $H \leftrightarrow H' \wedge F'$. Aus einer Hypothese allein ist es oft schwer, ein Faktum abzuleiten. In den natürlichen Sprachen geht dies, in der Logik aber kaum. Bei einer Abduktion entsteht dasselbe Problem. Nur führt dort der Schluss vom Besonderen zum Allgemeinen.

Der reine, formale Fall einer Abduktion hat die Form: aus $F$ folgt $H$, so dass $F$ aus $H$ abgeleitet werden kann. Diese Form ist allerdings nichtssagend. Aus $F$ und $H \to F$ folgt zwar $F$, aber $F$ folgt auch ohne $H$: $(F \wedge (H \to F)) \to F$. Der interessante Bestandteil ist hier die Ableitung $H \to F$ selbst. Irgendwo versteckt sich der Fakt $F$ im Satz $H$.

In der aussagenlogischen Ebene muss $F$ als eine direkte Teilformel von $H$ vorhanden sein. In diesem Fall ist die Ableitung aus $H \to F$ nicht interessant. Erst wenn das Faktum $F$ die Form $\mathbf{r}(s_1,...,s_n)$ hat, und die Hypothese $H$ das Prädikat $\mathbf{r}$ und Variablen der Sorten von $s_1,...,s_n$ enthält, kann eine interessante Ableitung gelingen. Noch interessanter wird es, wenn die Hypothese Ereignisse beschreibt, die auf zwei Abstraktionsebenen stattfinden. Zum Beispiel kann $H$ ein Symbol für eine Menge $\{\langle x_1,...,x_n\rangle/\mathbf{r}(x_1,...,x_n)\}$ enthalten. In diesem Fall, erkennt man, dass $\mathbf{r}(s_1,...,s_n)$ in der Hypothese direkt sichtbar wird.

In den historischen, rein informellen, nicht wissenschaftlichen Beispielen werden solche Mengen implizit verwendet. Etwa im einem Beispiel von (Peirce 1960: 374) geht es um einen Korb (eine *Menge*) von roten Äpfeln oder um 'die' weißen Bohnen, dass heisst ebenfalls um eine Menge. Wir verzichten darauf, ein detailliertes Beispiel aus der Wissenschaft anzugeben, weil eine Kurzbeschreibung schwierig ist.

Informell finden wir etwa ein Beispiel aus der Entstehung der ersten elektrischen Phänomene. Das interessante, unerklärliche Faktum besagt: 'Das abgetrennte Bein eines Frosches zuckt'. Eine Erklärung wird gesucht. Eine Hypothese wird aufgestellt: 'Alle Objekte, die unter elektrischer Spannung stehen, lassen sich Entladen'. Im konkreten Fall wird die Phrase 'Zucken des Froschbeins' unter die Phrase 'Entladen eines Objekts' subsumiert, das 'Froschbein' unter 'Objekt' und das 'Zucken' unter 'Entladung'.

Nach dem Abduktion auch in wahrscheinlichkeitstheoretischen Anwendungen benutzt wird, hat sich – vor allem in der Informatik – ein weites Feld von Möglichkeiten eröffnet. Eine bedingte Wahrscheinlichkeit $\mathbf{p}(H \mid F)$ besagt ja, dass die Wahrscheinlichkeit einer Hypothese $H$ auch bedingt ('beeinflusst') werden kann durch ein Faktum $F$. Wie in 4.5 erörtert, werden Hypothesen und Fakten in $B$-Netzen homogen behandelt. Hypothesen und Fakten werden einfach als Sätze – oder sogar nur als Ereignisse betrachtet. Bei maschinellem Lernen 4.6 kommen solche $B$-Netze ständig zur Anwendung.

## 5.5 Computersimulation

Das Wort 'Simulation' kommt aus dem lateinischen *simulatio*. Beim Simulieren wird ein erstes Ereignis durch ein zweites nachgeahmt, nachgemacht oder nachgestellt. In irgendeiner Weise sind sich beide Ereignisse auch ähnlich. Oft ist das erste Ereignis die Handlung eines Menschen. In der Wissenschaft wird Simulation als Methode noch nicht lange eingesetzt.

Eine wissenschaftliche Simulation läuft etwa wie folgt ab. Man möchte ein intendiertes System aus einer gegebenen Theorie modellieren. Aus verschiedenen Gründen, die wie weiter oben erörtert haben, erweist sich dies aber als schwierig oder praktisch unmöglich. Das System ist zu komplex oder ethisch umstritten, oder es gibt kein Geld. Man versucht daher, ein einfacheres, materielles Modell zu bauen oder zu konstruieren. Das konstruierte System sollte in irgendeim Sinn dem intendierten System ähnlich sein. Zum Beispiel wurden mechanische Modelle gebaut, die unserem Sonnensystem in einem gewissen Sinn ähnlich sind. Heute werden in der Physik oft komplexe Prozesse durch Computerprozesse simulieren. In der Medizin und in der Biologie werden Körperprozesse in Tieren ausgelöst und untersucht, um ähnliche Prozesse auch bei Menschen besser zu verstehen. In der Biochemie werden Wege eines Moleküls in einer Zellmembran (Stillwell 2013) durch Computersimulation 'nachgebaut' und bildlich dargestellt. In den Sozialwissenschaften wurden in der Anfangsphase ethische Unterscheidungen (Hegselmann 1994), Planspiele (Messick und Liebrand 1993), (Bowen und Harris 1978) oder Krisenmodelle (Will 2000) simuliert. Inzwischen gibt es auch in den Sozial- und Geisteswissenschaften tausende Simulationen.

Wir beschränken uns im Folgenden auf Simulationen, bei denen Abläufe, 'künstliche Welten', durch Computer erzeugt werden. Die Methode der *Computersimulation* erlebte in den letzten 50 Jahren einen rasanten Aufschwung, der bis heute ungebrochen anhält. Inzwischen werden die meisten Computersimulationen in Computerspielen eingesetzt, so dass wir die wissenschaftlichen Computersimulationen abgrenzen müssen. In einer wissenschaftlichen Simulation muss es eine Gruppe von Wissenschaftlern geben, die das *Hauptprogramm* der Simulation produziert und anwendet. Die Mitglieder dieser Gruppe bezeichnen wir im Folgenden als *Simulatoren*. Sie produzieren das Hauptprogramm der Simulation und wenden es an. Einige der Simulatoren sollten aus wissenschaftlichen Disziplinen kommen. Wir sprechen von einem Hauptprogramm, weil heute ein normales Simulationsprogramm neben dem

Hauptprogamm aus vielen verschiedenen Teilprogrammen ('Tools') besteht, die dazugekauft und einfach nur benutzt werden. Das Hauptprogramm sollte hauptsächlich von den Simulatoren selbst geschrieben und implementiert sein.

Wir sahen in 2.14, dass ein Computerprogramm den Hypothesen einer Theorie entspricht. Ein Computerprogramm produziert aus dem Input einen Output. Wir nehmen im Folgenden aus Einfachheitsgründen an, dass sowohl der Input als auch der Output nur aus Mengen von Sätzen besteht. Elemente aus In- und Output, die keine Sätze sind, lassen sich leicht in Sätze transformieren. Aus Sätzen aus dem Input wird mit Hilfe von Programmregeln ein Satz abgeleitet, der im Output liegt. Die Programmregeln entsprechen in der Logik den Axiomen, und in den empirischen Theorien den Hypothesen.

Auch andere metatheoretische Begriffe treffen für Simulationen zu. Es gibt *deterministische* Programme, deren Abläufe nicht nur strukturell identisch sind. Sie erzeugen auch in jedem Ablauf des Programms bei gegebenem Input stets denselben Output. Bei einem *indeterministischen* Programm kann es dagegen für einen gegebenen Input eine große Vielfalt von Abläufen und Resultaten geben. Zwei weitere, oft benutzte Begriffe sind *Korrektheit* und *Vollständigkeit*. Angewendet auf Simulationsprogramme ist ein Programm korrekt, wenn *jeder* Output des Programms 'regelgerecht' aus dem Input des Programms erzeugt werden kann. Noch inhaltlicher gesprochen, sollte 'richtiger', plausibler Input stets durch die Programmregeln zu 'richtigem' Output führen. Wenn z.B. der Input nur reale Fakten enthält, die von einem System stammen, sollte auch der Output aus Sätzen bestehen, die in dem System realistischerweise als Fakten in Frage kommen. Ein Programm ist vollständig, wenn sich jeder Übergang, der in einer Struktur auftreten kann – nachgewiesen oder nur als plausibel eingeschätzt – auch durch das Programm reproduzieren lässt. Bei Simulationen sind Korrektheit und Vollständigkeit ideale Zielvorstellungen, die oft nur graduell erreicht werden.

Ein weiterer Metabegriff, der auch in der Computersimulation eine Rolle spielt, ist der der *Vorhersage*. In empirischen Theorien wird eine Vorhersage nach dem Schema

*Randbedingung* + *Hypothese* $\Rightarrow$ *Vorhersage*,

abgeleitet. Wenn wir *Randbedingung* durch *Input*, *Hypothese* durch *Programm* und *Vorhersage* durch *Output* ersetzen, erhalten wir bei Computersimulationen die Grundfigur

*Input* + *Programm* $\Rightarrow$ *Output*.

Im Vorhersageschema müssen die Randbedingungen Fakten sein und auch die Vorhersage sollte durch Beobachtung oder Messung bestimmbar sein. Bei Simulationsprogrammen gelten für In- und Output weniger strenge Bedingungen. Die Sätze aus dem In- und Output brauchen nicht empirisch überprüft zu werden.

Wir spalten den Input eines Programms in zwei Teile auf. Der erste Teil besteht aus Sätzen, die mit bestimmten Teilen von Vorgängerzuständen des Programms identifiziert werden können. Diese Sätze nennen wir die *Fakten des Programms*. Der

## 5.5 Computersimulation

zweite Teil des Inputs betrifft technische oder nur für die Simulatoren gedachte Informationen, die wir hier nicht weiter diskutieren möchten.

Wir teilen Simulationen in verschiedene Arten ein. Es gibt *theoriegeleitete* und *modellbildende* – und damit auch theoriebildende – Simulationen. Zum Beispiel ist eine Simulation der Mondlandung theoriegeleitet, nämlich durch die Gravitationstheorie. Dagegen sind Simulationen, die ein neues Phänomen untersuchen, wie z.B. die Durchdringung der Zellwand durch Moleküle, modellbildend.

Die meisten wissenschaftlichen Simulationen lehnen sich mehr oder weniger an eine Theorie – oder an mehrere – an. Es gibt *Einzelsimulationen*, die für ein ganz bestimmtes, reales System konstruiert werden. Eine Einzelsimulation untersucht z.B. den Wasserhaushalt des Donaubeckens nördlich der Alpen (Balsiger 2016). Ein Simulationsprogramm, das für eine ganze Klasse von Systemen ausgelegt ist, nennen wir eine *abstrakte Simulation*. Zum Beispiel lässt sich das Simulationsprogramm von (Schelling 1971) in vielen Systemen verwenden. Dort wird die Einteilung ('Segregation') von Eigenschaften untersucht und gefragt, wie diese Einteilung genauer zustanden kommt.

Wissenschaftstheoretisch wird in einer Einzelsimulation ein bestimmtes, intendiertes System einer Theorie untersucht. Die Simulatoren finden ein *Originalsystem* vor, für das sie ein *Abbildsystem* konstruieren. Sie können an das Originalsystem nicht direkt herankommen und untersuchen deshalb ein Abbildsystem, das dem Originalsystem in bestimmter Weise ähnlich sein sollte. Bei abstrakter Simulation dagegen geht es um eine ganzen Menge von Strukturen. Die Simulatoren müssen keinen direkten Bezug zu wirklichen Systemen herstellen. Einige Systeme, die sie untersuchen, können intendiert sein. Aber auch rein mögliche Systeme spielen eine wichtige Rolle. Bei einer abstrakten Simulation wird nicht nur *ein einzelnes* Abbild konstruiert, sondern *quasi* eine ganze Menge von neuen, künstlichen 'Welten' erschaffen. Die generierten Abbilder nennen wir *künstliche Welten* und das, was nicht in klarer Weise, aber doch 'irgendwie' vorhanden ist und abgebildet werden soll, die *Vorlage* der Simulation.

In einer Einzelsimulation wurde durch einen Computer ein Abbildsystem $s$ generiert, welches das Originalsystem $x$ mehr oder weniger brauchbar darstellt. Im Idealfall gibt es für eine theoriegeleitete Einzelsimulation eine Theorie $T$, so dass das Originalsystem ein intendiertes System $x$ für $T$ ist und die Abläufe der Simulation zu den Modellen von $T$ passen. In einer modellbildenden Simulation spielt dagegen ein wirkliches System keine wichtige Rolle.

Im Allgemeinen besteht eine Simulation somit aus einem Computerprogramm, aus Fakten für das Programm, aus einer Menge von Abläufen des Programms und aus einem Originalsystem (oder aus mehreren Originalsystemen oder aus einer Vorlage oder aus mehreren Vorlagen).

Wir stellen all diese Komponenten in Abb. 5.5.1 dar. Im linken Rechteck sehen wir eine Theorie $T$ und einige ihrer Teile: Hypothesen, eine Faktenstruktur $y$ und eine Teilmenge $SY$ von möglichen Modellen. Das Originalsystem $x$ (unten) wird durch eine Menge $SY$ von brauchbaren Systemen (links unten) dargestellt. Nur *ein* solches System $m$ ist durch einen schwarzen Punkt eingezeichnet. Auf der rechten

Kapitel 5: Methoden

Seite sehen wir das Hauptprogramm *P* (rechts), eine Menge $F^{sim}$ von Fakten für das Programm *P* und eine Menge *AB* (rechts unten) von *tatsächlich durchgeführten* Abläufen *ca* von *P*, die mit Hilfe von Fakten aus $F^{sim}$ erzeugt werden. All diese 'Dinge' auf der rechten Seite werden durch die Simulatoren *smo* generiert. Insbesondere hat diese Gruppe den ganz bestimmten Programmablauf *ca* durchgeführt.

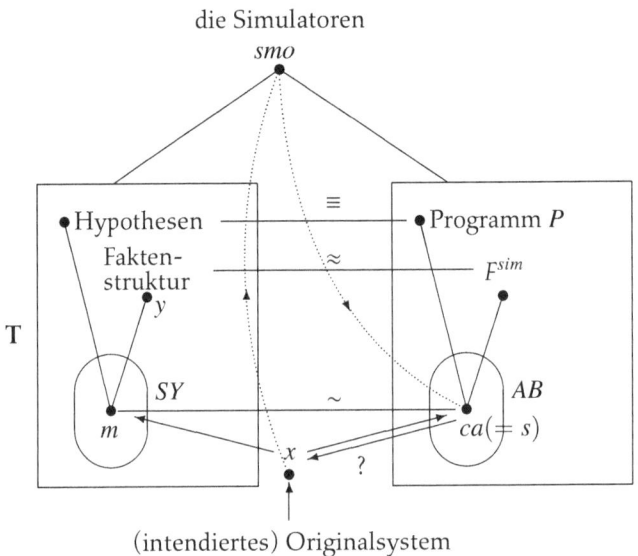

*Abb.* 5.5.1

Die gepunkteten Linien stellen partielle Kausalbeziehungen dar. Sie laufen vom realen System *x* über die Simulatoren *smo* zu einem Ablauf *ca* des Simulationsprogramms. In der Mitte sind drei verschiedene Ähnlichkeitsrelationen: $\equiv, \approx, \sim$ zu sehen. Hypothesen sind zu Programmteilen ähnlich ($\equiv$). Durch $\approx$ werden Faktenstrukturen der Theorie mit Faktenmengen $F^{sim}$ verglichen. Auch diese sollten sich ähnlich sein. Schließlich sollte das (mögliche) Modell *m* einem Ablauf *ca* ähnlich sein: $m \sim ca$. Rechts unten wird gefragt, ob der Computerablauf auch für die Untersuchung des gegebenen intendierten Systems brauchbar ist.

Wenn es eine, wie hier eingezeichnete Theorie gibt, lässt sich gut verstehen, wie ein Abbildsystem in einer Einzelsimulation funktioniert. Der Ablauf *ca* des Simulationsprogramms ist das Abbildsystem, welches das Originalsystem *x* nachbauen soll. *x* ist ein intendiertes System für **T** und es gibt ein Modell *m* aus **T**, so dass *m* das System *x* (genauer: die dazugehörige Faktenstruktur) ergänzt. In diesem Fall passt das Modell *m* zu dem Ablauf *ca*. Genauer, gibt es Hypothesen und Faktenstrukturen, die für die Simulation verwendet werden können. Das Simulationsprogramm generiert den dynamischen Ablauf, der als Resultat dem Modell *m* ähnlich sieht. Die Hypothesen dieser Theorie werden so 'zum Leben erweckt'; ein neues, ähnliches, wirkliches Abbildsystem wird erzeugt.

## 5.5 Computersimulation

Wenn all diese Komponenten einer Simulation existieren, können wir eine Menge von Simulationsabläufen für ein reales System $x$, und damit *eine Simulation für $x$*, wie folgt definieren.

*AB* ist eine *Menge von Simulationsabläufen für $x$* gdw es ein Programm *P*, eine Menge $\mathbf{F}^{sim}$ von Faktenmengen und eine Theorie **T** gibt, so dass gilt:

1) $x$ ist ein intendiertes System für **T**
2) die Hypothesen von **T** passen zu dem Programm *P* ($\equiv$)
3) für jeden Ablauf $ca \in AB$ gibt es eine Faktenmenge $F^{sim} \in \mathbf{F}^{sim}$, die im Ablauf $ca$ verwendet wird, so dass $F^{sim}$ zu[65] einer Faktenstruktur $y$ von **T** 'passt'
4) *AB* ist eine Menge von Abläufen, die von *P* und $F^{sim}$ generiert wurde
5) es gibt eine Menge *SY* von möglichen Modellen von **T**, so dass gilt
5.1) die Mengen *SY* und *AB* passen zusammen ($\sim$, 3.9) und
5.2) für alle $m$ aus *SY* gibt es eine Faktenstruktur $y$ der Theorie **T**, so dass $m$ eine Ergänzung (3.8) von $y$ ist und die Fakten aus $y$ von $x$ stammen (2.1, H1).

Aus dieser zentralen Definition lassen sind weitere Varianten gewinnen. Wir können die Theorie herausnehmen, oder das reale System durch eine *Menge* von Systemen ersetzen. Wir sagen, dass *ca* ein *Computerablauf ist* gdw es eine Menge *AB* von Simulationsabläufen für $x$ gibt, so dass *ca* ein Element von *AB* ist.

Abb. 5.5.1 stellt auch in anderer Weise einen Idealfall dar. Hier werden bei einer Simulation die Hypothesen und das Programm konstant gehalten. Wir können aber das Schema in Abb. 5.5.1 ohne Mühe dynamisieren. Wenn das Programm nicht zu den Hypothesen der Theorie passt, variieren wir das Programm. Das Resultat des abgeänderten Programms lässt sich wieder mit der Theorie vergleichen. Solche Variationen werden zum Teil schon automatisiert (Balzer, Kurzawe, Manhart 2014: 3.5). Im Extremfall, wenn keine der Variationen zur Theorie passt, kann man auch auf der Seite der Theorie Hypothesen verändern. Auch dies lässt sich beliebig wiederholen.

Im Bereich der Simulation gibt es nicht nur harte und weichen Fakten 3.2, dort werden auch *künstliche Fakten* benutzt. Simulation mit harten Fakten ist vor allem in technischen Anwendungen verbreitet, wo nicht umfassende Theorien, sondern praktische, 'lokale' Probleme vorherrschen und von Experten gesetzte Erfahrungswerte als Fakten verwendet werden. Auch in naturwissenschaftlichen Anwendungen ist Simulation mit harten Fakten wichtig, weil die theoretischen Modelle oft zu komplex sind. Approximationsverfahren und Berechnungen lassen sich dann nicht vermeiden. Wenn das Abbild dem Original physikalisch ähnlich ist, wird in der Naturwissenschaft und Technik von einem *Experiment* gesprochen (3.3). Wir könnten umgekehrt aber auch sagen, dass ein Experiment eine spezielle Art von Simulati-

---

[65] An dieser Stelle müsste genauer definiert werden, dass jedes Faktum aus $F^{sim}$ in der Faktenstruktur $y$ 'irgendwo' vorkommt. In einfachen Fällen, sieht man diese Relation sofort. Bei komplexeren Strukturen führt dies zu länglichen Definitionen, wie wir uns hier ersparen.

on ist (Balzer 2015). Oft ist ein intendiertes reales System schwer zu durchschauen. Es wird durch ein einfacheres, neu konstruiertes System simuliert, das in einer bestimmten Hinsicht dem intendierten System ähnlich ist. In einer Computersimulation ist das einfachere, neu konstruierte System ein Computerablauf. Bei einer Simulation *ist ein* Computerablauf eine Konstruktion. Ein Computerablauf ist ein menschengemachter, materieller Prozess, der konstruiert wurde und der in der Wirklichkeit stattfindet.

Die künstlichen Fakten sind natürlich keine richtigen Fakten. Sie stammen nicht aus intendierten Systemen, sie wurden nicht bestimmt, erhoben oder gemessen. Sie funktionieren aber im Kontext einer Simulation ähnlich wie echte Fakten. Sie werden in Listen gespeichert und in dem Programm benutzt. Selbst wenn der Input einer Simulation aus echten Fakten besteht, sind die Sätze aus dem Output normalerweise keine echten Fakten. Besonders klar ist dies, wenn der Output zukünftige Ereignisse betrifft. In solchen Fällen sind die Sätze im Output – also die Resultate – bestenfalls Voraussagen. Wenn sie später tatsächlich eintreten, wird das Simulationsprogramm deduktiv bestätigt; es ist brauchbar.

Bei einer oft auch in Simulationen verwendeten Methode wird nur ein Teil der bekannten Fakten als Input verwendet, die restlichen Fakten werden erst am Ende des Ablaufs mit den erst jetzt vorhandenen Resultaten verglichen. Wenn diese am Anfang nicht benutzten Fakten nicht zu den Resultaten passen, ist das Programm vermutlich nicht korrekt.

Es gibt Einzelsimulationen, bei denen keine realen Fakten, sondern nur künstliche Fakten benutzt werden. In diesen Fällen ist die Anbindung an reale Systeme *über Fakten* nicht mehr direkt vorhanden. Es besteht aber weiterhin eine schwache Art von Verknüpfung zu intendierten Systemen. Ohne diese wäre die Abgrenzung zu reinen Computerspielen hinfällig. Diese Art von Verknüpfung kann verschiedene Formen annehmen. In günstigen Fällen enthält der Input und der Output ein Gemisch von echten und künstlichen Fakten. Die intendierten Systeme für solche Simulationen bestehen meist aus sozialen Phänomenen, über die nur wenige Fakten zur Verfügung stehen. Beispiele sind etwa die globale Ausbreitung von SARS (Rui Wang 2007), oder die Entstehung des antiken Staats *Sumer* (Müller 1989, 1991).

Mindestens genauso wichtig wie Einzelsimulationen sind die modellbildenden, abstrakten Simulationen. Ihnen fehlt einerseits die direkte Beziehung zu einem wirklichen System, andererseits können sie eine ganze Klasse von Systemen ähnlicher Art in einem Zug simulieren. Bei solchen Simulationen wird ein abstraktes Phänomen untersucht, das in vielen verschiedenen Ausprägungen vorliegen kann. Anders gesagt, wird eine ganze Menge von Abläufen generiert, die aber alle in verschiedener Weise die gleichen oder ähnlichen Phänomene abbilden.

Wir können dies auch in unserer Terminologie formulieren, indem wir ein Phänomen oder eine Art von Phänomenen durch eine Theorie darstellen. Einer solchen Theorie fehlen nur die intendierten, *wirklichen* Systeme. Wir können das Schema in Abb. 5.5.1 minimal verändern, in dem wir das Originalsystem $x$ eliminieren und stattdessen eine ganze Menge von Abläufen generieren, die 'frei erfunden' sind. Jeder dieser Abläufe entspricht einem Modell, welches in seiner Weise ein Phänomen darstellt.

Bei einer abstrakten Simulation haben wir damit einen Freiraum für künstliche Fakten geschaffen. Dieser Freiraum kann dann systematisch bearbeitet werden. Normalerweise wird nicht nur *eine* Menge von künstlichen Fakten für *einen* Ablauf erzeugt, um ein Resultat zu produzieren, das uns besonders interessiert. Sondern eine Reihe von systematisch konstruierten, künstlichen Faktenlisten wird generiert, so dass jede Faktenliste für den dazugehörigen Ablauf charakteristisch ist. Wenn solche Faktenlisten wenigstens in grober Weise approximativ (4.2) die Gesamtheit der möglichen Abläufe ausschöpfen, kann nicht mehr von 'freier Erfindung' oder von Willkür gesprochen werden.

Obwohl auch in einer Einzelsimulation das Programm variiert werden kann, sind dort die Abläufe durch die Fakten des Originalsystems beschränkt. In einer abstrakten Simulation werden dagegen auch Listen von künstlichen Fakten generiert, die aus der Sicht der Simulatoren ziemlich unwahrscheinlich sind. Hier werden künstliche Welten untersucht, die den realen Systemen fern stehen. Es wird, anders gesagt, ausgelotet, welche Varianten des Phänomens nicht weiter untersucht werden müssen. In vielen abstrakten Simulationen liesse sich auch, wenn man Zeit und Mittel hätte, ein reales System – oder sogar mehrere reale Systeme – aus der Wissenschaft finden, das als ein Originalsystem benutzt werden könnte.

Die oben eingeführten Unterscheidungen betreffen auch den Erfolg der verschiedenen Arten von Simulation. Wenn eine Simulation nicht viele harte Fakten verwendet und nur schwach an reale Systeme angebunden ist, wird ihr Erfolg langfristig nicht anhalten. Der Erfolg hängt – jedenfalls am Anfang – auch von den jeweils befragten Experten ab. Diese behaupten, dass ein ganz bestimmter Programmablauf als ein akzeptabler Repräsentant eines intendierten Systems angesehen werden sollte. Ein weiteres, schwaches Erfolgskriterium kann darin bestehen, dass eine Simulation neue Zusammenhänge ans Licht bringt, die vorher überhaupt nicht gesehen wurden. Eine Gruppe von Beispielen betrifft die Emergenz neuer Phänomene, die durch Simulationen entstehen.

Drei weitere Punkte über Simulation können wir hier nur kurz erwähnen. Erstens kann eine modellbildende Simulation natürlich auch mit mehreren Theorien aus verschiedenen Disziplinen verknüpft sein. Zweitens sind die Simulatoren aus verschiedenen Gründen an einem bestimmten, realen System oft nicht interessiert. In vielen Simulationen, vor allem in den Sozialwissenschaften, sind echte Fakten oft nicht zu erhalten. Sie sind entweder nicht zugänglich (zum Beispiel in der politischen Wissenschaft oder im militärischen Bereich) oder ein Wissenschaftsbereich hat keine Mittel, um die Fakten zu erheben. Drittens, gibt es auch bei den Simulationen vielfältige Methodenunterschiede, auf die wir hier nicht genau eingehen können (Gilbert und Troitzsch 2005).

## 5.6 Hermeneutische Methode

Diese Methode ist die älteste der hier behandelten. Sie wurde schon im Altertum für die Auslegung und Anwendung von Texten verschiedener Art (Pépin 1988) benutzt und erlebte in ihrer dialektischen Ausprägung von Rede und Gegenrede im Mittelalter eine zweite Blüte. Nach einer Periode erster methodischer Reflexion in der Aufklärung (Bühler 1994) begann die dritte Blüte im 19. Jahrhundert, als für die Geistes- und Sozialwissenschaften eine eigene, verstehende Wissenschaftsmethode reklamiert wurde, die sich grundlegend von 'der' Methode der Naturwissenschaft abhebt (Wach 1926). Von diesem dritten Anfang führt die Entwicklung bis zu heute vertretenen Thesen der methodischen Spaltung der Wissenschaft in hermeneutisch-dialektische Wissenschaft und 'den Rest', der gern als *Positivismus* bezeichnet wird (Esser, Klenovits, Zehnpfennig 1977). Die neuere Entwicklung führt neben der Rezeption durch die Positivisten zu formalen Ansätzen, in denen Verstehen (Dallmayr und McCarthy 1977) in enge Verbindung mit Erklären gebracht wird (Schurz 1988). Für die vorliegende, knappe Darstellung erlauben wir uns, die Vorgehensweisen der Rechts-, Literatur- und Sozialwissenschaft unter einen gemeinsamen, sehr abstrakten und allgemeinen Begriff zu subsumieren, innerhalb dessen dann natürlich weitere Unterscheidungen möglich und nötig wären.

In der gebotenen Kürze müssen wir darauf verzichten, die interessanten, gesellschaftlichen Ansprüche und deren Begründungen darzulegen, die von der dialektischen Richtung erhoben und geliefert werden. Uns geht es hier 'nur' darum, den harten Kern der Methode zu erfassen, ohne uns in eine Diskussion der weitgespannten, vor allem gesellschaftlichen Implikationen zu verstricken.

Der Kern der hermeneutischen Methode besteht aus einem Prozess, in dem eine neue oder unerwartete Situation, ein komplexes Ereignis oder ein Text, begrifflich dargestellt oder in einen schon vorhandenen Wissenskorpus eingeordnet, 'verstanden' werden soll, wobei am Anfang oft nicht vergleichbare Darstellungen ins Spiel gebracht werden. Typischerweise geht es um Situationen, in denen menschliche Handlungen eine Rolle spielen. Dabei kann sowohl die zu verstehende Situation (Ereignis oder Text), als auch ein 'Teil' eines Wissenskorpus in Form von Beschreibungen, Gesetzestexten oder literarischen Werken fixiert sein.

Die Komplexität von Ereignissen und Texten ist hier ein etwas vager, qualitativer Begriff, der eng mit der Unterscheidung von harten und weichen Fakten in 3.2 zusammenhängt. Ein Ereignis ist komplex, wenn in ihm menschliche Handlungen und propositionale Einstellungen, d.h. Einstellungen von Menschen gegenüber Sätzen (glauben, intendieren, wollen etc.) vorkommen. Das Problem besteht darin, dass es sehr viele, völlig verschiedene und unvergleichbare Möglichkeiten der Darstellung eines solchen Ereignisses gibt. Typische Beispiele, bei denen oft der Wissenskorpus nicht explizit angegeben ist, finden wir in den Geschichts- und Sozialwissenschaften. 'Alexander zerstört das persische Reich' (A), oder 'Die Nazi-Partei veranlasste die Bücherverbrennung' (B), sind zwei begriffliche Darstellungen von Ereignissen, die andere Menschen ganz anders darstellen würden. Typische Beispiele mit einem festen, theoretischen Hintergrund finden wir bei Subsumtionen konkreter Fälle unter einen durch Gesetze definierten Tatbestand in der Rechtswissenschaft oder bei der literaturwissenschaftlichen Interpretation im Umfeld eines gegebenen Gesamtwerkes.

Die hermeneutische Methode, die in all diesen Fällen angewandt wird, besteht darin, ein umfassendes *Vorverständnis* ins Spiel zu bringen, mit dessen Hilfe und aus dessen Sicht das Ereignis oder der Text sich verstehen und interpretieren lässt. Oft gibt es auch beim Vorverständnis verschiedene Sichtweisen, die im Extremfall zu zwei emotionsgeladenen Weltsichten werden, die mit begrifflicher Auflösung nicht mehr zu bewältigen sind. Wenn eine Interpretation Erfolg hat, gelingt eine befriedigende, begriffliche Darstellung und Einordnung. Wenn sie bei wiederholten Versuchen erfolglos bleibt, wird auch das Vorverständnis oder die alternative Weltsicht modifiziert. Dies kann durch eine (oder mehrere) Änderung(en) zu einer befriedigenden Einordnung führen, es kann aber auch im schlimmsten Fall zu Streit und Krieg führen. Wenn eine erste Interpretation befriedigend ist, kann die neugewonnene begriffliche Darstellung ins Vorverständnis aufgenommen und auch dieses damit verändert werden. Es treten also Zyklen der Form:

Vorverständnis $\Rightarrow$ Verständnis $\Rightarrow$ verändertes Verständnis,

auf, die sich iterieren lassen. In den obigen Beispielen besteht ein Vorverständnis bei (A) etwa aus einer staats-, reichs- und kriegsorientierten Sicht der Geschichte, bei (B) aus einer bestimmten Sicht der Politikwissenschaft oder der Soziologie. In alternativen Sichtweisen – Vorverständnissen – lässt sich die Geschichte als ein ökonomischer Prozess oder als eine Folge von Klassenkämpfen verstehen. Bei (B) gibt es in der Soziologie alternative Sichtweisen. Eine Elite kann mit gesetzbrechenden Massenereignissen die Gesellschaft stark beeinflussen, oder einer Minderheit alle Rechte vorenthalten. In der Rechtswissenschaft hängt das Ergebnis einer Subsumption eines Ereignisses etwa von der Frage ab, ob der Täter vorsätzlich gehandelt hat; die Entscheidung hierüber wird stark vom Vorverständnis der Gesellschaft beeinflusst. In der Literaturwissenschaft kann die Interpretation darauf zurückgreifen, was der Autor mit dem Werk ausdrücken wollte oder bezweckte: diese Absichten bilden dann einen Teil des Vorverständnisses des Interpreten.

Für die Einordnung in unsere Grundmuster ergeben sich zwei Probleme. Einmal haben wir keine Komponente zur Verfügung, die dem Vorverständnis entspricht. Wir müssen deshalb die Zustände unserer Muster durch einen Begriff des Vorverständnisses anreichern. Zum anderen lässt sich eine einzuordnende Situation in strukturellen Begriffen nur bruchstückhaft durch Modelle und Fakten beschreiben. Der Zusammenhang zwischen Modellen und Fakten bleibt beim Verstehen meist vage. Die Fakten sind nur im Ausnahmefall im Vokabular einer bestimmten Theorie formuliert. Wir fassen daher in diesem Abschnitt die Beziehung zwischen Fakten und Modellen allgemeiner als bisher, so dass die Typen einer Faktenstruktur und eines Modells nicht gleich sein müssen. Dies führt in spezielleren, theoretisch eingegrenzten Fällen zu dem in 3.6 diskutierten Messproblem und im allgemeinen zu Interpretations- und Verständnisproblemen. Der Passungsbegriff verliert dadurch seinen bisherigen, präzisen Inhalt, woraus sich jedoch keine neuen Probleme ergeben, da wir in den Flussdiagrammen ohnehin nur von drei großen, qualitativen Passungsgraden ausgehen, die auch bei jeder noch so diffusen Diskussion identifizierbar sein dürften.

In der Hermeneutik wird die Beschreibung einer neuen Situation meist als eine *These* (kurz: *Th*) bezeichnet. Wir stellen eine solche These strukturell durch einen Zustand $\langle M,F,U,P \rangle$ dar, bestehend aus einer Modellklasse $M$, einer Menge $F$ von Faktenstrukturen, einem Approximationsapparat $U$ und einem Passungsgrad:[66] *Th* = $\langle M,F,U \rangle$. Wir *erweitern* nun die bisherigen Zustände um eine neue Komponente $\langle M^*,F^*,U^* \rangle$, die das *Vorverständnis V* darstellt. Auch das Vorverständnis enthält einerseits eine Modellklasse $M^*$, die ein systematisches Wissen erfasst, andererseits eine Menge $F^*$ von Faktenstrukturen zur Repräsentation dieses Wissens. Die Modelle in $M^*$ sind in der Regel in normaler Sprache beschrieben und enthalten sehr viele Komponenten. Alle Relationen, Funktionen und Individuenausdrücke, die beim Vorverständnis eine Rolle spielen, sind als Modellkomponenten anzusehen. Die 'Fakten' in $F^*$ sind inhomogen und die Verbindung zwischen ihnen und den Modellen kann ziemlich vage sein, entsprechend können wir wenig über den Approximationsapparat $U^*$ sagen.

Passung wird in den erweiterten Zuständen nicht nur zwischen Modellen aus $M$ und Faktenstrukturen aus $F$, und zwischen Modellen aus $M^*$ und Faktenstrukturen aus $F^*$ im Vorverständnis, sondern auch zwischen der jeweils erörterten These $\langle M,F,U \rangle$ und dem Vorverständnis $\langle M^*,F^*,U^* \rangle$ als Ganzem untersucht. Da Passungsfragen in diesem Kontext meist sehr vage bleiben, werfen wir alle drei Arten von Passung in einen Topf. Wir reden also von Passung unterschiedslos zwischen $F$ und $M$, zwischen $F^*$ und $M^*$ und zwischen $\langle M,F,U \rangle$ und $\langle M^*,F^*,U^* \rangle$. In den ersten beiden Fällen kann der präzise Passungsbegriff aus 4.1 als Idealtyp dienen, den dritten Fall müssen wir hier einfach offen halten. Bezüglich einer solchen Passung sind die Standards in den Anwendungen ziemlich implizit; jedoch werden Entscheidungen nicht willkürlich gefällt, also müssen Standards vorhanden sein.

In einem ersten Ansatz beschreiben wir hier das grundlegende, hermeneutische Schema auf einer sehr allgemeinen Ebene, indem wir die Komponenten von Zuständen in These und Vorverständnisse zusammenfassen. Das heisst Modelle, Fakten und Passungsfragen werden, so weit es geht, ausgeblendet. In einem hermeneutischen Schema brauchen wir erstens eine *These Th*, eine Gegenthese oder *Antithese* (kurz: *ATh*), ein *Vorverständnis V* für die These und ein *Vorverständnis AV* für die Antithese. Ein erweiterter Zustand hat so die Form

$$\langle V, Th, AV, ATh, P \rangle,$$

wobei $P$ eine der drei Passungsgrade +, − und o sein kann.

Unter Benutzung des so modifizierten Zustandsbegriffs erhalten wir das in Abb. 5.6.1 dargestellte Muster hermeneutischen Vorgehens. Den Ausgangspunkt

---

[66] Die Menge der intendierten Systeme lassen wir in diesem Abschnitt aus Einfachheitsgründen weg. Auch die Passungsgrade lassen wir manchmal beiseite.

## 5.6 Hermeneutische Methode

bildet oben, links eine These $Th$. Oft besteht die These nur aus einem Datum oder einer Hypothese; in solchen Fällen sind die restlichen Komponenten der These $Th$ redundant. Die These wird im Lichte eines Vorverständnisses $V$ erwogen: $\langle V, Th, \circ \rangle$.

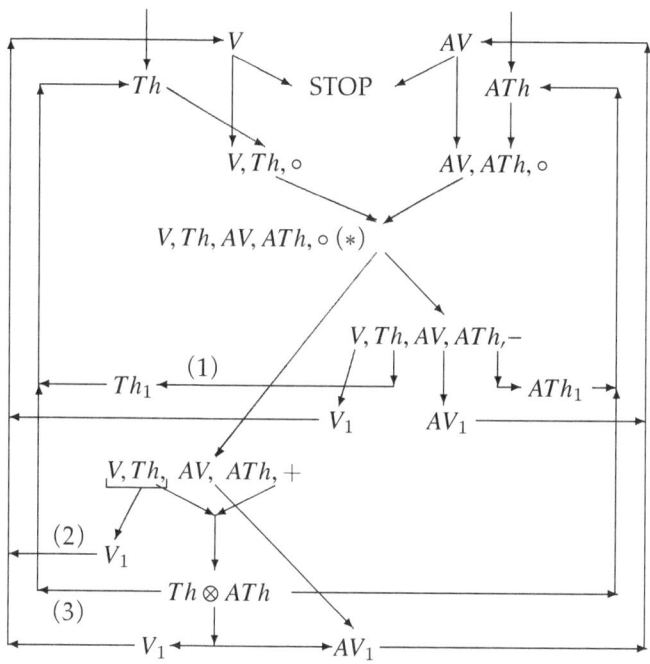

Abb. 5.6.1

Im typischen, allgemeinen Fall tritt der These $Th$ rechts oben eine Antithese $ATh$ plus Vorverständnis $AV$ gegenüber. Auch die Antithese $ATh$ und das 'dazu gehörige' Vorverständnis $AV$ wird erwogen: $\langle AV, ATh, \circ \rangle$. Nun kommen These und Antithese bei $(*)$ in Kontakt. Wir bilden den erweiterten Zustand $\langle V, Th, AV, ATh, \circ \rangle$, in dem These und Antithese (und die Vorverständnisse) verglichen werden können. Der Pfeil, der vom Zustand $\langle AV, ATh, \circ \rangle$ zu $(*)$ führt, muss nicht immer benutzt werden. Es gibt auch die spezielle Möglichkeit, die Erwägung der These ohne Antithese durchzuführen. In diesem Fall ist der Zustand $\langle AV, ATh, \circ \rangle$ redundant und der Zustand in $(*)$ mit $\langle V, Th, \circ \rangle$ identisch.

'Nach' $(*)$ tritt nun eine Verzweigung auf. Der Pfeil nach unten links bedeutet, dass der Gegensatz zwischen These und Antithese so gering ist, dass er sich überwinden lässt. Die These und Antithese haben trotz großen Gegensatzes so viel gemeinsam, dass sich eine Gemeinsamkeit herausarbeiten lässt. Dies entspricht einem Übergang zum Zustand $\langle V, Th, AV, ATh, + \rangle$, der durch '+' Verträglichkeit (Passung) anzeigt. Dort werden These und Antithese zur *Synthese* gebracht. Beide werden in einem neuen, 'höheren' Zustand aufgehoben. Aus den vielen verschiedenen Möglichkeiten, wie ein neuer Zustand entstehen kann, haben wir nur zwei eingezeichnet. Auf der linken Seite unten wird die These $Th$ in das Vorverständnis $V$ integriert. Ein neues Vorverständnis $V_1$ entsteht, das im Diagramm bei (2) nach oben führt und ganz oben das 'alte' Vorverständnis $V$ ersetzt. Gleichzeitig wird die These $Th$ als eigenständige Entität im Prozess der Synthese eliminiert. Eine zweite, noch interessantere Synthese entsteht, wenn These $Th$ und Antithese $ATh$ verschmelzen.

In diesem Fall (unten links) werden sowohl die These $Th$ als auch die Antithese $ATh$ entfernt. Statt derer wird in (3) ein neues Element $Th \otimes ATh$ eingesetzt, das sowohl in das neue Vorverständnis $V_1$ als auch in das neue Vorverständnis $VA_1$ korporiert wird. $V_1$ und $AV_1$ werden nach oben transportiert und ersetzen die vorherigen Einträge $V$ und $VA$. In diesen beiden Fällen finden wir gelungene Synthesen, die den hermeneutischen Prozess beenden. Wir können bis jetzt weder genau sagen, wie die neue, verschmolzene Entität im Allgemeinen aussieht, noch wie diese genauer in ein Gesamtverständnis eingepasst wird.

Im zweiten Fall der Verzweigung in (∗) sind These und Antithese so unverträglich, dass eine Synthese ausgeschlossen ist. Wir kommen von $V, Th, AV, ATh,$ ○ nach rechts unten in den Zustand $V, Th, AV, ATh,$ –. Auch hier gibt es verschiedene Möglichkeiten, die wir nicht alle diskutieren werden. Wir haben vier 'reine' Fälle eingezeichnet. Im ersten Fall wird das Vorverständnis $V$ zu $V_1$ modifiziert; der Prozess wandert nach oben. These und Antithese treffen auf ein neues Umfeld. Im zweiten Fall gilt dies entsprechend: $AV$ wird zu $AV_1$ modifiziert und der Prozess fließt nach oben. Im dritten Fall wird die These $Th$ verändert; die modifizierte These $Th_1$ wandert nach oben, siehe (1). Im vierten Fall schließlich wird die Antithese $ATh$ durch eine veränderte Antithese $ATh_1$ ersetzt. In all diesen Fällen erfolgt jeweils Rückkoppelung nach oben zu einem entsprechenden Zustand.

Diese Rückkopplungsschleifen werden so lange durchlaufen, bis These und Antithese 'synthesefähig' sind. Erst dann kann vom Zustand in (∗) der Pfeil nach links unten und von dort zur Synthese durchlaufen werden. Nur in diesem Fall kommt das Verfahren zu einem Ende, nämlich wenn die These $Th$ in das Vorverständnis inkorporiert ist und wenn dasselbe für die Antithese gilt. Der Gesamtprozess kommt zum Abschluss, wenn es oben sowohl auf dem Platz der These $Th$ als auch auf dem Platz der Antithese $ATh$ keinen Eintrag mehr gibt. Das heißt, sowohl die These als auch die Antithese (eventuell mit vielen Modifikationen) wurden in das Wissensumfeld integriert. Formal endet in diesem Fall das Flussdiagramm bei dem Knoten STOP.

Bei Erreichung der äußeren Rückkopplungsschleifen wird das Vorverständnis der These und eventuell auch das der Antithese modifiziert. These und Antithese werden in *Hegels* gewollt doppeldeutiger Formulierung in einem neuen Gesamtverständnis 'aufgehoben'. Dabei wird nicht nur die These ins Vorverständnis aufgenommen, sondern auch die Antithese, und die Aufnahme erfolgt nicht direkt, sondern in Form einer Synthese: es wird nur das 'Aufhebenswerte' an beiden Positionen in geeigneter Form aufgenommen. These und Antithese passen. Das umfassende, nunmehr neue Vorverständnis, wird durch Rückkoppelung wieder an den Anfang des Musters geführt. Die Änderungen des Vorverständnisses können mehr oder weniger dramatisch sein. Oft haben die Verfechter der Antithese von Anfang an ein ganz anderes Vorverständnis, welches am Ende von der anderen Seite akzeptiert wird. Aber auch langsame, 'kleine' Änderungen sind zugelassen.

Mit der Synthese ist, wie oben erwähnt, der Begriff des Verstehens verknüpft. Das Ausgangsereignis, zu dessen Interpretation die These eingeführt wurde, ist verstanden, wenn wir es nach einer Synthese im modifizierten Vorverständnis eingeordnet finden. Genauer heißt dies: im Prozess wurde eine begriffliche Darstellung des Ereignisses gefunden, die zum modifizierten Vorverständnis passt. Auch die Diskussion von (Friedman 1974), (van Fraassen 1980) und (Kitcher 1981) über Erklärung, Verstehen und Vereinheitlichung lässt sich hier einordnen. Sie kreist um den – nicht neuen – Gedanken, dass die Suche nach Modifikationen von Theorien (oder hier: nach einem modifizierten Vorverständnis) durch das Kriterium der Vereinheitlichung geleitet wird. Nur solche Modifikationen werden erwogen, bei denen der Gesamtgrad an Vereinheitlichung zunimmt.

Zum Verständnis unseres Musters seien noch vier weitere Bemerkungen angefügt. Erstens passt das Muster auch auf Episoden in der Naturwissenschaft, wo das Vorverständnis meist als Hintergrundwissen bezeichnet wird und aus anderen Theorien oder Querverbindungen zu Theorien besteht. Das einzuordnende Phänomen kann eine Einzeltatsache, etwa ein unerwarteter Messwert, aber auch eine allgemeine Hypothese sein. Auch in der Naturwissenschaft müssen solche Neuerungen in den vorhandenen Wissenskorpus eingeordnet werden, was nicht immer ohne Reibung abgeht. Auch in der Naturwissenschaft gibt es Alternativhypothesen, die als Antithese fungieren, und auch das Vorverständnis der Antithese kann betroffen sein. Mindestens *ein* positives Resultat der Diskussion um *Sneed*'s Problem der theoretischen Terme (Sneed 1971) besteht im Aufweis 'hermeneutischer Zirkel' in der Naturwissenschaft – auch wenn diese Bezeichnung in der Diskussion nicht verwendet wurde.

Zweitens gibt es eine große Klasse von Anwendungen der hermeneutischen Methode, in denen eine Theorie, ein Gesetzestext oder ein literarisches Werk vorgegeben ist. Dieser Korpus ist in unserem Schema durch die Modellklasse **M** der These *Th* repräsentiert. In diesen Fällen darf der Korpus – jedenfalls am Anfang – nicht geändert werden. Die Antithese wird in diesen Fällen keine eigene, alternative Modellklasse enthalten. Die Modellklasse **M** einer These bildet in diesen speziellen Fällen bei Anwendung der hermeneutischen Methode einen konstanten Bezugspunkt, der auch bei der Synthese – jedenfalls am Anfang – nicht geändert wird. Gleiches gilt, wenn, wie oft in den Geistes- und Sozialwissenschaften, These und Antithese, atomare Sätze sind. Die hermeneutische Methode soll dort gerade auch ein Verstehen der atomaren, in der Sprache nicht weiter analysierten Ereignisse und Situationen ermöglichen.

Drittens kann es beim Übergang von $V, Th, AV, ATh, +$ zu $V_1$ bei den Modellen ein Widerstreit zwischen rivalisierenden Hypothesen entstehen. Zur Beschreibung solcher Verhältnisse hat die Wissenschaftstheorie bereits subtile begriffliche Mittel entwickelt. Mit den Methoden des formalen und semantischen Vergleichs von Theorien (Balzer, Pearce, Schmid 1984), (Balzer, Moulines, Sneed 1987: Chap. 6), sowie den Ansätzen zur Wissensrevision (Gärdenfors 1988), die im Flussdiagramm *nicht* enthalten sind, können Episoden von Rivalität auf der Modellebene dargestellt werden.

Viertens sei nochmals betont, dass zwischen den Elementen des Vorverständnisses und den Komponenten der These keine Inklusionsbeziehungen zu bestehen brauchen. Eine gewisse, minimale Beziehung muss allerdings bestehen, wenn das Vorverständnis nicht redundant sein soll. Zum Beispiel sollte sich das Vokabular der beiden Komponenten (**M** und **F**) überlappen. Auch liegt im Allgemeinen zwischen der 'ersten' These $Th$ und einer 'zweiten' revidierten These $Th_1$ kein Implikationsverhältnis vor. Dies wird besonders klar, wenn die Thesen atomare Sachverhalte betreffen. Z.B. können die 'neu interpretierten Fakten' verschieden von denen sein, die in der Originalthese verwendet wurden. Auch über das Inklusionsverhältnis von Komponenten der These und Antithese lässt sich im Allgemeines wenig sagen. Im Prinzip können These und Antithese in disjunktem Vokabular formuliert sein, besonders in Fällen, wo sich beide Sichtweisen in 'inkommensurabler' Weise gegenüberstehen. Normalerweise wird es aber doch gewisse, minimale Gemeinsamkeiten geben, etwa bei einzelnen Fakten, die von beiden Parteien gleichermaßen wahrgenommen und anerkannt werden. Bei völlig disjunktem Vokabular wäre ja aus rein logischen Gründen auch kein Widerspruch möglich. Wir können die Überlappung bei den Fakten aber nicht allgemein fordern, weil sie in Fällen, wo die These und Antithese nur aus jeweils einem Atomsatz bestehen, nicht vorliegt.

Betrachten wir einige Beispiele. In einer juristischen Anwendung (Engisch 1956), (Koch und Rüßmann 1982) ist ein konkreter Fall – ein Ereignis – sowie ein Gesetzeskodex gegeben, unter den der Fall subsumiert werden soll. Da der Kodex gegeben ist, wird meist der naheliegenste Paragraph aus dem Kodex genommen. Der Fall bekommt die Form einer These. Sie besteht im Wesentlichen aus dem oder den Paragraphen und aus einigen echten Fakten, die aus diesem Ereignis stammen und bekannt sind. Der Gesetzeskodex kann als Teil des Vorverständnisses aufgefasst werden. Wenn es z.B. um einen kriminalistischen Fall und einige bekannte Fakten geht, kann etwa der Paragraph über Totschlag als These verwendet werden. Wenn ein Modell, in dem der Paragraph gültig ist, und die Fakten zusammenpassen, wäre der Fall 'gelöst'. Wenn die Subsumption sofort befriedigend gelingt, kommen wir zum Ende. Die Erwägung eines alternativen Paragraphen über Mord, würde dagegen zu einer Antithese führen.

Dies ist sinnvoll, wenn die Fakten für beide Paragraphen approximativ passen. Hier wird nun die volle juristische Methode eingesetzt. Das Vorverständnis besteht aus Urteilen, Kommentaren und Lehrmeinungen. Dies kann zu verschiedenen Schleifen im Flussdiagramm führen. Bei derselben Situation kann aber auch der Gesetzestext kritisch hinterfragt werden. Hier würde das Gesetz selber in die These einbezogen und das Gesetz als eine Modellklasse aufgefasst werden. Hier wäre eine Antithese zwingend erforderlich. Sie könnte z.B. aus einem alternativen Gesetzesvorschlag bestehen. Das Ziel wäre hier, zu einer neuen, 'besseren', zeitgemäßen, oder der Anwendung angepassten Formulierung zu gelangen. Der einfachste Weg in Abb. 5.6.1 wäre, in (1) einfach die neue Vorlage als neues Gesetz in Kraft zu setzen. Normalerweise muss dieser Prozess allerdings im Politiksystem verschiedene, weitere Schleifen durchlaufen.

Bei der literarischen Hermeneutik treten die gleichen Formen auf. Im einem ersten Fall wird ein Text als Ganzes interpretiert, und im zweiten Fall wird nur eine bestimmte Textstelle ausgelegt. Im ersten Fall bietet sich an, den Text als Modellkomponente der These aufzufassen, während im zweiten Fall eine Textstelle besser als eine Faktenstruktur behandelt wird. Im ersten Fall muss der Text mit anderen Fakten und mit dem Vorverständnis zusammenpassen, und im zweiten mit dem Vorverständnis und, wenn eine Hypothese ins Spiel kommt, auch mit der Modellklasse der These (Marcou und Balzer 1988). Wenn zum Beispiel der Gesamttext durch Modeerscheinungen so verändert wurde, dass die ursprüngliche Intention 'verschleiert' wird, kann durch eine Antithese das Vorverständnis des Textes wieder zurechtgerückt werden. Ähnlich kann eine Textstelle, mehr oder weniger absichtlich durch bestimmte Gesellschaftsgruppen zu stark betont, oder als uninteressant abgestempelt werden. Auch hier kann eine Antithese, jedenfalls wissenschaftlich gesehen, zu fruchtbaren Diskussionen führen.

Auch in der empirischen Sozialforschung kann die hermeneutische Methode verwendet werden, auch wenn im Moment die empirischen Untersuchungen nur in positivistischer Richtung stattfinden. Etwa bei Umfragen bietet sich die hermeneutische Methode an, um das in 3.6 erörterte Messproblem in den Griff zu bekommen. Bei einer Umfrage kann diese Methode in zwei Weisen angewandt werden. In der ersten Art wird eine Hypothese durch die Umfrage getestet, in der zweiten können die Fragebögen kritisch erwogen werden. Im ersten Fall hat eine These die Gestalt einer Hypothese mit erhobenen Fakten. Eine ähnlich gelagerte Hypothese lässt sich als Alternativhypothese, als Antithese, ins Spiel bringen. All die in Abb. 5.6.1 eingezeichneten Schleifen können auch im empirischen Fall durchlaufen werden. Bei der zweiten Alternative wird untersucht, ob die Fragen, die in der Umfrage gestellt werden, die richtige Bedeutungen haben, um die gegebenen Hypothesen sinnvoll zu testen. Hier können alternative Fragen entworfen und benutzt werden. Dies führt zu einer Antithese. Auch in diesem Fall gibt es viele verschiedene Wege, die These mit der Antithese zu verbinden.

Ob die Dialektiker in Nachfolge der Frankfurter Schule mit unserer Analyse einverstanden sind, darf bezweifelt werden. Abgesehen von den gesellschaftlichen Ideen dieser Schule, lässt sich mindestens *eine* wichtige Einsicht dieser Schule auf unserer strukturellen Ebene der wissenschaftlichen Resultate sicher *nicht* behandeln. Die Wechselbeziehung zwischen dem erreichten Verständnis und dem 'inneren Zustand' eines Individuums bleibt offen. Der innere Zustand des Individuums bildet einen wesentlichen Teil seiner Weltsicht und bestimmt sein praktisches Verhalten. Ein neues Vorverständnis wird nicht sofort zu einem passende, inneren Zustand führen. Immerhin nimmt aber auch in unserer Explikation das Verstehen entscheidend holistische Züge an, im Gegensatz zu Autoren, die Verstehen als eine lokale Angelegenheit ansehen (van Fraassen 1980: 109).

Wir beschließen unsere kurze Darstellung mit dem Versuch, einige der zentralen Züge, die in der Literatur der dialektischen Methode zugerechnet werden, auch in unserem Modell zu lokalisieren. Nach (Kiss 1971: 14 und 127) besteht ein erster solcher Zug in der Bezugnahme auf eine oder 'die' *Totalität*. Eine Interpretation kann nur gelingen, wenn man die Totalität, das Ganze, und damit insbesondere ein gesellschaftliches Ziel nicht aus dem Auge verliert. Was und wieviel immer man sinnvoll über das Ganze sprachlich ausdrücken kann: wir sehen keinen Hinderungsgrund, dieses durch eine Modellklasse plus Faktenstrukturen darzustellen.[67] Das durch $V$ gegebene Vorverständnis könnte auch als Modellierung der Totalität aufgefasst werden. Wir betonen, dass uns die Trennung von Modellen und Fakten in keiner Weise dem Positivismus verpflichtet, dem zufolge Basissätze eine ausgezeichnete Stellung bezüglich ihrer Sicherheit haben. Fakten wurden in 3.1 im wesentlichen syntaktisch von Hypothesen und Modellen unterschieden. Unser Faktenbegriff schließt nicht aus, dass Fakten unter Bezugnahme auf eine Totalität gegeben sind oder festgelegt werden.

Ein zweiter Zug ist die 'Negation der Negation': in der Synthese wird auch die Antithese (die ja ihrerseits schon in einem vagen Sinn eine Negation ist) wieder 'negiert'. Genauer soll, wie oben erläutert, der erhaltenswerte Inhalt sowohl von These als auch von Antithese in der Synthese aufgehoben werden. Dieser Zug lässt sich mühelos modellieren, wenn wir eine Beziehung zwischen dem Vorverständnis $V$ und zwei thesenartigen Entitäten $Th$ und $Th'$ einführen und für diese Beziehung die Bedingung der Aufhebung unter Benutzung intertheoretischer Relationen formulieren (Balzer, Moulines, Sneed 1987: Kap. 6), (Thagard 1982).

Ein dritter Zug ist der Umschlag von Quantität in Qualität. Auch diese Bedingung scheint sich bei uns lokalisieren zu lassen. 'Quantität' wird hier ja metaphorisch verwendet und nicht wie in (Krantz et al. 1971) als Grundbegriff. Während eine Änderung, die in Abb. 5.6.1 bei (1) zu $Th_1$ führt und zum Beispiel nur eine Änderung einer Faktenstruktur aus einer These $Th$ beinhaltet, als quantitative, d.h. 'kleine', 'unwesentliche' Änderung gelten kann, entsprechen Übergänge, die zu einem neuen Vorverständnis führen, einem qualitativen Umschlag, etwa an den Stellen (2) oder (3).

Schließlich scheint uns das Prinzip der Universalität der Bewegung und des dialektischen Widerspruchs, nach dem reale Prozesse vor allem im gesellschaftlichen Bereich durch die Entstehung eines Widerspruchs und anschließende Aufhebung desselben auf einer höheren 'Entwicklungsstufe' (und Iteration dieses Musters) ablaufen, gerade durch den zyklischen Charakter des Flussdiagramms gegeben zu sein, jedenfalls wenn wir die Bedingung der Aufhebung in der Synthese als allgemeine Forderung hinzufügen. Formen des dialektischen Widerspruchs treten immer auf, wenn die Passung von These, Antithese und den entsprechenden Vorverständnissen negativ ist.

---

[67] Zur wiederholten Erinnerung: Benutzung einer Modellklasse impliziert *nicht*, dass die Theorie in axiomatisierter Form vorliegen muss.

## 5.7 Bestätigung

Wissen besteht aus einem System von Sätzen und ein Satz ist bestätigt ('justified'), wenn es gute Gründe gibt, ihn für richtig zu halten. Im einfachsten Fall, ist der gute Grund ein Satz, aus dem ein gegebener Satz abgeleitet – 'deduziert' – wird. Nicht nur einzelne Sätze, sondern auch Systeme von Sätzen lassen sich bestätigen. Ein Satz kann in vielerlei Arten bestätigt werden. Ein Ereignis wird durch eine Person (oder durch mehrere Personen) wahrgenommen oder generiert, oder durch andere Personen mitgeteilt oder durch Lesen oder durch das Internet weitergegeben. Die Bestätigung eines Satzes kann, mit anderen Wort, in vielen Wegen in einem Netz von Sätzen und Handlungen geschehen. Wenn ein erster Satz durch einen Zweiten oder durch Mehrere bestätigt wird, kann ein Zweiter durch einen dritten Satz bestätigt sein. Dies kann zu einem wurzelartigen Prozess führen. Metaphorisch wird die Pflanze (der Satz) letztlich durch ein Geflecht von Wurzel 'zum Grund' geführt, um Nährstoffe (Fakten) zu bekommen und zu wachsen. Es wird gesagt, dass ein Satz begründet ist, wenn er durch andere Sätze gestützt wird.

Sätze lassen sich oft in ähnlicher Weise einteilen, wie dies in der Wissenschaft geschieht. In der Wissenschaft werden viele Sätze zu einer bestimmten Theorie zugeordnet. Allerdings gibt es noch mehr Sätze, die zu mehreren Theorien oder zu Keiner gehören. Dies gilt vor allem für Sätze, die soziale Handlungen beschreiben. Da wir uns hier nur mit der Wissenschaft beschäftigen, konzentrieren wir uns auf Sätze – Fakten und Hypothesen –, die in Theorien vorkommen und dort eine herausgehobene Rolle spielen.

Hypothesen und Fakten einer Theorie werden durch verschiedene Verfahren bestätigt. Im wesentlichen lassen sich folgende Typen der Bestätigung von Sätzen benennen: Beobachtung, Messung, Induktion, Deduktion, Abduktion, probabilistische Bestätigung und Bestätigung 'durch Erfolg'. Wir unterscheiden Bestätigungen in *Grundformen* und *komplexe Formen*.

In der ersten Grundform der Bestätigung werden Fakten bestätigt. Bei dieser Form wird eine Ereignis beobachtet. Diese Form wird in der Psychologie und im Bereich des wissenschaftlichen Handelns untersucht. Ein einzelnes Faktum einer Theorie wird in wiederholtem Maße durch möglichst viele WissenschaftlerInnen beobachtet und beschrieben. Dabei gehört ein einziges Faktum zu einem bestimmten, intendierten System. Bei einer Bestätigung einer Menge von Fakten können dagegen die Fakten aus einer solchen Menge aus mehreren Systemen stammen. In beiden Fällen gehören die Beobachter derselben wissenschaftlichen Gemeinschaft an.

Die Bestätigung einer Hypothese einer Theorie durch ein einzelnes Faktum findet man selten. Meistens werden mehrere Fakten beobachtet. Jeder einzelne Fakt bekommt ein gewisses Gewicht, das von der jeweiligen Situation und dem jeweiligen Umfeld der Beobachtung abhängt. Durch gewichtete Summierung kann dann ein Bestätigungs*grad* eingeführt werden. Dieser Grad hängt auch von der Anzahl der Fakten ab, die bis zu einem gegebenen Zeitpunkt beobachtet wurden. Wenn eine Hypothese in einem Zeitpunkt einen Bestätigungsgrad – also eine positive Zahl

Kapitel 5: Methoden

– hat, wird dieser Grad durch Beobachtung eines neuen Faktes erhöht. Der neue Bestätigungsgrad ist dann – normalerweise – größer als der vorherige Grad. Die Hypothese ist etwas besser bestätigt. Wenn eine – meist konventionell – festgelegte Konstante in diesem Prozess überschritten wird, sagt man, dass die Hypothese bestätigt ist. In dieser Situation wird von einem induktiven Prozess gesprochen.

Bei der zweiten Grundform geht es um die Ableitung eines Fakts aus einer gegebenen Hypothese, bei der dritten Grundform um die Ableitung der Hypothese aus einer anderen Hypothese. In der vierten Grundform von Bestätigung wird das Verfahren der Abduktion (5.4) angewandt. In dieser Form geht es nicht mehr um eine logische Ableitung, sondern um eine schwächere Art von Bestätigung. Aus einem Faktum, oder auch mehreren Fakten, geht man zu einer Hypothese über, aus der das Faktum (oder die Fakten) abgeleitet werden kann (oder können).

Aus diesen Grundformen lassen sich beliebig viele komplexe Arten von Bestätigung bilden und untersuchen.

Komplexe Bestätigung von Fakten kann in drei Arten erfolgen. Bei der ersten Art wird gemessen oder, in allgemeineren Fällen, eine Bestimmungsmethode verwendet. Bei der zweiten Art werden Fakten aus anderen Fakten abgeleitet, wobei normalerweise auch weitere Hypothesen ins Spiel kommen. Bei der dritten Art einer komplexen Bestätigung wird ein Faktum aus einer Hypothesen abgeleitet. Die Bestimmung oder Messung eines Faktums wurde in Kapitel 3 ausführlich behandelt. Die Ableitung eines Fakts durch eine Hypothese erfolgt durch Deduktion (5.4). Da eine solche Hypothese selbst wieder bestätigt werden muss, kommen wir zu einem Netzwerk von Bestätigungen, das – hoffentlich – nicht in Zirkeln endet.

Komplexe Bestätigung von Hypothesen erfolgt durch Induktion (5.3), durch Deduktion oder durch Abduktion (5.4). Im ersten Fall wird die Hypothese *nur* durch einzelne Fakten – Schritt für Schritt – bestätigt, im zweiten Fall kann die Hypothese aus einer anderen Hypothese – und anderen Fakten – abgeleitet werden. Und im dritten Fall wird die Hypothese nicht abgeleitet, sondern durch ein Faktum gestützt.

Eine komplexe Bestätigung lässt sich durch die Grundformen zusammenbauen. Dabei kommen Messketten und Netzwerke ins Spiel. Mehrere Stufen von Bestätigung können unterschieden werden. In der erste Stufe werden nur Bestätigungen der ersten und/oder der vierten Grundform ausgeführt. Auf dieser Stufe werden keine Hypothesen verwendet oder vorausgesetzt. Solche Bestätigungen erfolgen nur durch Fakten.

In der zweite Stufe werden fundamentale Messmethoden benutzt. Aus Fakten und Hypothesen, die in den Meßmodellen verwendet werden, können weitere Fakten – meist mathematische Entitäten – gewonnen werden. Auf dieser Stufe erfolgt meist ein Übergang von qualitativen Fakten zu quantitativen, d.h. zu Zahlen oder komplexeren mathematischen Ausdrücken.

In diesen beiden Stufen wird ein Faktum oder mehrere Fakten bestätigt. Dabei kommt es oft auch zu einer vorher noch nicht existierenden Ordnung der Fakten. Mehrere Fakten, die bestätigt wurde, können zusammengefasst und in mathematische Listen transformiert werden.

## 5.7 Bestätigung

Auf der dritten Stufe von Bestätigung wird eine einzelne Hypothese durch einen Fakt oder durch mehrere Fakten bestätigt. Aus der Hypothese wird ein Faktum abgeleitet oder mehrere Fakten werden abgeleitet. In dieser Weise kommen wir in natürlicher Weise zu einem Bestätigungsgrad und zu einer Konstanten, mit der gesagt wird, dass die Hypothese bestätigt sei. Dieses Verfahren kann auch verwendet werden, wenn die Hypothese gerade erst neu formuliert und eingeführt wurde.

Auf dieser Stufe, wenn die Hypothese durch viele Fakten bestätigt wird, lässt sich eine Bestätigung aus zwei Sichtweisen betrachten. Der Bestätigungsgrad wird als eine gewichtete Summe von Einzelgraden angesehen. Jede einzelne Erhöhung wird durch die Ableitung eines einzigen Faktums verursacht. Bei dieser Sichtweise betrachten wir das Gesamtverfahren als eine Summe von Deduktionen. Diese Prozedur kann aber auch als eine Art von Induktion betrachtet werden, bei der der Induktionsschritt nur endlich oft ausgeführt wird. Auch in einem Induktionsschritt erhöht sich der Grad jeweils durch ein zusätzliches Faktum.

Die induktive Methode haben wir in 5.3 kennengelernt. Wenn nur die induktive Methode zum Zuge kommt, wird von einer induktiven Bestätigung gesprochen. Bei einer induktiven Bestätigung geht es prinzipiell um einen Allquantor und um den empirischen Inhalt der Hypothese. Im Beispiel der Stoßmechanik 2.8 besagt eine Hypothese, dass es genau zwei Zeitpunkte gibt. Diese Hypothese hat wenig empirischen Gehalt; sie betrifft die Abgrenzung eines Systems von anderen Systemen stoßender Teilchen. Man wird bei dieser Theorie nicht viel Zeit mit der Frage verbringen, ob diese Hypothese durch empirische Fakten bestätigt ist oder nicht. Dagegen führt der Impulserhaltungssatz, die zentrale Hypothese der Theorie, zu einer zeitaufwendigen Untersuchung, in der die Hypothese nur mit Hilfe verschiedener Fakten bestätigt werden kann.

In diesem Beispiel läuft der Allquantor über ein bestimmtes, intendiertes System. Der Impulserhaltungssatz gilt aber für viele intendierte Systeme. Ein intendiertes System für die Stoßmechanik, das in einem Labor konstruiert wurde, und in dem genau zwei Partikel auf einer Schiene zusammenstoßen, lässt sich durch wenige Fakten bestätigen oder widerlegen. Ein anderes, intendiertes System, bei dem viele Partikel aus vielen Richtungen in einem Punkt zusammenstoßen, braucht viele Fakten, um die Hypothese zu bestätigen. In der relativistischen Form des Impulserhaltungssatzes führt dies heutzutage zu sehr komplexen Experimenten, wie sie etwa im CERN stattfinden.

Die Bestätigung einer Hypothese durch Fakten, muss nicht innerhalb einer bestimmten Theorie erfolgen. In einer Ableitung können auch Fakten oder auch andere Theorien ins Spiel kommen. Die Bestätigung braucht dann oft viele Schritte, um zunächst andere Bestätigungen anderer Hypothesen und anderer Fakten durchzuführen; sie kann aufwendigt werden.

Auf der vierten Stufe von Bestätigung wird eine Menge oder eine Liste von Hypothesen bestätigt. In diesem Fall müssen Bestätigungsgrade für verschiedene Hypothesen vorhanden sein. Dazu müssen letzten Ende Fakten zur Verfügung stehen. Für jede Hypothese gibt es Fakten, die aus der Hypothese abgeleitet werden. Diese Fakten teilen wir – relativ zur einer Hypothese – in *interne* und *externe* Fakten ein.

Ein Faktum in einem Bestätigungsprozess für eine Hypothese ist intern, wenn alle involvierten Fakten in dem Prozess aus derselben Theorie stammen. Das Faktum ist extern, wenn es aus anderen Theorien stammen. Mit diesen Fakten lässt sich der Bestätigungsgrad einer bestimmten Hypothese bestimmen. Da es auf dieser Stufe um mehrere Hypothesen geht, müssen diese Grade verglichen werden. Je nach der Zahl der intern und extern benutzten Fakten lassen sich die Gewichte für die Hypothesen festlegen oder ermitteln.

Auf dieser Stufe haben wir einen Anschluß an Modelle erreicht. Wenn eine Menge von Hypothesen durch ein System von geordneten Fakten bestätigt ist, heisst dies nichts anderes, als dass ein Modell zu einer Faktenstruktur passt, siehe 4.1.

Auf einer fünften Stufe wird bestätigt, dass *mehrere* Faktenstrukturen zu einem bestimmten Modell passen. Normalerweise werden zunächst Fakten aus einem einzelnen, intendierten System gesammelt. Mit der Zeit werden weitere intendierte Systeme gefunden und untersucht, und die dazugehörigen Faktenstrukturen formuliert. Damit lässt sich fragen, ob mehrere Faktenstrukturen zu einem bestimmten Modell passen. In diesem Fall ist das Modell bestätigt.

Auf der sechsten Stufe geht es um die Bestätigung einer Modellklasse durch eine Menge von Faktenstrukturen. Wenn die Menge von Faktenstrukturen zu einer Modellklasse (approximativ) passt, ist die Theorie bestätigt. Eine Theorie kann auch Querverbindungen enthalten und/oder intertheoretische Beziehungen zu anderen Theorien unterhält. Oft lassen sich die verschiedenen Hypothesen einer Theorie im Bestätigungsprozess nicht isoliert betrachten. Die Bestätigung einer Hypothese kann von anderen Hypothesen abhängen, die auch von anderen Theorien stammen. Dies führt zum Begriff der Kohärenz (Balzer 1985).

Die Hypothesen von **T** charakterisieren die Klasse der Modelle (2.9) der Theorie. Eine Hypothese von **T** lässt sich in einem gegebenen, intendierten System von **T** *lokal bestätigen*, wenn eine zugehörige Faktenstruktur von dem intendierten System stammt und wenn diese Faktenstruktur approximativ zu einem Modell passt und das Modell 'ausschöpft'. Das heißt, die Fakten werden aus dem intendierten System zu einer Faktenstruktur zusammengefasst, so dass es erstens ein Modell der Theorie gibt, das approximativ zu der Faktenstruktur passt und so, dass zweitens die Fakten aus der Faktenstruktur im Prinzip *genau all* diejenigen Sachverhalte beschreiben, die in dem Modell zu finden sind.

Diese Formulierung lässt sich mit Hilfe der eingeführten Begriffe weiter präzisieren. In einer Theorie ist eine Hypothese in einem intendierten System der Theorie *lokal bestätigt* gdw es Strukturen $x$ und $z$ mit folgenden Eigenschaften gibt: 1) $x$ ist ein Modell von **T**, 2) $z$ ist eine Faktenstruktur für **T**, die von dem intendierten System stammt, 3) die Faktenstruktur $z$ passt approximativ zur Struktur $x$ (4.2), und 4) die Faktenstruktur $z$ ist dem Modell $x$ weitgehend (im Grad $\varepsilon$) ähnlich. In dieser vierten Bedingung können wir die in 4.2 eingeführte Abstandsfunktion $d$ benutzen, die den Abstand von mengentheoretischen Teilstrukturen der Theorie **T** angibt. Dabei sind sowohl das Modell $x$ als auch die Faktenstruktur $z$ Teil dieser Theorie, so dass der Abstand der beiden Entitäten durch die Funktion $d$ tatsächlich berechnet werden kann. Da die Faktenstruktur normalerweise nicht ideal zu dem Modell passt, kann auch die Ähnlichkeit von Faktenstruktur und Modell nur approximativ gelten. Zur Präzisierung der Ähnlichkeit im Grad $\varepsilon$ können wir eine Formulierung verwenden, die in 4.2 bei *approximativer Passung* benutzt wurde. Wir werden hier nur die erste, in Abb. 4.2.1-a dargestellte Variante benutzen; die zweite Variante funktioniert analog.

Bei der approximativen Passung wird eine Hilfsstruktur $y$ eingeführt, so dass der Abstand von $y$ und der Faktenstruktur $z$ klein ist, und so, dass $y$ eine Teilstruktur des Modells $x$ ist: kurz $d(z,y) \leq \varepsilon$ und $y \sqsubseteq x$. Diese Formulierung lässt sich weiter verschärfen, indem wir bei den Teilstrukturen $x$ und $y$ auch den Abstand $d(x,y)$ zwischen $x$ und $y$ bestimmen. Je kleiner dieser Abstand ist, desto ähnlicher sind beide Strukturen. Wenn die Abstandsfunktion eine *echte* Metrik 4.2 ist und wenn der Abstand im Grenzfall Null wird, sind beide Strukturen identisch. Wir definieren die *Ähnlichkeit im Grad $\varepsilon$* zwischen einer Faktenstruktur $z$ und einem Modell $x$ wie folgt: $z$ ist $x$ im Grad $\varepsilon$ ähnlich gdw es eine Struktur $y$ gibt, so dass $d(z,y) \leq \varepsilon$, $d(y,x) \leq \varepsilon$ und $y \sqsubseteq x$.

Dieser graduelle Begriff funktioniert nun nicht nur, wenn die Faktenstruktur das Modell weitgehend ausschöpft, sondern er kann auch in 'normaleren' Fällen angewandt werden. Dort schöpft die Faktenstruktur nur einen kleineren Teil des Modells aus. Einen ersten Extremfall, bei dem die Faktenstruktur mit dem Modell identisch wird, hatten wir gerade genannt. Viele weitere, 'extreme' Fälle gibt es, wenn es im Vergleich zu einem Modell nur wenige Fakten gibt. Den rein theoretischen Fall, in dem die Faktenstruktur gar keine Elemente hat, lassen wir beiseite. In einem nächsten Fall enthält die Faktenstruktur nur ein Element, und zwar ein Element aus einer Hauptbasismenge. Alle anderen Teile des realen Systems sind also durch Fakten nicht bestimmt. Sie werden bei der Einpassung in ein Modell theoretisch ergänzt. In solchen Fällen ist der Grad der Ähnlichkeit zwischen Faktenstruktur und Modell sehr klein.

In den meisten, realen Fällen von Bestätigung ist der Grad nicht sehr klein und auch nicht sehr groß. In diesen 'normalen' Fällen muss zunächst entschieden werden, ob es für die Theorie überhaupt endliche Modelle gibt. Wenn ja, kann man den Ähnlichkeitsgrad *ahg* durch einen einfachen Quotienten *ahg* = $\|z\|/\|x\|$ ausdrücken. Der Zähler $\|z\|$ bezeichnet die Anzahl der Elemente aus der Faktenstruktur und der Nenner $\|x\|$ die Anzahl der Elemente aus dem ausgewählten, *endlichen* Modell. Der Ähnlichkeitsgrad, der 'Ausschöpfungsgrad', ist umso größer, je mehr Elemente, die in der Faktenstruktur liegen, auch in dem Modell vorhanden sind. Wenn wir die genaue Anzahl $\|x\|$ der Elemente aus dem Modell kennen würden, was normalerweise nicht der Fall ist, könnten wir den Ähnlichkeitsgrad eines intendierten Systems durch diesen Quotienten *ahg* direkt angeben. Diesen Ähnlichkeitsgrad könnten wir auch als Bestätigungsgrad bezeichnen. Mit $\|x\|$ = 1500 und $\|z\|$ = 149 z.B. wäre der Bestätigungsgrad etwa 1/10. Inhaltlich bedeutet dies, dass etwa 10 Prozent des Modells durch Fakten ausgeschöpft wären. Im Extremfall, in dem alle Elemente des Modells auch in der Faktenstruktur liegen, wäre der Bestätigungsgrad 1, im anderen, oben genannten Fall wäre er $1/\|x\|$.

Mengentheoretisch gesehen enthalten die meisten Modelle von Theorien unendlich viele Elemente. In diesen Fällen muss der Quotient durch den entsprechenden Begriff aus der Maßtheorie oder der Wahrscheinlichkeitstheorie ersetzt werden (Bauer 1974). Inhaltlich gesagt, lässt sich in diesem Fall entweder das Modell vergröbern, indem man Äquivalenzklassen von Elementen des Modells so bildet, dass es in dem Modell nur noch endlich viele Äquivalenzklassen gibt. Oder man führt ein statistisches Element (2.12) in die gegebene Theorie ein. Diese Arten von Vergröberung lassen sich auch auf der Ebene der Faktenstrukturen verwenden. Wenn die Faktenstruktur, die von dem intendierten System stammt, unvollständig ist, wird ein Modell der Theorie einige Teile des Modells nur theoretisch abbilden können. Einige theoretische Sachverhalte, die in dem Modell existieren, sind durch die Fakten aus der Faktenstruktur nicht präsent.

Für die meisten Theorien und Hypothesen gilt, dass ihre intendierten Systeme aus prinzipiellen oder praktischen Gründen nicht durch Fakten ausgeschöpft werden können. Prinzipielle Gründe liegen vor, wenn die intendierten Systeme in die Zukunft reichen (5.3), praktische, wenn die Faktengewinnung aufwendig ist. Bei derartigen Theorien bleibt der induktive Bestätigungsgrad unbefriedigend niedrig. In den Wissenschaften werden jedoch ständig gerade Theorien dieser Art, deren Systeme sich nicht durch Fakten ausschöpfen lassen, produziert. Daraus ergibt sich das wissenschaftstheoretische Problem, die *schwächeren* Formen der Bestätigung zu explizieren, die in der Wissenschaft angewandt werden. Solche Formen sollten die Bedingung erfüllen, dass sie mit der induktiven Form 'im Limes' verträglich sind, d.h. wenn eine Ausschöpfung der Systeme durch Fakten hypothetisch angenommen wird, dann sollte der schwächere Bestätigungsbegriff in den induktiven übergehen.

Wenn eine Hypothese oder eine Theorie rein deduktiv bestätigt wird, sagt man 'das Ereignis hat die Hypothese bestätigt' oder 'durch das Vorliegen des Ereignisses ist die Theorie nun besser bestätigt als vorher'. Es handelt sich also um ein Ereignis und einer Hypothese oder einer Theorie, oder um eine Beziehung zwischen einem Ereignis und zwei zeitlichen 'Zuständen' der Theorie. Natürlich muss das Ereignis zuerst in einen Satz, in einen Atomsatz, oder genauer: in ein Faktum, umgewandelt werden, der das Ereignis beschreibt. Diese Art von Bestätigung liegt vor, wenn man real gesehen auf zwei Wegen zum gleichen Ergebnis kommt, oder auf der Sprachebene durch verschiedene Wege zum gleichen Satz. Aus der Theorie wird einerseits ein atomarer Satz aus den Hypothesen und Fakten der Theorie abgeleitet und andererseits ein Satz durch Beobachtung oder Experiment als Faktum für die Theorie gewonnen. Eine Bestätigung liegt in dieser Situation vor, wenn der abgeleitete Atomsatz mit dem unabhängig von der Ableitung gewonnenen Fakt identisch ist. Standardfall ist auch hier, wie bei der induktiven Methode, die Vorhersage. Das tatsächliche Eintreten des vorhergesagten Ereignisses stellt einen schwachen, qualitativen Fall von Bestätigung der Theorie dar. Die Theorie hat sich wieder einmal – in einem Fall – bewährt. Bestätigung durch ein 'deduziertes Ereignis' stellt offensichtlich eine äußerst schwache Bedingung dar, die für sich genommen wenig Anlass zur Annahme einer Theorie geben würde. Niemand wird eine Theorie schon dann als bestätigt bezeichnen, wenn aus ihr nur ein einziges zutreffendes Ereignis abgeleitet wurde.

## 5.7 Bestätigung

Eine Theorie wird erst bestätigt, wenn viele abgeleitete und eingetretene Ereignisse bekannt sind, wobei 'viele' noch in richtiger Relation zur Anzahl der potentiellen Fakten in den Systemen der Theorie gesehen werden muss.

Dieser deduktive Bestätigungsbegriff umfasst neben Beobachtung und Experiment auch andere Möglichkeiten, die auch theoretische Ableitungen einschließen. Wir haben in 3.3 die Faktengewinnung so allgemein gefasst, dass auch theoriebeladene Fakten in einer Bestätigung benutzt werden können. Die Grundfigur der deduktiven Bestätigung besteht, noch anders gesagt, in der Übereinstimmung zweier oder mehrerer *verschiedener* Bestimmungs- oder Messmethoden. Der *gleiche* atomare Satz wird auf zwei verschiedenen Wegen gewonnen. Das durch den Satz beschriebene Ereignis wird auf zwei verschiedenen Wegen verifiziert. Der eine Weg wäre etwa die logische Ableitung, der andere Beobachtung, Experiment oder auch theoretische Ableitung. Beide Wege dürfen allerdings nicht identisch sein. Es müssen verschiedene Weg beschritten werden. Wenn ein Faktum auf vielen verschiedenen Wegen gewonnen werden kann und auch tatsächlich gewonnen wird, stellt dies eine Bestätigung der benutzten Theorie dar, die wir als Bestätigung *durch Übereinstimmung* bezeichnen.

Diese deduktive Form der Bestätigung umfasst auch den Fall der Wiederholung einer Messung. Der gemessene Wert wurde auf zwei verschiedenen Wegen, nämlich durch zwei unabhängige Durchführungen einer Messung gewonnen. Wenn dabei übereinstimmende Werte gefunden werden, ist dies eine Bestätigung: ein Zeichen dafür, dass tatsächlich eine Methode und eine Regularität vorliegt.

Oft führen die verschiedenen Wege allerdings aus der einen, betrachteten Theorie heraus: es werden auch andere Hypothesen anderer Theorien benutzt. In solchen Fällen wird zunächst die ganze Gruppe involvierter Hypothesen bestätigt, und jede einzelne von diesen nur durch die Tatsache, dass sie zu der Gruppe gehört. Auch in dieser verallgemeinerten Form ist natürlich eine einzige bestätigende Übereinstimmung noch kein guter Grund, die Theorie schon als bestätigt anzusehen. Dieses Muster führt zu dem schon oben erwähnten Begriff der Kohärenz.

Wenn wir das 'Umfeld' an Theorien, das in eine Bestätigung eingehen, beliebig weit fassen, kommen wir am Ende zum Gesamtsystem des Wissens. Dieses hat einen recht niedrigen Bestätigungsgrad; und zwar aus zwei Gründen. Erstens sind Theorien oft ziemlich unabhängig voneinander, so dass eine Gesamtbestätigung kleiner wird, je mehr Theorien existieren. Zweitens gibt es viele Theorien, bei denen die Grundmengen der Modelle unendlich sind, was zum schon angesprochenen Problem in der W-Theorie führt. In der Wissenschaft gibt es nur endlich viele Fakten, so dass die Bestätigung von Hypothesen aus diesen Theorien schwierig macht.

Übereinstimmung mit dem Gesamtwissen ist deshalb als Maßstab für Bestätigung einer isolierten Hypothese wenig geeignet. Dies gilt auch, wenn die relativ neuen Computerprogramme, wie ChatGPT, viele Sätze finden, die zum 'Gesamtwissen' passen. Im Moment ist es nicht klar, ob die Tatsache, dass eine Hypothese in das Gesamtsystem des Wissens 'passt', ein *besonderer* Bestätigungsgrund ist, der der induktiven Bestätigung durch Fakten vorzuziehen wäre.

Die deduktiven Formen der Bestätigung erfüllen die oben genannte Limesbedingung. Wir können uns vorstellen, wie eine Theorie bei wachsender Faktenmenge oder Stichprobe zu immer größerer Bestätigung führt, einfach weil immer mehr zutreffende Atomsätze, nämlich die Fakten selbst, aus der Theorie ableitbar werden. Im idealen Grenzfall, wenn die Fakten das untersuchte System ganz ausschöpfen, können alle im System zutreffenden Atomsätze aus der Theorie abgeleitet werden.

Neben den sechs gerade diskutierten Stufen, gibt es zwei weitere Arten. Eine erste besagt, dass eine Faktenliste zu einem Netz von Modellen passt und eine weitere Art, dass Fakten zu einem bestimmten Netztyp von Modellen passen.

Neben diesen Bestätigungsarten gibt es auch Bestätigungen auf einer zweiten Ebene, der Metaebene. Da die genannten Methoden sehr selten zu einer völligen Bestätigung führen, werden Metahypothese diskutiert. Eine solche Metahypothese beschreibt eine Regel, die auf eine gegebene Art von Bestätigung angewendet wird. Durch eine solche Regel lässt sich beweisen, dass die Bestätigungsart zu einem völligen Abschluss führt. Das heißt, die Hypothese oder die Theorie kann zu hundert Prozent bestätigt werden, wenn die benutzte Methode ohne Ende durchgeführt werden könnte. In Wirklichkeit geht dies aber nicht (Sterkenburg 2019). So dass in solchen Metabestätigungen eine Approximation eingebaut werden sollte.

Die induktiven, deduktiven und abduktiven Bestätigungen werden heute oft wahrscheinlichkeitstheoretisch formuliert. Dadurch erübrigt sich der Approximationsapparat; er wird durch einen W-apparat ersetzt. Den W-Raum haben wir in 2.12 beschrieben. Mit ihm werden Sätze mit Wahrscheinlichkeiten belegt. Sätze, Hypothesen und Fakten einer Theorie werden in entsprechende Elemente der $\sigma$-Algebra des W-raums, nämlich in Zufallsereignisse überführt (2.12). Zufallsereignisse haben die Form von *Mengen* von Elementarereignissen ('Ergebnissen' oder 'Resultaten').

Für *endliche* Satzmengen lassen sich die Zufallsereignisse direkt als Sätze oder *Aussagen* darstellen. Aus einer Menge von Aussagen wird eine *Aussagenalgebra* (Novikov 1973), wenn diese Menge bestimmte Hypothesen erfüllt. Das Komplement eines Zufallsereignisses $\bar{e}$ wird durch die Negation $\neg e$ der entsprechenden Aussage ersetzt, und Durchschnitt $\cap$ und Vereinigung $\cup$ durch Konjunktion $\wedge$ und Adjunktion $\vee$ von Aussagen. Mit Variablen $a, b$ für Sätze (oder 'Propositionen') laut dann das Additivitätsaxiom für Wahrscheinlichkeiten wie folgt (Fishburn 1970):

$\mathbf{p}(a \vee b) = \mathbf{p}(a) + \mathbf{p}(b)$, aber nur, wenn $a \wedge b$ eine Kontradiktion ist.

Eine Kontradiktion ist ein 'Satz', der in jeder Situation falsch ist; er wird mit $\bot$ bezeichnet. $a \wedge b$ ist eine Kontradiktion, wenn $a \wedge b$ denselben Wahrheitswert hat wie $\bot$, kurz: $a \wedge b = \bot$.

Formal lassen sich in dieser Weise auch $\sigma$-Algebren bilden, wenn wir kontrafaktisch voraussetzen, dass es unendliche Mengen von Sätzen gibt. In der Computerwelt gibt es nur endliche Mengen. In den Computeranwendungen reichen endliche Aussagenalgebren aus, um ein Modell zu beschreiben. Allerdings wird die 'klassische' Variante des W-Raums oft bevorzugt, wenn viel Rechenauswand nötig ist. In

## 5.7 Bestätigung

Anwendungen in denen es um einen W-Raum geht, der Millionen von Knoten umfasst, spielen Aussagen keine große Rolle mehr.

Aus Wahrscheinlichkeiten lassen sich bedingte Wahrscheinlichkeiten definieren. Die *bedingte Wahrscheinlichkeit von a unter der Bedingung c*, $\mathbf{p}^b(a \mid c)$, d.h. die Wahrscheinlichkeit, dass $a$ eintritt, wenn zuvor $c$ eintritt, haben wir in 2.12 eingeführt:

$$\mathbf{p}^b(a \mid c) = \mathbf{p}(a \cap c)/\mathbf{p}(c).$$

Wenn $a$ speziell eine Hypothese $h$ bezeichnet und $c$ die Konjunktion $e$ aller Fakten (die 'Evidenz'), die in einer Faktenstruktur vorhanden sind, besagt $\mathbf{p}^b(h \mid e)$ folgendes. $\mathbf{p}^b(h \mid e)$ bezeichnet die Wahrscheinlichkeit, dass die Hypothese $h$ richtig ist unter der Bedingung, dass auch die konjunktiv zusammengefügten Fakten $e$ richtig sind. Dieser Ausdruck kann zum Einen in Übereinstimmung mit dem induktiven Bild der Ausschöpfung und Passung als Bestätigungsgrad verstanden werden: $\mathbf{p}^b(h \mid e)$ ist der Grad, in dem die Fakten $e$ die Hypothese $h$ bestätigen. Zum Anderen lässt sich mit Hilfe bedingter Wahrscheinlichkeiten auch ein qualitativer, bloß vergleichender Bestätigungsbegriff für Hypothesen einführen, nämlich: Hypothese $h^*$ wird durch $e$ besser bestätigt als Hypothese $h$, wenn gilt $\mathbf{p}^b(h \mid e) < \mathbf{p}^b(h^* \mid e)$.

Mit dieser Nomenklatur macht auch der Ausdruck $\mathbf{p}^b(e \mid h)$ Sinn. Die Wahrscheinlichkeit eines Faktums $e$ kann auch von der Wahrscheinlichkeit der Hypothese $h$ abhängen. Je wahrscheinlicher eine Hypothese wird, kann sie auch ein Faktum beeinflussen. Das Problem der theoretischen Terme wird hier virulent.

Eine interessante Anwendung der bedingten Wahrscheinlichkeit wurde erst in der letzten Generation entdeckt. Das Theorem von *Bayes*, welches solche Anwendungen ermöglicht, stammt allerdings schon aus dem Jahre 1763 (McGrayne 2014). Entdeckungen brauchen oft eine gewisse Zeit, bis sie für andere Personen interessant werden. In einem einfachen Beispiel lässt sich die Aussagenvariante wie folgt formulieren:

Wenn $a = c_1 \vee c_2$, $c_1 \neq \bot$, $c_2 \neq \bot$ und $c_1 \wedge c_2 = \bot$, dann gilt
$\mathbf{p}(a) = \mathbf{p}^b(a \mid c_1) \cdot \mathbf{p}^b(a \mid c_2).$

Dieses Theorem bildet die Grundlage der *B*-Netzen. Durch dieses Theorem können Zufallsereignisse in unabhängige Komponenten zerteilt werden. Dadurch wird es möglich, die Wahrscheinlichkeiten von Zufallsereignissen durch Multiplikation von sehr vielen unabhängigen Komponenten zu berechnen, siehe 4.5.

Der probabilistische Ansatz wird bei der Bestätigung in der Praxis immer wichtiger. Er hat aber in der Anwendung auf reale Theorien große Probleme zu überwinden. Erstens sind die Satzmengen in wissenschaftlichen Theorien eigentlich endlich. In vielen Theorien sind aber die Grundmengen unendlich, so dass einige Elemente aus einer $\sigma$-Algebra keinen realen Entitäten entsprechen. Zweitens müsste, selbst wenn eine geeignete $\sigma$-Algebra vorhanden wäre, immer noch eine Wahrscheinlichkeitsfunktion so definiert werden, dass sie den typischen, hypothesenartigen Sätzen, nämlich den Allaussagen, nicht den Wert Null zuordnet. Die bisherigen Definitionsversuche in formalen Systemen, waren in dieser Hinsicht wenig erfolgreich. Der erste Ansatz von *Carnap* führte zum Wert Null für Allsätze – vergleiche (Carnap 1959), (Hintikka und Suppes 1966).

Bestätigungen lassen sich durch Wahrscheinlichkeiten homogener formulieren. Ein Faktum $f$ ist bestätigt, wenn die Wahrscheinlichkeit $\mathbf{p}(f)$ ziemlich nahe an 1 liegt: $|\mathbf{p}(f) - 1| \leq \varepsilon$. Eine Hypothese $h$ ist durch ein Faktum $f$ bestätigt, wenn die bedingte Wahrscheinlichkeit von $h$ durch $f$ recht groß ist: $\mathbf{p}^b(h \mid f) \geq 1 - \varepsilon$. Dies ist in der Wirklichkeit kaum der Fall. Trotzdem wird dieses Format bei der Abduktion eingesetzt. Dabei sollte allerdings die Wahrscheinlichkeit von $f$ ziemlich nahe an der Wahrscheinlichkeit für $h$ liegen. Das heißt: aus $h$ kann $f$ approximativ abgeleitet werden $|\mathbf{p}(h \cap f) - \mathbf{p}(f)| \geq 1 - \varepsilon$. Wenn viele Fakten $f_1, ..., f_n$ vorhanden sind, wird eine Bestätigung immer wahrscheinlicher: $\mathbf{p}(h \mid \{f_1, ..., f_n\}) \geq 1 - \varepsilon$. Interessanter Weise kann auch die bedingte Wahrscheinlichkeit der Hypothese $h$ relativ zum Fakt $f$ in dieser Weise formuliert werden: $\mathbf{p}^b(f \mid h) \geq 1 - \varepsilon$.

Wenn ein W-Raum eingesetzt wird, in dem auch Mengen von Hypothesen dargestellt werden können, lassen sich alle erörterten Verfahren auch probabilistisch formulieren.

Bestätigung durch Erfolg schließlich ist definitiv ein zweistelliger Begriff. Es wird nicht gesagt, eine Theorie sei (in bestimmtem Grad) schlechthin bestätigt, sondern nur, dass eine Theorie besser bestätigt ist, als eine andere. Bestätigung wird damit zu einer Relation zwischen Theorien. Wegen der geringen bestätigenden Kraft deduktiver Formen ist Bestätigung durch Erfolg in der wissenschaftlichen Praxis die bei weitem häufigste Art von Bestätigung. Eine Theorie, die erfolgreicher ist als ihre Rivalin, wird schnell akzeptiert.

Erfolg bezeichnet natürlich nur einen äußerlichen Tatbestand. *Nur* den Erfolg einer Theorie als Kriterium der Bestätigung zu werten, liefe auf reinen *Darwin*ismus hinaus. Sicher spielen bei der Entwicklung der Wissenschaft im Ganzen auch Aspekte der Auslese eine Rolle. Über Bestätigung lässt sich aber wesentlich mehr sagen, als dass sie durch Auslese gegeben sei. Mit 'Erfolg' meinen wir, dass die Theorie eine andere, rivalisierende Theorie *erfolgreich verdrängt*. Dieser Begriff hat drei Komponenten. Eine Theorie T* *verdrängt* nur dann die Theorie T *erfolgreich*, wenn erstens der Anwendungsbereich (die Menge intendierter Systeme) von T* den von T umfasst, wenn zweitens T nach einiger Zeit von keiner Gruppe mehr benutzt wird, wohl aber T*, und wenn drittens zwischen T* und T eine nicht-symmetrische, intertheoretische Relation definiert werden kann, die sich als wissenschaftstheoretisch relevant erwiesen hat. T* ist besser bestätigt als T, wenn T* die Theorie T erfolgreich verdrängt hat. Bei der Forderung nach Relevanz der intertheoretischen Relation riecht diese Definition förmlich nach Zirkularität, denn wissenschaftstheoretische Relevanz ist ja eine Art von Bestätigung auf der Metaebene. Wir können aber nicht einfach die Existenz irgendeiner, willkürlich zu definierenden, intertheoretischen Relation als Kriterium annehmen, weil sich eine solche wohl immer finden lässt. Andererseits wäre es beim frühen Stand der Forschung über intertheoretische Relationen verfehlt, die Liste der bisher nachgewiesenen Relationen als vollständig anzusehen. So können wir dem – durchaus akzeptablen – Zirkel nicht entgehen.

## 5.7 Bestätigung

Eine häufig anzutreffende intertheoretische Relation ist in diesem Zusammenhang die (approximative) Reduktion von T auf T*. (Scheibe 1973), (Mayr 1981), (Balzer, Moulines, Sneed 1987: Chap. 6 und 7), (Scheibe 1997, 1999). Ohne auf Einzelheiten einzugehen, enthält der Begriff der (approximativen) Reduktion von T auf T* die für uns hier einschlägige Bedingung, dass sich jede Ableitung in der 'alten' Theorie T (approximativ) durch eine Ableitung in der 'neuen' Theorie T* 'reproduzieren' lässt. Wenn also eine solche Relation vorliegt, dann tritt zu den obigen drei Bedingungen noch die vierte, 'positive' hinzu, nach der jeder Erfolg der alten Theorie – jedes aus ihr abgeleitete und auch eingetretene Ereignis – auch ein Erfolg der neuen Theorie ist. Offensichtlich impliziert diese sehr starke Bedingung, dass auch jede deduktive Bestätigung der alten Theorie eine solche der neuen Theorie ist.

Bestätigung durch Erfolg ist die angemessene Bestätigungsform in den weichen Disziplinen (3.1 und 3.2), wo aus ökonomischen und ethischen Gründen die Systeme faktenmäßig nicht ausgeschöpft werden können. Weiterhin ist diese Methode umso angemessener, je vager die Theorie formuliert ist. Es genügt bei einer vagen Theorie, dass die für Verdrängung erforderliche, intertheoretische Relation nicht noch vager ist. Auf einem 'gemeinsamen Vagheitsniveau' von Theorien und intertheoretischer Relation ist es durchaus möglich, zu einem überzeugenden Vergleich zu gelangen, bei dem die eine Theorie besser abschneidet.

Neben der Formulierung des Bestätigungsbegriffs durch Sätze, hat sich gezeigt, dass die strukturelle Alternative, bei der Modellklassen die Rolle von Sätzen oder Satzmengen übernehmen, die genannten Probleme weitgehend umrunden kann. Unter nicht unplausiblen Bedingungen lassen sich W-Räume konstruieren, deren $\sigma$-Algebren Modellklassen als Elemente enthalten (Lauth 1996). Damit rückt die reale Berechnung von Bestätigungsgraden für 'interessante', wissenschaftliche Theorien in den Bereich des Möglichen.

Die beschriebenen Bestätigungsbegriffe werden in der Wissenschaft auch zusammen, in sich ergänzender Form angewandt. Eine neue Theorie wird fast nie rein deduktiv bestätigt, einfach weil die reine Form allein kaum überzeugt. Es muss entweder ein induktives Element in Form von vielen Fakten vorhanden sein, oder eine Vorgängertheorie, die ihrerseits schon bestätigt ist und deren Bestätigung sich durch eine intertheoretische Relation auf die untersuchte Theorie überträgt. Im letzteren Fall kann es so scheinen, als ob nur deduktive Elemente eine Rolle spielen, weil die Induktion früher, bei der Vorgängertheorie oder noch weiter zurück, stattgefunden hat und durch die intertheoretische Relation nur in 'theoretischer Form' in die neue Theorie eingeht. Der Normalfall ist ein Beginn mit 'vielen' Fakten, der, wenn Ausschöpfung nicht möglich ist, durch Deduktionen ergänzt wird, mit denen die Theorie in ein größeres theoretisches oder auch alltägliches Umfeld eingebettet und zu diesem passend nachgewiesen wird.

## 5.8 Erklärung

Der Themenkreis 'Erklärung' beherrschte vor 70 Jahren die wissenschaftstheoretische Forschung (Stegmüller 1974) und wird heute wieder im Zusammenhang mit der vereinheitlichenden Funktion von Theorien und mit dem *Bayes*ianismus wieder aufgegriffen (Schurz 2019). Bis heute wird Wissenschaftlichkeit oft an Erklärungen gemessen, die die Wissenschaft geben oder nicht geben kann.

Erklärung wurde untersucht in einer Mischung aus analytisch-philosophischen Überlegungen ('Welche Bedingungen sollte eine Erklärung im allgemeinen erfüllen?') und Diskussionen einfacher Beispiele, die von der Wissenschaft in die Lebenswelt durchgedrungen sind ('Kupfer leitet Strom'). Wegen des umfassenden Anspruchs, *alle* Erklärungen auf den Begriff bringen zu wollen, blieb unklar, wie die Menge der intendierten Systeme für eine allgemeine Theorie der Erklärung aussehen sollte. Das Resultat war eine Folge von Erklärungsmodellen, die jeweils mit mehr oder weniger aus der Wissenschaft stammenden Beispielen als 'inadäquat' nachgewiesen wurden, d.h. als bestimmte, extern vorgegebene Kriterien – vor allem logisch-syntaktischer Art – nicht erfüllend (Stegmüller 1974). Zum Beispiel wurde gefordert, dass *jede* logisch-syntaktisch mögliche Verstärkung der Prämissen einer Erklärung wieder eine Erklärung liefert.

Aus der Sicht unseres Theoriebegriffs war damit – auf der Metaebene – *keine* empirische Theorie der Erklärung gegeben, sondern lediglich eine Folge von Modellklassen. Die gerade erwähnten Beispiele machen deutlich, wie wichtig für eine empirische Theorie die Eingrenzung der intendierten Systeme von Anfang an ist. Nur wenn hier eine gewisse Festlegung erfolgt, hat die wissenschaftliche Entwicklung einen 'empirischen Anker', der beliebig erfundene Gegenbeispiele ausschließt und eine Orientierung an Fakten aus dem Bereich der intendierten Systeme erzwingt. Nur so wird Forschung mit dauerhaften Ergebnissen möglich.

Das wichtigste, erste Modell, das bekannte *Hempel-Oppenheim* (H-O) Schema der Erklärung, konzentriert sich auf die Erklärung einer Einzeltatsache $E$ (eines atomaren Satzes) mit Hilfe einer Hypothese $H$ und geeigneter Randbedingungen $R$. Hypothese $H$ und Randbedingungen $R$ erklären die Einzeltatsache $E$, wenn $E$ aus $H$ und $R$ logisch ableitbar ist und zusätzlich folgende Bedingungen gelten: die Hypothese $H$ muss eine gesetzesartige Aussage sein, Hypothese $H$ und Randbedingungen $R$ müssen wahr sein und $H$ muss empirischen Gehalt haben (Hempel 1965). $E$ wird *erklärt*, wenn es eine Hypothese $H$ und Randbedingungen $R$ gibt, so dass $H$ und $R$ die Tatsache $E$ erklären. Typisches Beispiel (aus der Literatur): ($E$) 'Dieser Draht leitet Strom'. Warum? Erklärung: ($H$) 'Alle Kupferdrähte leiten Strom und ($R$) dieser Draht ist aus Kupfer'. Wir gehen auf die Probleme der Gesetzesartigkeit und des empirischen Gehalts, die mit dieser Definition verbunden sind, nicht näher ein (Stegmüller 1974), sondern erwähnen nur, dass *Hempel* auch einen Begriff der statistischen Erklärung diskutiert hat, der ähnlich definiert ist, nur an Stelle des logischen einen probabilistischen Übergang enthält.

Trotz der weiten Rezeption, die das H-O Modell fand, ist es wissenschaftstheoretisch wenig befriedigend: es ist für die Anwendung in der Wissenschaft aus zwei

Gründen zu eingeschränkt. Erstens werden in der Praxis wissenschaftliche Erklärungen nicht nur für Einzelfakten gesucht, sondern für 'interessante Phänomene'. Ein Teil einer Erklärung besteht, wie auch die Ethymologie des Wortes offenlegt, darin, das jeweilige Phänomen zu 'klären', seine innere Struktur offenzulegen. Dies ist aber gerade ein allgemeines Ziel der Theoriebildung. Wissenschaftliche Erklärungen bestehen also oft darin, für ein 'interessantes' Phänomen eine – neue – Theorie zu finden, zu deren intendierten Systemen das Phänomen gehört. Der Unterschied zum H-O Schema liegt in der Natur des zu erklärenden Phänomens, des Explanandums. Im H-O Schema ist es ein Atomsatz, im allgemeinen Fall dagegen ein reales Phänomen, das durch weit mehr als nur einen Atomsatz sprachlich repräsentiert wird.

Zweitens macht die Forderung nach streng logischer Ableitung das H-O Schema nur auf solche Theorien anwendbar, die präzise genug formuliert sind, um Ableitung zuzulassen. Obwohl Präzision in der Formulierung eine erwünschte Eigenschaft von Theorien ist, müssen wir realistischerweise von der Vielzahl wissenschaftlicher Theorien Kenntnis nehmen, die diese Bedingung nicht erfüllen, die wir aber deshalb nicht aus der Wissenschaft, und noch weniger aus dem Bereich der intendierten Systeme der Wissenschaftstheorie verbannen können.

Ein dritter, möglicher Einwand, der sich jedoch als nicht stichhaltig erweist, ist der folgende. Eine logische Ableitung nach *Hempel-Oppenheim* setzt in der 'Projektion' auf ein Modell die ideale Passung von Hypothese und Randbedingungen plus Explanandum voraus. Wie in Kapitel 4 betont, liegt aber Passung normalerweise nur approximativ vor. Sobald wir die Passung 'verschmieren' (Ludwig 1991), kann daher keine logische Implikation zwischen Hypothese, Randbedingungen und Explanandum bestehen. Dem Einwand kann man entgehen, indem man die logische Implikation nicht zwischen Hypothese und 'echten' Fakten ansetzt, sondern einen Satz von Quasi-Fakten einschiebt – ähnlich wie bei der Definition von approximativer Passung in 4.2. Die streng logische Beziehung besteht zwischen der Hypothese und den Quasi-Fakten, nicht aber zwischen Hypothese und echten Fakten. Wenn die echten Fakten nahe genug bei den Quasi-Fakten liegen, kann man sagen, sie seien 'approximativ abgeleitet'.

Der Kern des H-O Schemas hat sich aber durch die vielen Diskussionen in den 70 Jahren als stabil erwiesen. Die zentrale Idee hat sich in verschiedener Weise positiv weiterentwickelt. Wir beschreiben hier kurz eine strukturelle Variante (Forge 1985), (Scheibe 1997, 1999), (Moulines 2002), (Bartelborth 2007). Im Einklang mit einem, am Ende des letzten Jahrhunderts entstandenen, logischen Formalismus zu Frage und Antwort (Belnap und Steel 1976) besteht die allgemeine Form einer wissenschaftlichen Erklärung in der (approximativen) Einbettung des zu erklärenden Phänomens in ein umfassendes System, welches in der Wissenschaft durch eine Theorie bzw. ein Modell der Theorie gegeben ist. In der Fragelogik ist eine Erklärung die Antwort auf eine Frage der Form: 'Auf welche Art passt (englisch: 'fits') $x$ in $M$?', formal:

$(?Z)(x$ passt zu $M$ in der Art $Z)$.

Dabei bezeichnet $x$ das Explanandum, $M$ die 'Theorie' und $Z$ eine Variable für Sätze oder Satzmengen. Bei *wissenschaftlichen* Erklärungen ist dabei die Art der Passung stark eingeschränkt.

Wir stellen uns das zu Erklärende als ein Ereignis oder eine Situation vor, das oder die durch atomare Sätze beschrieben wird. Die Zusammenfassung dieser Sätze liefert eine Faktenstruktur im weiteren Sinn, d.h. die Fakten brauchen nicht in einem Vokabular einer Theorie gegeben zu sein (5.3). Die *Erklärung des Ereignisses* besteht nun darin, dass es eine schon *existierende* Theorie gibt, die im Sinne von Kapitel 2 zwei Eigenschaften hat. Erstens muss das Ereignis so beschaffen sein, dass es als intendiertes System dieser Theorie dienen kann, zweitens muss die aus ihm erhaltene Faktenstruktur zu einem Modell der Theorie im idealen Sinn von 4.1 oder im approximativen Sinn von 4.2 passen. Die erste Bedingung beinhaltet, dass das Ereignis anderen, intendierten Systemen der Theorie hinreichend ähnlich ist und dass, das Ereignis durch eine Faktenstruktur des richtigen Typs dargestellt wird, d.h. durch eine Faktenstruktur, für die man sinnvoll untersuchen kann, ob sie zu einem Modell der Theorie passt oder nicht. Dass die zur Erklärung benutzte Theorie schon existieren muss, stellt eine dritte Bedingung für den *wissenschaftlichen* Erklärungsbegriff dar. Eine wissenschaftliche Erklärung muss auf Theorien zurückgreifen, die schon von einer wissenschaftlichen Gemeinschaft akzeptiert sind. Im etwas heiklen Grenzfall, in dem eine *neue* Theorie zur Erklärung benutzt wird, können wir also erst dann von Erklärung reden, wenn sich für die neue Theorie auch eine mit ihr arbeitende Gemeinschaft entwickelt hat. Für eine gegebene Faktenstruktur $x$, die ein 'interessantes' Phänomen erfasst, definieren wir, dass eine Erklärung von $x$ in der Angabe einer *existierenden* Theorie **T** von geeignetem Typ und eines Modells dieser Theorie besteht, zu dem $x$ ideal oder approximativ passt. Diese strukturelle Version wurde zuerst von (Forge 1985) und später genauer von (Díez 2014) formuliert.

In unserem Begriffsrahmen bezieht sich eine Erklärung genauer auf intendierte Systeme einer Theorie. Eine Erklärung ist nur wissenschaftlich, wenn sie auf ein Phänomen zutrifft, das in einem intendierten System einer Theorie zu finden ist. Und dies ist der Fall, wenn das Phänomen in der Literatur oder von Fachwissenschaftlern beschrieben wird.

Zu den intendierten Systemen, die wissenschaftlich erklärt werden können, gehören auf jeden Fall die folgenden dazu. Das Phänomen der Ausbeutung wird durch die *Marx*sche Arbeitswertlehre (Diederich 1982) erklärt, das Vorherrschen von Preisen gehandelter Waren (Gleichgewichtspreise) für jede Warenart durch *Walras'* Nutzentheorie (Ingrao und Israel 1990), die Bewegungen der Körper im Planetensystem durch *Newtons* Gravitationstheorie (Newton 1963), die nach der *Balmer*-Serie angeordneten Frequenzen der Spektrallinien des Wasserstoffatoms durch *Schrödingers* Wellenmechanik (Jammer 1966: 62-9), die bei der Erbsenzucht auftretenden Regularitäten der Phänotypen in Abhängigkeit von den jeweils gekreuzten Elterngenerationen durch *Gregor Mendel* (Mendel 1901), das scheinbar grundlose, neurotische Verhalten (Hysterie, Platzangst) von Menschen durch *Freuds* psychologische Theorie des Unbewussten (Balzer und Marcou 1989). Das Anlegen einer Liste von paradigmatischen Fällen wissenschaftlicher Erklärungen wäre wünschenswert.

Wichtig ist im vorliegenden Zusammenhang, dass Erklärungen, die von Metatheoretikern *ad hoc* ohne Hinweis auf deren Auszeichnung in der Literatur ins Spiel gebracht werden, insbesondere 'Erklärungen', die aus dem Alltagsleben geschöpft werden, für das Modell der *wissenschaftlichen* Erklärung nicht berücksichtigt zu werden brauchen.

Dieses kurz beschriebene *Passungs*-Modell der Erklärung bildet ein Grundmodell, welches sich auf verschiedene Weise so spezialisieren lässt, dass die in der Literatur diskutierten Erklärungsarten jeweils zu Spezialfällen des Grundmodells werden. Erstens kann der deduktive Zusammenhang, wie im H-O Schema gefordert, explizit beschrieben werden. Eine Faktenstruktur $x$, die ein 'interessantes' Phänomen darstellt, wird durch Theorie T *deduktiv erklärt*, wenn $x$ im obigen Sinn durch T erklärt wird und wenn die (oder einige) Fakten in $x$ aus den Hypothesen der Theorie und anderen Fakten der Theorie abgeleitet sind. Das H-O Schema erhalten wir durch nochmalige Spezialisierung dieser Bedingung, nämlich dann, wenn die Faktenstruktur $x$ (das Explanandum) nur aus *einem* Atomsatz besteht und gefordert wird, dass die Randbedingung in einer – eventuell anderen – Faktenstruktur der Theorie vorhanden ist.

Einen zweiten Spezialfall bildet die *kausale* Erklärung, die ein Ereignis durch Angabe von dessen Ursache erklärt (Salmon 1984). Der Ursachebegriff kann dabei variabel gehalten werden und jeweils durch eine spezielle Theorie bestimmt sein. Zwar enthalten wissenschaftliche Theorien normalerweise Ursache und Wirkung nicht als Grundbegriffe, diese lassen sich aber oft im Rahmen einer Theorie definieren oder beschreiben. Eine bestimmte Theorie beschreibt einen adäquaten Ursache-Wirkungs-Zusammenhang in spezieller Weise. Eine *kausale Erklärung* der Faktenstruktur $x$ (die ein 'interessantes' Phänomen repräsentiert) besteht in einer Passungs-Erklärung von $x$ durch eine Theorie T, wenn $x$ nach dem zu T gehörigen Kausalbegriff erklärt wird. Dabei müssen die notwendigen Fakten oder in T konstruierbaren Entitäten existieren. Wir lassen dabei offen, zwischen welcher Art von Entitäten die zu T gehörige Kausalrelation wirkt.

Ein dritter Spezialfall besteht in der 'Aufblähung' der Faktenstruktur $x$ zu einem vollen Modell der Theorie, womit wir zur Erklärung *einer Theorie* T durch eine *andere Theorie* T' kommen. Das zu erklärende Phänomen (eine Theorie T) besteht in diesem Fall genauer aus der Tatsache, dass die Theorie im Lichte einer neuen, besseren Theorie T' überhaupt ihre intendierten Systeme erfolgreich behandeln und erklären konnte. Im Lichte der neuen Theorie erscheint die alte Theorie nämlich als falsch und es wird gefragt, warum sie trotz ihrer Falschheit Erfolg haben konnte, oder brauchbar war. Eine Erklärung des Erfolgs von T und damit auch eine Erklärung der ganzen Theorie T durch eine andere Theorie T' liegt vor, wenn jedes Modell und jede Faktenstruktur der 'alten' Theorie T in ein Modell bzw. eine Faktenstruktur der 'neuen' Theorie eingebettet werden kann. Der strenge Begriff der Einbettung über Teilstrukturen aus 3.8 muss dabei so gelockert werden, dass die Einbettung durch eine 'geeignete', intertheoretische Relation vermittelt ist. Genau welche intertheoretischen Relationen hierfür 'geeignet' sind, lässt sich im Moment jedoch noch nicht genau sagen. Reduktion und approximative Reduktion dürften auf jeden Fall geeignet sein (Ludwig 1991), (Scheibe 1973, 1997, 1999), (Balzer, Moulines, Sneed 1987). Die Existenz einer geeigneten, intertheoretischen Relation erklärt meistens auch vorliegende Misserfolge der 'alten' Theorie, indem deren Anwendungsbereich, der Bereich der intendierten Systeme, aus der Sicht der 'neuen' Theorie genauer und enger eingegrenzt wird.

Schließlich ist zu betonen, dass die vereinheitlichende Wirkung von Erklärungen, die in der Literatur zu präzisieren versucht wird, zumindest der Idee nach in allen Ansätzen zur Modellierung von Erklärung vorhanden war. Neu an diesen Ansätzen ist der jeweilige Versuch, zu explizieren, was Vereinheitlichung konkret bedeutet (Friedman 1974), (Kitcher 1981). Allerdings hat die gute, alte Logik mit der axiomatischen Methode hier schon Standards gesetzt, die erst einmal erreicht sein wollen. Auch die 'neue' Methode des maschinellen Lernens, bei der vom Computer allgemeine Regeln gesucht und gelernt werden, indem er vorhandene Beispiele oder Fakten 'unifiziert', verliert bei nüchterner Beurteilung viel vom charismatischen Flair, mit der sie in der *KI* Szene gehandelt wird.

# Literatur

Abelson, Robert P. (1973): The Structure of Belief Systems. in: Schank, Robert und Colby, Kenneth Mark (eds.): *Computer models of thought and language.* W. H. Freeman & Co., 287-339.

Abreu, Claudio, Lorenzano, Pablo und Moulines, C. Ulises (2013): Bibliography of Structuralism (1995 - 2012, and Additions), *Metatheoria* 3, 1 - 36.

Adorno, Theodor W. (Hg.) (1969): *Der Positivismusstreit in der deutschen Soziologie.* Neuwied.

*Aktiengesetz · GmbH-Gesetz* (1993). 25. Aufl., München: Beck.

Albert, Hans (Hg.) (1972): *Konstruktion und Kritik.* Hamburg.

Balsiger, Philipp (2005): *Transdisziplinarität.* München.

Balsiger, Jörg (2016): The European Union Strategy for the Alpine Region. in: Gänzle, Stefan und Kern, Kristine (eds.) *A 'Macro-regional' Europe in the Making. Theoretical Approaches and Empirical Evidences.* Basingstoke, Palgrave Macmillen, 169-188.

Balzer, Wolfgang (1979): On the Status of Arithmetic, *Erkenntnis* 14, 57-85.

Balzer, Wolfgang (1980): Mathematical Structures as Representations of Intellectual Structures, *Dialectica* 34, 247-62.

Balzer, Wolfgang (1982a): *Empirische Theorien: Modelle, Strukturen, Beispiele.* Braunschweig.

Balzer, Wolfgang (1982b): Finality and the Development of Logical Structures of Physical Theories, *Epistemologia* 5, 257-68.

Balzer, Wolfgang (1983): The Origin and Role of Invariance in Classical Kinematics. in: Mayr/Süßmann (Hg.),149-69.

Balzer, Wolfgang (1985): *Theorie und Messung.* Berlin: Springer.

Balzer, Wolfgang (1986): Theoretical Terms, A New Perspective, *The Journal of Philosophy* 83, 71-90.

Balzer, Wolfgang (1992): The Structuralist View of Measurement: An Extension of Received Measurement Theories. in: Savage/Ehrlich (eds.), 93-117.

Balzer, Wolfgang (1993): *Soziale Institutionen.* Berlin: de Gruyter. Zu finden auch in www.ssoar.info.

Balzer, Wolfgang (1996): Theoretical Terms: Recent Developments. in: Balzer/Moulines (eds.), 139-66.

# Literatur

Balzer, Wolfgang (1997): Referenz in der Wissenschaft. in: Meggle (Hg.), 335 - 341.

Balzer, Wolfgang (1999): Language and Institutions. in: Wiegand, Herbert E. (Hg.), *Sprache und Sprachen in den Wissenschaften*. Berlin-New York, 487-507.

Balzer, Wolfgang (2002): Methodological Patterns in a Structuralist Setting, *Synthese* 130, 49 - 68.

Balzer, Wolfgang (2003): Wissen und Wissenschaft als Waren, *Erkenntnis* 58, 87-110.

Balzer, Wolfgang (2015): Scientific Simulation as Experiment in Social Science, *Philosophical Inquiry*, 39 (1), 26 - 37.

Balzer, Wolfgang (2021): Was weiß ein Bot? in: (eds.) Brandl, J. L., Messelken, D., Wedman, S. *Denken. Reden. Handeln - Thinking. Talking. Acting*. Open Access Publikationsserver der Universität Salzburg (ePLUS) ISN 978-3-200-07526-9 (PDF).

Balzer, Wolfgang, Brendel Karl R. und Hofmann, Solveig (2000): Künstliche Gesellschaften, *Facta Philosophical* 10, 3-24.

Balzer, Wolfgang und Dawe, Chris M. (1997): *Models for Genetics*. Frankfurt/Main: Verlag Peter Lang.

Balzer, Wolfgang und Dreier, Volker (1999): The Structure of the Spatial Theory of Elections, *The British Journal of Philosophy of Science* 50, 613-38.

Balzer, Wolfgang, Kurzawe, Daniel und Manhart, Klaus (2014): *Künstliche Gesellschaften mit* PROLOG. V & R unipress, Göttingen.

Balzer, Wolfgang und Kurzawe, Daniel (2023): Form and Content: A New Aspect. CLMPS 2023, Congress on Logic, Methodology, and Philosophy of Science and Technology, Buenos Aires, Argentinien.

Balzer, Wolfgang und Kuznetsov, Vladimir (2010): Die Tripelstruktur der Begriffe, *Journal of General Philosophy of Science*, 41 (1), 21 - 43.

Balzer, Wolfgang, Lauth, Bernd und Zoubek, Gerhard (1989): A Static Theory of Reference in Science, *Synthese* 79, 319-60.

Balzer, Wolfgang, Lauth, Bernhard und Zoubek, Gerhard (1993): A Model for Science Kinematics, *Studia Logica* 52, 519-48.

Balzer, Wolfgang und Manhart, Klaus (2014): Scientific Processes and Social Processes, *Erkenntnis* 79, 1393 -1412.

Balzer, Wolfgang und Manhart, Klaus (2023): A model for $n$-dimensional Bayes nets, *Metatheoria* 12, 1 -18.

Balzer, Wolfgang und Marcou, Phillio (1989): A Reconstruction of Sigmund Freud's Early Theory of the Unconscious. in: Westmeyer (ed.), 13-31.

Balzer, Wolfgang und Moulines, C. Ulises (1981): Die Grundstruktur der klassischen Partikelmechanik und ihre Spezialisierungen, *Zeitschrift für Naturforschung* 36a, 600-8.

Balzer, Wolfgang, Moulines, C. Ulises und Sneed, Joseph D. (1987): *An Architectonic for Science*. Dordrecht: Kluwer.

Balzer, Wolfgang und Moulines, C. Ulises (eds.) (1996): *Structuralist Theory of Science: Focal Issues, New Results*. Berlin: de Gruyter.

Balzer, Wolfgang und Mühlhölzer, Felix (1982): Klassische Stoßmechanik, *Zeitschrift für allgemeine Wissenschaftstheorie* 13, 22-39.

Balzer, Wolfgang, Pearce, David und Schmidt, Heinz-Jürgen (eds.) (1984): *Reduction in Science*. Dordrecht 1984.

Balzer, Wolfgang und Sneed, Joseph D. (1977/1978): Generalized Net Structures of Empirical Theories, *Studia Logica* 36, 195-210 und 37, 167-94.

Balzer, Wolfgang, Sneed, Joseph D. und Moulines, C. Ulises (eds.) (2002): *Structuralist Knowledge Representation*. Amsterdam-Atlanta: Rodopi.

Balzer, Wolfgang und Tuomela, Raimo (1999): Eine Theorie des Gemeinschaftlichen, *Facta Philosophica* 1, 55-76.

Balzer, Wolfgang und Wollmershäuser, Friedrich R. (1986): Chains of Measurement in Roemer's Determination of the Velocity of Light, *Erkenntnis* 25, 323-44.

Balzer, Wolfgang und Zoubek, Gerhard (1994): Structuralist Aspects of Idealization, in: Kuokkanen (ed.), 57-79.

Barcan Marcus, Ruth, Dorn, Georg J. W. und Weingartner, Paul (eds.) (1986): *Logic Methodology and Philosophy of Science* VII. Amsterdam etc.

Bartalanffy, Ludwig von (1968): *General System Theory. Foundations, Developments, Applications*. New York.

Bartelborth, Thomas (1988): *Eine logische Rekonstruktion der klassischen Elektrodynamik*. Frankfurt/Main.

Bartelborth, Thomas (1993): Hierarchy versus Holism: A Structuralist View on General Relativity, *Erkenntnis* 39, 383-412.

Bartelborth, Thomas (2007): *Erklären*. Berlin-New York.

Bauer, Heinz (1974): *Wahrscheinlichkeitstheorie und Grundzüge der Maßtheorie*. 2 Aufl., Berlin.

Baumgarten, Uwe und Siegert, Hans-Jürgen (2007): *Betriebssystem*. (6. Aufl.), München Wien, Oldenbourg Verlag.

Beckermann, Ansgar (Hg.) (1985): *Analytische Handlungstheorie*. Band 2, Frankfurt/Main.

Belnap, Nuel D. und Steel, T. B. (1976): *The Logic of Questions and Answer*. New Haven.

Benaceraf, Paul und Putnam, Hilary (Hg.) (1983): *Philosophy of Mathematics*. 2. Aufl. Cambridge.

Bernays, Paul (1954): A System of Axiometic Set Theory VII, *Journal of Symbolic Logic* 19, 81 - 96.

Bernardo, José-Miguel und Smith, Adrian F. M. (2000): *Bayesian Theor*. John Wiley and Sons, Chichester etc.

Blau, Peter M. (1964): *Exchange and Power in Social Life*. New York.

Bloor, David (1996): *Scientific Knowledge*. London.

Böhm, Volker (1991): Existence of Equilibria with Price Regulation. in: Hildenbrand/MasCollel (Hg.), 119-30.

Böhme, Gernot, van den Daele, Wolfgang und Krohn, Wofgang (1972): Alternativen in der Wissenschaft, *Zeitschrift für Soziologie* 1, 302-16.

Böhme, Gernot, van den Daele, Wolfgang und Krohn, Wolfgang (1973): Die Finalisierung der Wissenschaft, *Zeitschrift für Soziologie* 2, 128-44.

Borel, Émil (1925): *Traité du calcul des probabilités et des ses applications*, Bd. I - IV. Paris 1925 -1952.

Bortz, Jürgen (1985): *Statistik*. 2. Aufl. Berlin etc.

Borsuk, Karol und Szmielew, Wanda (1960): *Foundations of Geometry*. Amsterdam.

Bourbaki, Nicolas (1961): *Topolog*. Paris.

Bourbaki, Nicolas (1968): *Set Theor*. Paris.

Bowen, K. C. und Harris, J. I. (1978): *Research Games: An Approach to the Study of Decision Processes*. London.

Brendel, Karl R. (2008): *Parallele versus sequentielle Multi-Agenten-Simulation als Methode der Sozialwissenschaft. Ein Vergleich anhand eines Solidaritätsmodells*. Dissertation, Universität München LMU.

Brzezinski, Jerzy, Coniglione, Francesco, Kuipers, Theo A. F. und Nowak, Leszek (eds.) (1990): *Idealization II: Forms and Applications*. Poznan Studies in the Philosophy of the Sciences and the Humanities 17, Amsterdam.

Buchanan, Bruce und Feigenbaum, Edward A. (1978): DENDRAL and Meta-DENDRAL: Their Applications Dimension, *Artificial Intelligence* 11, 5-24.

Bühler, Axel (Hg.) (1994): *Unzeitgemäße Hermeneutik*. Frankfurt/Main.

Bünting, Karl-Dieter (1972): *Einführung in die Linguisti*. 6. Aufl. Frankfurt/Main.

Carnap, Rudolf (1959): *Induktive Logik und Wahrscheinlichkeit*. Wien.

Cartwright, Nancy (1999): *The Dappled World*. Cambridge.

Chomsky, Noam (2002): *Syntactic Structures*. Berlin-New York. 1. Aufl. 1957.

Clocksin, William F. und Mellish, C. S. (1984): *Programming in PROLOG*. 2.Aufl. Berlin.

Cramér, Harald (1937): *Random variables and probability distribution*. Cambridge.

Dallmayr, Fred R. und McCarthy, Thomas A. (eds.) (1977): *Understanding and Social Inquiry*. Notre Dame.

Davidson, Donald H. (1990): The Structure and Content of Truth, *The Journal of Philosophy* 87, 279-328.

Debreu, Gérard (1959): *Theory of Value.* New York.

Dedić, Nedim und Stanier, Clare (2017): *Towards Differentiating Business Intelligence, Big Data, Data Analytics and Knowledge Discovery.* Vol. 285, Springer International Publishing, Berlin - Heidelberg.

Diederich, Werner (1981): *Strukturalistische Rekonstruktionen.* Braunschweig.

Diederich, Werner (1982): A Structuralist Reconstruction of Marx's Economics. in: Stegmüller/Balzer/Spohn (eds.), 145-60.

Diederich, Werner, Ibarra, Andoni und Morman, Thomas (1989): Bibliography of Structuralism, *Erkenntnis* 30, 387-407.

Diederich, Werner, Ibarra, Andoni und Morman, Thomas (1994): Bibliography of Structuralism, *Erkenntnis* 41, 403-18.

Díez, José A. (2014): Scientific explanation as ampliative, specialized embedding a non-Hempelian account, *Erkenntnis* 79/8, 1413 - 1443.

Dobzhansky, Theodosius' (1932): Cytological Map of the X chromosome of Drosophila Melanogaster, *Biologisches Zentralblatt* 52, 493-509.

Downs, Anthony (1957): *An Economic Theory of Democracy.* New York.

Duhem, Pierre (1954): *The Aim and Structure of Physical Theory.* Princeton.

Durkheim, Emil (1984): *Die elementaren Formen des religiösen Lebens.* 2. Aufl. Frankfurt/ Main.

Edmonds, Bruce, Troitzsch, Klaus G. und Iglesias, Carlos A. (eds.) (2008) *Social Simulation: Technologies, Advances and New Discoveries.* Hershey PA.

Ehlers, Jürgen (1986): On Limit Relations Between, and Approximative Explanations of, Physical Theories. in: Barcan Marcus/Dorn/Weingartner (Hg.), 387-403.

Eleftheriadis, Anastassia (1991): *Die Struktur der hippokratischen Theorie der Medizin.* Frankfurt/Main: Verlag Peter Lang.

Endres, Eva und Augustin, Thomas (2016): Statistical matching of discrete data by Bayesian networks. in: Antonucci, A., Corani, G. and de Campos, C. P. (eds.), *Proceedings of the Eighth International Conference on Probabilistic Graphical Models,* Vol. 52 of Proceedings of Machine Learning Research, Lugano: PMLR, pp. 159 - 170.

Engisch, Karl (1956): *Einführung in das juristische Denken.* Stuttgart.

Esser, Hartmut, Klenovits, Klaus und Zehnpfennig, Helmut (1977): *Wissenschaftstheorie.* Band 2, Stuttgart.

Essler, Wilhelm K. (1970): *Wissenschaftstheorie* I: Definition und Reduktion. Freiburg- München.

Essler, Wilhelm. K. und Brendel, Elke (1993): *Grundzüge der Logik* II. 4. Aufl., Frankfurt/Main.

Essler, Wilhelm K., Labude, Joachim und Ucsnay, Stefanie (2000): *Theorie und Erfahrung.* Freiburg/ i.Br.

Evans-Pritchard, Edward E. (1937): *Witchcraft, Oracles and Magic Among the Azande*. Oxford.

Fahrenbach, Helmut (Hg.) (1973): *Wirklichkeit und Reflexion*. Pfullingen.

Finke, Peter und Schmidt, Siegfried J. (Hg.) (1984): *Analytische Literaturwissenschaft*. Braunschweig/Wiesbaden.

Fishhburn, Peter C. (1970): *Utility Theory for Decision Making*. New York etc.

Fleck, Ludwig (1980): *Entstehung und Entwicklung einer wissenschaftlichen Tatsache*. Frankfurt/Main.

Forge, John (1985): Theoretical Explanation in Physical Science, *Erkenntnis* 23, 269-94.

Fraassen, Bas C. van (1980): *The Scientific Image*. Oxford.

Fraassen, Bas C. van (1989): *Laws and Symmetries*. Oxford.

Forrest, William G. (1968): *A History of Sparta*. London.

Fraunberger, Fritz und Teichmann, Jürgen (1984): *Das Experiment in der Physik*. Braunschweig Wiesbaden.

Fraenkel, Abraham A. (1961): *Abstract Set Theory*. 2. Aufl. Amsterdam.

Friedman, Michael (1974): Explanation and Scientific Understanding, *The Journal of Philosophy* 71, 5-19.

Friedrichs, Jürgen (1985): *Methoden empirischer Sozialforschung*. 13. Aufl. Opladen.

Gadamer, Hans-Georg (1965): *Wahrheit und Methode*. 2. Aufl. Tübingen.

Gaede, Karsten (2019): *Künstliche Intelligenz – Rechte und Strafen für Roboter?* Nomos, Baden-Baden.

Gähde, Ulrich (1983): T-*Theoretizität und Holismus*. Frankfurt/Bern.

Gähde, Ulrich (1990): On Innertheoretical Conditions for Theoretical Terms, *Erkenntnis* 32, 215 - 233.

Gähde, Ulrich (Hg.) (1992): *Der klassische Utilitarismus. Einflüsse - Entwicklungen - Folgen*. Berlin.

Gähde, Ulrich (1996): Holism and the Empirical Claims of Theory-Nets. in: Balzer/Moulines (eds.), 167-90.

Gärdenfors, Peter (1988): *Knowledge in Flux*. Cambridge/Mass.

Giere, Ronald (1988): *Explaining Science*. Chicago.

Giere, Roland (1992): *Cognitive Models of Science*. Minneapolis.

Gilbert, Nigel (2008): *Agent Based Models*. London etc.

Gilbert, Nigel und Troitzsch, Klaus G. (2005): *Simulation for the Social Scientist*. 2. Aufl. Maidenhead.

Ginsburg, Herbert und Opper, Sylvia (1975): *Piagets Theorie der geistigen Entwicklung*. Stuttgart.

Gläser, Jochen (2006): *Wissenschaftliche Produktionsgemeinschaften*. Frankfurt/Main.

Glymour, Clark (1980): *Theory and Evidence*. Princeton.

Glymour, Clark, Scheines, Richard, Spirtes, Peter und Kelly, Kevin (1987): *Discovering Causal Structure*. Orlando etc.

Goodman, Nelson (1975): *Tatsache, Fiktion, Voraussage*. Frankfurt/M.

Greub, Werner H. (1967): *Linear Algebra*. 3. Aufl. Berlin etc.

Gross, N., Mason, W. S. und McEachern, A. W. (1958): *Explorations in Role Analysis*. New York.

Grünbaum, Adolf (1976): Is the Method of Bold Conjectures and Attempted Refutations Justifiably the Method of Science?, *The British Journal for the Philosophy of Science* 27 (1976) 105-36.

Habermas, Jürgen (1968): *Erkenntnis und Interesse*. Frankfurt/Main.

Habermas, Jürgen (1973): Wahrheitstheorien. in: Fahrenbach (Hg.), 211-65.

Hacking, Ian (1983): *Representing and Intervening*. Cambridge.

Halmos, Paul R. (1976): *Naive Mengenlehre*. 2. Aufl. Göttingen.

Hamminga, Bert (1983): *Neoclassical Theory Structure and Theory Development*. Berlin.

Hamminga, Bert (1989): Sneed versus Nowak: An Illustration in Economics, *Erkenntnis* 30, 247-65.

Harper, William L. und Skyrms, B. (eds.) (1988): *Causation in Decision, Belief Change, and Statistics*, Vol. II. Dordrecht.

Haug, Charlotte J. (2015): Peer-Review Fraud - Hacking the Publication Process, *New England Journal of Medicine*, 2393 - 95.

Heath, Thomas L. (1981): *A History of Greek Mathematics*. 2 Bände, New York.

Hegselmann, Rainer (1994): Zur Selbstorganisation von Solidarnetzwerken unter Ungleichen. in: Homann (Hg.), 105-29.

Heidelberger, Michael (1979): *Der Wandel der Elektrizitätslehre zu Ohms Zeit*. Dissertation, Universität München LMU.

Hempel, Carl G. (1965): *Aspects of Scientific Explanation*. New York.

Henderson, James M. und Quandt, Richard E. (1971): *Microeconomic Theory, A Mathematical Approach*. 2. Aufl. New York etc.

Hermes, Hans (1972): *Aufzählbarkeit, Entscheidbarkeit, Berechenbarkeit*. Berlin.

Herrlich, Horst und Strecker, Georg E. (1979): *Category Theory*. 2.Aufl. Berlin.

Hilbert, David und Ackermann, Wilhelm (1959): *Grundzüge der theoretischen Logik*. 4. Aufl. Berlin etc.

Hildenbrand, Werner und Mas-Collel, Andreu (eds.) (1991): *Contributions to Mathematical Economics*. Amsterdam.

Hintikka, Jakko und Suppes, Patrick (eds.) (1966): *Aspects of Inductive Logic*. Amsterdam.

Hofer, Lena (2015): *(Re)Produktion empirischer Szenarien*. Münster, mentis Verlag.

Hofmann, Solveig (2009): *Dynamik sozialer Praktiken*. Wiesbaden, VS Springer

Holland, Paul W. und Leinhardt, Samuel (1971): Transitivity in Structural Models of Small Groups, *Comparative Group Studies* 2, 107-24.

Homann, Karl (Hg.) (1994): *Wirtschaftsethische Perspektiven* I. Berlin.

Ingrao, Bruna und Israel, Giorgio (1990): *The Invisible Hand: Economic Equilibrium in the History of Science*. Cambridge/Mass.

Jammer, Max (1966): *The Conceptual Development of Quantum Mechanics*. New York.

Janich, Peter (1980): *Die Protophysik der Zeit*. Frankfurt/Main.

Jauch, Josef M. (1968): *Foundations of Quantum Mechanics*. Reading/Mass.

Jeffrey, Richard C. (1965): *The Logic of Decision*. New York, McGraw-Hill.

Jensen, Finn V. (2001): *Bayesian networks and decision graphs*. Springer Verlag.

Jonas, Hans (1979): *Das Prinzip Verantwortung*. Insel Verlag, Frankfurt/Main.

Kamlah, Andreas (1985): On Reduction of Theories, *Erkenntnis* 22, 119-42.

Kamlah, Andreas (2002): *Der Griff der Sprache nach der Natur*. Paderborn.

Kangro, Hans (1970): *Vorgeschichte des Planckschen Strahlungsgesetzes*. Wiesbaden.

Kant, Immanuel (1956): *Kritik der reinen Vernunft*. R. Schmidt (Hg.), Hamburg.

Kant, Immanuel (1959): Prolegomena zu einer jeden künftigen Metaphysik, die als Wissenschaft wird auftreten können. in: Kant, Werke, W. Weischedel (Hg.), Darmstadt, 113-264.

Kant, Immanuel (1964): Beantwortung der Frage: Was ist Aufklärung? in: Kant, Werke, Bd.VI, W. Weischedel (Hg.), Darmstadt, 53-61.

Kelley, Kevin (1995): *The Logic of Reliable Inquiry*. Oxford.

Kiss, Gábor (1971): *Marxismus als Soziologie*. Reinbek.

Kitcher, Philip (1981): Explanatory Unification, *Philosophy of Science* 48, 507-531.

Klein, Felix (1974): *Das Erlanger Programm. Vergleichende Betrachtungen über neuere geometrische Forschungen*. Leipzig.

Kleinsorge, H. und Zöckler, C. E. (Hg.) (1984): *Fortschritt in der Medizin. Versuchung oder Herausforderung*. Hameln.

Knorr-Cetina, Karin D. (1981): *The Manufacture of Knowledge*. Oxford.

Koch, Karl-Rudolf (2000): *Einführung in die Bayes-Statistik*. Springer, Berlin etc.

Koch, Hans-Joachim und Rüßmann, Helmut (1982): *Juristische Begründungslehre*. München.

Koller, Daphne und Friedman, Nir (2009): *Probabilistic Graphical Models, Principles and Techniques.* MIT Press, Cambridge/Mass. etc.

Kolmogorov, Andrei N. (1950): *Foundations of the Theory of Probability.* New York, Chelsea Publishing.

Kornmesser, Stephan und Schurz, Gerhard (2020): Analyzing Theories in the Frame Model, *Erkenntnis* 85, 1313 - 46.

Krantz, David H., Luce, R. Duncan, Suppes, Patrick und Tversky, Amos (1971): *Foundations of Measurement,* Band 1. New York London.

Krohn, Wolfgang und Küppers, Günter (1987): *Die Selbstorganisation der Wissenschaft.* Wissenschaftsforschung, Report 33, Bielefeld.

Krohn, Wolfgang und Küppers, Günter (Hg.) (1990): *Selbstorganisation, Aspekte einer wissenschaftlichen Revolution.* Braunschweig.

Krüger, Lorenz (1988): Wahrscheinlichkeit als theoretischer Begriff der Physik. in: Muschik/Scheibe (Hg.), 44-70.

Krüger, Lorenz (1992): Kausalität und Freiheit, *Neue Hefte für Philosophie* 32/33, 1-14.

Krüger, Lorenz, Daston, Lorraine und Heidelberger, Michael (Hg.) (1987): *The Probabilistic Revolution,* 2 Bände. Cambridge 1987.

Kuhn, Thomas (1970): *The Structure of Scientific Revolutions.* Chicago.

Kuipers, Theo A. F. (1996): Truth Approximation by the Hypothetico-Deductive Method. in: Balzer/Moulines (eds.), 83-113.

Kuipers, Theo A. F. (2001): *Structures in Science.* Dordrecht.

Kuokkanen, Martti (1989): Structuralism as a Method of Theory Construction: The Example of the Social Psychological Role Conftict Theory. in: Westmeyer (ed.), 129-44.

Kuokkanen, Martti (ed.) (1994): *Idealization VII: Structuralism, Idealization, and Approximation.* Poznan Studies in the Philosophy of the Siences and the Humanities 42, Amsterdam.

Kurzawe, Daniel (2023): *Die Dynamik von Forschung und Gesellschaft – Simulationen von Wissenschaftsprozessen.* Georg Olms Verlag, Hildesheim.

Lakatos, Imre (1979): *Beweise und Widerlegungen.* Braunschweig.

Lakatos, Imre (1982): *Die Methodologie der wissenschaftlichen Forschungsprogramme.* Braunschweig.

Langley, Pat (ed.) (1987): *Proceedings of the Fourth International Workshop on Machine Learning.* Los Altos.

Langley, Pat, Simon, Herbert A., Bradshaw, Gary L. und Zytkow, Jan M.: (1987) *Scientific Discovery.* Cambridge/Mass.

Laudan, Larry (1977): *Progress and its Problems.* Berkeley etc.

Laudan, Larry (1984): *Science and Values.* Berkeley.

Lauth, Bernhard (1989): Reference Problems in Stoichiometry, *Erkenntnis* 30, 339-62.

Lauth, Bernhard (1993): Inductive Inference in the Limit for First-Order Sentences, *Studia Logica* 52, 491-517.

Lauth, Bernhard (1994): An Abstract Model for Inductive Inference, *Erkenntnis* 40, 87-120.

Lauth, Bernhard (1996): Probability, Confirmation and Testing from a Structuralist Perspective. in Balzer/Moulines (eds.), 115-37.

Lauth, Bernhard und Sareiter, Jamel (2002): *Wissenschaftliche Erkenntnis*. Paderborn.

Lauth, Bernhard und Zoubek, Gerhard (1992): Zur Rekonstruktion des Bohrschen Forschungsprogramms I, *Erkenntnis* 37, 223-247; und Teil II, Erkenntnis 37, 249-73.

Lelgemann, Dieter (2011): *Gauß und die Messkunst*. Primus Verlag, Darmstadt.

Lenk, Hans (Hg.) (1977): *Handlungstheorien Interdisziplinär*, Band IV. München.

Lenk, Hans (Hg.) (1991): *Wissenschaft und Ethik*. Stuttgart.

Levy, Azriel (1979): *Basic Set Theory*. Berlin etc.

Lewis, David (1973): *Counterfactuals*. Cambridge/Mass.

Lorenzen, Paul (1987): *Lehrbuch der konstruktiven Wissenschaftstheorie*. Mannheim etc.

Losee, John (2003): *Theories of Scientific Progress*. Oxford.

Ludwig, Günther (1976): *Einführung in die Grundlagen der theoretischen Physik* Band 3. Braunschweig.

Ludwig, Günther (1991): *Die Grundstrukturen einer physikalischen Theorie*. Berlin etc. 2. Aufl. (1. Aufl. 1978)

Ludwig, Günther und Thurler, Gérald (2006): *A New Foundation of Physical Theories*. Berlin, Springer.

Lukasiewicz, Jan (1913): *Die logischen Grundlagen der Wahrscheinlichkeitsrechnung*. Krakau.

Lukes, Steven (1974): *Power, a Radical View*. London.

Mackie, John L. (1974): *The Cement of the Universe*. London.

MacLane, Saunders (1971): *Categories for the Working Mathematician*. Berlin.

Manhart, Klaus (1989): Ein einfaches wissensbasiertes System zur Auswahl statistischer Test, *Österreichische Zeitschrift für Statistik und Informatik* 3, 289-300.

Manhart, Klaus (1994): Strukturalistische Theorienkonzeption in den Sozialwissenschaften. Das Beispiel der Theorie vom transitiven Graphen, *Zeitschrift für Soziologie* 23, 11-28.

Manhart, Klaus (1995): *KI-Modelle in den Sozialwissenschaften*. München: Verlag Oldenbourg.

Manhart, Klaus (1995a): Forschungsprogramm und Evolution von Balancetheorien, *Zeitschrift für Sozialpsychologie* 26, 194-220.

Manhart, Klaus (1998): Theorienreduktion in den Sozialwissenschaften. Eine Fallstudie am Beispiel der Balancetheorie, *Zeitschrift für allgemeine Wissenschaftstheorie* 29, 301-26.

Manna, Zohar (1974): *Mathematical Theory of Computation*. New York etc.

Marcou, Phillio und Balzer, Wolfgang (1988): Dichtung, Mythos, Wissenschaft, *Erkenntnis* 29, 201-225.

Maurer, Hermann (1974): *Faktenstrukturen und Programmierverfahren*. Stuttgart.

Mayr, Dieter (1981): Investigations of the Concept of Reduction II, *Erkenntnis* 16, 109 - 29.

Mayr, Dieter und Süßmann, Georg (eds.) (1983): *Space, Time, and Mechanics*. Dordrecht.

McGrayne, Sharon B. (2014): *Die Theorie, die nicht sterben wollte*. Berlin etc., Springer.

McKinsey, John C. C., Sugar, A. C. und Suppes, Patrick (1953): Axiomatic Foundations of Classical Particle Mechanics, *Journal of Rational Mechanics and Analysis* 2, 253 - 272.

Meggle, Georg (Hg.) (1977): *Analytische Handlungstheorie*, Band 1. Frankfurt/Main.

Meggle, Georg (Hg.) (1997): *Analyomen* 2. Berlin.

Mendel, Gregor (1901): Experiments in Pea Hybridization, *Journal of the Royal Horticultural Society* 26, 1-32.

Menger, Karl (1943): What is Dimension? *The American Mathematical Monthly* 50:1, 2-7.

Messick, David V. und Liebrand, Wim B. G. (1993): Computer Simulations of the Relation Between Individual Heuristics and Global Cooperation in Prisoner's Dilemmas, *Social Science Computer Review* 11, 301-12.

Mill, John S. (1973): *Collected Works of John Stuart Mill*, Band VII. Toronto.

Mittelstaedt, Peter und Stachow, Ernst W. (eds.) (1985): *Recent Developments in Quantum Logic*. Mannheim.

Monk, J. Donald (1976): *Mathematical Logic*. New York etc.

Morik, Katharina (ed.) (1990): *EWSL 89: Proceedings of the Fourth European Working Session on Learning*. London.

Mormann, Thomas (1996): Categorial Structuralism. in: Balzer/Moulines, 265-86.

Mosteller, Frederick und Tukey, John W. (1977): *Data Regression and Regression - a second course in statistics*. Addison-Wesley, Reading MA.

Moulines, C. Ulises (1976): Approximate Application of Empirical Theories: A General Explication, *Erkenntni* 10, 201-27.

Moulines, C. Ulises (1979): Theory-Nets and the Evolution of Theories: The Example of Newtonian Mechanics, *Synthese* 41, 417-39.

Moulines, C. Ulises (1986): The Ways of Holism, *Nous* 20, 313-30.

Moulines, C. Ulises (2002): Introduction: Structuralism as Program for Modelling Theoretical Science, *Synthese* 130 (1), 1-11.

Moulines, C. Ulises (2008): *Die Entwicklung der modernen Wissenschaftstheorie (1890 - 2000): Eine historische Einführung.* Hamburg.

Moulines, C. Ulises (2014): Intertheoretical Relations and the Dynamics of Science, *Erkenntnis* 79, 1505 - 19.

Mühlhölzer, Felix (1996): Symmetry and Invariance. in: Balzer/Moulines (eds.), 191-218.

Müller, Norbert (1989, 1991): *Civilization Dynamics* I, Band I und Band II. Aldershot.

Müller, Ulrich (1985): Die Struktur der Ionentheorie der Erregung von A. L. Hodgkin, A. F. Huxley und B. Katz, *Münstersche Beiträge zur Geschichte und Theorie der Medizin*, Bd. 25, Tecklenburg.

Muschik, Wolfgang und Scheibe, Erhard (Hg.) (1988): *Philosophie, Physik, Wissenschaftsgeschichte.* TUB-Dokumentation, Kongresse und Tagungen, Berlin.

Nagel, Ernest et al. (eds.) (1962): *Logic, Methodology, and the Philosophy of Science.* Stanford.

Narens, Louis (1985): *Abstract Measurement Theory.* Cambridge.

Newell, Allen und Simon, Herbert A. (1972): *Human Problem Solving.* Englewood Cliffs/NJ.

Newton, Isaac (1963): *Mathematische Prinzipien der Naturlehre.* J. P. Wolfers (Hg.), Darmstadt.

Niemeyer, Gerhard (1989): *Einführung in das Programmieren in* ASSEMBLER. 6. Aufl., de Gruyter, Berlin.

Niiniluoto, Ilkka (1987): *Truthlikeness.* Dordrecht.

Novikov, Pyotr S. (1973): *Grundzüge der mathematische Logik.* Wiesbaden, Vieweg und Teubner.

Nowak, Lesz (1980): *The Structure of Idealization.* Dordrecht.

Osherson, Daniel N., Stob, Michael und Weinstein, Scott (1986): *Systems that Learn.* Cambridge/ Mass.

Pareigis, Bodo (1969): *Kategorien und Funktoren.* Stuttgart.

Peirce, Charles S. (1960): *Collected Papers of Charles Sanders Peirce.* Band 1, Cambridge/Mass.

Pépin, J. (1988): Stichwort 'Hermeneutik', *Reallexikon für Antike und Christentum*, Bd. 14, Stuttgart, 721-71.

Pfanzagl, Johan (1968): *Theory of Measurement*. Würzburg.

Piaget, Jean und Inhelder, Bärbel (1941): *Le development des quantites physiques chez l'enfant*. Neuchâtel.

Piaget, Jean und Szeminska, Alina (1941): *La genese du nombre chez l'enfant*. Neuchâtel.

Pitz, Thomas (2000): *Anwendung Genetischer Algorithmen auf Handlungsbäume in Multiagentensystemen zur Simulation sozialen Handelns*. Frankfurt etc.

Polya, George (1949): *Die Schule des Denkens*. Bern.

Popper, Karl R. (1965): *Das Elend des Historizismus*. Tübingen.

Popper, Karl R. (1966): *Logik der Forschung*. 2. Aufl. Tübingen.

Prietula, Michael, Carley, Kathleen M. und Gasser, Les (eds.) (1998): *Simulating Organizations: Computational Models of Institutions and Groups*. Cambridge MA.

Puntel, Lorenz B. (1983): *Wahrheitstheorien in der neueren Philosophie*. Darmstadt.

Quine, Willard van O. (1960): *Word and Object*. New York London.

Quine, Willard van O. (1971): Two Dogmas of Empiricism. in: W. v. O. Quine, *From a Logical Point of View*. Cambridge/Mass., 20-46.

Quine Willard van O. und Ullian, Joseph S. (1978): *The Web of Belief*. 2. Aufl. New York.

Rechenberg, Peter (1991): *Was ist Informatik?: Eine allgemeinverständliche Einführung*. München etc.

Rényi, Alfréd (1962): *Wahrscheinlichkeitsrechnung*. VEB Deutscher Verlag der Wissenschaften, Berlin.

Robinson, John A. (1965): A Machine Oriented Logic Based on the Resolution Principle, *Journal of Logic, Language and Information* 1, 23-41.

Rott, Hans (1991): *Reduktion und Revision*. Frankfurt/Main.

Rott, Hans (1992): Preferential Belief Change Using Generalized Epistemic Entrenchment, *Journal of Logic, Language and Information* 1, 45-78.

Rott, Hans (2006): Revision by Comparison as a Unifying Framework: Severe Withdrawal, Irrevocable Revision and Irrefutable Revision, *Theoretical Computer Science* 355 (2), 228-42.

Rüger, Bernhard (1988): *Induktive Statistik: Einführung für Wirtschafts- und Sozialwissenschaftler*. 2.Aufl. München etc.

Rui Wang (2007): Small World Model of Transmission of SARS. in: Takahashi/Sallach/Rouchier.

Salmon, Wesley (1984): *Scientific Explanation and the Causal Structure of the World*. Princeton.

Savage, C. Wade und Ehrlich, P. (eds.)(1992): *Philosophical and Foundational Issues in Measurement Theory*. Hillsdale/NJ.

Schank, Roger C. und Colby, Kenneth M. (eds.) (1973): *Computer Models of Thought and Language*. San Francisco.

Scheibe, Erhard (1973): Die Erklärung der Keplerschen Gesetze durch Newtons Gravitationsgesetz. in: Scheibe/Süßmann (Hg.), 98 - 118.

Scheibe, Erhard und Süßmann, Georg (Hg.) (1973): *Einheit und Vielheit*. Göttingen.

Scheibe, Erhard (1997, 1999): *Die Reduktion physikalischer Theorien*, Band 1 und Band 2. Heidelberg etc.

Schelling, Thomas C. (1971): Dynamic Models of Segregation, *Journal of Mathematical Sociology* 1, 143-86.

Schmandt-Besserat, Denise (1984): Before Numerals, *Visible Language* 1, 48-60.

Schmidt, Heinz-Jürgen (1984): Tangent Embedding - A Special Kind of Approximative Reduction. in: Balzer/Pearce/Schmidt (eds.), 199 - 215.

Schmidt, Siegfried J. (1980, 1982): *Grundriß der empirischen Literaturwissenschaft*. Braunschweig/Wiesbaden Band I und Band II.

Schneider, Ivo (1988): *Isaac Newton*. München.

Schubert, Horst (1964): *Topologie*. Stuttgart.

Schurz, Gerhard (Hg.) (1988): *Erklären und Verstehen in der Wissenschaft*. München.

Schurz, Gerhard (2014): Criteria of Theoreticity: Bridgeing Statements and Non Statement View, *Erkenntnis* 79/8, 1521-45.

Schurz, Gehard (2018): Models of the Development of Scientific Theories. in: Hansson, S. O. und Hendricks, V. H. (eds.), *Introduction of Formal Philosophy*, Springer, New York.

Schurz, Gerhard (2019): *Hume's Problem Solved: The Optimality of Meta-Induction*. MIT Press, Cambridge/MA.

Shapere, Dudley (1982): The Concept of Observation in Science and Philosophy, *Philosophy of Science* 49, 485-525.

Shoenfield, Joseph R. (1967): *Mathematical Logic*. Reading/Mass.

Smith, Richard (2006): The Trouble with Medical Journals, *Journal of the Royal Medicine* 99, 115 - 119.

Sneed, Joseph D. (1971): *The Logical Structure of Mathematical Physics*. Dordrecht (2. Aufl. 1991).

Spohn, Wolfgang (1988): Ordinal Conditional Fuctions. A Dynamic Theory of Epistemic States. in: Harper/Skyrms (eds.), 105-34.

Spohn, Wolfgang (2007): Dependency Equilibria, *Philosophy of Scienc* 74, 775-89.

Stegmüller, Wolfgang (1973): *Theorie und Erfahrung*, 2. Halbband. Berlin etc.

Stegmüller, Wolfgang (1973a): *Personelle und statistische Wahrscheinlichkeit*. Berlin etc.

Stegmüller, Wolfgang (1974): *Wissenschaftliche Erklärung und Begründung*. Berlin etc.

Stegmüller, Wolfgang (1975): *Das Problem der Induktion*. Darmstadt.

Stegmüller, Wolfgang (1986): *Theorie und Erfahrung*, Dritter Teilband. Berlin etc.

Stegmüller, Wolfgang, Balzer, Wolfgang und Spohn, Wolfgang (eds.) (1982): *Philosophy of Economics*. Berlin etc.

Stephan, Ekkehard (1990): *Zur logischen Struktur psychologischer Theorien*. Berlin etc.

Sterkenburg, Tom (2019): Putnam's diagonal argument and the impossibility of a universal learning machine, *Erkenntnis* 84 (3), 633 - 656.

Stillwell, William (2013): *An Introduction to Biologal Membrans*. Elsevier, Amsterdam.

Suppe, Frederick (ed.) (1974): *The Structure of Scientifc Theories*. Urbana.

Suppes, Patrick (1962): Models of Data. in: Nagel et al. (eds.), 252-61.

Suppes, Patrick (1960): *Axiomatic Set Theory*. New York.

Suppes, Patrick (1970): *A Probabilistic Theory of Causalit*. Amsterdam.

Suppes, Patrick (1984): *Probabilistic Metaphysics*. Oxford.

Tarski, Alfred (1937): *Einführung in die mathematische Logik*. Wien.

Tetens, Holm (1996): *Experimentelle Erfahrung*. Hamburg.

Takahashi, Shingo, Sallach, David und Rouchier, Juliette (eds.) (2007): *Advancing Simulation: The First World Congress*. Heidelberg.

Thagard, Paul (1982): Hegel, Science, and Set Theory, *Erkenntnis* 18, 397-410.

Thagard, Paul (1989): Explanatory Coherence, *Behavioral and Brain Sciences* 12, 435-469.

Tietze, Ulrich und Schenk, Christoph (2002): *Halbleiter – Schaltungstechnik*. 12. Aufl., Springer, Berlin.

Trachtenbrot, Boris A. (1977): *Algorithmen und Rechenautomaten*. VEB Deutscher Verlag der Wissenschaften, Berlin.

Troitzsch, Klaus G. (1990): *Modellbildung und Simulation in den Sozialwissenschaften*. Opladen.

Tuomela, Raimo (1973): *Theoretical Concepts*. Wien.

Tuomela, Raimo (1984): *A Theory of Social Action*. Dordrecht.

Tversky, A. (1977): Features of Similarity, *Psychological Review* 84, 327 - 52.

Wach, Joachim (1926): *Das Verstehen. Grundzüge einer Geschichte der hermeneutischen Theorie im 19. Jahrhundert*. Tübingen 1926 – 1933.

Wallach, Wendell und Allen, Colin (2009): *Moral Machines*. Oxford 2009.

Warren, David S. etc. (eds.) (2023): *Prolog: The Next 50 Years*. LNAI, Springer.

Weingart, Peter (Hg.) (1973/1974): *Wissenschaftssoziologie*, 2 Bände. Frankfurt/Main.

Weintraub, E. Roy (1985): *General Equilibrium Analysis: Studies in Appraisal*. Cambridge.

Westmeyer, Hans (ed.) (1989): *Psychological Theories from a Structuralist Point of View*. Berlin etc.

Westmeyer, Hans (ed.) (1992): *The Structuralist Program in Psychology*. Seattle etc.

Will, Dieter (2000): *Krisensimulation mit abstrakten Handlungstypen: Ein neuer methodischer Ansatz*. Dissertation LMU München.

Winston, Patrick H. (1984): *Artificial Intelligence*. 2. Aufl. Reading/Mass.

Witting, Hermann (1974): *Mathematische Statistik*. 2. Aufl. Stuttgart.

Wooldridge, Michael und Jennings, Nicholas R. (1995): Intelligent agents: theory and practice, *Knowledge Engineering Review* 10, 115 - 152.

Zollman, Kevin J. S. (2011): Computersimulation and Emergent Reliability in Science, *Journal of Artificial Societies and Social Simulation* 14 - 4.

## Autoren

Abreu 45, 67
Adorno 122
Albert 122
Augustin 162

Balzer 39, 40, 43, 44, 62–64, 66, 67, 72, 80, 86, 88, 92, 105, 107, 109, 110, 121, 138, 139, 143, 144, 147, 148, 150, 169, 172–174, 176, 181, 189, 191, 197, 204, 206, 222, 241, 242, 249, 251, 252, 256, 263, 266, 268
Bartelborth 39, 110, 174, 265
Bauer 98, 100, 177, 258
Baumgarten 113
Beckermann 129
Belnap 265
Bernardo 203
Bernays 78
Blau 106
Bloor 120
Borel 99
Borsuk 48
Bortz 183, 187
Bourbaki 50, 61, 64
Bowen 237
Bradshaw 208, 209
Brendel 206, 207
Brzezinski 222
Buchanan 111
Böhm 107
Bühler 244
Bünting 48

Carnap 47, 262
Chomsky 53
Clocksin 114

Dallmayr 244
Daston 96
Debreu 107
Diederich 45, 67, 266
Dobzhansky 44
Downs 107
Dreier 107, 109
Duhem 110, 234

Eleftheriadis 93
Endres 162
Engisch 95, 250
Erklärung 264
Esser 244
Evans-Pritchard 131

Feigenbaum 111
Finke 126
Fishburn 260
Forge 265, 266
Forrest 126
Friedman 249, 268
Friedrichs 132

Gaede 95
Gilbert 243
Gläser 206
Goodman 228
Greub 50
Gross 51, 150
Grünbaum 235
Gähde 39, 110, 170

Gärdenfors  249

Hacking  130
Hamminga  39, 222
Harris  237
Heath  189
Hegselmann  237
Heidelberger  221, 231
Hempel  264
Henderson  92
Hintikka  262
Hofer  18
Hofmann  206
Holland  82

Ibarra  45, 67
Ingrao  39, 109, 266
Israel  39, 109, 266

Jammer  44, 110, 266
Jauch  110
Jeffrey  163
Jensen  105

Kamlah  66, 107, 150
Kant  189
Kiss  252
Kitcher  249, 268
Klein  90
Kleinsorge  93
Klenovits  244
Koch  250
Kolmogorov  201
Krantz  135, 139, 140, 252
Krüger  96, 104
Kuipers  235
Kuokkanen  150
Kurzawe  163, 206, 241
Kuznetsov  44

Lakatos  39
Langley  208, 209, 211
Lauth  39, 110, 173, 212
Leinhardt  82
Lelgemann  221

Lenk  129
Levy  79
Liebrand  237
Lorenzano  45, 67
Lorenzen  123, 149
Luce  135
Ludwig  41, 78, 105, 110, 189, 265, 268
Lukasiewicz  96
Lukes  120

Manhart  82, 105, 109, 197, 204, 206, 241
Manna  56, 115, 222
Marcou  251, 266
Mason  51, 150
Maurer  115
Mayr  263
McCarthy  244
McEachern  51, 150
McGrayne  261
McKinsey  66
Meggle  129
Mellish  114
Mendel  266
Menger  105
Messick  237
Mittelstaedt  110
Monk  168
Mormann  45, 67, 90
Moulines  39, 45, 63, 66, 67, 80, 88, 105, 107, 109, 110, 150, 169, 174, 176, 191, 222, 249, 252, 263, 265, 268
Mühlhölzer  143, 172
Müller  93, 242

Narens  135
Newell  209
Newton  266
Niiniluoto  174
Novikov  260
Nowak  47, 222

Osherson  212

Pépin  244
Pearce  249
Peirce  236
Pfanzagl  135
Popper  47, 124, 208, 234

Quandt  92
Quine  120, 235

Robinson  207
Rott  105
Rui Wang  242
Rüger  100, 183, 188
Rüßmann  250

Salmon  267
Scheibe  105, 263, 265, 268
Schelling  239
Schmand-Besserat  189
Schmidt  105, 126, 249
Schubert  176
Schurz  146, 244, 264
Shapere  120
Shoenfield  52, 57
Siegert  113
Simon  208, 209
Smith  163, 203
Sneed  39, 40, 42, 46, 63, 66, 67, 80, 88, 105, 107, 109, 110, 169, 174, 176, 191, 222, 249, 252, 263, 268
Stachow  110
Steel  265
Stegmüller  44, 45, 146, 228, 264

Stephan  105
Sterkenburg  260
Stillwell  237
Stob  212
Sugar  66
Suppe  39
Suppes  66, 96, 135, 262
Szmielew  48

Tarski  81, 190
Thagard  252
Trachtenbrot  113
Troitzsch  243
Tuomela  129, 141
Tversky  135, 174

Ullian  235

van Fraassen  249, 251

Wach  244
Warren  115, 207
Weinstein  212
Weintraub  39, 109
Westmeyer  150
Will  237
Witting  183

Zehnpfennig  244
Zoubek  39, 110, 173, 174, 176, 181
Zyktow  208, 209
Zöckler  93

287

# Symbole

$+$   49, 220
$-$   142, 220
$/$   96, 98, 142
$<$   84
$<^*$   136
$=$   75
$>$   139
$A_i$   63
$G_i$   63
$H_i$   85
$I$   184
$I_x$   68
$R_i^*$   63
$R^x$   147
$R_i$   63
$R_i^*$   141
$T$   66
$U$   88
$W$   88
$[\,]$   98
$\Delta$   60, 91, 176
$\Gamma^+$   171
$\Omega$   95, 201
$\Phi$   105
$\Pi_i$   102
$\Rightarrow$   245
$\Sigma$   81, 88, 98
$\Theta$   144
$\Xi$   203
$\alpha_*^r$   198
$\alpha_a$   194
$\alpha_v$   194
$\approx$   240
$\bot$   260
$\mathcal{A}$   98, 177, 185

$\mathcal{B}$   104
$\mathcal{C}$   101, 104
$\mathcal{M}$   95
$\mathcal{P}$   79
$\cdot$   49, 88, 92, 142
$\chi$   87, 178
$\circ$   136, 137, 220, 247
$\cup_i$   98
$\dot{s}$   116
$\emptyset$   185
$\equiv$   136, 240
$\exists$   53, 55
$\forall$   53, 55
$\geq$   116
$\in$   75
$\infty$   176
$\int$   99
$\lambda$   99
$\langle\,\rangle$   59, 75
$\leftrightarrow$   53
$\leq$   80, 88, 231
$\|\,\|$   262
$|$   98
$\mu$   157, 177
$\neg$   53, 54, 155
$\neq$   75
$\notin$   75, 78, 155
$\otimes$   102, 248
$\phi$   138
$\prec$   83, 85
$\psi$   99, 188
$\rightarrow$   53, 55
$\sigma$-Algebra   98
$\sigma$   157
$\sigma, \sigma_i$   49

## Symbole

$\sim$  139, 240
$\sqrt{}$  158
$\sqsubseteq$  159, 169, 186, 257
$\subset$  83
$\subseteq$  80, 186
$\tau, \tau_i$  49
$\mathbf{G}_i$  51
$\mathbf{K}_i$  51
$\mathbf{R}_i$  52
$\mathbf{R}_i^*$  51
$\mathbf{p}^{\otimes 2}$  202
$\mathbf{p}^{\otimes n}$  102
$\mathbf{v}_i$  196
$\theta$  105
$\times$  80, 83
$\triangleleft$  83
$\varepsilon$  182, 208, 229
$\vee$  53, 54, 69
$\wedge$  53, 54, 70
$\xi$  99, 184
$\xi^*$  184
$\zeta$  183
$\{\ \}$  75
$\{x/A(x)\}$  75, 78
$]\ [$  157
$f$  64
$f^m$  183
$inf$  182
$leg$  151
$max$  182

$n, n_i, a, a_i, b, b_i$  75
$p_i$  231
$s^*$  180
$s^+$  156
$sin$  170, 180
$sup$  180, 182
$t$  220
$x, x_i, y, y_i$  75
$x_i[R_i^*]$  141
$(\ )$  75
$\mathbf{B}$  141
$\mathbf{LV}$  204
$\mathbf{N}$  105
$\mathbf{Po}$  80
$\mathbf{R}, \mathbf{R}_i$  49
$\mathbf{V}$  190, 204
$\mathbf{b}$  60, 204
$\mathbf{f}_t^*$  51
$\mathbf{f}, \mathbf{f}_i$  49
$\mathbf{m}$  60
$\mathbf{p}$  80, 98
$\mathbf{p}^b$  98
$\mathbf{s}$  60
$\mathbf{v}$  60, 99
$ahg$  257
$awf$  151
$exp$  49
$sin$  49

$\mathbb{N}$  49
$\mathbb{R}$  49

# Sachindex

Abbildsystem 239
Abduktion 236
Ablauf 112, 223, 243
Ablaufmuster 224
Ableitung 48, 225, 232, 236, 238
absolute Häufigkeit 96
Abstammungsbedingung 46
Abstand 175
Abstandsmessung 135, 140
abstrakte Simulation 239
abstrakte Struktur 63
Adjunktion 54
Adjunktionsregel 54
allgemein gültig 70
Allregel 55
anfänglicher W-wert 194
angereicherte Struktur 62
Anker 14, 64
Ankerelement 62
Antithese 246
Approximationsapparat 40, 182
approximative Passung 174, 182, 186, 226
approximative Reduktion 267
Argument 53
atomarer Satz 25, 52, 201
Ausprägung 18, 87, 95, 124
Ausprägungsgrad 202
Aussagenalgebra 201, 260
Ausschöpfung 161, 258
Autodetermination 44

BACON 209, 210
Bahn des Teilchens 60
Basis-Theorie 107
Basismengen 65

Basissatz 123, 232
bedingte Wahrscheinlichkeit 98, 237
beeinflussen 195
Begriff 44, 46
belief revision 221
Beschleunigung 60
besser bestätigt 261, 262
Bestimmung 121
Bestätigung 253
Bestätigung durch Erfolg 262
Bestätigung durch
 Übereinstimmung 259
Bestätigungsgrad 253, 261
Bijektion 168
Bit 111
Borelmenge 99
Bourbaki 50
Bourbaki-Gruppe 61
brauchbar 41, 240, 267
Browser 31

Charakterisierung 84
charakteristische Funktion 87
ChatGPT 216
cluster law 86
Computer 204
Computerablauf 241, 242
Computermodell 117
Computerprogramm 110
Computerregel 113
Computersimulation 237, 242
Constraints 46

Daten 12
Datenbasis 206

291

## Sachindex

deduktiv erklärt  267
deduktive Bestätigung  259
deduktive Methode  232
Definiendum  59
Definiens  59
Definition  56
Definitionsbereich  80
definitorische Erweiterung  59
Denotat  61
deterministische Programm  238
Dichte  99, 184
Differentialgleichung  116
Differenzenquotient  60
Dimension  11, 199
direkte Beobachtung  122
Disziplinen  9
doktrinäres Wissen  26
dynamisches Netz  105

ein Faktum  229
Einbettung  265
eindeutig bestimmt  56, 137
Eindeutigkeit  106, 130, 144
eine Variable  220
Eingangsknoten  195
Einheit  25, 249
Einheiten  136
Einheitlichkeit  221
Element  49
Elementarereignis  97, 196
Eliminierbarkeit  59
empirische Behauptung  169
empirische Relation  66
empirische Theorie  46
empirischer Grundbegriff  51
Endknoten  195
Energie  60
Entwicklung  219
Entwicklungsmuster  222
Ereignis  51
erfolgreich verdrängt  262
Ergebnis  131
Ergänzung  158
Erklärung  264, 266

Erklärung einer Theorie  267
Erweiterung  158
Experiment  122, 241
Expertensystem  206, 208
Explanandum  265
Extensionalitätsaxiom  78
extensives System  139
externe Fakten  255
externe Querverbindung  105, 106
externer Faktor  11

Fakten  253
Fakten des Programms  238
Faktennetz  162
Faktenstruktur  42, 154, 155
Faktensystem  40
Faktenverbindung  163
Faktor  11, 18
Faktum  40, 162
Falsifikation  234
Flussdiagramm  222
formale Sprache  49
Formel  49, 54
Forschung  165
Forschungsgruppe  22
Forschungshandlung  21, 22
Forschungsmittel  20
Fragebogen  151
Frankfurter Schule  251
freie Variable  57
fundamentale Messung  135, 139, 190
Fundierungsaxiom  78
Funktion  53
Funktionsbegriff  51
Funktionswert  53

Gattungsbegriff  51
gebundene Variable  57
Gemeinschaftshandlung  35
gemessener Wert  145, 147
Gesamtimpuls  82
Gesamtpopulation  185
Gesamtrechtfertigungsgrad  152

Geschwindigkeit  60
Gewichtsmessung  136
Glaubensgrad  26
Gleichgewicht  66
Gleichheit  78
Gravitation  108
Gravitationsgesetz  108
Gravitationsgleichung  116
Gravitationskonstante  66
Gravitationstheorie  51
Grundbegriff  50–52
Grundelement  76
Grundmenge  68
Grundmuster  219, 220, 245
Grundobjekt  65
Gruppe  41, 43, 86
Größe  135
Gründe  24, 253
gültig  54
Gültigkeit  43

H-O  264
Handlung  10, 20
Handlungsmuster  10
Handlungstyp  86
Hauptbasismenge  65
Hauptprogramm  237
hermeneutische Methode  249
Hilbertraum  191
Hilfsbasismenge  50, 65, 191
Hilfshypothese  234
homogenes Faktennetz  163
Homomorphismus  138
Hookesches Gesetz  108, 169
Hypothese  40, 84, 130
Häufigkeit  95, 96
Häufigkeitsverteilung  96

ideale Gastheorie  13
ideale Passung  174
ideales Gasgesetz  191
Idealisierung  222
Identitäts-Querverbindung  106
Implikation  55

Implikationsregel  55
Impuls  82
indeterministisch  238
Induktionsbasis  79
Induktionsproblem  228
Induktionsprozess  226
Induktionsschritt  79
induktive Bestätigung  255
induktive Methode  225
Information  111
inkonsistent  54
innere Struktur  265
innerer Knoten  195
Input  238
Institution  16, 36, 122
Institutionentheorie  121
intendierte Systeme  42, 43, 62, 148
interne Fakten  255
interne Querverbindung  105, 106
interner Faktor  11
Interpretation  68
Interpretationsfunktion  68
intertheoretische Relation  262
intertheoretische Relationen  105
intransitive Triade  82
Invarianz  13, 46, 89
inverses Bild  203

Junktor  49
juristische Person  36

kausale Erklärung  267
Kausalität  35
Kausalverhältnis  146
Kepler Gesetz  211, 231
Knoten  105, 194, 222
Kohärenz  256, 259
Komplement  98
komplexe Bestätigung  254
komplexer Satz  53
komplexes Muster  219
Komponente  75, 199
Komprehensionsaxiom  78
Konjunktion  54

Konjunktionsregel 54
Konkatenation 135, 190
Konnexität 136
Konstante 51
konstruiert 128
Konstrukt 42, 83, 192
Konstruktion 49, 242
Konstruktivismus 149
Koordinatensystem 91, 190
Korrektheit 145, 238
künstliche Fakten 241, 243
künstliche Gesellschaft 206
künstliche Welten 239

Large Language Model 28, 165, 216
Lebesgue-Maß 99
Legitimationsgrad 132, 150, 151
Lernfunktion 212
Lernsituation 215
Lesen 133
Linie 105
Liste 59, 114
Logik 48
lokale Bestätigung 256
lokaler Zustand 197

maschinelle Entdeckung 208
maschinelles Lernen 212
mathematische Menge 63
mathematisches Objekt 51, 65
Menge 56, 63
Mengenlehre 77
mengentheoretischer Satz 155
mengentheoretisches Prädikat 79
Mengentheorie 75
Merkmal 95
messbar 101
Messmethode 14, 142, 221
Messmethode für die i-te Funktion 142
Messmodell 135, 141, 151
Messmodell für die i-te Funktion 142

Messmodell mit Einheiten 136
Messmodell zur Massenmessung 143
Messproblem 147
Messreihe 157, 182
Messung 130
Messwert 142
Methode 224
Mittelwert 157
Modell 12, 40, 42, 117
Modell der *HL*-Theorie 83
Modell der Tauschwirtschaft 88
modellbildende Simulation 239, 242
Modellklasse 40, 83
Morphismus 90
Muster 20, 219, 224
mögliche Fakten 161
mögliche Systeme 43
mögliches Ergebnis 97

Nachfolgezustand 113, 220
Name 164
Negation 54
Negationsregel 54
negative Fakten 155
Nicht-Kreativität 59
Normalverteilung 99, 100
normierte Sprache 49
Nutzen 51
Nutzenmaximierung 88

Obermenge 158
Objektart 49
Objektivität 128
Objektmenge 51
Objektsort 64
Offenbarung 26, 134
Ohmsches Gesetz 231
operationale Definition 149
Operationalismus 149
Organisation 11
Originalsystem 239
Ortsfunktion 60

Ortsvektor  91
Oszillator  170
Output  238

paradigmatisch  44
parallel  110
partiell  137
partielle Funktion  136
passen  41, 169, 174, 193, 225
Passung  42, 154, 167, 168, 186, 232, 245, 246
Passungsbedingung  46, 168, 169
Passungsgrad  174, 182, 208, 219
Person  10, 204
Pfad  195
Pfeil  222
Phrase  47
Phänomen  14
Planetensystem  89
Population  95
positive Fakten  155
Potenzmenge  80
Preis  51
probabilistische Bestätigung  253
Problem  231
Programm  226
Programmablauf  112, 117, 207
Programmregel  238
Projektionsfunktion  102
PROLOG  113
Pseudowissenschaft  26

Quantor  49
Quasi-Metrik  174, 176
quasi-metrischer Raum  176
Querverbindung  105, 149

Randbedingung  238
real  9
reales System  14, 43
Realität  13
Reduktion  263
Reflexivität  136, 195
Regel  49, 52, 206, 209

rein statistische Theorie  100, 101
Relation im engeren Sinn  52
Relation im weiteren Sinn  52
Relationsbegriff  51
relative Häufigkeit  96
Repräsentation  139
Retrodiktion  234
Rohdaten  124, 132
Rollenkonflikttheorie  152
Rückkoppelung  21, 223, 248
Rückkopplungspfeil  224

Sachverhalt  68
Sanktionsgrad  150
Schadensbedingung  34
Schuldbedingung  37
Schätzer  188
Schätzfunktion  188
Selbstorganisation  20
Server  31
Simulation  237, 241
Simulationsablauf  237
Simulator  237
Skalarprodukt  191
Skalentransformation  144
soziale Gruppe  10
soziale Institution  86
soziale Rolle  150
Spannung  111, 112
Spezialisierung  267
Spezialisierungsnetz  107
Sprache  47
Sprache einer Theorie  57
Standardabweichung  157
statische Fakten  125
statistische Erklärung  264
statistische Fakten  132
statistische Theorie  95, 104
Statusrelation  87
Stellenzahl  64
Stichprobe  103, 185
Stichprobenkennwert  188
Stoßmechanik  80
Struktur  39, 61, 65, 219

Sachindex

Struktur für eine Theorie  62
Stufe der Bestätigung  254
Subsumption  244
Suchraum  208
SW-Raum  201
symmetrische Differenz  176
Synthese  247
Systemanalyse  64

Tauschtheorie  66
Teilmenge  79, 158
Teilstruktur  158, 159, 171
Term  49, 113, 165
Test  82
theoretische Querverbindung  106
theoretische Terme  62, 249
theoretisches Problem  115
Theorie  12, 39, 167
Theorie der reellen Zahlen  50
Theorie-Evolution  39, 109
Theorie-Holon  109
theoriegeleitete Messung  141, 144
theoriegeleitete Simulation  239
Theorien-Kinematik  110
Theoriennetz  39
These  222, 246
Totalität  252
Transformation  91
Transformationsfunktion  105
Transitivität  82, 195
Triade  82
Tripel  80
Tupel  75
Typ  64

umfassende Theorien  241
Umfrage  130, 132
Umgebung  174
Umwelt  20
unabhängig  195
uniforme Umgebung  174
unverbundener Zustand  197
unwahrscheinlicher Fall  187
Urelement  76

Variable  57
Vektorraum  190
verantwortlich  34
Verantwortung  33
Vergleichsrelation  136
Verknüpfungsgesetz  86
verstehen  244, 245, 249
verstreute Person  15, 37
Verteilung  66, 95, 184
Verteilung einer Zufallsvariable  100
Verteilungsfunktion  99, 196
Verteilungshypothese  100
Verursachungsbedingung  34
veränderbarer W-wert  194
Vokabular der Theorie  49
vollständiger Suchraum  209
Vollständigkeit  191, 225, 238
Vorgängerzustand  113, 220
Vorhersage  213, 232, 238
Vorverständnis  245, 246

wahrer Satz  23
wahrer Wert  182
Wahrheit  23
Wahrscheinlichkeit  96, 99, 196
Wahrscheinlichkeitsfunktion  65
weiche Fakten  244
Werte  17
Wertebereich  80
Widerlegbarkeit  46
Wiederholbarkeit  125
Wiederholung  229
Wissen  23
wissensbasiertes System  205
wissenschaftliche Entwicklung  219
wissenschaftliche Erklärung  265
wissenschaftliche Gemeinschaft  10
wissenschaftliche Theorie  40
wissenschaftliches Problem  16
Wissenschaftsforschung  10
Wissenschaftshandlung  21
Wissenschaftsprozess  9, 20
Wissenschaftssystem  11

Wissenschaftstheorie   10

Zeitpunkt   220, 234
Zelle   112
zentraler Grenzwertsatz   188
Zirkel   146, 195, 223
zu messender Wert   147, 148

Zufallsereignis   97, 196
Zufallsvariable   99, 196
zulässiger Passungsgrad   182
Zustand   11, 102, 105, 111, 245, 246
Zustandsraum   11
zweite Stufe   56